国土空间规划管理
操作实务与案例解析

李 森 编著

东南大学出版社
SOUTHEAST UNIVERSITY PRESS
·南京·

内容简介

本书主要介绍涉及国土空间规划管理的法律法规、政策文件、技术规范(标准)以及国土空间规划管理新要求的学习、解读、感受,围绕国土空间规划编制、耕地保护、建设用地规划管理、建设工程规划管理、不动产登记、国土空间规划执法监督等方面的工作,对实际操作过程中遇到的现实案例,从法律法规及政策解析和延伸解决类似问题应当采取的手段、方法入手,提出处理方案。

本书可供国土空间规划管理从业人员作为参考书使用,也可供设立相关专业的高校作为辅助教材使用。

图书在版编目(CIP)数据

国土空间规划管理操作实务与案例解析 / 李森编著.
南京:东南大学出版社,2025.4. -- ISBN 978-7-5766-2087-0

Ⅰ. F129.9

中国国家版本馆CIP数据核字第2025W5D970号

责任编辑:姜晓乐　　责任校对:子雪莲　　封面设计:毕　真　　责任印制:周荣虎

国土空间规划管理操作实务与案例解析
GUOTU KONGJIAN GUIHUA GUANLI CAOZUO SHIWU YU ANLI JIEXI

编　　著:李　森
出版发行:东南大学出版社
社　　址:南京市四牌楼2号　邮编:210096
出 版 人:白云飞
网　　址:http://www.seupress.com
经　　销:全国各地新华书店
印　　刷:兴化印刷有限责任公司
开　　本:787 mm×1092 mm　1/16
印　　张:24.5
字　　数:581千
版　　次:2025年4月第1版
印　　次:2025年4月第1次印刷
书　　号:ISBN 978-7-5766-2087-0
定　　价:89.00元

本社图书若有印装质量问题,请直接与营销部调换。电话(传真):025-83791830

序

美丽中国，规划先行。2018年后，国家推进"多规合一"，国家空间规划体系的建设开始进入历史性进程。几年的具体实践旅程，让实践者看到了国家空间规划体系建立中的进步和难点。

通读全书，本书不失为一本实用的"工具书"，一部内容翔实的"资料库"，更是一位规划管理工作者长期实践的"经验集"。我觉得本书有几个鲜明的特点：

一是结构体系明了。本书从基本概念说起，包括规划编制、耕地保护、实施管理、执法监督四个方面内容，涵盖了国家空间规划的规划编制审批体系、规划实施监督体系、法规政策体系和技术标准体系。同时，从每一个曾经发生过的实际案例入手，通过法律法规和政策的罗列、解析，引导从业者学习、领会，进而更加深刻地了解法律法规的本意。

二是引经据典严谨。国家空间规划体系的要求很多，在法规政策和技术标准体系尚未健全的前提下，为了解决现有情景下的实际工作，全书列举190余个案例，引用300余部法律法规、文件、规范（标准）中的2 000余个条文，由表及里、由浅入深、层层递进，抽丝剥茧厘清事实发展脉络，精准界定实质法律关系。

三是文字表达直白。规划管理从业人员既有政策的制定者，也有基层政府的一般工作人员；既有城乡规划、土地管理等专业背景的技术人员，也有其他专业背景的公务人员。考虑到受众的特点，本书的编排大量采用问答形式，简洁清晰、直观明了，切实做到通俗易懂、深入浅出，真正起到"工具书""资料库"的作用。

更难能可贵的是，作者李森在已经退休的状态下，还不忘自己曾经从事的城乡规划事业，努力学习国家空间规划体系的相关知识，总结法院判决、专家论证等实际案例，并从中找出有关国土空间规划管理工作中的不足，以提醒、提示主管部门及从业人员予以警戒和规避，这种精神值得敬佩。

总之，以案例解析入手，总结形成规划管理操作实务，亦是一个研究及完善国土空间规划体系的重要视角。中国式现代化要求国家空间规划体系在法律法规的框架下进行改革创新，国家空间规划体系各级各类部门任重道远，现代国家空间规划体系的建立，需要从业者开拓思路，情系大地，心系人民，具备现代视野，遵循国际标准，融于实践之中。为建设美丽富强的中国贡献规划力量。

期待本书的出版，并欣然为之序。

吴志强

2024 年 9 月

前 言

土地管理、城乡规划管理等在"多规合一"后的国土空间规划管理的行政管理体系已经建立,但是,其法律法规体系尚处在建立健全之中。

保障社会公共利益、人民群众和行政相对人的合法权益不受损害,并确保行政机关工作人员在行政执法中能够保护好自己,是依法行政的终极目标。

作为城乡规划事业的参与人、经历者,我作此书,供学习与交流。

本书通过对涉及国土空间规划管理的法律法规、政策文件、技术规范(标准)以及国土空间规划管理新要求进行学习、解读与体会,围绕国土空间规划编制、耕地保护、建设用地规划管理、建设工程规划管理、不动产登记、国土空间规划执法监督等方面的工作,对实际操作过程中遇到的现实案例,从法律法规及政策解析入手,探讨延伸解决类似问题应当采取的手段与方法,提出处理方案。

本书可供国土空间规划管理从业人员作为参考书使用,也可供设立相关专业的高校作为辅助教材使用。如果读者发现本书中存在误解,或者有更好的处理问题方法及更好的理论支撑,欢迎来信讨论。

书中引用的一些案例,都注明了来源,一并对涉及的媒体、作者和编辑部以及帮助完成本书的同志们表示感谢。

最后,特别感谢吴志强院士为本书题序。

作者

2024 年 10 月

目 录

第一编　国土空间规划编制

第一章　国土空间总体规划 … 3
第一节　基本概念 … 3
第二节　案例解析 … 8
第三节　行政权力 … 23

第二章　国土空间详细规划 … 25
第一节　基本概念 … 25
第二节　案例解析 … 30
第三节　行政权力 … 51

第三章　国土空间专项规划 … 54
第一节　基本概念 … 54
第二节　案例解析 … 58
第三节　行政权力 … 70

第二编　耕地保护

第一章　农用地非农化管理 … 75
第一节　基本概念 … 75
第二节　案例解析 … 79
第三节　行政权力 … 95

第二章　耕地非粮化管理 … 101
第一节　基本概念 … 101
第二节　案例解析 … 106
第三节　行政权力 … 122

第三章　土地复垦与整理 … 126
第一节　基本概念 … 126

第二节　案例解析 …………………………………………… 128
　　第三节　行政权力 …………………………………………… 140

第三编　国土空间规划实施管理

第一章　建设用地规划管理 ……………………………………… 145
　　第一节　基本概念 …………………………………………… 145
　　第二节　案例解析 …………………………………………… 156
　　第三节　行政权力 …………………………………………… 197
第二章　建设工程规划管理 ……………………………………… 204
　　第一节　基本概念 …………………………………………… 204
　　第二节　案例解析 …………………………………………… 205
　　第三节　行政权力 …………………………………………… 229
第三章　不动产登记 ……………………………………………… 235
　　第一节　基本概念 …………………………………………… 235
　　第二节　案例解析 …………………………………………… 242
　　第三节　行政权力 …………………………………………… 281

第四编　国土空间规划执法监督

第一章　内部肃纪 ………………………………………………… 291
　　第一节　基本概念 …………………………………………… 291
　　第二节　案例解析 …………………………………………… 302
　　第三节　行政权力 …………………………………………… 321
第二章　外部执法 ………………………………………………… 324
　　第一节　基本概念 …………………………………………… 324
　　第二节　案例解析 …………………………………………… 332
　　第三节　行政权力 …………………………………………… 361
第三章　接受相关机关监督 ……………………………………… 372
　　第一节　基本概念 …………………………………………… 372
　　第二节　案例解析 …………………………………………… 374
　　第三节　行政权力 …………………………………………… 380

参考文献 …………………………………………………………… 381

第一编 国土空间规划编制

城市总体规划是指城市人民政府依据国民经济和社会发展规划以及当地的自然环境、资源条件、历史情况、现状特点，统筹兼顾、综合部署，为确定城市的规模和发展方向，实现城市的经济和社会发展目标，合理利用城市土地，协调城市空间布局等所作的一定期限内的综合部署和具体安排。目前有《中华人民共和国城乡规划法》（简称《城乡规划法》）等法律法规和技术标准体系。

土地利用总体规划是依据国民经济和社会发展规划、国土整治和环境保护的要求、土地供给能力以及各项建设对土地的需要，对一定时期内一定行政区域内的土地开发、利用和保护所制订的目标和计划，是对区域内的土地利用的总体战略部署。目前有《中华人民共和国土地管理法》（简称《土地管理法》）等法律法规和技术标准体系。

经过近四十年的实践，我国在土地和城乡规划管理方面，虽实行分治，但也积累了很多的宝贵经验。节约集约使用土地，是土地和城乡规划管理的共同目标。

2018年2月26日发布的《习近平关于深化党和国家机构改革决定稿和方案稿的说明》提出，为落实绿水青山就是金山银山的理念，解决自然资源所有者不到位、空间性规划重叠、部门职责交叉重复等问题，实现山水林田湖草各类自然资源的整体保护、系统修复和综合治理，加强自然资源管理，将国土资源部的职责，国家发展和改革委员会的组织编制主体功能区规划职责，住房和城乡建设部的城乡规划管理职责，水利部的水资源调查和确权登记管理职责，农业部的草原资源调查和确权登记管理职责，国家林业局的森林、湿地等资源调查和确权登记管理职责，国家海洋局的职责，农业部的草原资源调查和确权登记管理职责，国家测绘地理信息局的职责整合，组建自然资源部，统一行使全民所有自然资源资产所有者职责，统一行使所有国土空间用途管制和生态保护修复职责。这标志着我国自然资源管理和国土空间规划管理新体制的建立。

当前,全球气候变化、经济竞争要素更替,且我国原有的土地和城乡规划管理模式体制不顺、规划目标考核标准不一等问题日益突出,为了应对这些国际国内形势的变化,探索符合中国特色的社会、经济发展路径,中共中央、国务院印发了《关于建立国土空间规划体系并监督实施的若干意见》(中发〔2019〕18号),文件指出,到2020年,逐步建立"多规合一"的规划编制审批体系、实施监督体系、法规政策体系和技术标准体系;到2025年,健全国土空间规划法规政策和技术标准体系。这标志着国土空间规划管理的新体系即将建立健全。

目前,《中华人民共和国国土空间规划法》(简称《国土空间规划法》)正在制定中。在法规政策和技术标准体系尚未健全的前提下,如何综合考虑人口分布、经济布局、国土利用、生态环境保护等因素,编制出一部能用、管用、好用的"多规合一"国土空间规划,是对各级人民政府及其自然资源等主管部门创新能力的大考验。

本编就总体规划、详细规划(含村庄规划)、相关专项规划,进行深入讨论。

第一章
国土空间总体规划

国土空间总体规划是对一定区域、一定时期内国土空间中的生态、农业、城镇等功能在空间和时间上的统筹布局,对国土空间在保护、开发、利用和建设方面作出的总体安排。强调综合性。

第一节 基本概念

"多规合一"的国土空间规划是一项新的工作,涉及的新名词、新概念也比较多,原来土地管理和城乡规划部门的所有工作人员,对新时代的国土空间规划都要重新理解,对若干的知识点都要加强学习。

本节结合《中共中央 国务院关于建立国土空间规划体系并监督实施的若干意见》(中发〔2019〕18号)和自然资源部2020年1月发布的《省级国土空间规划编制指南(试行)》,对国土空间规划中的相关概念、术语进行探讨。

1. 国土空间的概念是什么?

国土空间是国家主权与主权权利管辖下的地域空间,包括陆地国土空间和海洋国土空间。

2. 什么是国土空间规划?

国土空间规划是指将主体功能区规划、土地利用规划、城乡规划、海洋功能区划等空间规划融合为统一的国土空间规划,是对一定区域国土空间开发保护在空间和时间上作出的全局安排,为国家重大战略和国家发展规划落地实施提供空间保障,具有战略性、综合性、基础性和约束性的特点。

3. 为什么要开展国土空间规划工作?

我国经济已由高速增长阶段转向高质量发展阶段。为解决耕地减少过多过快、生态系统功能退化、资源粗放利用、环境污染严重、空间布局和结构不合理等问题,以及规划类型过多、内容重叠冲突、审批流程复杂、周期过长,地方规划朝令夕改等弊端,主管部门建立了统一的国土空间规划体系并监督实施,把每一寸土地规划得清清楚楚、明明白白,形成集约高效的生产空间、宜居适度的生活空间、山清水秀的生态空间,以及安全和谐、富有竞争力和可持续发展的国土空间格局,全面提升国土空间治理体系和治理能力现代化水平。

4. 国土空间规划的"五级三类四体系"指的是什么?

五级是指国土空间规划的层级制,从高至低依次为:全国国土空间规划纲要、省国土空间总体规划、市国土空间总体规划、县国土空间总体规划、乡镇国土空间总体规划。

三类是指总体规划、详细规划（含村庄规划）和相关专项规划。

四体系是指国土空间规划的编制审批体系、实施监督体系、法规政策体系和技术标准体系。

5. 国土空间规划中的管控空间指的是哪些？

管控空间是国土空间总体规划的主要内容。通过生态保护红线、永久基本农田保护红线、城镇开发边界等的划定，确定需要管控的空间。包括以下三类：

（1）生态空间，以提供生态系统服务或生态产品为主的功能空间。

（2）农业空间，以农业生产、农村生活为主的功能空间。

（3）城镇空间，以承载城镇经济、社会、政治、文化、生态等要素为主的功能空间。

6. 什么叫主体功能区？

主体功能区是以资源环境承载能力、经济社会发展水平、生态系统特征以及人类活动形式的空间差异为依据，划分出具有某种特定主体功能并实施差别化管控的地域空间单元。

7. 什么是土地调查？

《土地调查条例实施办法》规定，土地调查是指对土地的地类、位置、面积、分布等自然属性和土地权属等社会属性及其变化情况，以及基本农田状况进行的调查、监测、统计、分析的活动。

土地调查包括全国土地调查、土地变更调查和土地专项调查。

8. 土地调查的内容有哪些？

《土地调查条例》（国务院令第518号）第七条规定，土地调查包括下列内容：

（1）土地利用现状及变化情况，包括地类、位置、面积、分布等状况；

（2）土地权属及变化情况，包括土地的所有权和使用权状况；

（3）土地条件，包括土地的自然条件、社会经济条件等状况。

进行土地利用现状及变化情况调查时，应当重点调查基本农田现状及变化情况，包括基本农田的数量、分布和保护状况。

9. 什么是国土空间规划城市体检评估？

《国土空间规划城市体检评估规程》（TD/T 1063—2021）规定，按照"一年一体检、五年一评估"的方式，对城市发展阶段特征及国土空间总体规划实施效果定期进行分析和评价，是促进城市高质量发展、提高国土空间规划实施有效性的重要工具，分为年度体检和五年评估。

10. 五年评估报告包括的内容有哪些？

《国土空间规划城市体检评估规程》（TD/T 1063—2021）中要求，五年评估报告应全面对照国土空间总体规划和上级政府对国土空间总体规划的批复要求，以六个方面（战略定位、底线管控、规模结构、空间布局、支撑体系和实施保障）的规划实施情况为重点，开展阶段性的全面评估和总结，对国土空间规划各项目标和指标落实情况、强制性内容执行情况、各项政策机制的建立和对规划实施的影响等方面进行系统深入分析，结合规划面临的新形势和新要求,对未来发展趋势做出判断,并对规划的动态维护及下一个五年规划实施措施、政策机制等方面提出建议。

11. 新编制的国土空间规划与原来批准的相关土地利用规划、城乡规划以及主体功能区规划等是怎样的关系?

《自然资源部关于全面开展国土空间规划工作的通知》(自然资发〔2019〕87号)文件要求,已批准的规划期至2020年后的省级国土规划、城镇体系规划、主体功能区规划,城市(镇)总体规划,以及原省级空间规划试点和市县"多规合一"试点等,要按照新的规划编制要求,将既有规划成果融入新编制的同级国土空间规划中。

今后工作中,要将主体功能区规划、土地利用总体规划、城乡规划、海洋功能区划等统称为"国土空间规划"。

12. 什么是资源环境承载能力和国土空间开发适宜性?

自然资源部2020年1月印发的《资源环境承载能力和国土空间开发适宜性评价指南(试行)》将资源环境承载能力定义为:基于特定发展阶段、经济技术水平、生产生活方式和生态保护目标,一定地域范围内资源环境要素能够支撑农业生产、城镇建设等人类活动的最大合理规模。

将国土空间开发适宜性定义为:在维系生态系统健康和国土安全的前提下,综合考虑资源环境等要素条件,在特定国土空间进行农业生产、城镇建设等人类活动的适宜程度。

13. 国土空间规划编制中的"双评价"工作指的是什么?

国土空间规划编制中的"双评价"工作指的是对资源环境承载能力和国土空间开发适宜性的评价。

资源环境承载能力评价是对区域综合自然条件的分析评价。资源环境承载能力越高,越能够支撑经济社会发展,成为未来建设用地布局的首选区域。资源环境承载能力越低,则对经济社会发展的承载能力越弱,应划定为生态空间,作为区域发展的生态保障。

国土空间开发适宜性评价是在资源环境承载能力集成评价结果的基础上,分别针对生态保护、农业生产、城镇建设三类功能开展的国土空间开发适宜性评价。

14. 什么是"三区三线"?

"三区"指的是城镇空间、农业空间、生态空间三类空间。其中,城镇空间是指以承载城镇经济、社会、政治、文化、生态等要素为主的功能空间;农业空间是指以农业生产、农村生活为主的功能空间;生态空间是指以提供生态系统服务或生态产品为主的功能空间。

"三线"指的是根据城镇空间、农业空间、生态空间划定的城镇开发边界、永久基本农田保护红线和生态保护红线三条控制线。其中,城镇开发边界是指在一定时期内因城镇发展需要,可以集中进行城镇开发建设,重点完善城镇功能的区域边界,涉及城市、建制镇和各类开发区等;永久基本农田保护红线是指按照一定时期人口和经济社会发展对农产品的需求,依法确定的不得占用、不得开发,需要永久性保护的耕地空间边界;生态保护红线是指空间范围内具有特殊重要生态功能,必须强制性严格保护的陆域、水域、海域等区域,是保障和维护生态安全的底线和生命线。

15. "三区"划定的主要内容有哪些?

城镇空间划定的主要内容是从资源环境、承载能力、战略区位、交通、工业化和城镇化发展等角度,根据资源环境承载能力评价和国土空间开发适宜性评价结果,结合现状地表情况,进行城镇功能适宜性评价,并依据城镇开发边界及城镇功能适宜性评价结果划定城镇空间。

农业空间划定的主要内容是从农业资源数量、质量及组合匹配特点的角度,进行农业功能适宜性评价,并将永久基本农田、农业功能适宜性高、农村居民点等划入农业空间。

生态空间划定的主要内容是依据资源环境承载能力评价、国土空间开发适宜性评价结果及生态空间内涵,开展生态功能适宜性评价,最后根据生态功能适宜性评价结果和生态保护红线确定生态空间。

16. "三区"空间管控原则有哪些?

城镇空间中的城镇开发建设区的管控原则是:严格执行相关规划的控制要求,注重城市特色塑造,禁止破坏性建设,对具有历史文化保护价值的不可移动文物、历史建筑、历史遗迹、历史文化街区必须予以保留保护。统筹布局建设交通、能源、水利、通信等基础设施廊道,避免对城镇建设用地形成蛛网式切割。优化城镇功能布局,节约集约利用土地,优先保障教育、医疗、文体、养老、交通、绿化等公共基础设施的用地需求。

农业空间中的永久基本农田保护红线区管控原则:一经划定,任何单位和个人不得擅自占用或者改变用途,确保永久基本农田数量不减少。一般建设项目不得占用永久基本农田,重大能源、交通、水利、军事设施等确实无法避开基本农田保护区的,在可行性研究阶段,必须对占用的必要性、合理性和补划方案的可行性进行严格论证,通过国土资源部用地预审;农用地转用和土地征收依法依规报国务院批准。

生态空间中的生态保护红线区管控原则:生态保护红线划定后,只能增加、不能减少,因重大基础设施、重大民生保障项目建设等需要调整的,由省政府组织论证,提出调整方案,按程序报批。因国家重大战略资源勘查需要,在不影响主体功能定位的前提下,经依法批准后予以安排勘查项目。

17. 国土空间规划的定义是什么?

《中共中央 国务院关于建立国土空间规划体系并监督实施的若干意见》(中发〔2019〕18号)中对国土空间规划的定义是:对一定区域内国土空间开发保护在空间和时间上作出的安排,包括总体规划、详细规划和相关专项规划。

18. 怎样构建国土空间规划"一张图"?

自然资源部办公厅《关于开展国土空间规划"一张图"建设和现状评估工作的通知》(自然资办发〔2019〕38号)明确国土空间规划"一张图"建设有三个步骤:一是统一形成"一张底图";二是建设完善国土空间基础信息平台;三是叠加各级各类规划成果,构建国土空间规划"一张图"。

(1)统一形成"一张底图"

各地应以第三次全国国土调查成果为基础,整合规划编制所需的空间关联现状数据和信息,形成坐标一致、边界吻合、上下贯通的一张底图,用于支撑国土空间规划编制。

（2）建设完善国土空间基础信息平台

省、市、县各级应抓紧建设国土空间基础信息平台，并与国家级平台对接，实现纵向联通，同时推进与其他相关部门信息平台的横向联通和数据共享。基于平台，建设从国家到市县级的国土空间规划"一张图"实施监督信息系统，开展国土空间规划动态监测评估预警。

（3）构建国土空间规划"一张图"

各地自然资源主管部门在推进省级国土空间规划和市县国土空间总体规划编制中，应及时将批准的规划成果向本级平台入库，作为详细规划和相关专项规划编制和审批的基础和依据。经核对和审批的详细规划和相关专项规划成果由自然资源主管部门整合叠加后，形成以一张底图为基础，可层层叠加打开的国土空间规划"一张图"，为统一国土空间用途管制、实施建设项目规划许可、强化规划实施监督提供支撑。

19. 什么是城镇弹性发展区？

为应对城镇发展的不确定性，在城镇开发边界内、城镇集中建设区外划定的，在满足特定条件下方可进行城镇开发和集中建设的地域空间。

在不突破规划城镇建设用地规模的前提下，城镇建设用地布局可在城镇弹性发展范围内进行调整，同时相应核减城镇集中建设区用地规模。

20. 什么是城镇集中建设区？

根据规划城镇建设用地规模，为满足城镇居民生产生活需要，划定的一定时期内允许开展城镇开发和集中建设的地域空间。

21. 什么是城镇特别用途区？

为完善城镇功能，提升人居环境品质，保持城镇开发边界的完整性，根据规划管理，需划入开发边界内的重点地区，主要包括与城镇关联密切的生态涵养、休闲游憩、防护隔离、自然和历史文化保护等地域空间。

特别用途区原则上禁止任何城镇集中建设行为，实施建设用地总量控制，原则上不得新增除市政基础设施、交通基础设施、生态修复工程、必要的配套及游憩设施外的其他城镇建设用地。

22. 城乡生活圈的概念是什么？

按照以人为核心的城镇化要求，围绕全年龄段人口的居住、就业、游憩、出行、学习、康养等全面发展的生活需要，在一定空间范围内，形成日常出行尺度的、功能复合的城乡生活共同体。对应不同时空尺度，城乡生活圈可分为都市生活圈、城镇生活圈、社区生活圈等，其中，社区生活圈应作为完善城乡服务功能的基本单元。

23. 自然保护区的概念是什么？

《中华人民共和国自然保护区条例》（国务院令第167号）规定，自然保护区是指对有代表性的自然生态系统、珍稀濒危野生动植物物种的天然集中分布区、有特殊意义的自然遗迹等保护对象所在的陆地、陆地水体或者海域，依法划出一定面积予以特殊保护和管理的区域。

24. 市级国土空间总体规划的强制性内容包括哪些？

自然资源部《市级国土空间总体规划编制指南（试行）》规定，市级国土空间总体规划的强制性内容应包括：

（1）约束性指标落实及分解情况，如生态保护红线面积、用水总量、永久基本农田保护面积等；

（2）生态屏障、生态廊道和生态系统保护格局，自然保护地体系；

（3）生态保护红线、永久基本农田和城镇开发边界三条控制线；

（4）涵盖各类历史文化遗存的历史文化保护体系，历史文化保护线及空间管控要求；

（5）中心城区范围内结构性绿地、水体等开敞空间的控制范围和均衡分布要求；

（6）城乡公共服务设施配置标准，城镇政策性住房和教育、卫生、养老、文化体育等城乡公共服务设施布局原则和标准；

（7）重大交通枢纽、重要线性工程网络、城市安全与综合防灾体系、地下空间、邻避设施等设施布局。

第二节 案例解析

目前，各省、自治区、直辖市的国土空间总体规划正在陆续报批。但是，有的城市的国土空间总体规划刚刚获得批复，分区规划和详细规划还没有开始编制，就出现修改总体规划中的相关内容的情况；有的城镇开发边界刚刚划定就要优化。这些现象的出现并非偶然，归根结底，是我们规划编制的科学性不足，编制程序就是走过场，规划的可操作性不强，若干文件规定存在偏重不一的问题。"一张蓝图干到底"的目标不大容易实现。

案例 1

2023年8月25日，某省政府人民政府批复了某市的国土空间总体规划。同年的9月23日，该市自然资源和规划局某分局按照所在地区政府的要求，组织召开专家论证会，以对原有控制性详细规划中一个地块性质调整的名义，将最新总体规划中的中小学教育用地调整为二类工业用地，以满足市政府提出的"每个县区都要有成片500亩工业用地储备"的要求。

【解析】

1. 2019年修订的《土地管理法》第十八条规定，经依法批准的国土空间规划是各类开发、保护、建设活动的基本依据。已经编制国土空间规划的，不再编制土地利用总体规划和城乡规划。

2. 《中华人民共和国土地管理法实施条例》（简称《土地管理法实施条例》）第二条规定，土地开发、保护、建设活动应当坚持规划先行。经依法批准的国土空间规划是各类开发、保护、建设活动的基本依据。

已经编制国土空间规划的，不再编制土地利用总体规划和城乡规划。在编制国土空间规划前，经依法批准的土地利用总体规划和城乡规划继续执行。

3.《城乡规划法》第十七条规定,规划区范围、规划区内建设用地规模、基础设施和公共服务设施用地、水源地和水系、基本农田和绿化用地、环境保护、自然与历史文化遗产保护以及防灾减灾等内容,应当作为城市总体规划、镇总体规划的强制性内容。

4.《中共中央 国务院关于建立国土空间规划体系并监督实施的若干意见》(中发〔2019〕18号)强调,规划一经批复,任何部门和个人不得随意修改、违规变更,防止出现换一届党委和政府改一次规划。

详细规划要依据批准的国土空间总体规划进行编制和修改。

5.《自然资源部关于进一步加强国土空间规划编制和实施管理的通知》(自然资发〔2022〕186号)文件规定,市县国土空间总体规划批复后,市县自然资源主管部门应结合实际及时推进控制性详细规划的修编报批。不得以专项规划、片区策划、实施方案、城市设计等名义替代详细规划设置规划条件、核发规划许可。

经批准的国土空间规划是各类开发、保护、建设活动的基本依据,不符合国土空间规划的工程建设项目,不得办理用地用海审批和土地供应等手续,不予确权登记。严肃查处违法违规编制、修改和审批国土空间规划、发放规划许可、违反法定规划设置规划条件和"未批先建"等问题。

6.《自然资源部关于加强和规范规划实施监督管理工作的通知》(自然资发〔2023〕237号)文件规定,经依法批准的国土空间规划是开展各类国土空间开发保护建设活动、实施统一用途管制的基本依据。总体规划和详细规划是实施城乡开发建设、整治更新、保护修复活动和核发规划许可的法定依据。不得以城市设计、城市更新规划等专项规划替代国土空间总体规划和详细规划作为各类开发保护建设活动的规划审批依据。强化国土空间总体规划的指导约束作用,详细规划的编制和修改应当落实上位总体规划的战略目标、功能布局、空间结构、资源利用等要求,不得违反上位总体规划的底线管控要求和强制性内容。依法批准的详细规划纳入国土空间规划"一张图"实施监督信息系统,作为规划实施监督管理的重要依据。

7.《市级国土空间总体规划编制指南(试行)》中规定,市级总体规划中强制性内容应包括:城乡公共服务设施配置标准,城镇政策性住房和教育、卫生、养老、文化体育等城乡公共服务设施布局原则和标准。

本案属于典型的"换一届党委和政府改一次规划"的案例。

【延伸】

自然资源部召开的《市级国土空间总体规划编制指南(试行)》有关情况新闻发布会上,针对澎湃新闻记者提问的"以往规划存在'图上画画、墙上挂挂'的问题,请问市级总规编制中如何避免?"时,自然资源部国土空间规划局副局长孙雪东作如下回答:

这个问题在相当长一段时期确实存在,也广为诟病,很多规划在编制审批完成之日,就束之高阁。问题的第一个症结主要在规划的科学性不强,因为规划的社会科学属性远远大于自然科学属性,门槛低、但水很深;第二个症结是规划的权威性不够,一任市长改几次规划成为家常便饭,下位规划修改偏离上位规划的约束性要求,详细规划随意修改总体规划;第三个症结是规划的操作性不强,激励约束政策机制没有形成一个方向的合力等。

针对上述问题,本《指南》着重从以下三方面入手,改变过去规划的重编制轻实施,"纸上画画、墙上挂挂""政府一换届,规划就换届"的现象。

本案是一个真实案例。某市城市国土空间总体规划批复还不足一个月,就通过调整原有控制性详细规划的内容对总规进行调整,明显违反了中央和国务院"详细规划要依据批准的国土空间总体规划进行编制和修改"以及自然资源部"详细规划的编制和修改应当落实上位总体规划的战略目标、功能布局、空间结构、资源利用等要求,不得违反上位总体规划的底线管控要求和强制性内容"的规定。此外,中小学教育用地对周边环境要求比较严格,对用地位置的布局有适中性要求,并且还是《城乡规划法》和《市级国土空间总体规划编制指南(试行)》规定的强制性内容。总体规划编制阶段是在综合考虑全市整体用地布局的前提下,落实各类用地的,任何一个单元的详细规划调整,都不能随意触碰总体规划的强制性内容,否则,要按照法定程序对总体规划进行相应的修改。

案例 2

一个黄金水道上的内河港口,因生态保护红线划定时,没有考虑港口已有的岸线规划,仅按照现状留下岸线长度,导致该港口扩建时,要突破生态保护红线。

【解析】

1.《国土空间调查、规划、用途管制用地用海分类指南》中规定,国土调查工作中为满足年度考核管理的需要,用途改变过程中,未达到新用途验收或变更标准的,按原用途确认。国土开发整治、生态修复等项目验收工作中有细化地类认定要求的,从其相关要求认定地类。

2. 自然资源部办公厅《自然资源管理工作中涉及地类有关问题解答》(自然资办函〔2023〕1804号)中强调,国土调查坚持按实地现状认定地类,即社会上通俗讲的"所见即所得",反映调查时点的土地利用现状。如,对某块正在种植粮食作物的土地,调查时按实地现状认定为耕地;如未来规划其用途为工业用地,并依据规划用途经建设用地审查批准后,但调查时并没有建设仍种植粮食作物的,按实地现状仍认定为耕地;待其建设了工业厂房等建(构)筑物后,再认定为工业用地。

3.《自然资源部关于进一步加强国土空间规划编制和实施管理的通知》(自然资发〔2022〕186号)中要求,加强规划与用地政策的融合。国土空间规划管理要更加注重资源资产关系,将国土调查、地籍调查、不动产登记等作为规划编制和实施的工作基础,规划方案要与土地利用、产权置换、强度调节、价格机制等用地政策有机融合,有效推动存量资源资产的盘活利用。

4.《自然资源部关于全面开展国土空间规划工作的通知》(自然资发〔2019〕87号)文件要求,已批准的规划期至2020年后的省级国土规划、城镇体系规划、主体功能区规划,城市(镇)总体规划,以及原省级空间规划试点和市县"多规合一"试点等,要按照新的规划编制要求,将既有规划成果融入新编制的同级国土空间规划中。

5.《自然资源部关于在全国开展"三区三线"划定工作的函》(自然资函〔2022〕47号)规定,"三区三线"划定的原则:

(1) 协调发展原则

以主体功能区规划为基础,以系统构建生态安全格局、优化国土开发为目标,依据资源环境承载能力评价和国土空间开发适宜性评价,结合市县实际,划定"三区三线"。同时制定各类空间管控办法,做到各类空间协调发展。

(2) 生态优先原则

树立尊重自然、顺应自然、保护自然的理念,正确处理发展与保护的关系,牢固树立底线意识,从生态安全、生态承载力、生态完整性和生态功能性等多方面考虑,把生态安全放在突出位置,优先确定生态保护红线。

(3) 底线管控原则

遵循自然资源供给上限、粮食安全与生态环境安全的基本底线,坚守生态保护红线和永久基本农田刚性约束。科学预测城镇发展方向与规模,合理预留用地,集约节约利用土地资源,实现城镇开发边界的底线管控。

(4) 动态变化原则

尊重自然生态变化、城镇规模增长以及产业发展等情况的动态变化规律,结合空间规划期限,适时评估"三区三线"的合理性,合理确定空间结构,提高空间利用效率。

6.《"三区三线"划定技术问答(第二版)》中提出,对与生态保护红线评估调整数据成果不一致的部分,按照应划尽划原则,撤销或者变更范围的,可根据实际情况调出生态保护红线,并提供撤销或者变更的举证材料。

【延伸】

地类认定应遵循"所见即所得",是对调查时点土地利用现状的认定,是国土空间规划编制前的工作。而"三区三线"划定工作,则是国土空间规划编制中的工作。编制规划时,既要对已有规划的实施情况进行评估,还要对土地利用现状进行调查分析。

《自然资源部关于进一步加强国土空间规划编制和实施管理的通知》(自然资发〔2022〕186号)要求,国土空间规划要更加注重资源资产关系,将国土调查、地籍调查、不动产登记等作为规划编制的工作基础,规划方案要与土地利用、产权置换、强度调节、价格机制等用地政策有机融合;《关于全面开展国土空间规划工作的通知》(自然资发〔2019〕87号)规定,要按照新的规划编制要求,将既有规划成果融入新编制的同级国土空间规划中;《中共中央国务院关于建立国土空间规划体系并监督实施的若干意见》(中发〔2019〕18号)规定,坚持陆海统筹、区域协调、城乡融合,优化国土空间结构和布局,统筹地上地下空间综合利用,着力完善交通、水利等基础设施和公共服务设施,延续历史文脉,加强风貌管控,突出地域特色。

本案是典型的不顾原有规划实施情况、不顾地方产业发展的"简单粗暴一刀切"式规划行为。即使有"动态变化原则"作依据,也给后续的规划管理工作"预留"了一个复杂而烦琐的"调出生态保护红线"时需要"提供举证材料"的问题。同时,规划的权威性因为不权威的规划行为而受到挑战。

两所高等职业技术学院,已建成并招生若干年。建设初期,两院之间有一条自然灌溉水渠(现已规划为城市排涝河道)分隔,规划河道控制宽度比原来的灌溉水渠宽了10米(两侧各5米左右),这10米在"第三次全国国土调查"中都被认定为永久基本农田。然而,在"三区三线"划定时,却将其划进了城镇开发边界内,形成了"天窗"。因为"城市生命线"工程的建设需要,要将河道拓宽至规划宽度,应如何处理?

【解析】

1. 《中华人民共和国基本农田保护条例》(简称《基本农田保护条例》)规定,划入基本农田最基本的要求,是有良好的水利与水土保持设施的耕地。

2. 《基本农田划定技术规程》(TD/T 1032—2011)规定,未纳入基本农田整备区的零星分散、规模过小、不易耕作、质量较差的低等级耕地,禁止新划定为基本农田。

3. 《市级国土空间总体规划编制指南(试行)》规定,出于城镇开发边界完整性及特殊地形条件约束的考虑,对于无法调整的零散分布或确需划入开发边界的永久基本农田,可以采取"开天窗"的形式,不计入城镇开发边界面积,并按照永久基本农田的保护要求进行管理。

4. 《自然资源部办公厅关于严肃开展耕地和永久基本农田划定成果核实处置工作的通知》(自然资办发〔2023〕25号)规定,城镇开发边界内以"开天窗"方式保留的永久基本农田涉及调整的,应在城镇开发边界内落实补划,确保本行政区域内以"开天窗"方式保留的永久基本农田规模不减少。

【延伸】

1. 地类调查基础工作的重要性

(1)《土地调查条例》要求,承担土地调查任务的单位应当具备完备的技术和质量管理制度,以及有经过培训且考核合格的专业技术人员。

(2)《国务院关于开展第三次全国土地调查的通知》(国发〔2017〕48号)规定,第三次国土调查于2017年10月8日启动,以2019年12月31日为标准时点,要求2020年,汇总全国土地调查数据,形成调查数据库及管理系统,完成调查工作验收、成果发布等。各地要加强对承担调查任务的调查队伍的监管和对调查人员的培训。

(3)《第三次全国土地调查总体方案》(国土调查办发〔2018〕1号)要求,各级应加强对调查人员的培训,经培训且考试合格取得全国统一土地调查员工作证的人员方可承担调查任务。

(4)《第三次全国国土调查技术规程》(TD/T 1055—2019)要求,在开展国土调查前,各地应对参加调查的人员进行培训,统一地类标准和成果要求、规范作业程序和调查方法,确保调查成果质量。在调查期间,至2020年6月10日,国务院第三次全国国土调查领导小组办公室印发过三批技术问答。

地类认定问题,"三调"的依据是《土地利用现状分类》(GB/T 21010—2017),《土地利用现状分类》和"三调"又是划定"三区三线"的依据,地类认定的准确性和调查数据的精确性,对后续的规划编制工作至关重要。

加之,中共中央、国务院两次印发了《中共中央 国务院关于建立国土空间规划体系并监督实施的若干意见》(中发〔2019〕18号)和《中共中央办公厅 国务院办公厅印发〈关于在国土空间规划中统筹划定落实三条控制线的指导意见〉的通知》(厅字〔2019〕48号),要求到2020年年底,完成三条控制线划定和落地,基本完成市县以上各级国土空间总体规划编制,初步形成全国国土空间开发保护"一张图"。对国土空间规划的要求是时间紧、任务重,如果基础资料出现了问题,后期工作将很被动。

2. "三区三线"划定的科学性

"三区三线"划定工作是国土空间规划编制的首要工作,需要对基础资料进行分析研究,需要对各种要素进行评估分析,不能机械地直接运用现状资料进行简单的叠加复合。

2022年5月份,自然资源部印发了两版《"三区三线"划定技术问答》,直至2023年11月,自然资源部才印发《国土空间调查、规划、用途管制用地用海分类指南》,国土空间规划的新概念、问题的复杂性和技术指导文件的跟不上,也是造成全国没有完成《中共中央 国务院关于建立国土空间规划体系并监督实施的若干意见》(中发〔2019〕18号)规定的"到2020年,基本完成市县以上各级国土空间总体规划编制,初步形成全国国土空间开发保护'一张图'"目标任务的原因之一。

3. 本案处理方式

本案处理应从地类调查、工作的紧迫性和相关技术规范滞后入手,加之本案所涉土地处于中心城市的建成区范围内,按照《基本农田划定技术规程》中"未纳入基本农田整备区的零星分散、规模过小、不易耕作、质量较差的低等级耕地,禁止新划定为基本农田"的规定要求以及《市级国土空间总体规划编制指南(试行)》规定的出于城镇开发边界完整性及特殊地形条件约束的考虑,对于无法调整的零散分布永久基本农田,可以"开天窗"形式不计入城镇开发边界面积进行处理。

但是,不建议按照《自然资源部办公厅关于严肃开展耕地和永久基本农田划定成果核实处置工作的通知》中提出的"应在城镇开发边界内落实补划"。原因如下:(1)如果在城镇开发边界内补划基本农田,这个小"天窗"永远存在。(2)基本农田不仅仅要数量,更重要的是要有高标准、高质量。在已经开发建设完毕的城区,补划这零星的耕地,不符合"三区三线"规则,也不利于农植物的生长。(3)建议在城镇开发边界外予以补划,也可按照《自然资源部办公厅关于严肃开展耕地和永久基本农田划定成果核实处置工作的通知》(自然资办发〔2023〕25号)中对"基本农田中的非耕地"的处理方式进行处理。

案例 4

一个一类工业企业,已取得国有土地使用权、规划许可以及不动产登记等手续,生产状况良好。在本次国土空间规划中,将其近三分之二的生产用地划出了城镇开发边界,并且,在开发边界内的部分,土地规划用途也发生了变化。这种情况该如何处理?

【解析】

1.《"三区三线"划定规则》指出,依据资源环境承载力评价和国土空间开发适宜性评价以及城乡规划与土地利用总体规划建设用地差异分析对比内容,综合考虑城镇建设用地的适宜性、现行城乡规划与土地利用规划建设用地情况、城镇空间发展方向等,最终确定城镇开发边界。

2. 自然资源部2020年9月印发的《市级国土空间总体规划编制指南（试行）》规定，城镇开发边界形态尽可能完整，充分利用现状各类边界。

3. 自然资源部于2022年5月21日发布的《"三区三线"划定技术问答（第二版）》答复，经依法批准的原土地利用总体规划或城市总体规划明确的建设用地范围，经国土空间规划统筹协调，仍拟作为规划建设用地范围并纳入国土空间规划"一张图"，经省级认定后视为一致性处理后的建设用地范围。县政府所在地的县城（镇）总体规划可参照执行。

4. 《自然资源部关于做好城镇开发边界管理的通知（试行）》（自然资发〔2023〕193号）规定，在严格落实耕地保护优先序，确保城镇建设用地规模和城镇开发边界扩展倍数不突破的前提下，可对"已依法依规批准且完成备案的建设用地，已办理划拨或出让手续，已核发建设用地使用权权属证书，确需纳入城镇开发边界"这种情形的城镇开发边界进行局部优化。

【延伸】

国土空间规划是公共政策，应当具有延续性，即便它可以通过经济杠杆去平衡调整社会群体之间的利益关系，也不能成为制造社会矛盾的工具。

本案所涉企业用地原本符合土地利用总体规划和城乡规划，却通过本次的"一条线"规划，将其划成"两半"，应该说是对原有规划的挑战和否定，而不是吸纳和延续，不符合本次规划划定城镇开发边界的原则。

据悉，某个省辖市的城市现状建设用地边界以及城镇开发边界，是分片交给所辖区的区级政府划定的，市级主管部门和规划编制单位只是对各区级政府提交的划定成果进行整合，然后再按照上级规定的城镇开发边界扩展倍数随意勾几笔，形成了城镇开发边界最终成果进行上传。这种结论的科学性肯定是无法保证的。

国土空间规划不是简单的叠合，也不是简单的取舍。产业发展、人与自然共存不是口号，需要科学的态度和实际的行动作为保障。

本案可以认定为"错划"，建议按照《自然资源部关于做好城镇开发边界管理的通知（试行）》的要求，对开发边界予以局部优化。

案例 5

某省辖市，处平原地区，有内河、湖泊，属全国粮食生产基地。虽然经济排名全省倒数，但在全国范围仍位列前100以内。该市国土空间总体规划已通过审批。总体规划中，生态保护红线面积占全市国土总面积的14%。在生态红线划定的自然保护区范围内有耕地、林地、草地等农用地，这些土地用途分类应如何认定和统计？

【解析】

1. 《土地管理法》第四条规定，国家编制土地利用总体规划，规定土地用途，将土地分为农用地、建设用地和未利用地。第二十八条规定，国家建立土地统计制度。

2. 《中华人民共和国草原法》（简称《草原法》）第二十四条规定，国家建立草原统计制度。

3. 《中华人民共和国自然保护区条例》(简称《自然保护区条例》)第十条规定,具有典型的自然地理区域、有代表性的自然生态系统区域以及具有特殊保护价值的海域、海岸、岛屿、湿地、内陆水域、森林、草原和荒漠等条件的,应当建立自然保护区。第二十六条规定,禁止在自然保护区内进行砍伐、放牧、狩猎、捕捞、采药、开垦、烧荒、开矿、采石、挖沙等活动;但是,法律、行政法规另有规定的除外。

4. 《中共中央办公厅 国务院办公厅印发〈关于在国土空间规划中统筹划定落实三条控制线的指导意见〉的通知》(厅字〔2019〕48号)指出,为统筹划定落实生态保护红线、永久基本农田、城镇开发边界三条控制线,应当遵守三大原则和协调解决冲突的相关规定。

(1) 底线思维,保护优先原则:以资源环境承载能力和国土空间开发适宜性评价为基础,科学有序统筹布局生态、农业、城镇等功能空间,强化底线约束,优先保障生态安全、粮食安全、国土安全。

(2) 多规合一,协调落实原则:按照统一底图、统一标准、统一规划、统一平台要求,科学划定落实三条控制线,做到不交叉、不重叠、不冲突。

(3) 统筹推进,分类管控原则:坚持陆海统筹、上下联动、区域协调,根据各地不同的自然资源禀赋和经济社会发展实际,针对三条控制线不同功能,建立健全分类管控机制。

三条控制线出现矛盾时,生态保护红线要保证生态功能的系统性和完整性,确保生态功能不降低、面积不减少、性质不改变;永久基本农田要保证适度合理的规模和稳定性,确保数量不减少、质量不降低;城镇开发边界要避让重要生态功能,不占或少占永久基本农田。目前已划入自然保护地核心保护区的永久基本农田、镇村、矿业权逐步有序退出;已划入自然保护地一般控制区的,根据对生态功能造成的影响确定是否退出,其中,造成明显影响的逐步有序退出,不造成明显影响的可采取依法依规相应调整一般控制区范围等措施妥善处理。协调过程中退出的永久基本农田在县级行政区域内同步补划,确实无法补划的在市级行政区域内补划。

5. 《自然资源部、生态环境部、国家林业和草原局关于加强生态保护红线管理的通知(试行)》(自然资发〔2022〕142号)规定,原住居民,允许在不扩大现有耕地的前提下,开展种植活动,修筑生产生活设施。

6. 自然资源部2023年11月印发的《国土空间调查、规划、用途管制用地用海分类指南》中规定,国土空间总体规划原则上以一级类为主,可细分至二级类。

【延伸】

通过对相关法律法规和政策文件的解读,觉得本案为无解题。

首先,《土地管理法》规定,在国土空间总体规划中,土地只有农用地、建设用地和未利用地三大类。而《国土空间调查、规划、用途管制用地用海分类指南》中,对用地用海分类采用三级分类体系,本指南共设置24个一级类、113个二级类及140个三级类,且要求在国土空间总体规划阶段原则上以一级类为主,可细分至二级类,并没有和《土地管理法》形成对应关系。

其次,《中共中央办公厅 国务院办公厅印发〈关于在国土空间规划中统筹划定落实三条控制线的指导意见〉的通知》要求,做到三条控制线不交叉、不重叠、不冲突。

再次,《自然保护区条例》规定,禁止在自然保护区内进行砍伐、放牧、狩猎、捕捞、采药、开垦、烧荒、开矿、采石、挖沙等活动。意思是除法律、行政法规另有规定以外,禁止在自然保护区草地放牧、水面捕捞、开垦耕地……,按此规定禁止了相关行为,相应土地应该属于永久撂荒。

从次,《中共中央办公厅 国务院办公厅印发〈关于在国土空间规划中统筹划定落实三条控制线的指导意见〉的通知》指出,目前已划入自然保护地核心保护区的永久基本农田逐步有序退出;已划入自然保护地一般控制区的,根据对生态功能造成的影响确定是否退出,其中,造成明显影响的逐步有序退出,不造成明显影响的可采取依法依规相应调整一般控制区范围等措施妥善处理。协调过程中退出的永久基本农田在县级行政区域内同步补划,确实无法补划的在市级行政区域内补划。意思是已划入自然保护地核心保护区和自然保护地一般控制区的基本农田,可以有序调出,然后按照程序,在一定区域内予以补划。

之后,《中共中央办公厅 国务院办公厅印发〈关于在国土空间规划中统筹划定落实三条控制线的指导意见〉的通知》要求,确保生态功能不降低、面积不减少、性质不改变;永久基本农田要保证适度合理的规模和稳定性,确保数量不减少、质量不降低;城镇开发边界要避让重要生态功能,不占或少占永久基本农田。按照该文件要求,不谈相关空间的质量问题,只谈在总量不变的国土空间之中,如何保证其中的"两个不减、一个不占"问题,如何挖掘空间潜力?

最后,《自然资源部、生态环境部、国家林业和草原局关于加强生态保护红线管理的通知(试行)》规定,原住居民,允许在不扩大现有耕地的前提下,开展种植活动,修筑生产生活设施。按照"不交叉、不重叠"的规定,这块耕地应如何统计?

综上并再次延伸,自然保护地区内的草原(地)以及与城镇生活息息相关的水源地等,在法律规定中应如何认定和统计呢?

我国作为有担当的大国,着眼于保护全球生态环境而采取的积极行动是无可厚非的。但是,我国是缺粮国家的现实也是客观存在的。粮食是大安全问题,是国家安全的重要内容。应当制定分类指导的政策,将自然灾害发生频率较少的地区,特别是平原地区,作为粮食生产的主要地区。建议在确保区域人民生活环境不受影响的条件下,尽量多放出土地用于粮食生产,而不应当"一刀切"或者下达硬性指标为"无地"城市分担生态空间指标。

案例6

一宗约200亩已经投产的工业"飞地",被某县国土空间总体规划划出了中心城区的城镇开发边界,能否通过村庄规划编制划入村庄规划建设用地范围?

【解析】

1.《城乡规划法》第十八条规定,村庄规划的内容应当包括:规划区范围,住宅、道路、供水、排水、供电、垃圾收集、畜禽养殖场所等农村生产、生活服务设施、公益事业等各项建设的用地布局、建设要求,以及对耕地等自然资源和历史文化遗产保护、防灾减灾等的具体安排。

2.《中央农办 农业农村部 自然资源部 国家发展改革委 财政部关于统筹推进村庄规划工作的意见》(农规发〔2019〕1号)要求,结合村庄资源禀赋和区位条件,引导产业集聚发展,尽可能把产业链留在乡村,让农民就近就地就业增收。

3.《中共中央 国务院关于抓好"三农"领域重点工作确保如期实现全面小康的意见》(2020年中央1号文件)要求,在符合国土空间规划前提下,通过村庄整治、土地整理等方式节余的农村集体建设用地优先用于发展乡村产业项目。新编县乡级国土空间规划应安排不少于10%的建设用地指标,重点保障乡村产业发展用地。

《中共中央 国务院关于实施乡村振兴战略的意见》要求,落实节约优先、保护优先、自然恢复为主的方针。

4.《市级国土空间总体规划编制指南(试行)》规定,县级总规按照市级总规提出的区县指引要求划定县(区)域的全部城镇开发边界后,以县(区)为统计单元,划入城镇集中建设区的规划城镇建设用地一般应不少于县(区)域规划城镇建设用地总规模的90%。

5.《自然资源部办公厅关于过渡期内支持巩固拓展脱贫攻坚成果同乡村振兴有效衔接的通知》(自然资办发〔2022〕45号)规定,每个脱贫县每年安排新增建设用地计划指标600亩,专项用于巩固拓展脱贫攻坚成果和乡村振兴用地需要,不得挪用;原深度贫困地区新增建设用地计划指标不足的,由所在省份协调解决。

国家乡村振兴重点帮扶县、原深度贫困地区按规划新批准的工业项目,过渡期内,其建设用地控制指标可不受相应地区行业投资强度控制指标约束。

6.《自然资源部关于做好城镇开发边界管理的通知(试行)》(自然资发〔2023〕193号)要求,符合"已依法依规批准且完成备案的建设用地,已办理划拨或出让手续,已核发建设用地使用权权属证书,确需纳入城镇开发边界"情形的,可以对城镇开发边界进行局部优化。

城镇开发边界外不得进行城镇集中建设,不得规划建设各类开发区和产业园区,不得规划城镇居住用地。在落实最严格的耕地保护、节约用地和生态环境保护制度的前提下,结合城乡融合、区域一体化发展和旅游开发、边境地区建设等合理需要,在城镇开发边界外可规划布局有特定选址要求的零星城镇建设用地,并依据国土空间规划,按照"三区三线"管控和城镇建设用地用途管制要求,纳入国土空间规划"一张图"严格实施监督。

【延伸】

1. 乡村振兴需要产业项目建设用地。

(1)《城乡规划法》要求村庄规划要对有关农村生产等各项建设的用地布局作出具体安排。

(2)《中央农办 农业农村部 自然资源部 国家发展改革委 财政部关于统筹推进村庄规划工作的意见》农规发〔2019〕1号,要求,村庄规划应当引导产业集聚发展,尽可能把产业链留在乡村,让农民就近就地就业增收。

(3)《中共中央 国务院关于抓好"三农"领域重点工作确保如期实现全面小康的意见》(2020年中央1号文件)要求,新编县乡级国土空间规划应安排不少于10%的建设用地指标,重点保障乡村产业发展用地。

(4)《市级国土空间总体规划编制指南(试行)》中"划入城镇集中建设区的规划城镇建设用地一般应不少于县(区)域规划城镇建设用地总规模的90%"的规定,用地比例与《中共中央 国务院关于抓好"三农"领域重点工作确保如期实现全面小康的意见》(2020年中央1号文件)的要求一致。

在城镇集中建设区以外及广阔的乡村地区,安排10%的建设用地,用于城镇基础设施建设和乡村产业发展,如何使用好考验着乡镇人民政府发展乡村经济和为民办实事的智慧。

2. 建议本案对"飞地"被划出城镇开发边界的原因进行研究分析,按照《自然资源部关于做好城镇开发边界管理的通知》(自然资发〔2023〕193号)的规定,通过城镇开发边界的优化程序,将其纳入城镇开发边界。需注意以下几点:

(1)用于乡村振兴建设用地的总指标不可能改变;

(2)现有的"飞地"企业与新增用地指标无关;

(3)现有的产业门类与《城乡规划法》规定的"农村生产"以及《中央农办 农业农村部 自然资源部 国家发展改革委 财政部关于统筹推进村庄规划工作的意见》(农规发〔2019〕1号)中"把产业链留在乡村"的要求不一定相符。

3.《城乡规划法》第十八条规定,村庄规划应当从农村实际出发,尊重村民意愿,体现地方和农村特色。

4. 制定中的《国土空间规划法》提出,城镇开发边界外的村庄规划要突出实用导向,体现地方和农村特色。

现行和正在制定的法律,都要求村庄规划不同于城镇规划,要体现实用和地方特色。

本案的"飞地"即使飞得再远,它离城镇集中建设区也不会很远,它需要使用集中建设区的相关配套设施。对于远离城镇集中建设区的零星设施用地,比如加油加气站、充电站、通信信号塔等,可以按照《自然资源部关于做好城镇开发边界管理的通知》(自然资发〔2023〕193号)中"在城镇开发边界外可规划布局有特定选址要求的零星城镇建设用地"的要求进行处理。

案例 7

云南昆明市宜良县,有网友通过"人民网留言板"提出,有一些很偏僻的地,被划为基本农田,水利条件不好,目前不适合种粮食了。

乡镇政府答复:对于基本农田划分不合理问题,根据《土地管理法》规定,基本农田的划定工作是由县级人民政府自然资源主管部门会同同级农业农村主管部门组织实施,我镇无权干预,但会如实将您提出的问题向上级部门反映。

【解析】

1.《中华人民共和国地方各级人民代表大会和地方各级人民政府组织法》(简称《地方各级人民代表大会和地方各级人民政府组织法》)第七十六条规定,乡、民族乡、镇的人民政府有行使管理本行政区域内的经济、教育、科学、文化、卫生、体育等事业和生态环境保护、财政、民政、社会保障、公安、司法行政、人口与计划生育等行政工作的职权。

2.《土地管理法》第十五条规定，各级人民政府应当依据国民经济和社会发展规划、国土整治和资源环境保护的要求、土地供给能力以及各项建设对土地的需求，组织编制土地利用总体规划。

第十九条规定，乡(镇)土地利用总体规划应当划分土地利用区，根据土地使用条件，确定每一块土地的用途，并予以公告。

第三十四条规定，永久基本农田划定以乡(镇)为单位进行，由县级人民政府自然资源主管部门会同同级农业农村主管部门组织实施。永久基本农田应当落实到地块，纳入国家永久基本农田数据库严格管理。乡(镇)人民政府应当将永久基本农田的位置、范围向社会公告，并设立保护标志。

3.《城乡规划法》第十七条规定，规划区范围、规划区内建设用地规模、基础设施和公共服务设施用地、水源地和水系、基本农田和绿化用地、环境保护、自然与历史文化遗产保护以及防灾减灾等内容，应当作为镇总体规划的强制性内容。

4.《基本农田保护条例》第六条规定，乡(镇)人民政府负责本行政区域内的基本农田保护管理工作。

5. 正在制定的《国土空间规划法》指出，乡镇人民政府是本级国土空间总体规划的组织编制主体。乡镇国土空间总体规划的内容包括乡镇域主要用地功能布局等。

6.《基本农田划定技术规程》规定，市、县、乡三级土地利用总体规划图、数据库、文本及说明是基本农田划定工作重要的基础资料。

【延伸】

本案中，乡政府对群众的"我镇无权干预"的回复是不妥的。

按照法律法规规定，乡镇人民政府是乡镇、城乡土地利用以及后续的国土空间规划的编制主体，相关规划中都涉及乡镇地域每一块土地的用途，乡镇人民政府对每一块土地的用途有着绝对的话语权，而且乡镇级土地利用总体规划图、数据库、文本及说明是基本农田划定工作重要的基础资料，即使基本农田的划定工作由县级人民政府自然资源主管部门会同同级农业农村主管部门具体实施，但是乡镇人民政府也与基本农田划定工作分不开。

《地方各级人民代表大会和地方各级人民政府组织法》第七十六条规定，乡、民族乡、镇的人民政府有行使发布决定和命令的职权。

《土地管理法实施条例》第三条规定，国土空间规划应当细化落实国家发展规划提出的国土空间开发保护要求，统筹布局农业、生态、城镇等功能空间，划定落实永久基本农田、生态保护红线和城镇开发边界。

无论是谁组织实施基本农田的划定工作，最终的划定成果都要落实到乡镇国土空间规划中，作为国土空间规划的主要内容之一，乡镇政府还应当予以公告。

乡镇政府作为最基层的政府，是最先接触群众的一级政府，对群众提出的各种问题和诉求应当依法依职作出及时回应，而不应当使用法律法规中的只言片语去应付群众，并将许多简单的问题向上级推诿，导致政府和群众之间的关系更加复杂。

案例 8

未利用地在国土空间规划中应当如何体现和提出规划控制要求?

【解析】

《土地管理法》第四条规定,国家编制土地利用总体规划,规定土地用途,将土地分为农用地、建设用地和未利用地。未利用地是指农用地和建设用地以外的土地。

《土地管理法实施条例》第三条规定,国土空间规划应当细化落实国家发展规划提出的国土空间开发保护要求,统筹布局农业、生态、城镇等功能空间,划定落实永久基本农田、生态保护红线和城镇开发边界。

《中共中央办公厅 国务院办公厅印发〈关于在国土空间规划中统筹划定落实三条控制线的指导意见〉的通知》(厅字〔2019〕48号)落实最严格的生态环境保护制度、耕地保护制度和节约用地制度,将生态保护红线、永久基本农田、城镇开发边界三条控制线作为调整经济结构、规划产业发展、推进城镇化不可逾越的红线。

【延伸】

法律法规和文件中,对农用地、建设用地都列出了一些定义,并规定农业用地(基本农田)和建设用地要以控制线的方式予以圈出,而对未利用地既没有作出准确定义,也没有要求在国土空间规划图中用控制线等方式予以体现。另外,《土地利用现状分类》(GB/T 21010—2017)和自然资源部印发的《国土空间调查、规划、用途管制用地用海分类指南》(自然资发〔2023〕234号),没有将未利用地与法律规定的三类用途作出一一对应,后者只在表C中含糊地交代了"未利用地,上述之外的其他陆域地类"。

在国土空间规划中,对未利用地不仅要有代码分类、二级分级,也要细化至三级分级,还应当经过承载力、适宜性等评估后,划出明确的保护开发控制线,提出相应的开发要求。

案例 9

因为人口出生率持续下降,某市中心城区有67所初中、小学和幼儿园面临生源不足问题,在本轮的国土空间规划中,如何处置原有的教育用地及建筑设施?

【解析】

1. 《城乡规划法》第十四条规定,城市人民政府组织编制城市总体规划。

2. 《土地管理法》第十五条规定,各级人民政府应当依据国民经济和社会发展规划、国土整治和资源环境保护的要求、土地供给能力以及各项建设对土地的需求,组织编制土地利用总体规划。

3. 正在制定的《国土空间规划法》规定,市、县、乡镇人民政府负责组织编制本级国土空间总体规划。

4. 《中华人民共和国义务教育法》(简称《义务教育法》)第十五条规定,县级以上地方人民政府根据本行政区域内居住的适龄儿童、少年的数量和分布状况等因素,按照国家有关规定,制定、调整学校设置规划。新建居民区需要设置学校的,应当与居民区的建设同步进行。

5.《中华人民共和国义务教育法实施细则》(国家教育委员会令第 19 号)第二十六条规定,实施义务教育学校的设置,由设区的市级或者县级人民政府统筹规划,合理布局。小学的设置应当有利于适龄儿童、少年就近入学。

6. 自然资源部《市级国土空间总体规划编制指南(试行)》规定,市级总规中强制性内容应包括城乡公共服务设施配置标准,城镇政策性住房和教育、卫生、养老、文化体育等城乡公共服务设施布局原则和标准。

要求加大人口规模、结构、分布以及人口流动等对空间供需的影响和对策的研究;完善社区生活圈,针对人口老龄化、少子化趋势和社区功能复合化需求,重点提出医疗、康养、教育、文体、社区商业等服务设施和公共开敞空间的配置标准和布局要求,建设全年龄友好健康城市,以社区生活圈为单元补齐公共服务短板。

经过深入、科学、有效地调查与研究后,相关部门能够依法编制规划、调整用地布局。

【延伸】

人口是影响社会、政治、经济等领域的重要因素,教育亦然。

上述法律法规规定,县级(不含设区市的区级)以上人民政府可以根据本行政区域内居住的适龄儿童、少年的数量和分布状况等因素,按照国家有关规定,制定、调整学校设置规划,人口的规模、结构、分布及人口流动等是城市国土空间规划需要专题研究的重要内容,而且,义务教育阶段的校舍用地又是城市国土空间总体规划的强制性内容。

义务教育阶段的学校建设和撤并,是涉及民生的重大事项,特别是撤并学校,涉及适龄儿童和少年,在作出撤并学校的规划或者决定之前,需要严格履行公示公告程序,做好社会风险稳定评估工作。

北京师范大学教育学部高等教育研究院乔锦忠副教授,就人口变动与教育资源配置关系进行了专门调研,并在 2023 年 2 月接受《中国新闻周刊》专访时提出以下观点:

一是生源减少,可以采用小班制,降低生师比例,让老师从主要关注班级控制,转向更关注每个个体,有利于提高教育教学质量。

二是应尽量避免在学位需求波动较大的年份,简单大规模建设或撤并学校。政府在建设和撤并学校时,还应灵活调节办学标准,共同应对学龄人口增减。适时调节办学条件标准,比如对班数的调控,能使学校供给保持相对稳定,有一定量冗余,避免财政资源浪费。

三是有些成人不一定在城市生活,但他们的孩子可能在城市上学。预计 2031 年前后,全国城市在校生总量会超过乡镇和农村,在这之后,国内义务教育将总体进入以城市教育为主体的时代,到 2035 年城市在校生将比乡镇、农村多近 1 000 万。

未来 15 年内,义务教育阶段学龄人口会不断向城市聚集,根据测算,与 2020 年相比,城区在 2026 年(高峰年份)需新建小学 4 000 所,2030 年(高峰年份)新建初中 4 000 所。

参考乔锦忠副教授的相关观点,在本轮国土空间规划编制时,本案中的 67 所学校的用地可以不予调整,以满足人口城镇化水平的进一步提高和农村孩子进城入学的需求。在近期生源不足的情况下,可采用小班制形式,多余的建筑,在不影响教学秩序的前提下,可以有条件地临时改作他用。这也符合自然资源部颁布的《支持城市更新的规划与土地政策指引(2023版)》的相关精神。

案例 10

某镇,曾位列全国500强镇,位于三个省辖市的交界处,交通便捷,工业基础较好。镇上生产一个系列产品的企业就接近200家,而且该镇还是这一系列产品全国最大的产销地。该镇镇域户籍人口近8万人,但常住人口不到4万人。这类镇的国土空间规划在编制时,需要重点关注哪些方面?

【解析】

《中共中央 国务院关于建立国土空间规划体系并监督实施的若干意见》(中发〔2019〕18号)规定,国土空间规划分为"五级三类",五级是指国土空间规划的层级制,从高至低的层级是:全国国土空间规划纲要、省国土空间总体规划、市国土空间总体规划、县国土空间总体规划、乡镇国土空间总体规划。三类是指:总体规划、详细规划(含村庄规划)、相关专项规划。

文件还要求注重操作性。按照谁组织编制、谁负责实施的原则,明确各级各类国土空间规划编制和管理的要点。明确规划约束性指标和刚性管控要求,同时提出指导性要求。制定实施规划的政策措施,提出下级国土空间总体规划和相关专项规划、详细规划的分解落实要求,健全规划实施传导机制,确保规划能用、管用、好用。

【延伸】

乡镇级国土空间总体规划是五级体系中的最低级,也是最直接管控"三区三线"的一级规划。乡镇国土空间规划是绝对的具体落实环节,规划的所有内容都应当在乡镇国土空间规划中落实,而且必须落到点、落到位。

《中共中央 国务院关于建立国土空间规划体系并监督实施的若干意见》指出,要整体谋划新时代国土空间开发保护格局,综合考虑人口分布、经济布局、国土利用、生态环境保护等因素,科学布局生产空间、生活空间、生态空间,是加快形成绿色生产方式和生活方式、推进生态文明建设、建设美丽中国的关键举措,是坚持以人民为中心、实现高质量发展和高品质生活、建设美好家园的重要手段。

本案所涉乡镇,工业基础这么好,人口却净流出一半,令人费解!

在制定类似该镇的国土空间规划时,首先要调查研究这个镇的产业门类对本地居民就近就业的影响。工业企业的机械化、自动化程度高,可能对产业工人的数量要求不高,但对技能水平的要求较高。导致本地居民"背井离乡",到异地务工。

其次是调查研究镇域及其周边的自然环境是否对人的居住产生了不利的影响。乡镇企业因为远离城区,大气、水、噪声等污染得不到系统处置和有效防控,或许会给周边群众的生产生活带来负面影响,导致群众无法居住和生活。

再次是要研究镇域范围内的公共服务水平对人口流动的影响。义务教育的设施和师资配置不足、医疗卫生水平有限等,亦是造成居民陪子孙进城读书或者随子孙进城颐养晚年的原因。

对镇域人口的流动去向、趋势以及规律的研究,有利于镇总体规划、合理安排居住及各类公共服务设施的用地规模,也利于土地整理复垦、综合整治、耕地补充以及耕地流转等各项工作的开展。这里讲的利于土地整理复垦等,意思是只要条件成熟(资金到位),大部分原居民是愿意向村集体经济组织退还宅基地和承包地的。

全国有近4万个乡镇,各地区、各乡镇的发展条件各不相同。如苏州的盛泽、东莞的大朗,产业发达,人口总量较大,并且外来人口远远超过本地人口,已经不是普通乡镇,应当按照城市的要求编制此类乡镇的国土空间规划,特别要为外来人口的居住、生活等公共服务设施提供用地保障。

对一些产业发展水平一般、人口基数小且是人口净流出状态、镇区和农村生产生活联系比较紧密的乡镇,在镇区规划中不必过多提供相应的居住和生活配套设施用地。

国土空间规划必须为"人"的需求提供必要的空间环境和配套设施,而"人"又是国土空间规划最基本的要素之一。没有了"人",一切规划都毫无意义。

镇级政府是镇国土空间规划编制的主体,要委托或者邀请具有相应资质的规划编制单位和具备一定水平的技术人员编制规划;规划编制单位和技术人员应当用科学的态度和方式编制规划,不能因为任务简单、编制费用低等原因,把自身当成绘图员,对镇政府的"自策自划"不经研究,简单汇总完成"一张图"了事。要记住,规划的编制、审批是需要经过专家论证、公众参与等法定程序的,对规划编制单位也有专门的法规予以约束。

第三节　行政权力

国土空间总体规划的制定规划权在各级政府,自然资源主管部门的行政权是有限的,特别是对外部的行政权几乎没有,但也要依法履行职责。

(一) 对国土空间规划编制行为的监督检查权

1. 权力来源

(1)《中共中央 国务院关于建立国土空间规划体系并监督实施的若干意见》规定,对国土空间规划编制和实施过程中的违规违纪违法行为,要严肃追究责任。

(2)《城乡规划法》第十一条规定,县级以上地方人民政府城乡规划主管部门负责本行政区域内的城乡规划管理工作。

第五十一条规定,县级以上人民政府及其城乡规划主管部门应当加强对城乡规划编制、审批、实施、修改的监督检查。

(3)《土地管理法》第五条规定,县级以上地方人民政府自然资源主管部门的设置及其职责,由省、自治区、直辖市人民政府根据国务院有关规定确定。

第六十七条规定,县级以上人民政府自然资源主管部门对违反土地管理法律、法规的行为进行监督检查。

2. 基本程序

《城乡规划法》第五十三条、《土地管理法》第六十八条对自然资源主管部门履行监督检查职责时的有关程序和措施作出了规定。

3. 综合

监督检查是日常工作,包括例行巡查以及对群众举报和上级交办事项的现场调查等。日常巡查没有针对性,对群众举报和上级交办事项的现场调查是有针对性的,是带有目的的工作。

(二) 处分和处分建议权

1. 权力来源

(1)《城乡规划违法违纪行为处分办法》(中华人民共和国监察部、中华人民共和国人力资源和社会保障部、中华人民共和国住房和城乡建设部令第29号)第三条规定,地方人民政府有"依法应当编制城乡规划而未组织编制的""未按法定程序编制、审批、修改城乡规划的"行为的,对有关责任人员给予记过或者记大过处分;情节较重的,给予降级或者撤职处分;情节严重的,给予开除处分。

第五条规定,地方人民政府委托不具有相应资质等级的单位编制城乡规划的,对有关责任人员给予警告或者记过处分;情节较重的,给予记大过或者降级处分;情节严重的,给予撤职处分。

(2)《城乡规划法》第五十五条规定,城乡规划主管部门在查处违法行为时,发现国家机关工作人员依法应当给予行政处分的,应当向其任免机关或者监察机关提出处分建议。

2. 基本程序

《行政机关公务员处分条例》(国务院令第495号)第三十九条规定了任免机关对涉嫌违法违纪的行政机关公务员的调查、处理程序。

3. 综合

规划编制成果是基本农田保护、生态红线管控、城镇建设的依据,通过日常的行政复议、诉讼案件处理以及执法案件评查,国土空间规划的相关编制主体是否依法组织编制了规划,很容易被监管部门发现。如果没有规划依据违规编制规划,是要追究相关责任人的法律责任的。

第二章
国土空间详细规划

《中共中央 国务院关于建立国土空间规划体系并监督实施的若干意见》（中发〔2019〕18号）要求，在市县及以下编制详细规划。

《自然资源部关于加强国土空间详细规划工作的通知》（自然资发〔2023〕43号）要求，各地在"三区三线"划定后，应全面开展详细规划的编制，并结合实际依法在既有规划类型未覆盖地区探索其他类型详细规划。

村庄规划是城乡规划法规规定的法定规划，在现行的土地管理法规体系中没有村庄规划。按照《中共中央 国务院关于建立国土空间规划体系并监督实施的若干意见》（中发〔2019〕18号）的要求，将村庄规划列入法定的详细规划范畴。

详细规划强调可操作性。

第一节 基本概念

机构改革后，相关的法律法规体系尚未完善，有关新体系下各项工作中的名词解释、概念定义也在探讨之中。但是，国土空间规划"五级三类四体系"的基本框架是基本确定的。

1. 什么是国土空间详细规划？

《中共中央 国务院关于建立国土空间规划体系并监督实施的若干意见》对详细规划的解释（或者定义）是：详细规划是对具体地块用途和开发建设强度等作出的实施性安排，是开展国土空间开发保护活动、实施国土空间用途管制、核发城乡建设项目规划许可、进行各项建设等的法定依据。

《自然资源部关于加强国土空间详细规划工作的通知》对详细规划的解释（或者定义）是：详细规划是实施国土空间用途管制和核发建设用地规划许可证、建设工程规划许可证、乡村建设规划许可证等城乡建设项目规划许可以及实施城乡开发建设、整治更新、保护修复活动的法定依据，是优化城乡空间结构、完善功能配置、激发发展活力的实施性政策工具。

2. 国土空间详细规划的工作对象有哪些？

（1）国土空间总体规划确定的城镇开发边界内所有建设用地范围；

（2）国土空间总体规划确定的城镇开发边界外独立选址的点状和线性工程项目等零星城镇建设用地；

(3) 国土空间总体规划确定的城镇开发边界外的村庄规划范围内的全域全要素空间;

(4) 风景名胜区范围等。

3. 新体制下的详细规划,与土地利用、城乡规划体制下的详细规划存在哪些区别?

(1) 新旧规定的层次不同

土地利用规划体系中,只有城市、县、乡(镇)总体规划的级次,没有详细规划的层级。

城乡规划体系中,有城市、乡(镇)总体规划、村庄规划的级次。同时,还有城市、乡(镇)的控制性详细规划和修建性详细规划的层级。

《国务院关于第六批取消和调整行政审批项目的决定》(国发〔2012〕52号)取消了《城乡规划法》中的"重要地块城市修建性详细规划审批权"后,"修建性详细规划"被局部地段的城市设计和"建设工程设计方案"所替代。

详细规划源于城乡规划。新体制下的国土空间规划体系,保留了城市、县、乡(镇)的总体规划,还拓展了详细规划的范围,将村庄规划列入详细规划的范畴。

(2) 划定编制单元的要求不同

原城乡规划的控制性详细规划编制单元划定原则,主要考虑地域完整、界线稳定等因素。

国土空间详细规划的编制单元划定,要求多考虑国土调查、地籍调查、不动产登记等法定数据,将上位总体规划战略目标、底线管控、功能布局、空间结构、资源利用等方面的要求分解落实到各规划单元,加强单元之间的系统协同。

(3) 村庄规划的要求不同

原城乡规划体系对村庄规划拘泥于一个行政村的范围。而新体制下的村庄规划要求以一个或几个行政村为单元,由乡镇政府组织编制"多规合一"的实用性村庄规划,作为详细规划。

4. 作为详细规划的村庄规划,应当包括哪些内容?

《土地管理法》第三十四条规定,永久基本农田划定以乡(镇)为单位进行。乡(镇)域由若干村庄组成。

"把每一寸土地都规划得清清楚楚"是国土空间规划最基本的任务,村庄规划是城乡规划体系中的法定规划,也是新体制下一个层级的规划,它需要按照新的规划体系的要求,不仅要安排好建设用地空间,还要安排好农业、生态等非建设用地空间,从而实现全域全要素规划管控。

5. 《国土空间调查、规划、用途管制用地用海分类指南》是否适用于村庄规划中的用地分类、管控要求?

自然资源部发布的《国土空间调查、规划、用途管制用地用海分类指南》(自然资发〔2023〕234号)第1.1条规定,为统一行使全民所有自然资源资产所有者职责、统一行使所有国土空间用途管制和生态保护修复职责,实施全国自然资源统一管理,科学划分国土空间用地用海类型、明确各类型含义,统一国土调查、统计和规划分类标准,合理利用和保护自然资源,制定本指南。

第1.2条规定,本指南适用于国土调查、监测、统计、评价,国土空间规划、用途管制、耕地保护、生态修复,土地审批、供应、整治、督察、执法、登记及信息化管理等工作。

第1.5.4条规定,国土空间详细规划和市县层级涉及空间利用的相关专项规划,原则上使用二级类和三级类。

村庄规划中的用地大都属于集体所有制,而非该指南第1.1条规定的全民所有,村庄规划中的用地分类和管控要求不适用该指南。

但该指南第1.2条、第1.5.4条又规定了适用范围和相关要求,村庄规划中的用地分类、管控,应按照《国土空间调查、规划、用途管制用地用海分类指南》执行,可根据规划管理需要细化至二级或三级类。

6. 涉及历史文化名村、传统村落的行政村,村庄规划应该怎么编制报批?

《历史文化名城名镇名村保护条例》(国务院令第524号)第十三条规定,历史文化名村批准公布后,所在地县级人民政府应当组织编制历史文化名村保护规划。

第十七条规定,保护规划由省、自治区、直辖市人民政府审批。

《中共中央 国务院关于建立国土空间规划体系并监督实施的若干意见》规定,城镇开发边界外的乡村地区,以一个或几个行政村为单元,由乡镇政府组织编制"多规合一"的实用性村庄规划,作为详细规划,报上一级政府审批。

7. 什么是成片开发?

自然资源部印发的《土地征收成片开发标准》(自然资规〔2023〕7号)中规定,成片开发,是指在国土空间规划确定的城镇建设用地范围内,由县级以上地方人民政府组织的,对一定范围的土地进行的综合性开发建设活动。

8. 成片开发方案应当包括哪些内容?

《土地征收成片开发标准》规定,土地征收成片开发方案应当包括下列内容:

(1)成片开发的位置、面积、范围和基础设施条件等基本情况;

(2)成片开发的必要性、主要用途和实现的功能;

(3)成片开发拟安排的建设项目、开发时序和年度实施计划;

(4)依据国土空间规划确定的一个完整的土地征收成片开发范围内基础设施、公共服务设施以及其他公益性用地比例;

(5)成片开发的土地利用效益以及经济、社会、生态效益评估。

其中第(4)项中规定的比例一般不低于40%。

9. 成片开发方案与详细规划的关系是怎样的?

适用范围不同。成片开发方案仅适用于国土空间规划确定的城镇开发边界内的集中建设区;详细规划适用于城镇开发边界内的所有区域和城镇开发边界外的村庄及零星建设用地。

组织编制主体和审批主体不同。县级以上地方人民政府应当按照《土地管理法》第四十五条规定,组织编制土地征收成片开发方案,纳入当地国民经济和社会发展年度计划,并报省级人民政府批准;在城镇开发边界内的详细规划,由市县自然资源主管部门组织编制,报同级政府审批;在城镇开发边界外的乡村地区,以一个或几个行政村为单元,由乡镇政府组织编制"多规合一"的实用性村庄规划,作为详细规划,报上一级政府审批。

从具体内容看,成片开发方案对成片开发建设提出的要求较为粗略,同时还要拟订开发时序和年度实施计划;详细规划则是对具体地块的开发强度、绿地率、建筑限高等提出具体指标,是土地利用和规划建设的依据。详细规划的年限与总体规划一致。

10.《商务部等 12 部门关于推进城市一刻钟便民生活圈建设的意见》(商流通函〔2021年〕第 176 号)、《支持城市更新的规划与土地政策指引(2023 版)》和《平急功能复合的韧性城市规划与土地政策指引》(自然资办发〔2024〕19 号)这 3 个文件对国土空间详细规划提出了哪些要求?

详细规划是优化城乡空间结构、完善功能配置、激发发展活力的实施性政策工具。它要对总体规划中的用地结构、功能布局进行细化、落实,为项目的建设提供依据,充分体现"以人民为中心"的规划理念。

(1)《商务部等12部门关于推进城市一刻钟便民生活圈建设的意见》对一刻钟便民生活圈作出的定义是:以社区居民为服务对象,服务半径为步行15分钟左右的范围内,以满足居民日常生活基本消费和品质消费等为目标,多业态集聚形成的社区商圈。

要求加强商业网点布局,满足居民便利生活和日常消费需求。推动商、居和谐,落实相关规划和标准,引导住宅和商业适当分离,商业设施和社区风格相协调,基本保障业态和提升品质相结合。支持盘活分散的社区空间资源,因地制宜配齐商业设施,通过标准化改造提升质量标准、环境卫生、服务品质。

(2)自然资源部《支持城市更新的规划与土地政策指引(2023版)》要求,国土空间详细规划(以下简称"详细规划")是实施城乡开发建设、整治更新、保护修复活动的法定依据。详细规划应结合城市更新实施的特点,面向规划管理需求,将总体规划确定的强制性管控要求、引导措施和城市更新的规划目标,通过"更新规划单元"和"更新实施单元"两个层面分层落实到详细规划中。

更新规划单元详细规划应以总体规划为依据,确定更新对象,分解落实总体规划相关要求,明确更新规划单元的发展定位、主导功能及建筑规模总量,提出更新对象的更新方式指引,优化功能结构、空间布局,完善道路交通,提出有关公共服务设施和市政基础设施配置以及空间尺度、城市风貌等底线管控和特色引导要求。更新规划单元详细规划是更新实施单元详细规划编制的依据。

更新实施单元详细规划应依据总体规划、根据更新规划单元详细规划,确定更新实施单元的主导功能,结合实施需要、权属关系明确更新对象用地边界,根据不同更新对象的特点优化细化更新规划单元的各项规划管控和引导要求并落实到地块。在更新实施单元详细规划中需充分考虑自上而下的要求、自下而上的诉求以及更新对象的具体情况,协调政府、原权利人、市场主体等各类利益相关方的意愿和诉求,结合更新项目的实施机制和市场需求,研究适配的规划和土地政策。更新实施单元详细规划宜结合城市更新项目实施时序动态编制,是提出更新项目规划条件、规划许可和方案设计的依据。

(3)自然资源部《平急功能复合的韧性城市规划与土地政策指引》要求,城镇开发边界内的详细规划,包括单元和实施两个层面。单元层面应分解落实总体规划在规划指标、空间布局的相关要求,明确社区服务设施、公共管理与公共服务设施、商业服务业设施、绿地与开敞空间、规划留白空间等不同类型"平急两用"空间资源的用地选址、用地规模、承载规模、功能转换、相关配套等要求。实施层面结合不同场景需要、权属关系,确定不同类型"平急两用"空间资源的用地边界和各项基本管控、引导要求,"平急"功能转换和复合利用等应急使用要求。

城镇开发边界外的村庄规划及其他类型详细规划,充分利用乡村闲置的公共服务设施、宅基地、集体经营性建设用地,布局"平急两用"公共基础设施,明确用地管控、功能转换等要求。结合民宿、乡村休闲综合体、旅游酒店、康养设施改造,植入隔离或转移安置、生活救助和健康服务等"急时"功能;利用活动场地等开敞空间,设置应急避难场所;利用公共服务、物流、旅游等设施,嵌入物资储备、应急医疗服务点等应急保障功能。

以上三个文件针对各自强调的问题,说的都很细。总体精神是:城市规划是为人服务的,要坚持人民至上、生命至上,践行新时代的群众路线,要从满足人民美好生活的需要出发。要求国土空间详细规划不仅仅要对"三区三线"宏观方面的管控措施进行落实,还要对保障人民群众日常生活的服务设施、安全设施进行"横到边、竖到底"的全面系统研究,最终落实到规划中,作为各项事业发展、各个项目建设的法定依据。

11. 编制详细规划为什么要以国土调查、地籍调查、不动产登记等法定数据为基础?

国土调查、地籍调查、自然资源确权登记、不动产登记、"三区三线"成果等,是新时代新体制下开展"多规合一"的自然资源和国土空间各项管理工作中相互支持的基本因素。

《自然资源部关于加强国土空间详细规划工作的通知》(自然资发〔2023〕43号)要求,要以国土调查、地籍调查、不动产登记等法定数据为基础,加强人口、经济社会、历史文化、自然地理和生态、景观资源等方面调查,按照《国土空间规划城市体检评估规程》,深化规划单元及社区层面的体检评估,通过综合分析资源资产条件和经济社会关系,准确把握地区优势特点,找准空间治理问题短板,明确功能完善和空间优化的方向,切实提高详细规划的针对性和可实施性。

12. 什么是闲置土地?

《闲置土地处置办法》规定,闲置土地是指国有建设用地使用权人超过国有建设用地使用权有偿使用合同或者划拨决定书约定、规定的动工开发日期满一年未动工开发的国有建设用地。

已动工开发但开发建设用地面积占应动工开发建设用地总面积不足三分之一或者已投资额占总投资额不足百分之二十五,中止开发建设满一年的国有建设用地,也可以认定为闲置土地。

13. 什么是城市更新?

城市更新是指在城镇化发展接近成熟期时,通过维护、整建、拆除、完善公共资源等合理的"新陈代谢"方式,对城市空间资源重新调整配置,使之更好地满足人的期望需求、更好地适应经济社会发展实际。

14. 如何确定城市更新对象?

《支持城市更新的规划与土地政策指引(2023版)》(自然资办发〔2023〕47号)指出,通过针对性的调查、评估、体检和分析后,认为生活和生产环境不良、存在安全隐患、市政基础设施和公共服务设施不完善、对环境造成负面影响、城市活力不足、土地利用低效、土地用途和建筑物使用功能不符合城市功能布局和发展要求的片区、建筑物、设施和公共空间等空间对象将被优先确定为更新对象。

第二节　案例解析

详细规划是可操作性的规划,国土空间总体规划的意图要通过详细规划的具体规定来付诸实施。详细规划编制水平、深度、质量等,会影响到规划的实施效果,可直接体现"三区三线"管控水平和城乡建设风貌。

案例 1

一个不算老旧的住宅小区,物业归街道管理。建设时,因为未能预见电动车(电动汽车、电动自行车)的发展,而且相关经济技术指标都是按当时最高标准设定的。现在需要增加变电站、地面停车棚和充电桩等设施,这将导致绿地率减少、建筑密度和容积率增大。作为物业管理的街道办事处,希望通过城市更新和平急功能复合的韧性城市规划政策,完善小区的相关设施。应该如何处理?

【解析】

1.《支持城市更新的规划与土地政策指引》(2023版)要求,以建设"15分钟社区生活圈"为目标,重点改善居民住房条件,重点开展市政基础设施更新改造,重点完善公共空间和公共服务设施,重点保障生命安全通道畅通,合理解决停车难问题,同步开展风貌和环境整治,积极通过存量挖潜和扩容提质,盘活存量闲置和低效利用的房屋和用地,关注弱势群体,补齐短板,消除公共服务盲区,切实提升社区宜居水平。

为保障居民基本生活需求、补齐城市短板而实施的市政基础设施、公共服务设施、公共安全设施项目,以及老旧住宅成套化改造等项目,在对周边不产生负面影响的前提下,其新增建筑规模可不受规划容积率指标的制约。

2.《平急功能复合的韧性城市规划与土地政策指引》要求,在对周边不产生负面影响的前提下,用于"平急两用"公共基础设施项目。在符合规划、不改变用途的前提下,因完善"急时"功能而增加容积率的,可不再增收土地价款。

本案所涉小区,建设较早,没有考虑电动车充电设施的规划建设,现已经交付使用,开发企业早已撤场,小区物业由属地街道办负责管理。为保障电动车充电安全和小区居民生活供电,属地街道办可以按照物业管理的相关规定,征求业主或者业主委员会的意见,在确保安全、日照等前提下,在小区内选择位置,报经自然资源主管部门确认后,落实相关设施的建设。

【延伸】

在城乡规划建设快速发展到一定水平后,原来的规划与现行政策要求会产生一定的差距,形成所谓的"短板"。补齐短板,需要政策支持、部门担当和群众理解。主管部门在执行政策时,一定要充分理解政策"以人民为中心"的含义,不能因为涉及敏感的"容积率""土地价款"等问题就退缩。在保证安全和人民群众合法权益不受侵害的前提下,只要没有私心,我们就应当大胆、坦荡地去做事。

类似本案的绿地率与停车棚、变电站之间孰轻孰重的权衡问题,如果是新建项目,应当都要满足规范、管理规定,但在已经建成且没有足够空间的情况下,"补短板"、解决群众的迫切需求,是很重要的。

容积率、绿地率等指标调整后,应当落实到详细规划的具体地块中。

某市有个项目,之前是划拨的行政办公用地,建了一半就烂尾了,成为停缓建项目。在国土空间总体规划中,仍然将其规划为公共管理与公共服务用地(一级类,代码08)。总体规划批复后,国资委把这个项目转给了一个国企,这个国企也办完了土地证更名手续。在详细规划编制过程中,该国企已申请将该宗土地的用途变更为商业用地(二级类,代码0901),这种情况在详细规划中应如何操作?

【解析】

1.《中共中央 国务院关于建立国土空间规划体系并监督实施的若干意见》规定,国土空间详细规划要依据批准的国土空间总体规划进行编制和修改。

2. 自然资源部《市级国土空间总体规划编制指南(试行)》规定,市级总规中强制性内容应包括:

(1) 约束性指标落实及分解情况,如生态保护红线面积、用水总量、永久基本农田保护面积等;

(2) 生态屏障、生态廊道和生态系统保护格局,自然保护地体系;

(3) 生态保护红线、永久基本农田和城镇开发边界三条控制线;

(4) 涵盖各类历史文化遗存的历史文化保护体系,历史文化保护线及空间管控要求;

(5) 中心城区范围内结构性绿地、水体等开敞空间的控制范围和均衡分布要求;

(6) 城乡公共服务设施配置标准,城镇政策性住房和教育、卫生、养老、文化体育等城乡公共服务设施布局原则和标准;

(7) 重大交通枢纽、重要线性工程网络、城市安全与综合防灾体系、地下空间、邻避设施等设施布局。

3.《国土空间调查、规划、用途管制用地用海分类指南》规定,国土空间总体规划原则上以一级类为主,可细分至二级类;国土空间详细规划原则上使用二级类和三级类。

本案中所涉宗地在已经批复生效的国土空间总体规划中为公共管理与公共服务用地(一级类,代码08),并且通过划拨方式取得"行政办公用地"的使用权,属于新的分类中的机关团体用地(二级类,代码0801),不属于国土空间总体规划的强制性内容,在详细规划阶段可以做出调整。

【延伸】

类似本案例跨分类的用地性质调整,虽说不涉及总体规划的强制性内容,但是在调整前,要站在全局的高度,研判调整后的空间结构、用地布局对总体规划实施的影响。将机关团体用地、物流仓储用地、科研用地等调整为商业用地,要考虑与商业布局专项规划、成片开发方案等的衔接,同时还要考虑规划实施的可操作性。

本案的宗地,在详细规划批准后,要对总体规划的相关内容进行调整并上传数据入库。

对涉及总体规划强制性内容的,不得通过详细规划的编制而进行调整。

案例 3

一个乡镇,在划定"三区三线"时,将一个通过出让取得国有土地使用权并已经建成交付的居住小区划出了城镇开发边界。现在想通过城镇开发边界外村庄规划的编制,将该居住小区纳入村庄建设用地范围,是否可行?

【解析】

1. 2022年5月12日,自然资源部国土空间规划局在《"三区三线"划定技术问答(第一版)》中指出,现状城市、建制镇用地原则上都应纳入城镇开发边界的城镇集中建设区。对于在规划期内确实能够复垦为非建设用地的区域,可以充分论证、实事求是规划为相应用途,不划入城镇开发边界,但不得为做大新增规模而人为抹去一些存量建设用地。拟复垦的土地在实施前仍纳入建设用地规模统计。

2. 2023年10月8日,自然资源部印发的《自然资源部关于做好城镇开发边界管理的通知(试行)》(自然资发〔2023〕193号)规定,城镇开发边界外不得进行城镇集中建设,不得规划建设各类开发区和产业园区,不得规划城镇居住用地。

本案的问题,应该是涉案的乡镇政府在"耍小聪明",自然资源部早就指出"现状城市、建制镇用地原则上都应纳入城镇开发边界的城镇集中建设区""不得为做大新增规模而人为抹去一些存量建设用地""城镇开发边界外不得规划城镇居住用地"。

【延伸】

村庄规划需要解决的重点问题是明确农村宅基地、农村社区服务设施用地的布局和规模,保障农民合理建房需求。

有关宅基地问题,要鼓励、引导留乡农民适度在规划发展村庄集中居住,优先利用规划发展村庄内的空闲地、闲置宅基地等存量用地建房。严格执行"一户一宅"政策,宅基地不得出售给城镇居民。

有关社区服务设施用地问题,要求统筹安排商业、工业和仓储等集体经营性建设用地布局,优先做好存量经营性建设用地的盘活利用和规划安排,合理确定新增集体经营性建设用地规模。集体经营性建设用地规划内容应符合相关产业和用地政策,优先用于农村一二三产业融合发展和农村新产业新业态发展。不得用于商品住宅类开发。

村庄规划不是什么都能装的"大箩筐",与农民生活和农业生产无关的内容是不能在村庄规划中列出的。

有些地方政府对城镇边缘生产效益不好的企业,不是按照低效用地的相关政策去积极处置、盘活存量用地,而是"甩锅"给村庄规划,企图占用农用地扩大城镇建设用地规模,如果按照土地管理法规进行深究,这种行为应当属于违法,甚至是犯罪。

在城镇开发边界外的一些零星用地,比如加油(气)站、通信基站、高压电力线路的铁塔、带状线形的管廊、公路等用地,都应当纳入城镇国土空间规划的建设用地总规模中,而不应该纳入到村庄规划中。

案例 4

一块土地,在"三调"中划为农用地中的旱地(类型编号0103),但在原控制性详细规划和新的城市国土空间总体规划中,规划用途为医院用地(080601)。目前土地尚未征收,但该地块周边商住用途的地块已按规划调整完毕。因为当地的区政府需要化债,要求该区自然资源规划分局以该地块属于低效闲置用地为由,组织召开调整原控制性详细规划的论证会,将该地块的用地性质调整为商住混合用地。

【解析】

《闲置土地处置办法》第二条规定,闲置土地是指国有建设用地使用权人超过国有建设用地使用权有偿使用合同或者划拨决定书约定、规定的动工开发日期满一年未动工开发的国有建设用地。

已动工开发但开发建设用地面积占应动工开发建设用地总面积不足三分之一或者已投资额占总投资额不足百分之二十五,中止开发建设满一年的国有建设用地,也可以认定为闲置土地。

《城乡规划法》第十七条规定,规划区范围、规划区内建设用地规模、基础设施和公共服务设施用地、水源地和水系、基本农田和绿化用地、环境保护、自然与历史文化遗产保护以及防灾减灾等内容,应当作为城市总体规划、镇总体规划的强制性内容。

第二十八条规定,地方各级人民政府应当根据当地经济社会发展水平,量力而行,尊重群众意愿,有计划、分步骤地组织实施城乡规划。

《国务院关于加强城市规划工作的通知》(国发〔1996〕18号)第一条中指出,城市规划应由城市人民政府集中统一管理,不得下放规划管理权。

【延伸】

本案主要涉及以下几个问题:

一是市辖区的人民政府没有城市规划管理权。

为了实现城市(乡)规划的一盘棋管理,从1984年1月5日实施《城市规划条例》、1990年4月1日实施《城市规划法》、2008年1月1日实施《城乡规划法》,到正在制定的《国土空间规划法》,一直就没有赋予市辖区人民政府城市规划管理权限,而且在规划的编制、修改、实施管理权力上,国务院一直强调不得下放。市辖区里设置的规划管理机构,大部分都是市级的分支机构,业务工作归市级主管部门管辖。

二是低效闲置用地的概念模糊。

按照《闲置土地处置办法》的规定,闲置土地首先应当是国有建设用地,而且是有使用权利人的,并且还有附带条件。本案中的土地是没有征收的农用地,即使没有耕种,也只能说是撂荒,并不能认定为闲置土地。

三是调整内容涉及国土空间总体规划的强制性内容。

城镇教育、卫生、养老、文化体育等城乡公共服务设施布局原则和标准等,是自然资源部颁布的《市级国土空间总体规划编制指南(试行)》中规定的市级国土空间总体规划的强制性内容。涉及总体规划强制性内容改变的,不能通过调整详细规划来解决。

四是总体规划实施时序存在缺陷。

《城乡规划法》第四条规定,县级以上地方人民政府应当根据当地经济社会发展的实际,在城市总体规划、镇总体规划中合理确定城市、镇的发展规模、步骤和建设标准。

第二十九条规定,城市的建设和发展,应当优先安排基础设施以及公共服务设施的建设。

本案中,拟调整用途地块周边的商住用地都已调整完毕,而作为公共服务设施的医院项目,连土地还没有征收,甚至还有可能被挪作他用,与法律的规定相悖。

另外,地方政府为了"化债",将价值低的用地调整为价值高的,认为详细规划的批准权在地方政府,可以随意调整,这种想法是不可取的。

案例 5

某县为了响应市里村庄规划编制全覆盖如期完成的要求,在镇国土空间总体规划还没有编制的情况下,将 376 个行政村的村庄规划编制任务委托给 5 个编制单位,要求在 6 个月内提交规划成果。照此安排,如何能够保证规划成果能用、管用和实用?

【解析】

《城乡规划法》第十八条规定,乡规划、村庄规划应当从农村实际出发,尊重村民意愿,体现地方和农村特色。

乡规划、村庄规划的内容应当包括:规划区范围,住宅、道路、供水、排水、供电、垃圾收集、畜禽养殖场所等农村生产、生活服务设施、公益事业等各项建设的用地布局、建设要求,以及对耕地等自然资源和历史文化遗产保护、防灾减灾等的具体安排。乡规划还应当包括本行政区域内的村庄发展布局。

《中共中央 国务院关于建立国土空间规划体系并监督实施的若干意见》(中发〔2019〕18 号)第六条规定,在城镇开发边界外的乡村地区,以一个或几个行政村为单元,由乡镇政府组织编制"多规合一"的实用性村庄规划,作为详细规划,报上一级政府审批。

《中共中央 国务院关于全面推进乡村振兴加快农业农村现代化的意见》(2021 年中央一号文件)第十四条指出,加快推进村庄规划工作。2021 年基本完成县级国土空间规划编制,明确村庄布局分类。积极有序推进"多规合一"实用性村庄规划编制,对有条件、有需求的村庄尽快实现村庄规划全覆盖。对暂时没有编制规划的村庄,严格按照县乡两级国土空间规划中确定的用途管制和建设管理要求进行建设。编制村庄规划要立足现有基础,保留乡村特色风貌,不搞大拆大建。按照规划有序开展各项建设,严肃查处违规乱建行为。健全农房建设质量安全法律法规和监管体制,3 年内完成安全隐患排查整治。

完善建设标准和规范,提高农房设计水平和建设质量。继续实施农村危房改造和地震高烈度设防地区农房抗震改造。加强村庄风貌引导,保护传统村落、传统民居和历史文化名村名镇。加大农村地区文化遗产遗迹保护力度。乡村建设是为农民而建,要因地制宜、稳扎稳打,不刮风搞运动。严格规范村庄撤并,不得违背农民意愿、强迫农民上楼,把好事办好、把实事办实。

《中共中央 国务院关于做好2022年全面推进乡村振兴重点工作意见》(2022年中央一号文件)第二十一条指出,健全乡村建设实施机制。落实乡村振兴为农民而兴、乡村建设为农民而建的要求,坚持自下而上、村民自治、农民参与,启动乡村建设行动实施方案,因地制宜、有力有序推进。坚持数量服从质量、进度服从实效,求好不求快,把握乡村建设的时度效。立足村庄现有基础开展乡村建设,不盲目拆旧村、建新村,不超越发展阶段搞大融资、大开发、大建设,避免无效投入造成浪费,防范村级债务风险。统筹城镇和村庄布局,科学确定村庄分类,加快推进有条件有需求的村庄编制村庄规划,严格规范村庄撤并。开展传统村落集中连片保护利用示范,健全传统村落监测评估、警示退出、撤并事前审查等机制。保护特色民族村寨。实施"拯救老屋行动"。推动村庄小型建设项目简易审批,规范项目管理,提高资金绩效。总结推广村民自治组织、农村集体经济组织、农民群众参与乡村建设项目的有效做法。明晰乡村建设项目产权,以县域为单位组织编制村庄公共基础设施管护责任清单。

《中共中央 国务院关于做好2023年全面推进乡村振兴重点工作的意见》(2023年中央一号文件)第二十四条指出,加强村庄规划建设。坚持县域统筹,支持有条件有需求的村庄分区分类编制村庄规划,合理确定村庄布局和建设边界。将村庄规划纳入村级议事协商目录。规范优化乡村地区行政区划设置,严禁违背农民意愿撤并村庄、搞大社区。推进以乡镇为单元的全域土地综合整治。积极盘活存量集体建设用地,优先保障农民居住、乡村基础设施、公共服务空间和产业用地需求,出台乡村振兴用地政策指南。编制村容村貌提升导则,立足乡土特征、地域特点和民族特色提升村庄风貌,防止大拆大建、盲目建牌楼亭廊"堆盆景"。实施传统村落集中连片保护利用示范,建立完善传统村落调查认定、撤并前置审查、灾毁防范等制度。制定农村基本具备现代生活条件建设指引。

《中共中央 国务院关于学习运用"千村示范、万村整治"工程经验有力有效推进乡村全面振兴的意见》(2024年中央一号文件)第十五条指出,增强乡村规划引领效能。适应乡村人口变化趋势,优化村庄布局、产业结构、公共服务配置。强化县域国土空间规划对城镇、村庄、产业园区等空间布局的统筹。分类编制村庄规划,可单独编制,也可以乡镇或若干村庄为单元编制,不需要编制的可在县乡级国土空间规划中明确通则式管理规定。加强村庄规划编制实效性、可操作性和执行约束力,强化乡村空间设计和风貌管控。在耕地总量不减少、永久基本农田布局基本稳定的前提下,综合运用增减挂钩和占补平衡政策,稳妥有序开展以乡镇为基本单元的全域土地综合整治,整合盘活农村零散闲置土地,保障乡村基础设施和产业发展用地。

《中央农办 农业农村部 自然资源部 国家发展改革委 财政部关于统筹推进村庄规划工作的意见》(农规发〔2019〕1号)第二条要求,力争到2019年底,基本明确集聚提升类、城郊融合类、特色保护类等村庄分类；到2020年底，结合国土空间规划编制在县域层面基本完成村庄布局工作，有条件的村可结合实际单独编制村庄规划，做到应编尽编，实现村庄建设发展有目标、重要建设项目有安排、生态环境有管控、自然景观和文化遗产有保护、农村人居环境改善有措施。

第三条要求，合理划分县域村庄类型。各地要结合乡村振兴战略规划编制实施，逐村研究村庄人口变化、区位条件和发展趋势，明确县域村庄分类，将现有规模较大的中心村，确定为集聚提升类村庄；将城市近郊区以及县城城关镇所在地村庄，确定为城郊融合类村庄；将历史文化名村、传统村落、少数民族特色村寨、特色景观旅游名村等特色资源丰富的村庄，确定为特色保护类村庄；将位于生存条件恶劣、生态环境脆弱、自然灾害频发等地区的村庄，因重大项目建设需要搬迁的村庄，以及人口流失特别严重的村庄，确定为搬迁撤并类村庄。对于看不准的村庄，可暂不做分类，留出足够的观察和论证时间。统筹考虑县域产业发展、基础设施建设和公共服务配置，引导人口向乡镇所在地、产业发展集聚区集中，引导公共设施优先向集聚提升类、特色保护类、城郊融合类村庄配套。

《自然资源部办公厅关于进一步做好村庄规划工作的意见》（自然资办发〔2020〕57号）第一条要求，统筹城乡发展，有序推进村庄规划编制。在县、乡镇级国土空间规划中，统筹城镇和乡村发展，合理优化村庄布局。结合考虑县、乡镇级国土空间规划工作节奏，根据不同类型村庄发展需要，有序推进村庄规划编制。集聚提升类等建设需求量大的村庄加快编制，城郊融合类的村庄可纳入城镇控制性详细规划统筹编制，搬迁撤并类的村庄原则上不单独编制。避免脱离实际追求村庄规划全覆盖。

【延伸】

一是村庄规划指的是行政村规划，而且是法定规划。

《土地管理法》规定的国土空间总体规划的最低层级是乡（镇）国土空间总体规划，《城乡规划法》规定的最低层级是村庄规划，村庄规划是法定规划。法律明确了规划由国家、省、市、县、乡（镇）至村庄的序列，以及中央文件规定了村庄规划中的村庄是行政村，而非自然村落，一个行政村可能包含若干个自然村落。

二是村庄规划是实用规划，应按需编制，而不是全覆盖。

中共中央、国务院连续四年的一号文件中都对村庄规划的编制提出了基本要求：有条件、有需求的村庄应当编制村庄规划；村庄规划编制应当具有实效性、可操作性和执行约束力；不需要编制村庄规划的村庄，可以在县乡级国土空间规划中明确通则式管理规定。

三是村庄规划中对自然村落的认定和处置。

《中央农办 农业农村部 自然资源部 国家发展改革委 财政部关于统筹推进村庄规划工作的意见》（农规发〔2019〕1号）中，对自然村落的认定和处置提出了指导性的意见，但"对于看不准的村庄，可暂不做分类，留出足够的观察和论证时间"的规定与"把每一寸土地规划得清清楚楚、明明白白"的要求不是很相符。

经过数年的研究论证，在编制的村庄规划中，应当对这些"看不准"的自然村落的"未来"有所规划设计。

本案中，要求在6个月的时间里，编制全县域376个村庄的规划，与相关政策文件不相符,规划编制单位需要逐村研究村庄人口变化、区位条件和发展趋势,工作量很大,实现困难,实用、管用和好用的效果不能体现出来。

案例 6

一个自然村,村集体无经济收入。该村共计 38 户人家,户籍人口 180 人,常住人口 20 人,都是 72 岁以上的"空巢"老人。村民承包的耕地已全部流转,大部分自留地也委托他人耕种。村庄规划中,对此类空心化、老龄化严重的自然村如何处置?

【解析】

《土地管理法实施条例》第三十五条规定,国家允许进城落户的农村村民依法自愿有偿退出宅基地。

第三十六条规定,禁止违背农村村民意愿强制流转宅基地,禁止违法收回农村村民依法取得的宅基地,禁止以退出宅基地作为农村村民进城落户的条件,禁止强迫农村村民搬迁退出宅基地。

中央农村工作领导小组办公室、农业农村部《关于进一步加强农村宅基地管理的通知》(中农发〔2019〕11号)要求,在尊重农民意愿并符合规划的前提下,鼓励村集体积极稳妥开展闲置宅基地整治,整治出的土地优先用于满足农民新增宅基地需求、村庄建设和乡村产业发展。闲置宅基地盘活利用产生的土地增值收益要全部用于农业农村。在征得宅基地所有权人同意的前提下,鼓励农村村民在本集体经济组织内部向符合宅基地申请条件的农户转让宅基地。各地可探索通过制定宅基地转让示范合同等方式,引导规范转让行为。转让合同生效后,应及时办理宅基地使用权变更手续。对进城落户的农村村民,各地可以多渠道筹集资金,探索通过多种方式鼓励其自愿有偿退出宅基地。

本案村庄,因为人口外流,导致大部分宅基地闲置和房屋空关,保留该村庄已无实际意义,建议在村庄规划中作拆迁复垦处理。

【延伸】

2020年6月30日,中央全面深化改革委员会第十四次会议通过的《深化农村宅基地制度改革试点方案》指出,政府不能强迫命令,不得以各种名义违背农民意愿强制流转宅基地和非法强迫农民"上楼",不得违法收回农民合法取得的宅基地,不得以退出宅基地作为农民进城落户的条件。

2024年8月14日,自然资源部生态保护修复专题新闻发布会上,生态修复司副司长李建中答记者问时提出:在具体工作上,坚决维护农民宅基地使用权等不动产权利,对于群众确有需求的可将分散居住、基础设施保障不足或有地质灾害避险需要的零星房屋引导搬迁到村庄集聚区;涉及村庄撤并的要符合党中央、国务院有关要求,并做好社会稳定性评估和风险监测评估;不得违背村民意愿开展合村并居、整村搬迁,严禁违背群众意愿搞大拆大建、强制或变相强制农民退出宅基地,也不得强迫农民"上楼";拆旧建新中要妥善安置好群众生产生活,涉及拆除群众住房的,要确保先安置、再拆旧;发挥现有土地经营权主体的积极作用,并保障其参与权和合法权益;坚决杜绝为整治而整治、片面追求指标交易、损害农民利益等行为,切实维护群众合法权益。

本案的村庄已经演变到了常住人口绝对老龄化、村庄绝对空心化的地步,随着医疗和殡葬等制度的改革,二代老人已在城镇居住生活,各种观念、习惯已经融入城镇,将来一般不会落叶归根回到原籍居住养老。

人口是最大的资源禀赋,也是村庄规划的服务对象和中心内容,没有了人口,这类村庄应当撤并。将剩余人口集中到配套设施较好的居民点进行安置,并通过补偿政策,鼓励长期空关户自愿退出宅基地。村集体对这些宅基地进行复垦或者改作他用。

案例 7

一个村庄的规划成果中,预测的人口与宅基地户数不对应、建设用地只划了范围涂了色、耕地保护只是给出数字、村庄产业和文化特色基本套用以前的文件,与实用、管用和好用的规划要求相去甚远。

【解析】

1.《城乡规划法》第四十一条规定,在乡、村庄规划区内进行乡镇企业、乡村公共设施和公益事业建设的,建设单位或者个人应当向乡、镇人民政府提出申请,由乡、镇人民政府报城市、县人民政府城乡规划主管部门核发乡村建设规划许可证。

在乡、村庄规划区内使用原有宅基地进行农村村民住宅建设的规划管理办法,由省、自治区、直辖市制定。

2.《土地管理法实施条例》第三十七条规定,国土空间规划应当统筹并合理安排集体经营性建设用地布局和用途,依法控制集体经营性建设用地规模,促进集体经营性建设用地的节约集约利用。

第三十九条规定,土地所有权人拟出让、出租集体经营性建设用地的,市、县人民政府自然资源主管部门应当依据国土空间规划提出拟出让、出租的集体经营性建设用地的规划条件,明确土地界址、面积、用途和开发建设强度等。

3.《自然资源部办公厅关于加强村庄规划促进乡村振兴的通知》(自然资办发〔2019〕35号)规定,村庄规划的主要任务包括:

(1)统筹村庄发展目标。落实上位规划要求,充分考虑人口资源环境条件和经济社会发展、人居环境整治等要求,研究制定村庄发展、国土空间开发保护、人居环境整治目标,明确各项约束性指标。

(2)统筹生态保护修复。落实生态保护红线划定成果,明确森林、河湖、草原等生态空间,尽可能多地保留乡村原有的地貌、自然形态等,系统保护好乡村自然风光和田园景观。加强生态环境系统修复和整治,慎砍树、禁挖山、不填湖,优化乡村水系、林网、绿道等生态空间格局。

(3)统筹耕地和永久基本农田保护。落实永久基本农田和永久基本农田储备区划定成果,落实补充耕地任务,守好耕地红线。统筹安排农、林、牧、副、渔等农业发展空间,推动循环农业、生态农业发展。完善农田水利配套设施布局,保障设施农业和农业产业园发展合理空间,促进农业转型升级。

(4)统筹历史文化传承与保护。深入挖掘乡村历史文化资源,划定乡村历史文化保护线,提出历史文化景观整体保护措施,保护好历史遗存的真实性。防止大拆大建,做到应保尽保。加强各类建设的风貌规划和引导,保护好村庄的特色风貌。

(5) 统筹基础设施和基本公共服务设施布局。在县域、乡镇域范围内统筹考虑村庄发展布局以及基础设施和公共服务设施用地布局,规划建立全域覆盖、普惠共享、城乡一体的基础设施和公共服务设施网络。以安全、经济、方便群众使用为原则,因地制宜提出村域基础设施和公共服务设施的选址、规模、标准等要求。

(6) 统筹产业发展空间。统筹城乡产业发展,优化城乡产业用地布局,引导工业向城镇产业空间集聚,合理保障农村新产业新业态发展用地,明确产业用地用途、强度等要求。除少量必需的农产品生产加工外,一般不在农村地区安排新增工业用地。

(7) 统筹农村住房布局。按照上位规划确定的农村居民点布局和建设用地管控要求,合理确定宅基地规模,划定宅基地建设范围,严格落实"一户一宅"。充分考虑当地建筑文化特色和居民生活习惯,因地制宜提出住宅的规划设计要求。

(8) 统筹村庄安全和防灾减灾。分析村域内地质灾害、洪涝等隐患,划定灾害影响范围和安全防护范围,提出综合防灾减灾的目标以及预防和应对各类灾害危害的措施。

(9) 明确规划近期实施项目。研究提出近期急需推进的生态修复整治、农田整理、补充耕地、产业发展、基础设施和公共服务设施建设、人居环境整治、历史文化保护等项目,明确资金规模及筹措方式、建设主体和方式等。

同时,该通知对村庄规划的成果表达提出要求,规划成果要吸引人、看得懂、记得住、能落地、好监督,鼓励采用"前图后则"(即规划图表+管制规则)的成果表达形式。

4. 参考《上海市农村村民住房建设管理办法》(上海市人民政府令第16号),农户建房的用地面积按照下列规定计算:

(1) 5人户及5人以下户的宅基地面积不超过140平方米、建筑占地面积不超过90平方米;

(2) 6人户及6人以上户的宅基地面积不超过160平方米、建筑占地面积不超过100平方米。

房屋檐口高度不得超过10米,屋脊高度不得超过13米。

【延伸】

关于村庄规划中的人口表述,以户数为单位更有意义。因为在村庄规划的建设用地中,宅基地部分所占比例较高,而且宅基地是按照户数进行分配的。农村地区村民通过农业生产的互助合作形成了密切的地缘、邻里关系,群众对村里的户数是很了解的,以户数为单位,群众更能看得懂、记得住。

有关村民宅基地的开发利用指标,法律授权省级人民政府制定,可以参考上海市的做法,为每种户型宅基地设定用地规模、建筑密度和建筑限高的指标。通过这些指标,就可以确定村庄规划中宅基地所需建设用地总规模。

关于乡镇企业、乡村公共设施和公益事业的建设用地,无论项目实施时土地是采用划拨还是出让的方式,都应当对宗地的规划管理要求予以明确。按照自然资源部《工业项目建设用地控制指标》和各省、自治区、直辖市出台的相关指标体系,明确各宗地的土地用途、容积率、绿地率、建筑密度和建筑高度等规划指标，并按照详细规划的要求，制定分图册，以便后期的规划实施管理。特别是近期需要建设的项目，在村庄规划中应当有针对性地予以强调和细化。

耕地保护是编制村庄规划的重要任务，因为一个村庄的空间范围较小，可以使用较大的比例尺来表述规划图纸，所以，村庄规划是展现耕地保护范围、界址和数量，最细致、最清晰、最直观的规划，通过图表对照，群众能清楚知晓哪些土地属于耕地，从而自觉保护耕地，同时，通过村庄规划的累加，可以校核上位规划对耕地保护目标值的准确性。

随着市场经济全球化趋势减弱和中国"一带一路"倡议的优势显现，较长远期的村庄规划，对农村的产业特色应当难以确定和挖掘。但是，基本农田和高标准农田种植的内容，国家是明确规定的。

文化来源于历史，缺乏历史的文化挖掘就是"赶时髦"。挖掘和发展村庄特色，必须尊重历史和传统。

城镇和乡村在控制建筑风格和风貌的手段上有着明显的差异。城镇的建筑由于规模大、集中度高、相邻关系复杂等原因，整体风貌是由国家规范（标准）以及规划、建筑专家和领导们决定的，所以形成了"千城一面"的格局。但是，农民住宅以及公共服务设施的规模小，且是零散分布于绿野之中，相邻关系又比较简单，使用频率和效率等远不如城镇，所以，农村的建筑风格、风貌应尽量尊重农民习惯，特别是建筑朝向和建筑退让问题，农民的习惯尤为重要，建议在规划中不要强行改变。在规划中，只需对总体屋面、外墙的色彩以及建筑高度等作出规定就可以了，至于建筑风格问题，不建议过度干预。

案例8

2024年6月25日，审计署审计长侯凯在第十四届全国人民代表大会常务委员会第十次会议所作的《国务院关于2023年度中央预算执行和其他财政收支的审计工作报告》中提及，重点审计了16省46县的乡村建设行动实施情况，涉及项目1.81万个，资金1439.02亿元，发现各类问题金额135.85亿元（占9.44%）。发现的最主要问题是一些村庄规划与实际不符，有1783个村庄规划偏离实际或流于形式。其中：11县358个村庄规划的部分内容不符合当地实际和农民需求，如广东阳春市统一要求29个村庄各自新建3750平方米幼儿园和小学，而有的村仅37名村民；6县297个村庄规划存在缺项漏项、文不对题等低级错误，有的盲目照搬照抄，如吉林大安市36个村庄的规划由辽宁1家设计公司编制，其中24个规划出现辽宁、内蒙古等地名称及特色旅游、风格建筑等，与当地风貌明显不相符。

【解析】

《城乡规划法》第十八条规定，乡规划、村庄规划应当从农村实际出发，尊重村民意愿，体现地方和农村特色。

第二十五条规定，编制城乡规划，应当具备国家规定的勘察、测绘、气象、地震、水文、环境等基础资料。

县级以上地方人民政府有关主管部门应当根据编制城乡规划的需要，及时提供有关基础资料。

《义务教育法》第十五条规定，县级以上地方人民政府根据本行政区域内居住的适龄儿童、少年的数量和分布状况等因素，按照国家有关规定，制定、调整学校设置规划。新建居民区需要设置学校的，应当与居民区的建设同步进行。

自然资源部办公厅《关于进一步做好村庄规划工作的意见》（自然资办发〔2020〕57号）第三条规定，尊重自然地理格局，彰显乡村特色优势。在落实县、乡镇级国土空间总体规划确定的生态保护红线、永久基本农田基础上，不挖山、不填湖、不毁林，因地制宜划定历史文化保护线、地质灾害和洪涝灾害风险控制线等管控边界。以"三调"为基础划好村庄建设边界，明确建筑高度等空间形态管控要求，保护历史文化和乡村风貌。

《自然资源部关于加强国土空间详细规划工作的通知》（自然资发〔2023〕43号）第一条规定，详细规划包括城镇开发边界内详细规划、城镇开发边界外村庄规划及风景名胜区详细规划等类型。

第三条规定，提高详细规划的针对性和可实施性。要以国土调查、地籍调查、不动产登记等法定数据为基础，加强人口、经济社会、历史文化、自然地理和生态、景观资源等方面调查，按照《国土空间规划城市体检评估规程》，深化规划单元及社区层面的体检评估，通过综合分析资源资产条件和经济社会关系，准确把握地区优势特点，找准空间治理问题短板，明确功能完善和空间优化的方向，切实提高详细规划的针对性和可实施性。

《城乡规划编制单位资质管理办法》（自然资源部令第11号）第十八条规定，规划编制单位提交的国土空间规划编制成果，应当符合有关法律、法规和规章的规定，符合有关标准、规范和上级国土空间规划的强制性内容。

【延伸】

案涉问题一，通过查阅政府网站，广东省人民政府关于《阳春市国土空间总体规划（2021—2035年）》的批复（粤府函〔2023〕334号）第五条规定，稳步推进镇村规划建设。因地制宜编制村庄规划，引导村庄分类发展，强化宅基地、乡村产业项目用地保障。统筹镇村连线成片建设，建设美丽圩镇，修复田园生态景观，改善农村人居环境，分类推进宜居宜业和美乡村建设，支撑乡村振兴发展。

人口、人口结构是编制国土空间规划的重要基础资料，编制村庄规划，应当从农村实际出发，加强对人口、经济、社会等方面的调查。我国人口负增长的趋势已经显现，因人口出生率下降，有研究表明，到2035年我国义务教育在校生或将减少3 000万左右。

阳春市人民政府作为《义务教育法》中规定的县级以上人民政府，应当按照法律规定，在对辖区内的适龄儿童、少年的数量和分布状况进行调查后，再制定、调整学校设置规划，而不能"一刀切"地作出规定。

法律明确规定，村庄规划应当从农村实际出发，尊重村民意愿；中小学建设规划的国家标准也对生均用地和建筑做出了规定。广东省政府对阳春市的总体规划批复中也明确要求，因地制宜编制村庄规划，引导村庄分类发展。而本案中只有37名村民的村庄却规划建设3 750平方米的幼儿园和小学，即使该村很富有，这也是对土地等社会资源的极大浪费。

案涉问题二,经查阅政府网站,吉林省人民政府关于《大安市、洮南市、镇赉县、通榆县国土空间总体规划(2021—2035年)的批复》(吉政函〔2024〕47号)第一条规定,着力将大安市建成生态创新发展基地、清洁能源基地、生态旅游基地。

第四条规定,提升国土空间品质。优化中心城区空间结构和布局,合理安排居住用地,统筹配置教育、医疗、养老、文化、体育等公共服务设施,推进社区生活圈建设。系统建设公共开敞空间,稳步推进城市更新,延续城市文脉,助力产业转型升级,提升人居环境品质。加强历史文化保护和活化利用,传承历史文脉。充分利用好自然景观资源,优化城乡空间形态,彰显富有地域特色的城乡风貌。

我国幅员辽阔,各地的地形地貌、气象、水文、环境以及人文、自然等资源禀赋千差万别,旅游资源也各有特色。《城乡规划法》第十八条规定,村庄规划要体现地方和农村特色。自然资源部要求,村庄规划要通过历史文化、自然地理和生态、景观资源等方面的调查,综合分析资源资产条件和经济社会关系,准确把握地区优势特点,尊重自然地理格局,彰显乡村特色优势。

大安市是吉林省白城市下辖的县级市,位于吉林省西北部,地处松嫩平原腹地,吉林省人民政府在对大安市的总体规划批复中要求,着力将大安市建成生态旅游基地,彰显富有地域特色的城乡风貌。

本案中造成如此低级错误的原因包括但不限于以下问题:

一是规划编制单位态度的问题。

首先是态度不端正。态度决定行为,行为决定结果;其次是能力不足。规划编制人员的能力与专业不匹配,且校审制度不完善,导致无法承担如此大批量的任务。

二是地方政府只作数量要求,对质量要求不严。

《自然资源部办公厅关于进一步做好村庄规划工作的意见》(自然资办发〔2020〕57号)文中要求,结合考虑县、乡镇级国土空间规划工作节奏,根据不同类型村庄发展需要,有序推进村庄规划编制。避免脱离实际追求村庄规划全覆盖。

中共中央、国务院在2021年—2024年连续四年的一号文件中都对村庄规划的编制提出了基本要求:有条件有需求的村庄应当编制村庄规划;村庄规划编制应当具有实效性、可操作性和执行约束力;不需要编制村庄规划的村庄,可以在县乡级国土空间规划中明确通则式管理规定。

《自然资源部、中央农村工作领导小组办公室关于学习运用"千万工程"经验提高村庄规划编制质量和实效的通知》(自然资发〔2024〕1号)指出,从实际出发,分类有序推进村庄规划编制。各地要结合实际加强村庄规划编制分类指导,推进有需求、有条件的村庄编制、村庄规划,不下达完成指标和完成时限,不盲目追求村庄规划编制"全覆盖",不要求编制工作进度"齐步走"和成果深度"一刀切"。对没有需求、不具备条件的村庄可暂不编制规划,对个别地方此前作出的下指标、定进度等要求,要及时予以整改纠正。

一次性将36个项目委托给同一个编制单位,无论如何都不会有高质量的规划成果。

三是审查、论证把关不严。

《城乡规划法》第二十六条规定,组织编制机关应当充分考虑专家和公众的意见,并在报送审批的材料中附具意见采纳情况及理由。

《城市规划编制办法》(建设部令第146号)第六条规定,编制城市规划,应当坚持政府组织、专家领衔、部门合作、公众参与、科学决策的原则。

各地政府都建立了论证和审查的规划咨询委员会制度,专家是政府的智囊,在选择专家时,要确保其对相关法律法规和政策比较熟悉并有一定责任感。就本案而言,一方面是审查不严,另一方面或许是错误被审查出来了,但编制单位没有作出修改。

参考江苏省自然资源厅《关于高水平推进村庄规划编制工作的通知》(苏自然资发〔2024〕10号)的要求,精心编制,推动完成一大批高水平村庄规划成果,杜绝"照抄照搬,复制粘贴"。

本案错误如此之多,影响如此之大,案涉的辽宁这家设计公司应当受到行政处罚。

《城市规划编制办法》(建设部令第146号)第九条规定,编制城市规划,应当遵守国家有关标准和技术规范,采用符合国家有关规定的基础资料。

《城乡规划编制单位资质管理办法》(自然资源部令第11号)第二十七条规定,规划编制单位超越资质等级承担国土空间规划编制业务,或者违反国家有关标准编制国土空间规划的,由所在地市、县人民政府自然资源主管部门责令限期改正,处以项目合同金额一倍以上两倍以下的罚款;情节严重的,责令停业整顿,由原审批自然资源主管部门降低其资质等级或者吊销资质证书;造成损失的,依法承担赔偿责任。

《城乡规划法》第六十二条规定,城乡规划编制单位违反国家有关规定编制城乡规划的,由所在地城市、县人民政府城乡规划主管部门责令限期改正,处合同约定的规划编制费一倍以上两倍以下的罚款;情节严重的,责令停业整顿,由原发证机关降低其资质等级或者吊销其资质证书;造成损失的,应依法承担赔偿责任。

案例9

某市一个建于20世纪80年代后期的老旧小区,该小区由四条城市道路围合,规模较大,住户有3 800多户,由事业单位中房集团下属的某市房地产公司负责承建。建设初期,项目批准的依据仅是一份总平面图和部分单体建筑的相关图纸,图纸中的主要指标也就是总占地面积和总建筑面积以及套型,所建住宅主要用来解决市级机关年轻干部和市直企业职工的住房问题。现该小区里的住户大部分已是二手房、三手房的业主,原有的建设水平、房屋套型、外部配套、物业管理等已经远远不能适应安全、宜居、韧性和智慧城市的要求,该市政府将其列为城市更新项目。

然而,在项目任务书中,只对小区住宅的外墙粉刷、"飞线"入地以及水泥混凝土路面黑色化处理作出要求。

【解析】

1.《住房和城乡建设部关于开展2022年城市体检工作的通知》(建科〔2022〕54号)指出了城市体检工作的意义,城市体检是通过综合评价城市发展建设状况、有针对性制定对策措施、优化城市发展目标、补齐城市建设短板、解决"城市病"问题的一项基础性工作,是实施城市更新行动、统筹城市规划建设管理、推动城市人居环境高质量发展的重要抓手。

要求建立健全"一年一体检、五年一评估"的城市体检评估制度,并给出了《城市体检指标体系》。

2.《住房城乡建设部关于扎实有序推进城市更新工作的通知》(建科〔2023〕30号)指出,坚持城市体检先行。建立城市体检机制,将城市体检作为城市更新的前提。指导城市建立由城市政府主导、住房城乡建设部门牵头组织、各相关部门共同参与的工作机制,统筹抓好城市体检工作。坚持问题导向,划细城市体检单元,从住房到小区、社区、街区、城区,查找群众反映强烈的难点、堵点、痛点问题。坚持目标导向,以产城融合、职住平衡、生态宜居等为目标,查找影响城市竞争力、承载力和可持续发展的短板弱项。坚持结果导向,把城市体检发现的问题短板作为城市更新的重点,一体化推进城市体检和城市更新工作。

3. 自然资源部办公厅关于印发《支持城市更新的规划与土地政策指引(2023版)》的通知(自然资办发〔2023〕47号)指出,在国土空间规划中应认真做好城市更新的调查与评估工作。城市更新的调查与评估,要识别更新对象。将经调查分析后认为生活和生产环境不良、存在安全隐患、市政基础设施和公共服务设施不完善、对环境造成负面影响、城市活力不足、土地利用低效、土地用途和建筑物使用功能不符合城市功能布局和发展要求的片区、建筑物、设施和公共空间等空间对象优先确定为更新对象。

········【延伸】·········

住房城乡建设部和自然资源部对城市更新工作,都在强调城市体检和评估,要求从人的安全、人的需求、人的感受等多方面入手,查找群众反映强烈的难点、堵点、痛点问题。

两部文件从不同的视角对城市更新重点内容和重点对象做出了要求,提出城市体检发现的问题短板是城市更新的重点。生活和生产环境不良、存在安全隐患、市政基础设施和公共服务设施不完善、对环境造成负面影响、城市活力不足、土地利用低效、土地用途和建筑物使用功能不符合城市功能布局和发展要求的片区、建筑物、设施和公共空间等空间对象是优先确定的更新对象。

城市体检指标体系中的因子很多,而且有很多与文明城市的标准是相对应的,充分体现了"人民城市人民管"的理念。

2024年8月17日,住房和城乡建设部建筑节能与科技司副司长汪科在"长三角区域城市更新经验与技术交流会"开幕式上致辞时表示,城市更新已经到了顶层设计的关键时期,要树立"四个思维",其中要有底线思维,城市更新不能是哪个领导、哪个专家主观上想做什么,不可能是从上到下简单的规划出来,要注重调查研究、城市体检,查摆问题,坚持从问题出发开展城市更新,更有针对性更有效地开展城市更新,特别是要关注城市弱势群体,关注城市落后的地区,要关注安全与发展的问题,通过更新,防范和化解问题,政府投资的项目绝不能搞形象工程、政绩工程、锦上添花,更要注意补短板,强弱项,化危为机,雪中送炭。

参考《上海市城市更新条例》第十四条规定,区人民政府根据城市更新指引,结合本辖区实际情况和开展的城市体检评估报告意见建议,对需要实施区域更新的,应当编制更新行动计划;更新区域跨区的,由市人民政府指定的部门或者机构编制更新行动计划。

确定更新区域时,应当优先考虑居住环境差、市政基础设施和公共服务设施薄弱、存在重大安全隐患、历史风貌整体提升需求强烈以及现有土地用途、建筑物使用功能、产业结构不适应经济社会发展的区域。

第十五条规定,物业权利人以及其他单位和个人可以向区人民政府提出更新建议。

区人民政府应当指定部门对更新建议进行归类和研究,并作为确定更新区域、编制更新行动计划的重要参考。

在编制更新行动计划时,应当结合本辖区实际情况和开展的城市体检评估报告意见建议,并把物业权利人的建议作为确定更新区域、编制更新行动计划的重要参考。

涉案小区是建成使用30多年的老旧小区,砖混结构,楼面为多孔板,建设初期就出现过将阳台受拉钢筋位置放反的现象。30多年来,人们的收入水平、生活方式、交通工具都发生了巨大的变化,居住区的规划设计规范也修订了多次,设计理念更是从以物性为主向以人性为主转变,建筑设计规范、防火规范等也多次修订。

在本次的城市更新中,首先,要将建筑结构安全、防火安全当成重中之重的问题,一旦安全出了问题,那是"一失全无"的大事件。应当依据建筑体检报告,找专家"寻医问药",对有安全隐患的建筑采取相应的加固措施,并按照消防的新要求,增设消防设施,改善消防布局。

其次,应当考虑3 800多户住户对社区公共配套设施的需求,结合15分钟生活圈的规定,在本小区内或者周边地区增加相关公共配套设施。

再次,按照交通工具的改变和新能源政策的要求,改善交通布局,增补停车泊位,增设充电设施,并对雨污水管网、网络设备等市政基础设施进行修建、扩建。

最后,进行建筑外墙美化、"飞线"入地、路面黑色化处理等锦上添花的工作。

城市更新,既要考虑对物的更新,更要考虑城市的生命主体——"人"的需求和诉求。城市更新是民心工程,而不是政府的形象工程。

案例 10

某市一城中村,原处于城市郊区,西邻城市快速路,南北为城市次干路,均已建成,东侧与某高校一路之隔。该城中村总占地面积约15.4万平方米,有580户居民,住宅建筑面积约12万平方米,大部分是曾经征地后村民的宅基地安置,少量是外迁人口宅基地。除四周沿路有部分理发店、早餐店(租用村民住宅)和一处4 600平方米的农贸市场(出让用地)、五座公共厕所(划拨用地)外,没有其他公共配套设施。

现状问题主要有以下几个方面:

一是建筑结构、消防安全隐患较大,居住环境恶劣。

早期建设时,房屋为村民自建自住,虽然是砖混结构加多孔板楼面,但是,纵横墙体上门窗较少、较小,建筑安全符合当时的设计规范。随着村民陆续进城购房、就业入学,这些房屋就出租给打工人、大学生、做生意者,墙体上的门窗门洞显著增多增大,有的隔墙也被拆除,造成建筑结构安全隐患加大。因为小区建设较早,没有考虑机动车停车问题,大部分住户将建筑之间的通道用作停车或种植蔬菜瓜果,导致消防通道不通畅现象严重。村民为了增加出租空间,增添收益,将原有的院内空间全部搭建房屋,导致通风、日照等基本的居住条件丧失殆尽。

二是人员复杂,社会治安差。城中村是一个人员流动频繁的地方,一般包括四部分人:村民、外来的租居人员、寻租人员以及进行商业活动的从业人员。据调查,一户村民住宅中的十五户房客,有四户是附近地区的拆迁户,三户是暂时没有买房的年轻人,三户是外地进城打工者,一户是来看望儿子的老年人,四户是在校学生。复杂的人员和职业构成,使得社会治理任务艰巨。

三是城中村所在地块形状不整齐,周边的土地用途复杂。本案城中村的宅基地属于集体建设用地,农贸市场和公共厕所为国有建设用地,在周边甚至建筑之间还有零星的农用地。

自然资源主管部门应如何参与该城中村的规划建设?

【解析】

国务院办公厅《关于在超大特大城市积极稳步推进城中村改造的指导意见》规定,城中村改造的指导思想是坚持稳中求进工作总基调,完整、准确、全面贯彻新发展理念,加快构建新发展格局,坚持以人民为中心,采取拆除新建、整治提升、拆整结合等多种方式,按照城市标准有力有序有效推进城中村改造,切实消除安全风险隐患,改善居住条件和生态环境,高效综合利用土地资源,提高土地利用效率,促进产业转型升级,推进以人为核心的新型城镇化,推动超大特大城市加快转变发展方式,建设宜居韧性、智慧的现代化城市。

基本原则是坚持问题导向。从实际出发,稳中求进、积极稳妥,分三类实施改造,具备条件的城中村实施拆除新建;不具备条件的不可强行推进,要开展经常性整治提升,防控风险隐患;介于前两类之间的实施拆整结合。坚持目标导向。拆除新建的应按照城市标准规划建设管理,整治提升的应按照文明城市标准整治提升和实施管理,守住安全底线。

自然资源部办公厅《城中村改造国土空间规划政策指引》(自然资源办发〔2024〕30号)指出,加强城中村资源资产调查,开展前期体检评估,优先改造安全风险隐患多、景观风貌差、配套短板突出的城中村。

总体规划已完成编制但尚未明确城中村改造内容的,应当编制近期建设规划,落实总体规划,充分衔接国民经济和社会发展规划,做好实施时序安排。

实施单元详细规划应当含有推动土地整理的内容。通过土地征收、土地置换、拆旧复垦、收购归宗、混合改造等方式,整合存量建设用地,可扩大至周边低效用地等,促进成片改造。

【延伸】

本案是一个规模比较大、基本具有全国所有城中村特点的城中村。在其改造过程中,自然资源主管部门应当主动或者配合政府相关部门做好以下工作:

一是配合确定优先改造项目及改造方式。

城中村改造属于城市更新中的特殊情形,城市更新的方式是"保留、改造、拆除新建或者不建",而城中村改造的方式是"拆除新建、整治提升、拆整结合"。之所以将"拆除新建"

作为城中村改造的首选方式,是由城中村的规划建设混乱、公共基础设施不足、公共安全隐患较大、社会治安问题较多等因素决定的。

城中村的建设模式特殊,大部分是由村民自建,房屋的设计、施工等图纸资料无法提供,给改造的可行性和改造后的安全性带来挑战。城中村中违章建筑很多,造成建筑与建筑之间的距离太小,邻里间因违建造成的矛盾尖锐,给改造机械的进出、地下管线等基础设施的开挖建设带来难度。此外,租户人口庞杂,改造时需要协调的主体太多,不容易形成一致意见。并且,土地低效利用和节约集约使用建设用地政策相矛盾。

另外,城中村中的原居民极少拥有或者根本没有耕地,大多已经进城购房、就业、入学,完全享受城市的各种设施和福利,农村集体组织的经济、社会管理功能已经基本消失,农村地区的宅基地政策不适用宅基地的管理。

本案的城中村属于安全隐患多、景观风貌差、配套短板突出的城中村,应当优先改造,并实施拆除新建。

二是主动组织编制改造规划。

自然资源部办公厅在《支持城市更新的规划与土地政策指引(2023版)》和《城中村改造国土空间规划政策指引》中都强调了对更新改造对象的前期体检评估工作,这也是国土空间规划的基础资料搜集、调查和研究的过程。

体检评估工作应当按照《国土空间规划城市体检评估规程》(TD/T 1063—2021)的规定进行,体检评估的基本指标应当全面,不应漏项。

国务院办公厅《关于在超大特大城市积极稳步推进城中村改造的指导意见》提出,拆除新建的应按照城市标准规划建设管理;要高效综合利用土地资源,提高土地利用效率。鼓励实施区域统筹和成片开发,城中村改造项目土地四至范围在村集体建设用地基础上,可扩大至周边少量低效用地。允许通过在集体建设用地之间、集体与国有建设用地之间进行土地整合、置换等方式,促进区域统筹和成片开发。城中村改造可在市域内统筹平衡规划指标,对改造项目在规划用地性质、建筑规模等方面予以支持优化。根据文件的要求,城中村改造不能就事论事,要统筹考虑城中村所在区域的土地政策、财政政策、规划建设标准等新时代、现代化城市社会的各项要求。

本案的城中村在原城市总体规划的建设用地范围内,也在新的国土空间总体规划城镇开发边界内,在原控制性详细规划中,将其规划为商业居住用地,在城中村的中间位置增加了一条东西向的城市支路,沿快速路边增加了带状绿地。

在该项目实施单元详细规划中,除了承袭原有控制性详细规划的相关内容外,尚应补充《平急功能复合的韧性城市规划与土地政策指引》《城中村改造国土空间规划政策指引》《土地征收成片开发标准》等文件中的相关要求。

三是加强规划实施管理和监督。

实施单元详细规划成果按程序应纳入所在市级国土空间规划"一张图"信息系统实施监督,作为实施成效评估的依据。

详细规划是核发城中村改造规划许可、实施城中村改造活动的法定依据,所有建设活动必须符合该规划。

案例 11

某城市国土空间总体规划已获得省政府的批复,在详细规划编制过程中,发现已经省政府批准的《土地征收成片开发方案》中40%的基础设施、公共服务设施以及其他公益性用地比例过高,而且集中绿地的位置均好性较差。从而认为《土地征收成片开发方案》不是法定规划,且与《自然资源部关于加强和规范规划实施监督管理工作的通知》(自然资发〔2023〕237号)中"不得以城市设计、城市更新规划等专项规划替代国土空间总体规划和详细规划作为各类开发保护建设活动的规划审批依据"的规定相悖,所以不应当编制《土地征收成片开发方案》。

【解析】

1.《中共中央 国务院关于建立国土空间规划体系并监督实施的若干意见》(中发〔2019〕18号)规定,国土空间规划是国家空间发展的指南、可持续发展的空间蓝图,是各类开发保护建设活动的基本依据。

国土空间总体规划要统筹和综合平衡各相关专项领域的空间需求。详细规划要依据批准的国土空间总体规划进行编制和修改。相关专项规划要遵循国土空间总体规划,不得违背总体规划强制性内容,其主要内容要纳入详细规划。

2.《自然资源部关于加强和规范规划实施监督管理工作的通知》(自然资发〔2023〕237号)规定,经依法批准的国土空间规划是开展各类国土空间开发保护建设活动、实施统一用途管制的基本依据。总体规划和详细规划是实施城乡开发建设、整治更新、保护修复活动和核发规划许可的法定依据。不得以城市设计、城市更新规划等专项规划替代国土空间总体规划和详细规划作为各类开发保护建设活动的规划审批依据。强化国土空间总体规划的指导约束作用,详细规划的编制和修改应当落实上位总体规划的战略目标、功能布局、空间结构、资源利用等要求,不得违反上位总体规划的底线管控要求和强制性内容。

3. 自然资源部《土地征收成片开发标准》(自然资规〔2023〕7号)规定,本标准所称成片开发,是指在国土空间规划确定的城镇建设用地范围内,由县级以上地方人民政府组织的对一定范围的土地进行的综合性开发建设活动。

县级以上地方人民政府应当按照《土地管理法》第四十五条规定,依据当地国民经济和社会发展规划、国土空间规划,组织编制土地征收成片开发方案,纳入当地国民经济和社会发展年度计划,并报省级人民政府批准。

4. 自然资源部《工业项目建设用地控制指标》(自然资发〔2023〕72号)规定,各省(区、市)自然资源主管部门以及有条件的市级自然资源主管部门,要会同同级产业等相关部门,在详细规划管控下,适应新产业、新业态和新生活方式需要,按照"多规合一"、节约集约和安全韧性的原则,因地制宜制定地方性规划标准和工业项目建设用地控制指标等土地使用标准,并纳入规划技术管理规定,作为详细规划编制审批和规划许可核发的审查依据。其中,容积率、建筑系数控制值原则上不低于《控制指标》;行政办公及生活服务设施用地所占比重原则上不高于《控制指标》;推荐性指标的控制值要结合本地区城乡经济发展水平,兼顾大中小企业投入产出状况。

【延伸】

本案的处理要从法律立法和文件规定的意图、体制改革后实际工作中问题的解决办法、各项事务的主要矛盾以及互相关系等方面进行理解,找出解决问题的思路。

一是公共利益的界定。

公共利益是一定社会条件下或特定范围内不特定多数主体利益相一致的方面,它不同于国家利益和集团(体)利益,也不同于社会利益和共同利益,具有主体数量的不确定性、实体上的共享性等特征,如何识别公共利益是司法和行政实践中的重要问题。

《中华人民共和国宪法》(简称《宪法》)第六条规定,中华人民共和国的社会主义经济制度的基础是生产资料的社会主义公有制,即全民所有制和劳动群众集体所有制。

第十条规定,城市的土地属于国家所有。农村和城市郊区的土地,除由法律规定属于国家所有的以外,属于集体所有;宅基地和自留地、自留山,也属于集体所有。国家为了公共利益的需要,可以依照法律规定对土地实行征收或者征用并给予补偿。

《土地管理法》第四十五条规定,为了公共利益的需要,有下列情形之一,确需征收农民集体所有的土地的,可以依法实施征收:

(1) 军事和外交需要用地的;

(2) 由政府组织实施的能源、交通、水利、通信、邮政等基础设施建设需要用地的;

(3) 由政府组织实施的科技、教育、文化、卫生、体育、生态环境和资源保护、防灾减灾、文物保护、社区综合服务、社会福利、市政公用、优抚安置、英烈保护等公共事业需要用地的;

(4) 由政府组织实施的扶贫搬迁、保障性安居工程建设需要用地的;

(5) 在土地利用总体规划确定的城镇建设用地范围内,经省级以上人民政府批准由县级以上地方人民政府组织实施的成片开发建设需要用地的;

(6) 法律规定为公共利益需要可以征收农民集体所有的土地的其他情形。

前款规定的建设活动,应当符合国民经济和社会发展规划、土地利用总体规划、城乡规划和专项规划;第(4)项、第(5)项规定的建设活动,还应当纳入国民经济和社会发展年度计划;第(5)项规定的成片开发并应当符合国务院自然资源主管部门规定的标准。

因为公共利益特定社会条件、特定范围和特定人员的识别比较困难,比如房地产开发、工厂建设,甚至是政府、学校用地等,对其公共利益方面的属性理解因情况的不同而不同。所以,为了满足城市发展对土地资源的需求,《土地管理法》第四十五条将"在土地利用总体规划确定的城镇建设用地范围内,经省级以上人民政府批准由县级以上地方人民政府组织实施的成片开发建设需要用地的"列为"公共利益需要"的法定情形,以免土地征收问题在行政和司法工作中面临公共利益难以识别的问题。

这是《土地管理法》的立法突破,是在长期实践中总结的经验。将成片开发的组织实施权利赋予县级以上地方人民政府,使得"成片开发需要征地"作为公共利益更有说服力和公信度。

二是编制土地征收成片开发方案与详细规划的目的问题。

"成片开发"词条来源于《土地管理法》第四十五条,其编制目的是在城镇建设用地"减量化",总用地规模通过扩展系数进行严格控制的情况下,以鼓励综合开发、高效利用土地为由而征收集体土地,以便为城市社会、经济建设提供必要的用地。

新体制下的"详细规划"词条来源于《中共中央 国务院关于建立国土空间规划体系并监督实施的若干意见》,其编制目的是落实上位总体规划的战略目标、功能布局、空间结构、资源利用等要求,并作为实施城乡开发建设、整治更新、保护修复活动和核发规划许可的法定依据。

三是编制土地征收成片开发方案与详细规划的依据问题。

国土空间规划以及国土空间规划体系中的详细规划,都是编制土地征收成片开发方案的主要依据。而详细规划编制的依据是总体规划、各类政策、标准、规范(含《工业项目建设用地控制指标》)。

四是土地征收成片开发方案与详细规划的内容不同。

《城市规划编制办法》(建设部令第146号)第四十一条规定,控制性详细规划应当包括下列内容:

(1) 确定规划范围内不同性质用地的界线,确定各类用地内适建,不适建或者有条件地允许建设的建筑类型。

(2) 确定各地块建筑高度、建筑密度、容积率、绿地率等控制指标;确定公共设施配套要求、交通出入口方位、停车泊位、建筑后退红线距离等要求。

(3) 提出各地块的建筑体量、体型、色彩等城市设计指导原则。

(4) 根据交通需求分析,确定地块出入口位置、停车泊位、公共交通场站用地范围和站点位置、步行交通以及其他交通设施。规定各级道路的红线、断面、交叉口形式及渠化措施、控制点坐标和标高。

(5) 根据规划建设容量,确定市政工程管线位置、管径和工程设施的用地界线,进行管线综合。确定地下空间开发利用具体要求。

(6) 制定相应的土地使用与建筑管理规定。

《土地征收成片开发标准》(自然资规〔2023〕7号)规定,土地征收成片开发方案应当包括下列内容:

(1) 成片开发的位置、面积、范围和基础设施条件等基本情况;

(2) 成片开发的必要性、主要用途和实现的功能;

(3) 成片开发拟安排的建设项目、开发时序和年度实施计划;

(4) 依据国土空间规划确定的一个完整的土地征收成片开发范围内基础设施、公共服务设施以及其他公益性用地比例;

(5) 成片开发的土地利用效益以及经济、社会、生态效益评估。

前款第(4)项规定的比例一般不低于40%,各市县的具体比例由省级人民政府根据各地情况差异确定。

从内容看,详细规划的内容具有对用地定性、地块和建(构)物定位、各种经济技术指标定量的特性,其"三定"要求非常具体,具有强制性,决定具体项目实施的效果;而成片开发方案只有拟用土地定位、拟用土地规模和基础设施、公共服务设施以及其他公益性用地比例定量的特性,这"两定"要求相对抽象,只对拟计划项目的相关概况作出叙述和普遍要求。

五是规划期限问题。

《城乡规划法》第十七条规定,城市总体规划、镇总体规划的规划期限一般为二十年。

《土地管理法》第十五条规定,土地利用总体规划的规划期限由国务院规定。

《土地管理法实施条例》第二条规定,已经编制国土空间规划的,不再编制土地利用总体规划和城乡规划。在编制国土空间规划前,经依法批准的土地利用总体规划和城乡规划继续执行。

参考《土地管理法实施条例》(2014年修订)第九条,土地利用总体规划的规划期限一般为15年。

参考《国土空间规划法》(征求意见稿,2023年11月),国土空间总体规划的期限一般为10—20年。

详细规划的依据是总体规划,其期限应当与总体规划一致。

《土地征收成片开发标准》第七条规定,已批准实施的土地征收成片开发连续两年未完成方案安排的年度实施计划的,不得批准土地征收成片开发方案。这一规定中的"两年"应当是成片开发方案的期限。

综上,编制土地征收成片开发方案是法定的,是征收集体土地保障城镇发展用地的重要手段,编制的主要依据是城镇国土空间规划。具体项目实施必须满足详细规划的"三定"要求,土地征收成片开发范围内基础设施、公共服务设施以及其他公益性用地比例、位置以及形态等应当由详细规划统筹确定。

我国的人口结构发生巨大变化,加之城市安全、韧性城市、智慧城市、平急两用、15分钟生活圈等各种新的要求,已建城区在基础设施、公共服务设施以及其他公益性用地方面存在短板。

《国家园林城市标准》规定建成区绿地率不小于31%;《城市综合交通体系规划标准》(GB/T 51328—2018)规定城市道路与交通设施用地面积应占城市建设用地面积的15%~25%;《城市公共设施规划规范》(GB 50442—2008)规定城市公共设施规划用地占比11.6%~15.4%(按100万~200万人口城市规模)。仅以上三项用地,在新增建设用地内安排40%的基础设施、公共服务设施以及其他公益性用地,比例是不高的。

第三节 行政权力

详细规划是国土空间规划序列中的实施性规划,不仅是对总体规划的细化,更多的是落实,是"一张蓝图干到底"的"蓝图",编制阶段的工作要求具有系统性、具体性、实用性和好用性的特点。详细规划的组织编制权在城市、县自然资源主管部门和对应的人民政府,批准权在城市、县及(乡)镇人民政府,执行权在城市、县自然资源主管部门,所以,对于详细规划,自然资源主管部门的权力较大。

(一) 详细规划组织编制权

1. 权力来源

《城乡规划法》第十九条规定,城市人民政府城乡规划主管部门根据城市总体规划的要求,组织编制城市的控制性详细规划,经本级人民政府批准后,报本级人民代表大会常务委员会和上一级人民政府备案。

第二十条规定,镇人民政府根据镇总体规划的要求,组织编制镇的控制性详细规划,报上一级人民政府审批。县人民政府所在地镇的控制性详细规划,由县人民政府城乡规划主管部门根据镇总体规划的要求组织编制,经县人民政府批准后,报本级人民代表大会常务委员会和上一级人民政府备案。

第二十二条规定,乡、镇人民政府组织编制乡规划、村庄规划,报上一级人民政府审批。

《自然资源部关于加强国土空间详细规划工作的通知》(自然资发〔2023〕43号)规定,市县自然资源部门是详细规划的主管部门。

2. 基本程序

选择编制单位(可以公开招标,也可以委托)→组织专家和部门论证并对社会公告→报批→备案→公布。

3. 综合

因为详细规划是政府的公共政策,又是国土空间规划管理的直接依据,其重要性不言而喻。选择编制单位的方式既要符合地方关于政府采购的相关规定,更要考虑采购项目的实际情况和重要性。建议优先考虑对本地的经济、社会发展状况、城市演变过程比较熟悉的规划编制单位,当然,资质条件是最重要的。

《城乡规划法》第二十六条规定"组织编制机关应当充分考虑专家和公众的意见,并在报送审批的材料中附具意见采纳情况及理由"。专家论证、公众参与环节,可以同步也可以是先后进行。《自然资源部关于加强国土空间详细规划工作的通知》要求"要健全公众参与制度,在详细规划编制中做好公示公开,主动接受社会监督"。这里的"健全"要求很重要,法律规定应当建立相关公众参与制度,但是,在执行过程中"走过场"现象严重:发给专家的文件"有意回避"关键问题、对于重大事项需要研究的问题含糊其词、公示的图纸比例太小看不清、文字说明模糊看不懂等。这些都是政府及相关部门应该重视的事,集思广益有利于规划实施和项目落地。

(二) 对国土空间规划编制行为的监督检查权

1. 权力来源

中华人民共和国监察部、中华人民共和国人力资源和社会保障部、中华人民共和国住房和城乡建设部令第29号发布的《城乡规划违法违纪行为处分办法》第五条规定,地方人民政府及城乡规划主管部门委托不具有相应资质等级的单位编制城乡规划的,对有关责任人员给予警告或者记过处分；情节较重的，给予记大过或者降级处分；情节严重的，给予撤职处分。

第十一条规定，县人民政府城乡规划主管部门未依法组织编制或者未按照县人民政府所在地镇总体规划的要求编制县人民政府所在地镇的控制性详细规划的，对有关责任人员给予记过或者记大过处分；情节较重的，给予降级或者撤职处分；情节严重的，给予开除处分。

第十二条规定，城市人民政府城乡规划主管部门未依法组织编制或者未按照城市总体规划的要求编制城市的控制性详细规划的，对有关责任人员给予记过或者记大过处分；情节较重的，给予降级或者撤职处分；情节严重的，给予开除处分。

《城乡规划法》第五十一条规定，县级以上人民政府及其城乡规划主管部门应当加强对城乡规划编制、审批、实施、修改的监督检查。

《土地管理法》第五条规定，县级以上地方人民政府自然资源主管部门的设置及其职责，由省、自治区、直辖市人民政府根据国务院有关规定确定。

第六十七条规定，县级以上人民政府自然资源主管部门对违反土地管理法律、法规的行为进行监督检查。

2. 基本程序

《中华人民共和国公职人员政务处分法》第四章政务处分的程序、《城乡规划法》第五十三条以及《土地管理法》第六十八条，都对自然资源主管部门履行监督检查职责时，有关的程序和措施作出了规定。

3. 综合

自然资源主管部门对规划编制行为的监督检查对象主要是其下级主管部门和规划编制单位。

监督检查主要通过以下途径进行：诉讼、复议、执法案件评查，以及群众举报和上级交办等案件处理时，在调查取证过程中，发现监督检查对象存在违法违规行为。实施监督检查时，对监督对象的违法违规行为必须予以纠正和处理，而且不能以行政处分代替行政处罚，也不能以行政处罚代替刑事处罚。

特别是对规划编制单位的资质、规划成果的编制质量的监督检查十分重要，比如本章案例 8 中的辽宁某设计公司，一定要从严处理。

第三章 国土空间专项规划

凡是涉及占有、利用甚至是影响国土空间的事项，都应当编制专项规划。《中共中央 国务院关于建立国土空间规划体系并监督实施的若干意见》（中发〔2019〕18号）规定，国土空间规划是对一定区域国土空间开发保护在空间和时间上作出的安排，包括总体规划、详细规划和相关专项规划。《自然资源部关于保护和永续利用自然资源扎实推进美丽中国建设的实施意见》（自然资发〔2024〕150号）再次强调要强化国土空间总体规划对专项规划的指导约束作用，统筹和综合平衡各领域各方面空间利用需求。

第一节 基本概念

1. 什么是专项规划？

专项规划是指在特定区域（流域）、特定领域，为体现特定功能，对空间开发保护利用作出的专门安排，是涉及空间利用的专项规划。

2. 专项规划与国土空间总体规划、详细规划的相互关系是怎样的？

国土空间总体规划是详细规划的依据，相关专项规划的基础，相关专项规划要相互协同，并与详细规划做好衔接。

《自然资源部关于保护和永续利用自然资源扎实推进美丽中国建设的实施意见》（自然资发〔2024〕150号）再次强调要强化国土空间总体规划对专项规划的指导约束作用，统筹和综合平衡各领域各方面空间利用需求。

3. 专项规划包括哪些规划？

对国土空间中的活动进行限制的专项规划包括环境保护规划、草原保护（建设、利用）规划、林地保护利用（造林绿化、森林经营、天然林保护）规划、历史文化名城和历史文化街区保护规划、水资源保护规划等保护类的专项规划。

对国土空间进行利用的专项规划包括交通、港口、旅游、水利、市政基础设施（含供电、电信、防洪、排水、加油站）、公共服务设施（含中小学、医院、养老、殡葬设施）以及军事设施等专项规划。

这些专项规划都是法定规划，都是与国土空间规划密不可分的规划。

（1）《中华人民共和国环境保护法》第十三条规定，县级以上地方人民政府环境保护主管部门会同有关部门，根据国家环境保护规划的要求，编制本行政区域的环境保护规划，报同级人民政府批准并公布实施。

环境保护规划的内容应当包括生态保护和污染防治的目标、任务、保障措施等,并与主体功能区规划、土地利用总体规划和城乡规划等相衔接。

(2)《中华人民共和国草原法》第十七条规定,县级以上地方人民政府草原行政主管部门会同同级有关部门依据上一级草原保护、建设、利用规划编制本行政区域的草原保护、建设、利用规划,报本级人民政府批准后实施。

第二十条规定,草原保护、建设、利用规划应当与土地利用总体规划相衔接,与环境保护规划、水土保持规划、防沙治沙规划、水资源规划、林业长远规划、城市总体规划、村庄和集镇规划以及其他有关规划相协调。

(3)《中华人民共和国森林法》(以下简称《森林法》)第二十五条规定,县级以上人民政府林业主管部门应当根据森林资源保护发展目标,编制林业发展规划。下级林业发展规划依据上级林业发展规划编制。

第二十六条规定,县级以上人民政府林业主管部门可以结合本地实际,编制林地保护利用、造林绿化、森林经营、天然林保护等相关专项规划。

(4)《中华人民共和国文物保护法》第十四条规定,历史文化名城和历史文化街区、村镇所在地的县级以上地方人民政府应当组织编制专门的历史文化名城和历史文化街区、村镇保护规划,并纳入城市总体规划。

(5)《中华人民共和国水法》第十四条规定,国家制定全国水资源战略规划。开发、利用、节约、保护水资源和防治水害,应当按照流域、区域统一制定规划。规划分为流域规划和区域规划。流域规划包括流域综合规划和流域专业规划;区域规划包括区域综合规划和区域专业规划。

前款所称综合规划,是指根据经济社会发展需要和水资源开发利用现状编制的开发、利用、节约、保护水资源和防治水害的总体部署。前款所称专业规划,是指防洪、治涝、灌溉、航运、供水、水力发电、竹木流放、渔业、水资源保护、水土保持、防沙治沙、节约用水等规划。

第十五条规定,流域范围内的区域规划应当服从流域规划,专业规划应当服从综合规划。流域综合规划和区域综合规划以及与土地利用关系密切的专业规划,应当与国民经济和社会发展规划以及土地利用总体规划、城市总体规划和环境保护规划相协调,兼顾各地区、各行业的需要。

(6)《中华人民共和国公路法》(简称《公路法》)第十二条规定,公路规划应当根据国民经济和社会发展以及国防建设的需要编制,与城市建设发展规划和其他方式的交通运输发展规划相协调。

第十三条规定,公路建设用地规划应当符合土地利用总体规划,当年建设用地应当纳入年度建设用地计划。

(7)《中华人民共和国港口法》第七条规定,港口规划应当根据国民经济和社会发展的要求以及国防建设的需要编制,体现合理利用岸线资源的原则,符合城镇体系规划,并与土地利用总体规划、城市总体规划、江河流域规划、防洪规划、海洋功能区划、水路运输发展规划和其他运输方式发展规划以及法律、行政法规规定的其他有关规划相衔接、协调。

(8)《中华人民共和国旅游法》第十七条规定,国务院和县级以上地方人民政府应当将旅游业发展纳入国民经济和社会发展规划。

国务院和省、自治区、直辖市人民政府以及旅游资源丰富的设区的市和县级人民政府,应当按照国民经济和社会发展规划的要求,组织编制旅游发展规划。对跨行政区域且适宜进行整体利用的旅游资源进行利用时,应当由上级人民政府组织编制或者由相关地方人民政府协商编制统一的旅游发展规划。

第十九条规定,旅游发展规划应当与土地利用总体规划、城乡规划、环境保护规划以及其他自然资源和文物等人文资源的保护和利用规划相衔接。

第二十条规定,各级人民政府编制土地利用总体规划、城乡规划,应当充分考虑相关旅游项目、设施的空间布局和建设用地要求。规划和建设交通、通信、供水、供电、环保等基础设施和公共服务设施,应当兼顾旅游业发展的需要。

(9)《中华人民共和国电力法》第十条规定,电力发展规划应当根据国民经济和社会发展的需要制定,并纳入国民经济和社会发展计划。

电力发展规划,应当体现合理利用能源、电源与电网配套发展、提高经济效益和有利于环境保护的原则。

第十一条规定,城市电网的建设与改造规划,应当纳入城市总体规划。城市人民政府应当按照规划,安排变电设施用地、输电线路走廊和电缆通道。

(10)《中华人民共和国防洪法》(简称《防洪法》)第十条规定,城市防洪规划,由城市人民政府组织水行政主管部门、建设行政主管部门和其他有关部门依据流域防洪规划、上一级人民政府区域防洪规划编制,按照国务院规定的审批程序批准后纳入城市总体规划。

(11)《中华人民共和国军事设施保护法》第三十七条规定,军队编制军事设施建设规划、组织军事设施项目建设,应当考虑地方经济建设、生态环境保护和社会发展的需要,符合国土空间规划等规划的总体要求,并进行安全保密环境评估和环境影响评价。涉及国土空间等规划的,应当征求国务院有关部门、地方人民政府的意见,尽量避开生态保护红线、自然保护地、地方经济建设热点区域和民用设施密集区域。确实不能避开,需要将生产生活设施拆除或者迁建的,应当依法进行。

(12)《中华人民共和国电信条例》第四十四条规定,基础电信建设项目应当纳入地方各级人民政府城市建设总体规划和村镇、集镇建设总体规划。

(13)《中华人民共和国城镇排水与污水处理条例》第七条规定,城镇排水主管部门会同有关部门,根据当地经济社会发展水平以及地理、气候特征,编制本行政区域的城镇排水与污水处理规划,明确排水与污水处理目标与标准,排水量与排水模式,污水处理与再生利用、污泥处理处置要求,排涝措施,城镇排水与污水处理设施的规模、布局、建设时序和建设用地以及保障措施等;易发生内涝的城市、镇,还应当编制城镇内涝防治专项规划,并纳入本行政区域的城镇排水与污水处理规划。

第八条规定,城镇排水与污水处理规划的编制,应当依据国民经济和社会发展规划、城乡规划、土地利用总体规划、水污染防治规划和防洪规划,并与城镇开发建设、道路、绿地、水系等专项规划相衔接。

4. 专项规划的组织编制主体是如何规定的？

《中共中央 国务院关于建立国土空间规划体系并监督实施的若干意见》规定，涉及空间利用的某一领域专项规划，如交通、能源、水利、农业、信息、市政等基础设施，公共服务设施，军事设施，以及生态环境保护、文物保护、林业草原等专项规划，由相关主管部门组织编制。相关专项规划可在国家、省和市县层级编制，不同层级、不同地区的专项规划可结合实际选择编制的类型和精度。

依照法律法规，除军事设施建设规划由部队组织编制外，其他专项规划的组织编制主体，有的是县级以上人民政府相关行业主管部门，有的是县级以上人民政府。

5. 城市设计、城市更新、成片开发方案、城中村改造等的规划，是否是专项规划？

《自然资源部关于加强和规范规划实施监督管理工作的通知》（自然资发〔2023〕237号）规定不得以城市设计、城市更新规划等专项规划替代国土空间总体规划和详细规划作为各类开发保护建设活动的规划审批依据。

从文件规定可以看出，不同领域、不同层级、不同地区等，因为发展需要，都可以编制本领域、本层级、本地区的专项规划，所以说专项规划没有界限。从事业发展角度来讲，专项规划越多，越利于国土空间规划任务的分解和落实。但是，必须以国土空间总体规划为基础，各专项规划目标的实现、项目的实施必须在国土空间规划的"一盘棋"内落实。

6. 专项规划的审查有哪些要求？

《城乡规划法》第二十七条规定，省域城镇体系规划、城市总体规划、镇总体规划批准前，审批机关应当组织专家和有关部门进行审查。

《土地利用总体规划管理办法》第六条规定，编制土地利用总体规划，应当坚持政府组织、专家领衔、部门协作、公众参与的工作原则。

《国家级专项规划管理暂行办法》第十三条规定，国家级专项规划应委托规划专家委员会、有资质的中介机构或组织专家组进行论证。参加论证的其他相关领域专家不少于专家总数的 1/3。

由此可见，部门协同、专家论证和公众参与是不可缺少的要求。

7. 专项规划编制成果通过何种方式得以实施？

《中共中央 国务院关于建立国土空间规划体系并监督实施的若干意见》规定，详细规划是对具体地块用途和开发建设强度等作出的实施性安排，是开展国土空间开发保护活动、实施国土空间用途管制、核发城乡建设项目规划许可、进行各项建设等的法定依据。

国土空间总体规划要统筹和综合平衡各相关专项领域的空间需求。详细规划要依据批准的国土空间总体规划进行编制和修改。相关专项规划要遵循国土空间总体规划，不得违背总体规划强制性内容，其主要内容要纳入详细规划。

《自然资源部关于进一步加强国土空间规划编制和实施管理的通知》（自然资发〔2022〕186 号）规定，不得以专项规划、片区策划、实施方案、城市设计等名义替代详细规划设置规划条件、核发规划许可。

《自然资源部关于加强和规范规划实施监督管理工作的通知》（自然资发〔2023〕237

号)规定,不得以城市设计、城市更新规划等专项规划替代国土空间总体规划和详细规划作为各类开发保护建设活动的规划审批依据。

因此,专项规划的成果在纳入详细规划后,方可作为项目实施的法定依据。

8. 什么是城市设计?

《城市设计管理办法》(建设部令第35号)对城市设计的定义:城市设计是从整体平面和立体空间上统筹城市建筑布局、协调城市景观风貌,体现地域特征、民族特色和时代风貌,指导建筑设计、塑造城市特色风貌的手段。城市设计分为总体城市设计和重点地区城市设计。该办法的工作对象是中心城区。

《国土空间规划城市设计指南》(TD/T 1065—2021)对城市设计的定义:城市设计是营造美好人居环境和宜人空间场所的重要理念与方法,通过对人居环境多层级空间特征的系统辨识,多尺度要素内容的统筹协调,以及对自然、文化保护与发展的整体认识,运用设计思维,借助形态组织和环境营造方法,依托规划传导和政策推动,实现国土空间整体布局的结构优化,生态系统的健康持续,历史文脉的传承发展,功能组织的活力有序,风貌特色的引导控制,公共空间的系统建设,达成美好人居环境和宜人空间场所的积极塑造。

城市设计是国土空间规划体系的重要组成,是国土空间高质量发展的重要支撑,贯穿于国土空间规划建设管理的全过程。

该指南的工作对象包括中心城区在内的所有国土空间。

第二节 案例解析

国土空间规划几乎涉及所有领域,各领域的需求不可能在一部国土空间规划中全部体现出来,需要所涉领域的专项规划对国土空间规划予以补充,但各专项规划应当以国土空间总体规划为基础,相关专项规划应当相互协同,并与详细规划做好衔接。

案例 1

某市委托一省级规划设计公司对原中心城区的中小学、幼儿园专项规划进行调整,该设计公司根据新的国土空间总体规划、地籍管理、规划管理等资料对原规划进行了调整。但是,对现状中小学和幼儿园的招生状况以及房地产形势没有充分的调查,新的规划中保留了已建中小学,且对星罗棋布的"问题楼盘"中未设幼儿园用地未作调整。市政府领导通过卫健委、教育局的多次汇报,已经了解到该市的人口出生率呈下降的趋势,许多幼儿园和小学的生源不足,所以对调整后的专项规划很不满意,于是有关部门重新安排本地的某规划设计研究院对中小学、幼儿园的布局、规模作专门研究。

【解析】

《中共中央 国务院关于建立国土空间规划体系并监督实施的若干意见》规定,综合考虑人口分布、经济布局、国土利用、生态环境保护等因素,科学布局生产空间、生活空间、生态空间,是加快形成绿色生产方式和生活方式、推进生态文明建设、建设美丽中国的关键举措。

《城乡规划法》第四条规定,制定和实施城乡规划,应当遵循城乡统筹、合理布局、节约土地、集约发展和先规划后建设的原则,并符合区域人口发展的需要。

《义务教育法》第十五条规定,县级以上地方人民政府根据本行政区域内居住的适龄儿童、少年的数量和分布状况等因素,按照国家有关规定,制定、调整学校设置规划。新建居民区需要设置学校的,应当与居民区的建设同步进行。

《义务教育法实施细则》第二十六条规定,实施义务教育学校的设置,由设区的市级或者县级人民政府统筹规划,合理布局。

小学的设置应当有利于适龄儿童、少年就近入学。寄宿制小学设置可适当集中。普通初级中学和初级中等职业技术学校的设置,应当根据人口分布状况和地理条件相对集中。

【延伸】

国土空间规划是新时代的产物。在社会经济高速发展的背后,城乡规划建设显现出许多的不足,这要求我们在进行国土空间规划编制时,对城市进行体检,其目的是补短板、优结构、节约集约用地。自然资源部出台了《国土空间规划城市体检评估规程》(TD/T 1063—2021),分析优化人口、就业、用地和建筑的规模、结构和布局,提升土地使用效益,推进城市更新等工作的成效及问题,是体检评估的重要内容之一。每万人拥有幼儿园班数(班)、社区小学步行10分钟覆盖率(%)、社区中学步行15分钟覆盖率(%)等,都是评估指标体系中的指标项,有关数据计算及来源,在规程中都作了指引。

本案中,省级规划设计公司没有对城市体检中的相关指标项进行规划实施成效、存在问题及原因的分析,只在原规划已实施项目的现状图上,简单叠加了新的规划项目,这种机械做法是不可取的。

案涉城市是人口净流出城市,常住人口的城镇化率已达到65%。从2014年~2024年,该城市某个片区每年每个公办幼儿园都多出10%的学位,该片区尚有2座小学和10所与房地产项目配套的九班制幼儿园没有建设。若不对现状问题提出对策,仍然保留待建小学和幼儿园的用地,显然不符合法律法规的要求,也将造成土地资源的浪费。

案例2

某规划设计公司在制定某县城的养老设施专项规划时,将过渡政策阶段的工业厂房、仓储用房等都纳入了养老设施规划,而且其占比达到了总量的30%。专家论证时,对这一比例提出了质疑,规划未通过论证。

【解析】

《国务院关于加快发展养老服务业的若干意见》(国发〔2013〕35号)指出,2012年底我国60周岁以上老年人口已达1.94亿,2020年将达到2.43亿,2025年将突破3亿。积极应对人口老龄化,加快发展养老服务业,不断满足老年人持续增长的养老服务需求,是全面建成小康社会的一项紧迫任务。

《国务院办公厅关于推进养老服务发展的意见》(国办发〔2019〕5号)指出,养老服务市场活力尚未充分激发,发展不平衡不充分、有效供给不足、服务质量不高等问题依然存在,人民群众养老服务需求尚未有效满足。

《自然资源部关于加强规划和用地保障支持养老服务发展的指导意见》(自然资规〔2019〕3号)要求,鼓励利用商业、办公、工业、仓储存量房屋以及社区用房等举办养老机构,所使用存量房屋在符合详细规划且不改变用地主体的条件下,可在五年内实行继续按土地原用途和权利类型适用过渡期政策;过渡期满及涉及转让需办理改变用地主体手续的,新用地主体为非营利性的,原划拨土地可继续以划拨方式使用,新用地主体为营利性的,可以按新用途、新权利类型、市场价格,以协议方式办理,但有偿使用合同和划拨决定书以及法律法规等明确应当收回土地使用权的情形除外。

【延伸】

养老设施是社区规划建设的内容,《住房和城乡建设部办公厅完整居住社区建设指南》(建办科〔2021〕55号)指出,城市居民大部分时间是在居住社区中度过,尤其是老年人和儿童在社区的时间最长、使用设施最频繁,且步行能力有限,是居住社区建设应优先满足、充分保障的人群。而工业用地中的厂房、仓储用地中的仓库与养老设施用房有着"天壤之别":

一是工厂、仓库大多位于城市边缘地带,与居住用地存在一定的距离,与"15分钟生活圈"的要求相去甚远。

二是工厂、仓库大多比较集中,区位大气、噪声、土壤、绿化等生活环境指标远低于城市的其他地段,特别是与居住社区所处环境相比,要恶劣很多。

三是工厂、仓库的建筑建构、布局、设计规范等与养老设施有着显著区别,建筑节能、抗震、消防安全要求等,都不是一个等级。

至于《自然资源部关于加强规划和用地保障支持养老服务发展的指导意见》(自然资规〔2019〕3号)中提出的鼓励利用工业、仓储存量房屋举办养老机构,无论是详细规划还是专项规划,都是不可取的。即使总体规划中对工业、仓储用地作了"退二进三"的处理,也应当先考虑周边的建筑环境、土壤等是否得到了修复,是否满足居住要求,之后方可考虑将原有的厂房、仓库等建筑改造成养老用房。

为补齐养老设施不足的短板,我们应当在城市更新中,按照完整居住社区的规划建设要求,在居住社区里挖掘用地潜力,综合考虑因人口出生率降低而导致生源严重不足的小学、幼儿园建筑的利用,通过改造后,将其作为养老设施使用。这是应对人口增长趋缓乃至减少以及不断加剧的老龄化问题最经济、最安全的有效手段。

案例 3

某县的《殡葬设施专项规划》中,只对殡仪馆、经营性公墓的位置、用地规模进行了规划,而对农村的公墓只用"按照需要,在原有坟地增扩"进行表述,导致村庄规划在编制时,无法落实该专项规划对公墓的位置、用地规模等的要求。

【解析】

2023年中央1号文件指出,要推进农村丧葬习俗改革。

2024年中央1号文件指出,持续推进散埋乱葬等突出问题综合治理。

中共中央办公厅、国务院办公厅在《关于党员干部带头推动殡葬改革的意见》中要求,发展改革、公安、民政、财政、人力资源社会保障、国土资源、工商、林业等部门要各司其职、密切配合,加强基本殡葬服务供给,完善惠民殡葬政策措施,规范殡葬服务市场秩序。

各级党委和政府要立足实际,制定和完善殡葬事业发展规划,明确殡葬改革目标任务和方法步骤,并纳入当地国民经济和社会发展规划。根据人口、耕地、交通等情况,科学划分火葬区和土葬改革区,统筹确定殡葬基础设施数量、布局、规模和功能。加大投入,重点完善殡仪馆、骨灰堂、公益性公墓等基本殡葬公共服务设施,逐步形成布局合理、设施完善、功能齐全、服务便捷的基本殡葬公共服务网络,为推动殡葬改革创造有利条件。

《土地管理法》第三十七条规定,禁止占用耕地建窑、建坟或者擅自在耕地上建房、挖砂、采石、采矿、取土等。

《殡葬管理条例》第八条规定,农村为村民设置公益性墓地,经乡级人民政府审核同意后,报县级人民政府民政部门审批。

第九条规定,任何单位和个人未经批准,不得擅自兴建殡葬设施。

农村的公益性墓地不得对村民以外的其他人员提供墓穴用地。

第十条规定,禁止在下列地区建造坟墓:

(1) 耕地、林地;

(2) 城市公园、风景名胜区和文物保护区;

(3) 水库及河流堤坝附近和水源保护区;

(4) 铁路、公路主干线两侧。

《公墓管理暂行办法》(民事发〔1992〕24号)第三条规定,公墓是为城乡居民提供安葬骨灰和遗体的公共设施。公墓分为公益性公墓和经营性公墓。公益性公墓是为农村村民提供遗体或骨灰安葬服务的公共墓地。经营性公墓是为城镇居民提供骨灰或遗体安葬实行有偿服务的公共墓地,属于第三产业。

民政部《关于进一步深化殡葬改革促进殡葬事业科学发展的指导意见》(民发〔2009〕170号)要求加强公墓管理。按照相关要求,进一步强化公墓建设经营的审批管理,从严审批经营性公墓。未依法办理农用地转用和土地征收手续的,不得许可建设经营性公墓。公益性骨灰存放设施完善的地区,要认真研究经营性公墓控制机制,除纳入规划的外,原则上不再许可建设经营性公墓或扩大既有公墓占地面积。积极发展城乡公益性骨灰存放设施,加大投入和建设力度,满足群众骨灰安放需要。未经批准,任何形式的公益性公墓不得转为经营性公墓。

【延伸】

由于人口老龄化的加剧,在编制殡葬设施规划时,要充分考虑我国人口死亡率的小幅增长趋势、民族风俗习惯和土地资源不足等叠加因素。

虽然2021年预估的火化率达到59%左右(来自民政部网站),城镇的火化率高于农村地区,且大部分骨灰以骨灰盒方式进入公墓安葬。但在广大的农村地区,因为传统习俗根深蒂固,在自家的承包地骨灰装棺再葬、已划在他人承包地上的祖坟散葬的现象仍然普遍存在。即使村委会用适当的方式进行劝说,但效果不佳。

殡葬规划作为国土空间规划的组成部分,规划编制单位在编制专项规划前,首先应当学习、理解相关的法律法规和政策。中央将散埋乱葬作为突出问题进行治理,《土地管理法》禁止占用耕地建坟;《殡葬管理条例》要求,设置公墓需要县级人民政府批准。法规政策的规定,是规划编制的依据。

其次,规划编制单位要对涉及规划的各项现状因素进行调查研究。对农村散埋乱葬现状的调查,主要是围绕违反《殡葬管理条例》第十条规定进行的,要有数字、占地性质和规模情况的表述。另外,要对涉及行政村的人口年龄结构、死亡率、火化率、丧葬习俗、乱葬原因、现有公墓情况、土地使用状况以及交通设施建设等进行调查。这些是规划编制解决需求矛盾的依据。

最后是针对性地提出解决方案,也就是规划编制成果。解决方案中应当包括但不限于以下内容:

一是对散埋乱葬墓地的整治措施。

《殡葬管理条例》第十条规定,对"三线五区"内现有的坟墓,应当限期迁移或者深埋,不留坟头。

要用宣传、引导、劝说和强制的方式,使得整治措施得以落实。

二是落实公墓相关问题。

1. 确定公墓位置。

公墓位置的选择原则包括但不限于以下几个方面:

(1) 尽量避免村庄撤并后的相关矛盾

大部分农村土地已经承包给农户,并完成村庄撤并工作,随着撤并后行政村的空间规模和人口大幅增加,人际关系、村集体经济重组等一系列问题需要协调、磨合。因为《殡葬管理条例》第九条"农村的公益性墓地不得对村民以外的其他人员提供墓穴用地"的规定,这需要在规划编制时,必须与村委会、村民代表进行充分的沟通,选择适合的公墓位置。

(2) 交通便捷,要方便亲朋好友送葬和祭扫。

(3) 不得占用基本农田,尽量不占用耕地。

(4) 充分考虑风俗习惯,适当考虑风水问题。

2. 确定公墓和墓穴数量、尺寸及使用年限。

在充分尊重村委会和村民代表意见的基础上,公墓的数量宜少不宜多,宜集中不宜分散。

墓穴的数量按照人口数量、人口结构、死亡率的趋势以及省级人民政府规定的墓穴使用年限进行预测。

墓穴的尺寸按照省级人民政府的相关规定确定。

三是明确公墓的运行管理措施。

本案《殡葬设施专项规划》对农村的公墓仅用"按照需要,在原有坟地增扩"进行表述,不符合法律法规要求,无法指导后期对农村公墓的国土空间规划管理工作。

某规划设计公司受市自然资源局的委托,对途经该市的国家重要基础设施廊道(交通和能源)做综合专项规划。涉及廊道的有关单位对设计公司提交论证的规划成果提出多种异义;专家组也对该规划中涉及的线性工程及相应实施对策等问题提出若干修改建议和意见。

【解析】

《铁路法》第三十五条规定,在城市规划区范围内,铁路的线路、车站、枢纽以及其他有关设施的规划,应当纳入所在城市的总体规划。

铁路建设用地规划,应当纳入土地利用总体规划。为远期扩建、新建铁路需要的土地,由县级以上人民政府在土地利用总体规划中安排。

《公路法》第十二条规定,公路规划应当根据国民经济和社会发展以及国防建设的需要编制,与城市建设发展规划和其他方式的交通运输发展规划相协调。

第十三条规定,公路建设用地规划应当符合土地利用总体规划,当年建设用地应当纳入年度建设用地计划。

《电力法》第十一条规定,城市电网的建设与改造规划,应当纳入城市总体规划。城市人民政府应当按照规划,安排变电设施用地、输电线路走廊和电缆通道。

任何单位和个人不得非法占用变电设施用地、输电线路走廊和电缆通道。

《石油天然气管道保护法》第十一条规定,全国管道发展规划应当符合国家能源规划,并与土地利用总体规划、城乡规划以及矿产资源、环境保护、水利、铁路、公路、航道、港口、电信等规划相协调。

第十二条规定,管道企业应当根据全国管道发展规划编制管道建设规划,并将管道建设规划确定的管道建设选线方案报送拟建管道所在地县级以上地方人民政府城乡规划主管部门审核;经审核符合城乡规划的,应当依法纳入当地城乡规划。

纳入城乡规划的管道建设用地,不得擅自改变用途。

《城乡规划法》第三十五条规定,城乡规划确定的铁路、公路、港口、机场、道路、绿地、输配电设施及输电线路走廊、通信设施、广播电视设施、管道设施、河道、水库、水源地、自然保护区、防汛通道、消防通道、核电站、垃圾填埋场及焚烧厂、污水处理厂和公共服务设施的用地以及其他需要依法保护的用地,禁止擅自改变用途。

《土地管理法》第二十五条规定,经批准的土地利用总体规划的修改,须经原批准机关批准;未经批准,不得改变土地利用总体规划确定的土地用途。

经国务院批准的大型能源、交通、水利等基础设施建设用地,需要改变土地利用总体规划的,根据国务院的批准文件修改土地利用总体规划。

经省、自治区、直辖市人民政府批准的能源、交通、水利等基础设施建设用地,需要改变土地利用总体规划的,属于省级人民政府土地利用总体规划批准权限内的,根据省级人民政府的批准文件修改土地利用总体规划。

《国务院关于加强城市基础设施建设的意见》(国发〔2013〕36号)要求,坚持先规划、后建设,切实加强规划的科学性、权威性和严肃性。发挥规划的控制和引领作用,严格依据城市总体规划和土地利用总体规划,充分考虑资源环境影响和文物保护的要求,有序推进城市基础设施建设工作。

《自然资源部关于全面开展国土空间规划工作的通知》(自然资发〔2019〕87号)要求,国务院审批的市级国土空间总体规划审查要点,除对省级国土空间规划审查要点的深化细化外,还包括:重大交通枢纽、重要线性工程网络、城市安全与综合防灾体系、地下空间、邻避设施等设施布局,城镇政策性住房和教育、卫生、养老、文化体育等城乡公共服务设施布局原则和标准。

《自然资源部关于进一步做好用地用海要素保障的通知》(自然资发〔2023〕89号)要求,在落实节约集约与完善资产供应方面,支持公路、铁路、轨道交通等线性基础设施工程立体复合、多线共廊等节约集约用地新模式,支持产业用地"标准地"出让,明确重大基础设施单独选址项目在农用地转用和土地征收批准后可以直接核发国有土地使用权划拨决定书,优化地下空间使用权配置政策,推动部分代征地以及边角地、零星用地等盘活利用,探索各门类自然资源资产组合供应。

【延伸】

铁路、公路、电力、油、气等基础设施是城市发展的动力源泉和保障,如果各种线路、管道等线性工程位置安排不当,就会给城市的发展造成门槛,带来障碍。线路、管线之间也会因为安全防护问题互相制约,造成土地浪费。

各专业法律除规定了自身的管理事项应当融于国土空间规划中,同时也对国土空间规划的管理提出了要求。因此,若没有对这些线性工程作出科学合理的规划,势必会造成国土空间的混乱、各事项之间的不协调。

涉及的单位和专家组对本案基础设施廊道综合专项规划论证稿存在歧义和不认可,主要有以下原因:

一是规划编制单位没有考虑上一层级规划对各专业专项规划的安排。

铁路、公路、电力、油、气等线性工程都有国家级、省级规划,是城市、县级国土空间相关专项规划的编制依据。在编制城市、县级专项规划前,应当对上一层级的规划进行分析研究,特别是对线性工程走向的研究。由于国家级、省级层面的规划走向是粗略的,甚至是不稳定的,因此在选择经过本市域、县域的各种管道、线路具体走向时,需要和各专业管理部门共同研究。本级专业管理部门把握不准的,还要请示、函询上级管理部门进行确认。

二是没有对本级国土空间总体规划中的国土空间用途结构进行分析。

国土空间总体规划是专项规划编制的依据,其中的国土空间用途结构规划涉及工业生产、居民生活的交通便捷程度、所需的能源种类、接入成本和消耗量等因素,这对基础设施廊道的选择起到决定性作用。

三是没有对各线性工程之间的保护措施以及城市对各工程的接驳设施的位置、用地规模等进行预测和规划。

作为重大基础设施的线性工程,在经过某个城市时,沿线城市应当充分利用这些基础设施为城市的发展服务,在规划中应当将这些设施与城市设施接驳。例如,公路、铁路经过,需要设置立交、车站等交通枢纽;高压电线通过,需要建设变电站;长输油气管道通过,需要设立分输站等。这些接驳设施都要占用国土空间,应当在规划中将它们的位置、用地规模等作出规定和说明,并就节约集约用地提出要求。

另外,廊道内各项线性工程自身、互相之间以及与廊道外其他设施之间都有安全防护要求及规范。规划中应有保障安全的措施,这也是自然资源部对市级国土空间总体规划审查的重点内容。

城市基础设施廊道形式多样,有的是单一性的,比如交通或者能源廊道;有的是混合性的,能源加交通的形式。一个城市基础设施廊道可能是一条,也可能是多条。总之,作为专项规划,规划编制单位应当用科学的方法、安全的理念,结合国土空间规划编制的新要求,认真对待每一项任务。

案例 5

某一新城区,在市国土空间总体规划"中心城区空间结构规划图"的组团划分中,将其确定为"生态文化活力中心"。该组团中,有已经建成的市级行政中心和市级文化体育中心等公共设施。为给人们创造舒适、方便、优美的物质空间环境,并明确景观风貌、公共空间、建筑形态等方面的设计要求,该市自然资源局和规划局委托规划设计公司对该组团进行了城市设计。但是,设计文件中过于注重建筑的形态、色彩、高度以及容积率等问题,而对市政交通配套、景观、公共空间等方面关注不够。

【解析】

《中共中央 国务院关于进一步加强城市规划建设管理工作的若干意见》(2016年2月6日)第六条要求,提高城市设计水平。城市设计是落实城市规划、指导建筑设计、塑造城市特色风貌的有效手段。鼓励开展城市设计工作,通过城市设计,从整体平面和立体空间上统筹城市建筑布局,协调城市景观风貌,体现城市地域特征、民族特色和时代风貌。单体建筑设计方案必须在形体、色彩、体量、高度等方面符合城市设计要求。抓紧制定城市设计管理法规,完善相关技术导则。

《城市设计管理办法》(建设部令第35号)第十条规定,重点地区城市设计应当塑造城市风貌特色,注重与山水自然的共生关系,协调市政工程,组织城市公共空间功能,注重建筑空间尺度,提出建筑高度、体量、风格、色彩等控制要求。

《国土空间规划城市设计指南》(TD/T 1065—2021)第6.3条规定,详细规划中的城市设计成果内容包括:

(1) 城市一般片区。规划成果包括但不限定于:现状特色资源分布图、公共空间系统图、空间形态控制图,与图纸匹配的文本内容应一并纳入。

(2) 重点控制区。在城市一般片区设计成果基础上,重点对特色空间、景观风貌、开放空间、交通组织、建筑布局、建筑色彩、第五立面、天际线等内容进一步开展详细设计或专项设计,必要时可附加城市设计图则和其他需要特别控制的要素系统图,与图纸匹配的文本内容应一并纳入。

【延伸】

城市设计属于国土空间规划(原城乡规划)的范畴,其考虑的问题是综合性的,其任务是"落实城市规划、指导建筑设计、塑造城市特色风貌的有效手段,贯穿于城市规划建设管理全过程。通过城市设计,从整体平面和立体空间上统筹城市建筑布局、协调城市景观风貌,体现地域特征、民族特色和时代风貌"(《城市设计管理办法》第三条)。"指导建筑设计"只是其中的一项任务,最重要的任务是塑造城市风貌特色、注重与山水自然的共生关系、协调市政工程、组织城市公共空间功能。

参考《浙江省城市景观风貌条例》,城市景观风貌是指由自然山水格局、历史文化遗存、建筑形态与容貌、公共开放空间、街道界面、园林绿化、公共环境艺术品等要素相互协调、有机融合构成的城市形象。

每一座城市都有其独特的地理位置、山川平原的自然风光、历史积淀的人文和建筑特色,这些是区别于其他城市的符号。通过城市设计手段,将这些符号凸显出来,避免"千城一面",让市民寄托乡愁、为自己所在城市感到骄傲。

草木山水田粮人,这是一个循环供给系统,每一个环节都至关重要,为了人类的持续繁衍,必须尊重自然、顺应自然、保护自然。

市政工程中的街道、巷陌是货物流通、市民通行、串联城市空间的重要载体,其宽窄、弯直、断面布置都对城市风貌起到关键作用。

市政工程中的绿地公园虽然对改善小气候的作用不大,但给市民提供了休憩交流的空间,同时对协调城市界面的高低错落、进退有序有着特别的效果。城市的雕塑小品,可直观可想象,让城市充满情趣和生活气息。

建筑是凝固的音乐,整体的和谐方能奏出美好悦耳的曲调。无论是在造型、色彩还是高度方面,突兀的和滥竽充数的,都是对整体的破坏。

本案的城市设计,不仅遗漏了相关要素,在对建筑空间单一要素的处理中,也并不妥当。

案例 6

某县编制的城市停车场专项规划草案正在公告中。从公告的内容看,该规划草案存在问题较多:所有停车场都用●号或者○号标记;缺少对原有规划实施效果的评价、汽车发展趋势的预测等资料;缺少国土空间规划所需要的国土调查、地籍调查、权属调查等基础信息;缺少强制性和引导性要求;城市中心区的人均停车位比例远高于外围。该规划最终将无法纳入详细规划,也无法指导停车场的建设实施。

【解析】

《中共中央 国务院关于进一步加强城市规划建设管理工作的若干意见》提出,合理配置停车设施,鼓励社会参与,放宽市场准入,逐步缓解停车难问题。

《住房城乡建设部、国土资源部关于进一步完善城市停车场规划建设及用地政策的通知》(建城〔2016〕193号)要求,依据土地利用总体规划、城市总体规划和城市综合交通体系规划,城市停车行业主管部门要会同规划部门编制城市停车设施专项规划(以下简称专项规划），合理布局停车设施。专项规划应符合《城市停车规划规范》《城市停车设施规划导则》、充电基础设施建设等相关要求。

《住房和城乡建设部、公安部、国家发展和改革委员会关于城市停车设施规划建设及管理的指导意见》（建城〔2010〕74号）要求，城市停车设施专项规划要依据城市总体规划、城市综合交通体系规划确定的城市交通发展战略和目标进行制定。在摸清停车矛盾现状、科学预测停车需求的基础上，按照差别设施供给和停车需求调控管理的原则，研究确定城市停车总体发展策略、停车设施供给体系及引导政策、社会公共停车设施布局和规模，明确建设时序和对策。要充分考虑城市停车设施系统与城市交通枢纽、城市轨道交通换乘站紧密衔接，大、中以上城市应规划建设城市停车换乘体系，引导人们转变出行方式，缓解城市中心区交通拥堵。

《城市停车规划规范》（GB/T 51149—2016）第3.0.1条规定，城市中心区的人均机动车停车位供给水平不应高于城市外围地区。

【延伸】

城市停车场专项规划作为国土空间规划的组成部分，其编制程序、内容应当符合原有城乡规划时期的规范、导则等要求，更应体现国土空间规划编制统一"一张图"的新理念、新思路。

《关于全面开展国土空间规划工作的通知》（自然资发〔2019〕87号）要求，本次规划编制统一采用第三次全国国土调查数据作为规划现状底数和底图基础，统一采用2000国家大地坐标系和1985国家高程基准作为空间定位基础。

《自然资源部办公厅关于开展国土空间规划"一张图"建设和现状评估工作的通知》（自然资办发〔2019〕38号）规定，要统一形成一张底图和构建国土空间规划"一张图"。在各个规划编制和规划实施管理阶段，对相关要素进行整合叠加，形成全国国土空间规划"一张图"。

本案中对停车场的现状和规划位置以●号或者○号标记，无坐标、界址，不符合"一张图"的要求。

《城乡规划法》第四十六条规定，省域城镇体系规划、城市总体规划、镇总体规划的组织编制机关，应当组织有关部门和专家定期对规划实施情况进行评估，并采取论证会、听证会或者其他方式征求公众意见。组织编制机关应当向本级人民代表大会常务委员会、镇人民代表大会和原审批机关提出评估报告并附具征求意见的情况。

关于国土空间规划的现行法律法规和政策，无论是城乡规划还是现在的国土空间规划，调查、研究、评价（估）等基本程序是一致的。

"没有调查就没有发言权"。现状如何、原规划实施的状况如何，是制定新规划或者对原规划进行调整的基本依据。

本案对原规划的停车场实施状况和按规划建设的停车场运营状况没有作足够的分析。

从城乡规划的角度讲，停车场是城市的基础设施。从经济角度讲，停车场虽然投入不大，但其收益预期较长，一般的投资者（含政府）不会去投入建设。

据了解,原规划的停车场,因为涉及周边产业用地的需要,已多次经过详细规划的"合法"调整而被挪动位置,且已有的停车场,基本上都没有按照原规划的位置建设。这给原规划实施的评估带来了难度。但是,不能因此无视现状,缺少评估环节。

停车场规划表面上是以"车"为本,实际上还是考虑用车人的方便。《住房和城乡建设部、公安部、国家发展和改革委员会关于城市停车设施规划建设及管理的指导意见》中所谓的"差别设施供给",实际上是给"停车收费"预留了空间。无论有多少条理由,从规划层面看,解决需求矛盾是重要问题,特别是解决中心城区的停车难问题,在执行《城市停车场专项规划》时,应当就机动车的动力种类、汽车保有量的发展趋势、市民出行习惯、用车文明程度、城市发展规模以及涉及交通的用地结构、用地政策等,进行综合分析研究,制定可应用的专项规划。

所有的国土空间规划必须实行"一张图"管理。这里的"一张图"中叠加的要素很多,体检和评估等数据都是共享的,建议学会运用。

有关专项规划的指标问题,作为国土空间规划的组成部分,既是对国土空间总体规划的补充,又要纳入详细规划,作为国土空间规划管理的具体依据。专项规划中应当有具体的用地规模、界址、建设指标等科学规定。

比如一个规划的停车场,应对其所处区位、周边用地性质、建设强度、交通设施建设和管理状况等进行分析研究。对停车场的具体位置(坐标)、出入口设置、停车数量、停车位的大小、停车方式、无障碍车位、地下(立体、机械)停车措施等应当有图文并茂的说明。

另外,对停车场的用地管理、政策支持等内容,在专项规划中也应当有所体现。

为了减轻城市中心区的交通拥堵、高效使用中心城区的土地、落实公交优先政策,规范规定,城市中心区的停车供给水平不应高于城市外围地区。

案例 7

拜读了某市自然资源规划局组织编制的《某市地下空间开发利用专项规划(2021—2035年)》。

规划中存在以下问题:

一是缺少"韧性城市"和"平急结合"的相关内容和要求;

二是没有考虑水文地质条件;

三是对人民防空地下工程的规划、建设和使用欠缺考虑;

四是用●号或者○号示出、对现状缺少分析、"一张图"等问题,与[案例6]的《城市停车场专项规划》存在类似之处。

【解析】

《城乡规划法》第三十三条规定,城市地下空间的开发和利用,应当与经济和技术发展水平相适应,遵循统筹安排、综合开发、合理利用的原则,充分考虑防灾减灾、人民防空和通信等需要,并符合城市规划,履行规划审批手续。

《人民防空法》第十三条规定,城市人民政府应当制定人民防空工程建设规划,并纳入城市总体规划。

《城市地下空间开发利用管理规定》(建设部令第58号)第六条规定,城市地下空间规划的主要内容包括:地下空间现状及发展预测,地下空间开发战略,开发层次、内容、期限,规模与布局,地下空间开发实施步骤等。

第七条规定,城市地下空间的规划编制应注意保护和改善城市的生态环境,科学预测城市发展的需要,坚持因地制宜,远近兼顾,全面规划,分步实施,使城市地下空间的开发利用同国家和地方的经济技术发展水平相适应。城市地下空间规划应实行竖向分层立体综合开发,横向相关空间互相连通,地面建筑与地下工程协调配合。

第八条规定,编制城市地下空间规划必备的城市勘察、测量、水文、地质等资料应当符合国家有关规定。

《自然资源部关于进一步做好用地用海要素保障的通知》(自然资发〔2023〕89号)第十八条规定,优化地下空间使用权配置政策。实施"地下"换"地上",推进土地使用权分层设立,促进城市地上与地下空间功能的协调。依据国土空间总体规划划定的重点地下空间管控区域,综合考虑安全、生态、城市运行等因素,统筹城市地下基础设施管网和地下空间使用。细化供应方式和流程,探索完善地价支持政策,按照向下递减的原则收缴土地价款。城市建成区建设项目增加公共利益地下空间的,或向下开发利用难度加大的,各地可结合实际制定空间激励规则。探索在不改变地表原有地类和使用现状的前提下,设立地下空间建设用地使用权进行开发建设。

【延伸】

地下空间是国土空间的重要组成部分。地下空间与地面空间一样,是宝贵的稀缺资源,但是,我国对地下空间利用的规划、建设和管理水平远远落后于地面空间。

虽然法律要求"统筹安排、综合开发、合理利用"地下空间,但因规划编制与城市发展战略不协调,没有充分考虑城市土地供需状况和水文地质条件,对地下空间的统筹利用、土地节约集约利用等方面分析不足,造成地下空间开发利用缺乏系统性(呈零星、分散、孤立开发);项目之间的连通性得不到保障;地下空间与地上空间不协调;地下空间与地面设施之间配套不科学;地下工程(轨道交通建设、综合管廊建设和其他市政基础设施建设)在空间设置上存在矛盾等问题,这些成为我国地下空间开发利用的普遍现象。

《平急功能复合的韧性城市规划与土地政策指引》(自然资办发〔2024〕19号)指出,要开展韧性评估。将韧性评估纳入规划实施"体检评估"。依托国土空间基础信息平台,整合、梳理多部门多领域基础数据,重点识别新时期城市面临的自然灾害、事故灾难、公共卫生、社会安全等风险特征,鼓励运用大数据、人工智能等新技术新方法,多维度综合评估城市安全韧性水平,找出城市空间布局和基础设施配置问题和短板。

在专项规划中要细化应用场景配置要求和设施布局。深化落实总体规划工作重点和布局要求,衔接近期建设规划,细化目标、指标和空间需求,划定平急功能复合区,统筹协调"平急两用"公共基础设施与综合防灾、公共卫生、地下空间、物流等设施的空间布局,明确不同平急功能复合应用场景的配置要求。

在平急功能复合的韧性城市规划时,要开展平急功能复合的空间需求分析。基于韧性评估、应用场景分析、资源资产调查,科学预测"急时"安置人口规模、特征和公共服务设施、基础设施用地需求,明确城乡人地匹配关系,为科学精准应对各类"急时"风险及设施安排提供有效指引。

在规划指标体系中,要统筹综合防灾、公共卫生、地下空间、物流体系等专项规划的目标与指标,结合地方发展阶段和特征,从功能类型、空间结构、建设规模、转换标准等方面,确定平急功能复合的量化指标。

调查分析研究、体检评估是找出城市空间布局和基础设施配置问题以及短板的基本方法。本案规划中,只对现状地下空间的位置作了说明,而没有分析、研究、体检和评估,更没有就城市安全韧性水平、地下空间的平急功能复合应用需求和供给状况进行研究分析。

水文地质条件对地下空间的工程造价和日常维护影响很大。本案中,却在流砂严重的区域安排了两处重大人防工程。

《人民防空地下室设计规范》(GB 50038—2005)第3.1.2条规定,人员掩蔽工程应布置在人员居住、工作的适中位置,其服务半径不宜大于200米。

人民防空地下工程应当安排在住宅、医院和学校等人员集中区域,以便尽量缩短进入人防工事的时间。本案中将大型人防地下工程规划在郊外公园处,且对毗邻的应当配套建设人防工程的学校、医院、大型商超,提出可以通过缴纳易地建设费的方式,而不予建设配套的人防工程,这显然不符合国家规范要求。

《人民防空工程建设管理规定》(国人防办字2003第18号)第四十八条"按照规定应修建防空地下室的民用建筑,因地质、地形等原因不宜修建的,或者规定应建面积小于民用建筑地面首层建筑面积的,经人民防空主管部门批准,可以不修建,但必须按照应修建防空地下室面积所需造价缴纳易地建设费,由人民防空主管部门统一就近易地修建。"虽然规定考虑了"按照规定应修建防空地下室的民用建筑,规定应建面积小于民用建筑地面首层建筑面积"的情形,但大部分民用建筑还是应当在附近单独集中建设防空地下室。

第三节 行政权力

专项规划的相关内容,既是对国土空间总体规划部分内容进行细化,也是对总体规划的补充。专项规划的组织编制主体随法律法规的规定而不同,但是其编制依据必须是国土空间总体规划,其成果必须纳入国土空间详细规划,才能指导、安排具体项目的实施。因此,作为详细规划组织编制主体的自然资源主管部门和乡(镇)人民政府,有权对专项规划内容的合法性、合理性、可实施性以及能否纳入详细计划进行审查。

(一) 相关专项规划的组织编制权

1. 权力来源

在本章[案例4]中列出了有关法律规定的相关专项规划的组织编制机关。实际上,许多法律法规均规定了自然资源主管部门对专项规划的组织编制权。

2. 基本程序

相关专项规划的编制导则和规划规范以及专业部门的编制要求和指南,对相应的专项规划编制程序作出了规定。同时,国土空间规划管理的相关文件也对专项规划的编制程序提出了要求,应当严格执行。

作为专项规划的组织编制机关,履行职权的基本程序是:

选择编制单位(可以公开招标,也可以委托)→组织专家和部门论证→社会公告→报批→相关内容纳入详细规划"一张图"。

3. 综合

专项规划的专业性很强,在组织编制过程中,自然资源主管部门既是详细规划的组织编制机关,又是专项规划的组织编制机关。因此,要最大限度地听取和吸纳有关主管部门的意见,对涉及国土空间总体规划和详细规划的强制性内容,要严格把关,不能出现"一张图"中坐标不一致、边界不吻合、上下不贯通的现象。

(二) 相关专项规划的审查权

1. 权力来源

《自然资源部办公厅关于开展国土空间规划"一张图"建设和现状评估工作的通知》(自然资办发〔2019〕38号)要求,经核对和审批的相关专项规划成果由本级自然资源主管部门整合叠加后,逐级向国家级平台汇交,形成以一张底图为基础,可层层叠加打开的全国国土空间规划"一张图",为统一国土空间用途管制、实施建设项目规划许可、强化规划实施监督提供依据和支撑。

参考:

《上海市城乡规划条例》第二十一条规定,涉及城乡空间安排的各类专项规划由市有关专业管理部门会同市规划行政管理部门组织编制,经批准后纳入相应的城乡规划。

《江苏省城乡规划条例》第十五条规定,城市、县人民政府在审批其他有关部门组织编制的涉及总体规划的专项规划时,由城乡规划主管部门就专项规划是否符合总体规划的要求提出审查意见。

《北京市城乡规划条例》第十九条规定,专项规划由相关主管部门组织编制的,经市规划自然资源主管部门组织审查后报市人民政府审批。

《国土空间规划法》(2023年11月征求意见稿)涉及空间保护利用的某一领域相关专项规划,由相关主管部门按照职责组织编制,经自然资源主管部门进行"一张图"核对并审查通过后,报本级人民政府审批。

2. 基本程序

由相关主管部门按照职责组织编制涉及空间保护利用的某一领域的相关专项规划,自然资源主管部门行使审查权的基本程序是:

组织编制单位向自然资源主管部门提交规划草案→自然资源主管部门组织本部门内部机构审查→组织专家和相关部门论证→社会公告→报批→相关内容纳入详细规划"一张图"。

3. 综合

国土空间专项规划是在总体规划指导约束下，针对特定区域、流域或特定领域，在国土空间开发保护利用方面作出的专门安排。除法律法规和国家有关规定已经明确编制审批要求的专项规划外，其他专项规划一般由所在区域的自然资源主管部门或者相关行业主管部门牵头组织编制，编制完成后经国土空间规划"一张图"审查核对并报本级政府批复，最后叠加到国土空间规划"一张图"上。

相关主管部门组织编制专项规划前，应当与自然资源主管部门进行沟通交流规划编制的目的、程序、深度、使用底图的要求以及提交规划成果的其他要求等。自然资源主管部门应当向组织编制单位提供包括国土空间总体规划的相关图件，并在规划编制过程中给予必要的业务指导。

第二编 耕地保护

为了保障粮食有效供给,确保国家粮食安全,维护经济社会稳定和国家安全,采取切实措施保护好耕地,是重中之重的大事。

《土地管理法》、《中华人民共和国刑法》(简称《刑法》)、《中华人民共和国农业法》、《中华人民共和国粮食安全保障法》、《中华人民共和国农村土地承包法》(简称《农村土地承包法》)、《公路法》、《土地管理法实施条例》、《土地复垦条例》、《基本农田保护条例》等法律法规,都对耕地保护工作提出了很高的要求。

土地是农民的命根子,是地方政府的钱袋子,更是维护国家安全的要素。国土空间规划管理工作与耕地保护政策密切相关。随着机构职能和"三区三线"的划定,自然资源主管部门作为耕地保护排头兵的地位已经确立,其工作的重点是在保证城乡发展的前提下,确保耕地数量不能减少,耕地质量要有提高。

第一章
农用地非农化管理

从土地立法开始,首先强调的就是节约用地、控制建设用地规模以及减少农用地非农化。农用地非农化是造成耕地数量减少和质量下降的最大"杀手",控制好非农化,是保护耕地、保障国家粮食安全最有效的做法。

第一节 基本概念

1. 什么是农用地？

《土地管理法》第四条规定,农用地是指直接用于农业生产的土地,包括耕地、林地、草地、农田水利用地、养殖水面等。

2. 什么是林地？

《森林法》第八十三条规定,林地是指县级以上人民政府规划确定的用于发展林业的土地。包括郁闭度 0.2 以上的乔木林地以及竹林地、灌木林地、疏林地、采伐迹地、火烧迹地、未成林造林地、苗圃地等。

3. 什么是草地？

《草原法》规定,本法所称草原,是指天然草原和人工草地。

天然草原是指草本和木本饲用植物与其所着生的土地构成的具有多种功能的自然综合体。包括草地、草山和草坡,人工草地包括改良草地和退耕还草地,不包括城镇草地。

天然草地是指以天然草本植物为主,未经改良,用于畜牧业的草地,包括以牧为主的疏林草地、灌丛草地。

人工草地是指选择适宜的草种,通过人工措施而建植或改良的草地。

4. 什么是农田水利？

《农田水利条例》(国务院令第 669 号)第二条规定,本条例所称农田水利,是指为防治农田旱、涝、渍和盐碱灾害,改善农业生产条件,采取的灌溉、排水等工程措施和其他相关措施。

5. 什么是养殖水面？

是人工开挖或天然形成的专门用于水产养殖的坑塘水面及相应附属设施用地。

6. 哪些用地属于设施农用地？

《自然资源部、农业农村部关于设施农业用地管理有关问题的通知》(自然资规〔2019〕

4号)中规定,设施农业用地包括农业生产中直接用于作物种植和畜禽水产养殖的设施用地。其中,作物种植设施用地包括作物生产和为生产服务的看护房、农资农机具存放场所等,以及与生产直接关联的烘干晾晒、分拣包装、保鲜存储等设施用地;畜禽水产养殖设施用地包括养殖生产及直接关联的粪污处置、检验检疫等设施用地,不包括屠宰和肉类加工场所用地等。

7. 农村公路是不是农用地?

《土地利用现状分类》(GB/T 21010—2017)规定,农村道路是指在农村范围内,南方宽度≥1.0 m,≤8.0 m,北方宽度≥2.0 m,≤8.0 m,用于村间、田间交通运输,并在国家公路网络体系之外,以服务于农村农业生产为主要用途的道路(含机耕道)。

《农村公路建设管理办法》(交通运输部令2018年第4号)第二条规定,农村公路是指纳入农村公路规划,并按照公路工程技术标准修建的县道、乡道、村道及其所属设施,包括经省级交通运输主管部门认定并纳入统计年报里程的农村公路。公路包括公路桥梁、隧道和渡口。

县道是指除国道、省道以外的县际间公路以及连接县级人民政府所在地与乡级人民政府所在地和主要商品生产、集散地的公路。

乡道是指除县道及县道以上等级公路以外的乡际间公路以及连接乡级人民政府所在地与建制村的公路。

村道是指除乡道及乡道以上等级公路以外的连接建制村与建制村、建制村与自然村、建制村与外部的公路,但不包括村内街巷和农田间的机耕道。

8. 什么叫农用地非农化?

《土地管理法》第四条规定,国家编制土地利用总体规划,规定土地用途,将土地分为农用地、建设用地和未利用地。

改变国土空间规划规定的农用地用途的行为,即是农用地非农化。

9. 什么叫耕地"占补平衡"?

国家实行占用耕地补偿制度。非农业建设经批准占用耕地的,按照"占多少,垦多少"的原则,由占用耕地的单位负责开垦与所占用耕地的数量和质量相当的耕地;没有条件开垦或者开垦的耕地不符合要求的,应当按照省、自治区、直辖市的规定缴纳耕地开垦费,专款用于开垦新的耕地。

《中共中央、国务院关于加强耕地保护和改进占补平衡的意见》(2017年1月9日)要求,要强化耕地保护意识,强化土地用途管制,强化耕地质量保护与提升,坚决防止耕地占补平衡中补充耕地数量不到位、补充耕地质量不到位的问题,坚决防止占多补少、占优补劣、占水田补旱地的现象。

10. 哪些用地不能用于"占补平衡"?

《自然资源部关于在经济发展用地要素保障工作中严守底线的通知》(自然资发〔2023〕90号)规定,以下用地不能用于"占补平衡":

(1) 禁止在生态保护红线、林地管理、湿地、河道湖区等范围开垦耕地;

(2) 禁止在严重沙化、水土流失严重、生态脆弱、污染严重难以恢复等区域开垦耕地;

（3）禁止在25度以上陡坡地、重要水源地15度以上坡地开垦耕地。对于坡度大于15度的区域，原则上不得新立项实施补充耕地项目，根据农业生产需要和农民群众意愿确需开垦的，应经县级论证评估、省级复核认定具备稳定耕种条件后方可实施。

11. 那些用地可以用于"占补平衡"？

《自然资源部、农业农村部、国家林业和草原局关于严格耕地用途管制有关问题的通知》（自然资发〔2021〕166号）规定，要改进和规范建设占用耕地占补平衡，非农业建设占用耕地的，必须严格落实先补后占和占一补一、占优补优、占水田补水田，积极拓宽补充耕地途径，补充可以长期稳定利用的耕地。包括：

（1）在符合生态保护要求的前提下，通过组织实施土地整理复垦开发及高标准农田建设等，经验收能长期稳定利用的新增耕地可用于占补平衡。

（2）在可以垦造耕地的荒山荒坡上种植果树、林木，发展林果业，同时，将在平原地区原地类为耕地上种植果树、植树造林的地块，逐步退出，恢复耕地属性。新增耕地可用于占补平衡。

（3）对违法违规占用耕地从事非农业建设的，先冻结储备库中违法用地所在地的补充耕地指标，拆除复耕后解除冻结；经查处后，符合条件可以补办用地手续的，直接扣减储备库内同等数量、质量的补充耕地指标，用于占补平衡。

12. 节约集约用地的措施有哪些？

《中共中央、国务院关于加强耕地保护和改进占补平衡的意见》（2017年1月9日）指出，节约集约用地的主要措施有直接措施和政策措施两种。

直接措施有：

（1）盘活利用存量建设用地；

（2）推进建设用地二级市场改革试点；

（3）促进城镇低效用地再开发；

（4）引导产能过剩行业和"僵尸企业"用地退出、转产和兼并重组。

政策措施有：

（1）完善土地使用标准体系；

（2）规范建设项目节地评价；

（3）推广应用节地技术和节地模式；

（4）强化节约集约用地目标考核和约束。

13. 什么是农村乱占耕地建房"八不准"？

《自然资源部农业农村部关于农村乱占耕地建房"八不准"的通知》（自然资发〔2020〕127号）中规定：

（1）不准占用永久基本农田建房；

（2）不准强占、多占耕地建房；

（3）不准买卖、流转耕地违法建房；

（4）不准在承包耕地上违法建房；

（5）不准巧立名目违法占用耕地建房；

(6) 不准违反"一户一宅"规定占用耕地建房；

(7) 不准非法出售占用耕地建的房屋；

(8) 不准违法审批占用耕地建房。

14. 耕地上可以建坟、取土吗？

《土地管理法》第三十七条规定,禁止占用耕地建窑、建坟或者擅自在耕地上建房、挖砂、采石、采矿、取土等。

禁止占用永久基本农田发展林果业和挖塘养鱼。

15. 国务院办公厅对耕地"非农化"有哪些规定？

2020年9月10日,《国务院办公厅关于坚决制止耕地"非农化"行为的通知》（国办发明电〔2020〕24号）,对耕地"非农化"行为提出六个严禁的要求：

(1) 严禁违规占用耕地绿化造林。禁止占用永久基本农田种植苗木、草皮等用于绿化装饰以及其他破坏耕作层的植物。

(2) 严禁超标准建设绿色通道。要严格控制铁路、公路两侧用地范围以外绿化带用地审批,道路沿线是耕地的,两侧用地范围以外绿化带宽度不得超过5米,其中县、乡道路不得超过3米。不得违规在河渠两侧、水库周边占用耕地及在永久基本农田超标准建设绿色通道。禁止以城乡绿化建设等名义违法违规占用耕地。

(3) 严禁违规占用耕地挖湖造景。禁止以河流、湿地、湖泊治理为名,擅自占用耕地及永久基本农田挖田造湖、挖湖造景。不准在城市建设中违规占用耕地建设人造湿地公园、人造水利景观。

(4) 严禁占用永久基本农田扩大自然保护地。新建的自然保护地应当边界清楚,不准占用永久基本农田。自然保护地以外的永久基本农田和集中连片耕地,不得划入生态保护红线。

(5) 严禁违规占用耕地从事非农建设。不得违反规划搞非农建设、乱占耕地建房等。

(6) 严禁违法违规批地用地。不得通过擅自调整县乡国土空间规划规避占用永久基本农田审批。严格临时用地管理,不得超过规定时限长期使用。

16. 什么叫做农村土地？

《农村土地承包法》第二条规定,农村土地是指农民集体所有和国家所有依法由农民集体使用的耕地、林地、草地,以及其他依法用于农业的土地。

17. 农村土地的发包方是怎么规定的？

(1) 农民集体所有的土地依法属于村农民集体所有的,由村集体经济组织或者村民委员会发包；

(2) 已经分别属于村内两个以上农村集体经济组织的农民集体所有的,由村内各该农村集体经济组织或者村民小组发包；

(3) 村集体经济组织或者村民委员会发包的,不得改变村内各集体经济组织农民集体所有的土地的所有权；

(4) 国家所有依法由农民集体使用的农村土地,由使用该土地的农村集体经济组织、村民委员会或者村民小组发包。

18. 农村土地的承包方是怎么规定的?

承包方是农村集体经济组织成员,妇女与男子享有农村土地承包的平等权利。

19. 农村土地发包方的权利和义务有哪些?

发包方享有的权利:

(1) 发包本集体所有的或者国家所有依法由本集体使用的农村土地(含承包方自主决定依法采取的出租、转包、入股或者其他方式向他人流转土地经营权的备案权);

(2) 监督承包方依照承包合同约定的用途合理利用和保护土地;

(3) 制止承包方损害承包地和农业资源的行为;

(4) 法律、行政法规规定的其他权利。

发包方承担的义务:

(1) 维护承包方的土地承包经营权,不得非法变更、解除承包合同;

(2) 尊重承包方的生产经营自主权,不得干涉承包方依法进行正常的生产经营活动;

(3) 依照承包合同约定为承包方提供生产、技术、信息等服务;

(4) 执行县、乡(镇)国土空间总体规划,组织本集体经济组织内的农业基础设施建设;

(5) 法律、行政法规规定的其他义务。

20. 农村土地承包方的权利和义务有哪些?

承包方享有的权利:

(1) 依法享有承包地使用、收益的权利,有权自主组织生产经营和处置产品;

(2) 依法互换、转让土地承包经营权;

(3) 依法流转土地经营权;

(4) 承包地被依法征收、征用、占用的,有权依法获得相应的补偿;

(5) 法律、行政法规规定的其他权利。

承包方承担的义务:

(1) 维持土地的农业用途,未经依法批准不得用于非农建设;

(2) 依法保护和合理利用土地,不得给土地造成永久性损害;

(3) 法律、行政法规规定的其他义务。

21. 什么是农村土地经营权流转?

《农村土地经营权流转管理办法》(中华人民共和国农业农村部令 2021 年第 1 号)第三十四条规定,农村土地经营权流转,是指在承包方与发包方承包关系保持不变的前提下,承包方依法在一定期限内将土地经营权部分或者全部交由他人自主开展农业生产经营的行为。

第二节 案例解析

《土地管理法》颁布实施已近 40 年,国家严格保护耕地的决心一直没有动摇,相继出台的相关法律法规都在强调保护耕地。但是,农用地非农化的行为还没有得到完全遏制,而且非农化的形式、手段仍在不断翻新。《国务院办公厅关于坚决制止耕地"非农化"行为的通知》(国办发明电〔2020〕24号)中指出的"一些地方仍然存在违规占用耕地开展非农建设的行为,有的违规占用永久基本农田绿化造林,有的在高速铁路、国道省道(含高速公路)、河渠两侧违规占用耕地超标准建设绿化带,有的大规模挖湖造景,对国家粮食安全构成威胁",这些问题不是空穴来风,也不是危言耸听。

案例1

一位从事运输行业的村民,随着生意不断红火,新购置了三辆载重10吨的卡车,并擅自在自家门前的自留地上建设了停车大棚,目前已建成并投入使用。停车棚的柱子和梁是钢筋混凝土浇筑的,三面和屋面用彩钢板围成。派驻乡镇中心的自然资源分局在例行巡查时发现了这一情况,该如何处理?

【解析】

1. 《土地管理法》第四条规定,农用地是指直接用于农业生产的土地,包括耕地、林地、草地、农田水利用地、养殖水面等。

第九条规定,宅基地和自留地、自留山,属于农民集体所有。

第三十七条规定,禁止占用耕地建窑、建坟或者擅自在耕地上建房、挖砂、采石、采矿、取土等。

第七十五条规定,占用耕地建窑、建坟或者擅自在耕地上建房、挖砂、采石、采矿、取土等,破坏种植条件的,由县级以上人民政府自然资源主管部门、农业农村主管部门等按照职责责令限期改正或者治理,可以并处罚款;构成犯罪的,依法追究刑事责任。

2. 《刑法》第三百四十二条规定,违反土地管理法规,非法占用耕地、林地等农用地,改变被占用土地用途,数量较大,造成耕地、林地等农用地大量毁坏的,处五年以下有期徒刑或者拘役,并处或者单处罚金。

根据法律法规的规定,自留地是集体所有的农用地,而且是耕地。该村民建设停车棚的行为已经涉嫌非法占用农用地,应当受到土地管理法规的处罚,如果占用面积较大,还将会受到刑法惩处。

【延伸】

中国农业合作化以后,为照顾社员种植蔬菜和其他园艺作物的需要,由农业集体经济组织依法分配给社员长期使用的少量土地称为自留地。其所有权属于农民集体,使用权由农民以户为单位行使。

自留地是集体所有的耕地,大部分的自留地都与宅基地紧邻。但是,法律规定的用途不一样:宅基地是集体所有的建设用地,可以建房;自留地不可以建房,或者说不可以建设与农业生产无关的建筑或者设施。

案例2

一座工厂,已取得国有土地使用权并建成投产多年。该工厂原来位于城市规划区范围内,但正在编制的国土空间规划将该工厂用地性质调整为耕地。因生产需要,厂方对厂区内的两栋厂房进行了加层,针对此情况,应如何处理?

【解析】

1.《土地管理法》第六十五条规定,在土地利用总体规划制定前已建的不符合土地利用总体规划确定的用途的建筑物、构筑物,不得重建、扩建。

2.《土地管理法实施条例》第五十三条规定,违反《土地管理法》第六十五条的规定,对建筑物、构筑物进行重建、扩建的,由县级以上人民政府自然资源主管部门责令限期拆除;逾期不拆除的,由作出行政决定的机关依法申请人民法院强制执行。

本案中所涉厂房,依法不得加层扩建。

【延伸】

虽然《土地管理法》第十八条规定了"经依法批准的国土空间规划是各类开发、保护、建设活动的基本依据"。但是,为了避免因规划调整造成新规划与原规划对同一事项有不同的规定,而给规划实施带来难度,并为规划的更新与完善提供法律适用上的保障。因此,《土地管理法》第六十五条规定了在新规划制定前,不符合新规划确定用途的建筑物、构筑物,比如本案中占用规划耕地的工厂,不得重建、扩建。

如果通过调整开发边界和土地用途的方式,将该用地纳入城镇开发边界内,或许还有扩建的可能。

案例 3

某市自然资源局接到群众举报,潘某在某某镇挖砂取土,回填建筑垃圾和生活垃圾后覆土。针对此情况,应如何处理?

【解析】

《土地管理法》第三十七条规定,禁止占用耕地建窑、建坟或者擅自在耕地上建房、挖砂、采石、采矿、取土等。

《刑法》第三百四十二条规定,违反土地管理法规,非法占用耕地、林地等农用地,改变被占用土地用途,数量较大,造成耕地、林地等农用地大量毁坏的,处五年以下有期徒刑或者拘役,并处或者单处罚金。

本案中,接到群众举报后,某市自然资源局立即启动立案调查程序。经查,2020年10月至2021年3月期间,潘某在未办理用地手续情况下,组织董某等6人擅自占用某某镇18.22亩土地(含耕地17.28亩)挖砂取土,回填建筑垃圾和生活垃圾后覆土,情况属实。市自然资源局组织含高校、市农业农村局等单位的专家实地勘察和讨论后,出具了关于17.28亩耕地耕作层遭到严重破坏的论证意见。

市自然资源局按照行刑衔接的规定,将案件进行了移送。

2021年12月,基层人民法院判决潘某犯非法占用农用地罪,判处有期徒刑一年,并处罚金十万元;董某等6人分别被判处有期徒刑八个月,并处罚金五万元。

【延伸】

这个案例是自然资源部通报的真实案例,有关接案过程有所调整。某自然资源分局还以"在查处过程中坚持教育和处罚相结合,促使当事人充分认识自身违法行为的危害性,并于同年12月完成耕地修复"作为自己积极有为的典型案件进行宣传。

案件的教训是惨痛的,近20亩的耕地遭到了严重破坏,7位农村主要劳力受到了法律的惩戒。

耕地保护工作的重点在农村,普法工作的重点也应该放在农村。应坚持宣传在先,教育惩戒在后。

一个违法行为持续了近五个月,村委会和村民小组的相关责任人应当及时发现并上报,相关主管部门在巡查时,也应当做到及时、无死角。及时发现、及时制止、及时处理,是遏制违法行为破坏性扩展、降低案件处理难度的有效手段。

案例 4

2020年5月,某田园休闲服务有限责任公司法定代表人朱某某在未办理用地手续情况下,擅自在以租赁方式占用的某村34.6亩耕地中挖塘,并在塘中建造了一座小型人工岛。针对此情况,应如何处理?

【解析】

1.《土地管理法》(2019版)第三十七条规定,禁止占用耕地建窑、建坟或者擅自在耕地上建房、挖砂、采石、采矿、取土等。

2.《国务院办公厅关于坚决制止耕地"非农化"行为的通知》(国办发明电〔2020〕24号)规定,严禁违规占用耕地挖湖造景。禁止以河流、湿地、湖泊治理为名,擅自占用耕地及永久基本农田挖田造湖、挖湖造景。不准在城市建设中违规占用耕地建设人造湿地公园、人造水利景观。

3.《农村土地经营权流转管理办法》(农业农村部令2021年第1号)第十一条规定,受让方应当依照有关法律法规保护土地,禁止改变土地的农业用途。禁止闲置、荒芜耕地,禁止占用耕地建窑、建坟或者擅自在耕地上建房、挖砂、采石、采矿、取土等。禁止占用永久基本农田发展林果业和挖塘养鱼。

4.《自然资源部、农业农村部、国家林业和草原局关于严格耕地用途管制有关问题的通知》(自然资发〔2021〕166号)规定,不得在一般耕地上挖湖造景、种植草皮。未经批准工商企业等社会资本不得将通过流转获得土地经营权的一般耕地转为林地、园地等其他农用地。

本案中,2020年5月,某县自然资源局对该行为立案查处,同年11月将涉嫌犯罪案件线索移送某县公安局。

经某市自然资源和规划局组织土壤和土肥方面专家的鉴定,34.6亩水田的耕作层遭到严重破坏,耕地破坏程度认定为"三级破坏"。某县人民检察院依法提起刑事附带民事公益诉讼。2021年12月,基层人民法院判决被告人朱某某犯非法占用农用地罪,判处有期徒刑九个月,缓刑一年,并处罚金人民币五千元,同时责令其修复土地。朱某某不服提起上诉,2022年3月,某市中级人民法院二审维持原判。

【延伸】

本案发生在有关文件和部门规章出台之前,虽然《土地管理法》只在列举某些现象后加了一个"等"字,没有明确规定禁止占用耕地挖鱼塘、造景的行为,但是,非法占用、破坏耕地的事实是客观存在的,应当受到法律的惩处。

国务院对非农化问题的"六个禁止"文件中,使用了"坚决制止""严禁""禁止""不得""不准"等语气极其强硬的词语,说明问题的严重性。

《土地管理法》第十九条规定,乡(镇)土地利用总体规划应当划分土地利用区,根据土地使用条件,确定每一块土地的用途,并予以公告。

根据法律的规定,乡(镇)级人民政府最清楚每一块土地的用途,虽说使用土地的批准权力有限,但是,履行监督每一块土地的用途是最具条件的。

案例 5

2016年11月,江苏省某县政府所在地的街道办事处未经批准,擅自占用属地238.8亩集体土地(含永久基本农田),进行"十里风光带明珠湖"项目建设,修建了建筑物、构筑物,新挖水面,并进行景观绿化建设。该案件应如何处理?

【解析】

《土地管理法》(2004版)第三十六条规定,禁止占用耕地建窑、建坟或者擅自在耕地上建房、挖砂、采石、采矿、取土等;禁止占用基本农田发展林果业和挖塘养鱼。

2020年10月,县自然资源局对该项目立案查处,并作出处罚决定:责令退还非法占有的土地,限期拆除在非法占用的土地上新建的建(构)筑物和其他设施,恢复土地原状,并处以罚款。

涉事街道办按期缴纳了罚款,所建建(构)筑物全部拆除并复垦到位。难以恢复耕种的94.31亩水面已补划永久基本农田并补充耕地。县监委给予街道分管负责人张某某政务记过处分,街道向县委县政府作出深刻书面检查。

【延伸】

违法用地行为必须受到处罚。直接责任人、分管负责人等依法应当"服"法甚至"伏"法。

《宪法》第十条规定,任何组织或者个人不得侵占、买卖或者以其他形式非法转让土地。《土地管理法》第七条规定,任何单位和个人都有遵守土地管理法律、法规的义务。

本案中的街道办事处作为地方政府的派出机构,承担着宣传法律法规的主体责任,同时负有带头遵守法律法规的义务。

后续,国土空间规划管理制度将更加规范,并对地方各级人民政府予以严格的考核。

案例 6

接群众举报,2014年12月,某县级市的通海染整有限公司未经批准,擅自占用附近某镇村里的集体土地19.61亩(其中耕地13.73亩,涉及永久基本农田3.47亩)建设友爱公墓。针对此情况,应如何处理?

【解析】

《土地管理法》(2004 版)第三十六条规定,禁止占用耕地建窑、建坟或者擅自在耕地上建房、挖砂、采石、采矿、取土等。

2018 年 1 月,该县级市国土资源局对此立案查处,同年 2 月作出行政处罚决定:责令该公司退还非法占有的土地,没收在符合土地利用总体规划的土地上新建的建(构)筑物,拆除在不符合土地利用总体规划的土地上新建的建(构)筑物,并处罚款。

该公司缴纳了罚款,但未履行处罚决定中的其他内容。2018 年 10 月,国土资源局申请基层法院强制执行,法院裁定准予执行,由县级市人民政府组织实施。2020 年清明节前,友爱公墓 786 个墓穴完成了拆除、复耕工作。

另外,县级市的纪委监委给予涉案镇的副镇长政务记过处分,并免去其副镇长职务;给予镇社会事业局副局长和自然资源所原所长政务警告处分。

【延伸】

本案件从违法行为发生到调查处理,动用了行政、司法、监察手段,历经五年多的时间,最终依法处理完毕。从案件处理中可以得出以下启示:

首先是法律责任承担问题。一是通海染整有限公司未经批准,擅自占用耕地和基本农田建设墓地,违反了《土地管理法》第三十七条"禁止占用耕地建窑、建坟或者擅自在耕地上建房、挖砂、采石、采矿、取土等"和《殡葬管理条例》(国务院令第 628 号)第九条"任何单位和个人未经批准,不得擅自兴建殡葬设施"的规定,应当受到法律制裁。二是涉案的镇政府和自然资源所的相关责任人没有依法履职,根据《土地管理法实施条例》第六十五条"各级人民政府及自然资源主管部门、农业农村主管部门工作人员玩忽职守、滥用职权、徇私舞弊的,依法给予处分"的规定,应当予以追责。

其次是社会资本下乡的管理问题。《中共中央、国务院关于学习运用"千村示范、万村整治"工程经验有力有效推进乡村全面振兴的意见》(2024 年 1 号文)要求,鼓励社会资本投资农业农村,有效防范和纠正投资经营中的不当行为。社会资本下乡应当遵守农业农村部印发的《社会资本投资农业农村指引》,确保投资符合鼓励的重点产业和领域以及投入方式的相关要求。

再次是做好群众工作问题。墓地的拆除复耕工作涉及农村的移风易俗,需要正向引导激励,疏堵结合,持续推进相关工作。

案例 7

2014 年到 2018 年,江苏省扬州市在廖家沟河道沿线及周边,未经批准陆续违法占地建设廖家沟城市中央公园等 13 个公园项目(位于广陵区与江都区的两区交界地)。至案发时,违法占用耕地 654.77 亩,涉及永久基本农田 377.17 亩。主要涉及三个方面的问题:一是植树绿化违规占用永久基本农田;二是部分挖湖造景违规占用耕地,主要是河道拓宽、改道以及挖塘占用了部分耕地;三是部分建(构)筑物违法占用了耕地。这三个问题,正是典型的耕地非农化、非粮化问题。针对此情况,应如何处理?

【解析】

当时适用的《土地管理法》(2004版)第三十六条规定,禁止占用耕地建窑、建坟或者擅自在耕地上建房、挖砂、采石、采矿、取土等。非农业建设必须节约使用土地,可以利用荒地的,不得占用耕地;可以利用劣地的,不得占用好地。

《基本农田保护条例》第十七条规定,禁止任何单位和个人在基本农田保护区内建窑、建房、建坟、挖砂、采石、采矿、取土、堆放固体废弃物或者进行其他破坏基本农田的活动。

2020年9月,自然资源部挂牌督办该案件。

扬州市K市按照自然资源部的要求,以"消除违法状态"为目标,以耕地和永久基本农田数量不减少、质量不降低为底线,在兼顾生态效应、社会效益的基础上,通过复垦、补划、核减、拆除、完善这十个字、五个动作,终于完成了对违法占用土地的处理;又通过责令书面检查、给予党政纪处分等措施,对涉事的3个政府(或管委会)和23名责任人进行了处理。

【延伸】

本案涉及一个设区市及两个毗邻的区违法占用耕地654.77亩(含永久基本农田377.17亩)用于建设13个城市公园,因案情重大被中央人民政府挂牌督办,问题是很严重的,应当引起高度重视。

城市需要建设,城市的人居环境需要改善,但是耕地保护,特别是永久基本农田的保护不容忽视。

《自然资源部、农业农村部、国家林业和草原局关于严格耕地用途管制有关问题的通知》(自然资发〔2021〕166号)要求,永久基本农田不得转为林地、草地、园地等其他农用地及农业设施建设用地。严禁占用永久基本农田种植苗木、草皮等用于绿化装饰以及其他破坏耕作层的植物;严禁占用永久基本农田挖湖造景、建设绿化带。

按照《最高人民法院关于审理破坏土地资源刑事案件具体应用法律若干问题的解释》(法释〔2000〕14号)规定,非法占用基本农田5亩以上的,将以非法占用耕地罪追究刑事责任。

2018年7月31日起,专项整治行动在秦岭北麓的西安境内展开。截至2019年1月10日,清查出1 194栋违法占地建设的别墅,其中依法拆除1 185栋,依法没收9栋;依法收回国有土地4 557亩、退还集体土地3 257亩。如何看待秦岭违法占地建设别墅事件?

【解析】

1.《宪法》第五条规定,一切违反宪法和法律的行为,必须予以追究。任何组织或者个人都不得有超越宪法和法律的特权。

第十条规定,任何组织或者个人不得侵占、买卖或者以其他形式非法转让土地。

第三十三条规定,中华人民共和国公民在法律面前一律平等。

任何公民享有宪法和法律规定的权利,同时必须履行宪法和法律规定的义务。

2.《土地管理法》第三条规定,各级人民政府应当采取措施,全面规划,严格管理,保护、开发土地资源,制止非法占用土地的行为。

第三十七条规定,禁止占用耕地建窑、建坟或者擅自在耕地上建房、挖砂、采石、采矿、取土等。

3.《土地管理法实施条例》第十三条规定,省、自治区、直辖市人民政府对本行政区域耕地保护负总责,其主要负责人是本行政区域耕地保护的第一责任人。

4.《最高人民法院关于审理破坏土地资源刑事案件具体应用法律若干问题的解释》(法释〔2000〕14号)第八条规定,单位犯非法转让、倒卖土地使用权罪、非法占有耕地罪的定罪量刑标准,依照本解释第一条、第二条、第三条的规定执行。

本案首先应当定性为违法占地建房,应依法对违法行为予以查处,对涉事的责任人、责任单位进行惩处。

其次是公民在宪法和法律面前一律平等。无论是高级别的官员还是多富有的老板,在享有宪法和法律规定的权利的同时,必须履行宪法和法律规定的义务。

【延伸】

1. 秦岭的违法占地建设别墅问题,表面上是违法占地建房问题,实际上是腐败问题。这不仅事关绿水青山,更与全面从严治党有关。中央派驻秦岭北麓违规建别墅问题专项整治工作组组长指出:有的领导与民企老板结成政商关系圈;有的民企老板,上下打点、金钱开路、疏通关系;有的干部拿钱办事、违规审批、公权私用、贪污受贿。

2. 地方政府对违法占地现象的重视程度不够。《土地管理法实施条例》已将省级人民政府的主要负责人定为耕地保护的第一责任人,地方政府对违法占地行为的板子将会打得越来越重。

3. 对待问题应及时发现及时处理,减小损失减少矛盾,减轻责任减轻破坏。等到问题积重难返的时候,不仅处理难度大、损失严重,而且社会影响坏。

2011年3月,沃得生态农业发展有限公司以建设草坪机械试验基地及农业生态园项目为名,非法占地1525.8亩(含耕地281.05亩),违法违规建设高尔夫球场。2020年8月,自然资源部直接对该案立案查处。

【解析】

2004年1月10日,《国务院办公厅关于暂停新建高尔夫球场的通知》(国办发〔2004〕1号)指出,改革开放以来,我国高尔夫球场发展迅速,对完善体育设施,开展高尔夫球运动发挥了积极作用。但近年来也出现了一些突出问题,一些地方高尔夫球场建设过多过滥,占用大量土地;有的违反规定非法征占农民集体土地,擅自占用耕地,严重损害了国家和农民利益;有的假借建设高尔夫球场的名义,变相搞房地产开发。

2011年4月11日,国家发展和改革委员会、监察部、国土资源部、农业部、国家林业局等十一个部委局联合下发了《关于开展全国高尔夫球场综合清理整治工作的通知》(发改社会〔2011〕741号),明确指出清理整治的原则:

一是坚决保护耕地和林地资源。所有球场一律不得占用耕地、天然林和国家级公益林地,占用的耕地和林地必须全部退出,尽快进行复耕和恢复森林植被。

二是重点督办严重违法违规项目。对于占用耕地面积超过球场总面积50%的球场、在自然保护区或饮用水水源地保护区内建设的球场、非法围垦河湖影响防洪安全的球场、非法占用公共资源建设的球场,相关部门和地方政府要重点督办。

三是从严处理瞒报项目。对未按规定纳入清理整治范围的违规高尔夫球场,一经检查发现,一律予以取缔,并严肃追究有关人员的责任。

针对高尔夫球场国家已有明文规定而且正在清理整治过程中,沃得生态农业发展有限公司还在顶风作案,非法占地规模如此之大。

2020年12月,自然资源部作出行政处罚决定:责令退还非法占用的土地,拆除在不符合土地利用总体规划的土地上新建的建(构)筑物及其他设施,没收在符合土地利用总体规划的土地上新建的建(构)筑物,并处罚款1489.618万元。

2019年9月,案件发生地的县级市委、市政府向地级市委、市政府作出书面检查。地、县两级纪检监察部门对县级市政府、县级市自然资源(林业)局和18名相关责任人员予以追责问责。

2021年1月,沃得生态农业发展有限公司在非法占用的土地上新建的建(构)筑物及其他设施全部拆除到位,并完成复垦复耕、复种还林工作,落实农地农用,罚款全部缴纳到位。

【延伸】

高尔夫球场对选址的要求很高,一般占地达65～75公顷。如此大的用地规模和小众化运动项目,鉴于我国人多地少的状况,我国对高尔夫球场的建设,是严格限制的。

从案发至结案,历时10年时间。从十一个部委局联合下发的《关于开展全国高尔夫球场综合清理整治工作的通知》中可以看出,高尔夫球场建设和运营维护涉及的领域非常广,还涉及《城乡规划法》《土地管理法》《中华人民共和国环境保护法》(简称《环境保护法》)《中华人民共和国水法》(简称《水法》)《森林法》,以及最近颁布的《中华人民共和国粮食安全保障法》(简称《粮食安全保障法》),等六部法律,证明了高尔夫球场的特殊性。

本案发生在国家多部门明文规定清理整治过程中,一边整治一边还在违法上马,地方政府及其相关主管部门对违法占地100多公顷新建的高尔夫球场建设项目视若罔闻,受到追责问责也是必然的。

案例 10

2019年3月,J省上首生物科技有限公司未经批准,擅自占用M市JY区DL镇卫星村的集体土地8.15亩(其中耕地6.37亩)建设厂房。2020年6月,M市自然资源和规划局对该案立案查处;同年8月,J省自然资源厅对该案挂牌督办。

【解析】

《土地管理法》(2004年修正版)第三十六条规定,禁止占用耕地建窑、建坟或者擅自在耕地上建房、挖砂、采石、采矿、取土等。

第七十四条规定,擅自在耕地上建房的,由县级以上人民政府土地行政主管部门责令限期改正或者治理,可以并处罚款;构成犯罪的,依法追究刑事责任。

本案涉及未经批准,擅自将农业生产资料变成工业生产资料的行为,属于违法占用耕地。

2020年9月,M市自然资源和规划局对本案作出行政处罚决定:责令该公司退还非法占用的土地,没收在非法占用的土地上新建的建(构)筑物和其他设施,并处罚款。

处罚决定作出后,该公司主动缴纳了罚款,非法建设的建(构)筑物和其他设施没收移交给JY区国有资产管理办公室。2020年12月,该宗用地办理了农用地转用手续。DL镇副镇长周某受到行政警告处分。

【延伸】

1.《土地管理法》(2004年修正版)第四十四条规定,建设占用土地,涉及农用地转为建设用地的,应当办理农用地转用审批手续。

即使案涉项目是DL镇的招商引资项目,但企业在未取得合法用地手续和规划许可的情况下建设厂房,违反了土地管理和城乡规划的相关法律法规,也应当受到法律的制裁。

在招商引资工作中,招商人员必须认真学习国土空间规划、税收等与营商环境密切相关的法律法规,在承诺投资主体相关事项时要慎重。

2. 本案没收财物的保管与处置值得商榷。

《中华人民共和国行政处罚法》(简称《行政处罚法》)第七十四条规定,除依法应当予以销毁的物品外,依法没收的非法财物必须按照国家规定公开拍卖或者按照国家有关规定处理。

财政部《罚没财物管理办法》(财税〔2020〕54号)第六条规定,有条件的部门和地区可以设置政府公物仓对罚没物品实行集中管理。未设置政府公物仓的,由执法机关对罚没物品进行管理。

第七条规定,设置政府公物仓的地区,执法机关应当根据行政处罚决定,在同级财政部门规定的期限内,将罚没物品及其他必要的证明文件、材料,移送至政府公物仓,并向财政部门备案。

第十三条规定,各级财政部门会同有关部门对本级罚没财物处置、收入收缴等进行监督,建立处置审批和备案制度。

第二十七条规定,除规定情形外,罚没收入应按照执法机关的财务隶属关系缴入同级国库。

按照规定,罚没财物的保管和处置事项,应当在执法机关的同级公物仓、同级财政部门内运行,不适宜移交给下一级政府的国有资产管理办公室。一旦处置不当,造成国有资产流失,责任由原执法机关承担。

案例 11

2020年2月,某区住建局未经批准,擅自占用集体土地32.14亩(其中农用地7.36亩)建设市政道路。2020年3月,市自然资源和规划局对此案立案查处,同年4月,省自然资源厅对该案挂牌督办。

【解析】

《土地管理法》规定,任何单位和个人不得侵占土地;任何单位和个人都有遵守土地管理法律、法规的义务。

本案中,涉案的区住建局在处罚决定规定的期限内主动缴纳了罚款,非法建设的建(构)筑物和其他设施被没收并移交给了区级财政局,非法占用的集体土地退还给了原村集体。区住建局的分管副局长、市政交通科的科长分别受到党内和行政警告处分。

【延伸】

《土地管理法》第四十五条规定,为了公共利益的需要,由政府组织实施的能源、交通、水利、通信、邮政等基础设施建设需要用地的,确需征收农民集体所有的土地的,可以依法实施征收。

案涉项目作为政府主导建设的市政道路,可以按照法律的规定,取得土地使用权。

《土地管理法》第三条规定,切实保护耕地是我国的基本国策。各级人民政府应当采取措施,制止非法占用土地的行为。

地方人民政府是依法制止非法占用土地行为的主体,同时,在主导建设需要使用集体土地的项目时,应当依法履行土地征收和建设用地批准手续。

必要的近期建设规划和工程项目建设计划,是地方政府有序实施项目的关键。提前做好工程建设的准备工作,利于工程项目依法顺利实施。

案例 12

2016年3月,刘强经过中间人介绍,与北京春杰种植专业合作社法人代表池杰协商后,确定以人民币1000万元的价格,受让北京春杰种植专业合作社位于延庆区延庆镇广积屯村东北的蔬菜大棚(为377亩集体土地)的使用权。

其间,刘强未经国土资源部门批准,以合作社的名义组织人员对蔬菜大棚园区进行非农建设改造,共建设"大棚房"260余套,每套面积从350平方米至550平方米不等。内部配置橱柜、沙发、藤椅、马桶等各类生活起居设施,并对外出租,还将园区命名为"紫薇庄园"。

经北京市国土资源局延庆分局组织测绘鉴定,该项目占用耕地28.75亩,其中含永久基本农田22.84亩,造成耕地种植条件被破坏。

【解析】

《土地管理法》(2004年修正版)第三十六条规定,禁止占用耕地建窑、建坟或者擅自在耕地上建房、挖砂、采石、采矿、取土等。

2014年10月17日,《国土资源部、农业部关于进一步支持设施农业健康发展的通知》(国土资发〔2014〕127号)规定,从事设施农业和规模化粮食生产的,经营者必须按照协议约定使用土地,确保农地农用。

设施农用地不得改变土地用途,禁止擅自或变相将设施农用地用于其他非农建设;不得超过用地标准,禁止擅自扩大设施用地规模或通过分次申报用地变相扩大设施用地规模;不得改变直接从事或服务于农业生产的设施性质,禁止擅自将设施用于其他经营。

对于擅自或变相将设施农用地用于其他非农建设的,应依法依规严肃查处;擅自扩大附属设施用地规模或通过分次申报用地变相扩大设施用地规模,擅自改变农业生产设施性质用于其他经营的,应及时制止、责令限期纠正,并依法依规追究有关人员责任。

本案的行为严重违反了当时的法律和还处在有效期内的两部文件规定。

北京市规划和国土资源管理委员会、延庆区延庆镇人民政府先后对该项目下达《行政处罚决定书》《责令停止建设通知书》《限期拆除决定书》等法律文书,但当事人刘强均未履行。

2017年5月,延庆区延庆镇人民政府组织有关部门将上述违法建设强制拆除。

2017年12月5日,北京市公安局延庆分局以刘强涉嫌非法占用农用地罪,将案件移送北京市延庆区人民检察院审查起诉。

2018年5月23日,北京市延庆区人民检察院以刘强犯非法占用农用地罪向北京市延庆区人民法院提起公诉。

2018年10月16日,北京市延庆区人民法院作出一审判决,以非法占用农用地罪,判处刘强有期徒刑一年六个月,并处罚金人民币五万元。

【延伸】

1. 2019年12月17日,自然资源部、农业农村部印发了《关于设施农业用地管理有关问题的通知》(自然资规〔2019〕4号),对设施农用地的法律法规和文件规定作出了进一步细化分类,设施农业用地包括农业生产中直接用于作物种植和畜禽水产养殖的设施用地。其中,作物种植设施用地包括作物生产和为生产服务的看护房、农资农机具存放场所等,以及与生产直接关联的烘干晾晒、分拣包装、保鲜存储等设施用地;畜禽水产养殖设施用地包括养殖生产及直接关联的粪污处置、检验检疫等设施用地,不包括屠宰和肉类加工场所用地等。

2. 2024年的中央一号文件《中共中央、国务院关于学习运用"千村示范、万村整治"工程经验有力有效推进乡村全面振兴的意见》中,专门针对"大棚房"问题提出"持续整治大棚房"的要求。"大棚房"对社会、经济秩序的危害有多大,可见一斑。

社会资本进入农村本是好事,但是应当符合农业农村部办公厅、国家振兴局综合司联合印发的《社会资本投资农业农村指引》中规定的鼓励投资的重点产业和领域以及投入方式的相关要求。

3. 2018年9月14日,农业农村部、自然资源部联合印发了《关于开展"大棚房"问题专项清理整治行动坚决遏制农地非农化的方案的通知》(农农发〔2018〕3号),指出一些地方的工商企业和个人,假借建农业大棚之名占用耕地甚至永久基本农田,违法违规建设非农设施,严重冲击了耕地红线。

本次的专项清理整治行动共排查农业设施1 887万个,发现并整改"大棚房"17.4万个。

2018年1月至2019年12月,全国检察机关对"非法占用农用地罪"提起公诉案件达10 897件,涉案人员达13 824人。

即使这样,违法违规案件仍是屡禁不止,专项行动和司法机关的震慑力并没有遏制住"利益所驱""枉法行事"现象,大批的"大棚房"仍在花样翻新,不断涌现:

2021年4月,安徽蓝山湾农业科技有限公司将温室用途备案为珍稀植物培育,随后擅自改变设施农业用地用途,在农业大棚内建设观光性珍稀植物馆、萌宠乐园等非农设施,并对外经营,提供游览观光服务。

2022年10月,国家自然资源督察机构发现,陕西省西安市未央区巨坤花卉基地项目实际用途与备案用途不符,该项目实际建成两个具有花卉交易功能的钢结构大棚及停车场、小木屋、管理用房等设施,占用耕地54.83亩。

2023年2月,新郑市自然资源和规划局工作人员在巡查中发现,河南省郑州市新郑市新村镇盛荣生态园项目擅自改变温室大棚用途,在大棚内违法违规建设餐饮设施,并对外经营。

4.《农村土地承包法》第三十六条规定,承包方可以自主决定依法采取出租(转包)、入股或者其他方式向他人流转土地经营权,并向发包方备案。

第三十八条规定,土地经营权流转应当遵循以下原则:不得改变土地所有权的性质和土地的农业用途,不得破坏农业综合生产能力和农业生态环境。

第六十三条规定,承包方、土地经营权人违法将承包地用于非农建设的,由县级以上地方人民政府有关主管部门依法予以处罚。

承包方给承包地造成永久性损害的,发包方有权制止,并有权要求赔偿由此造成的损失。

第六十四条规定,土地经营权人擅自改变土地的农业用途,发包方有权要求终止土地经营权流转合同。土地经营权人对土地和土地生态环境造成的损害应当予以赔偿。

"大棚房"问题是工商资本进入农村的最典型问题,是"非农化""非粮化"的新增问题。只有严格落实地方党委政府耕地保护主体的责任,强化农村土地发包人、承包人的法定义务,农业农村部、自然资源局等主管部门加大打击力度,才有可能从根本上遏制不断翻新的违法占用、破坏耕地的行为。

《自然资源部办公厅关于利用2024年季度卫片监测成果开展日常执法工作的通知》(自然资办发〔2024〕4号)中,将新增乱占耕地建房、"违建别墅"、"大棚房"、高尔夫球场等问题,作为年度巡查处理的重大案件。

案例 13

修建宽度小于8米的农村道路,是否属于占用农用地的"非农化"行为?

【解析】

1.《土地管理法》第四条规定,国家编制土地利用总体规划,规定土地用途,将土地分为农用地、建设用地和未利用地。严格限制农用地转为建设用地,控制建设用地总量,对耕地实行特殊保护。

农用地是指直接用于农业生产的土地,包括耕地、林地、草地、农田水利用地、养殖水面等。

2. 2023年11月,自然资源部印发了《国土空间调查、规划、用途管制用地用海分类指南》(简称《指南》),适用于国土调查、监测、统计、评价,国土空间规划、用途管制、耕地保护、生态修复,土地审批、供应、整治、督察、执法、登记及信息化管理等工作。

农业设施建设用地是指对地表耕作层造成破坏的,为农业生产、农村生活服务的乡村道路用地以及种植设施、畜禽养殖设施、水产养殖设施建设用地。

农村道路是指在村庄范围外,南方宽度≥1.0米、≤8.0米,北方宽度≥2.0米、≤8.0米,用于村间、田间交通运输,并在国家公路网络体系(乡道及乡道以上公路)之外,以服务于农村农业生产为主要用途的道路(含机耕道)。

村道用地是指用于村间、田间交通运输,服务于农村生活生产的硬化型道路(含机耕道),不包括村庄内部道路用地和田间道。

田间道是指用于田间交通运输,为农业生产、农村生活服务的非硬化型道路。

设施农用地是指直接用于经营性畜禽养殖生产设施及附属设施用地;直接用于作物栽培或水产养殖等农产品生产的设施及附属设施用地;直接用于设施农业项目辅助生产的设施用地;晾晒场、粮食果品烘干设施、粮食和农资临时存放场所、大型农机具临时存放场所等规模化粮食生产所必需的配套设施用地。

种植设施建设用地是指工厂化作物生产和为生产服务的看护房、农资农机具存放场所等,以及与生产直接关联的烘干晾晒、分拣包装、保鲜存储等设施用地,不包括直接利用地表种植的大棚、地膜等保温、保湿设施用地。

畜禽养殖设施建设用地是指经营性畜禽养殖生产及直接关联的圈舍、废弃物处理、检验检疫等设施用地,不包括屠宰和肉类加工场所用地等。

水产养殖设施建设用地是指工厂化水产养殖生产及直接关联的硬化养殖池、看护房、粪污处置、检验检疫等设施用地。

根据法律规定以及《指南》的释义,首先要对照国家公路网络体系,判断本案中修建的8米道路是否属于乡道及乡道以上的公路,如果是,则是"非农化",需要办理农转用手续。

【延伸】

1.《自然资源部、农业农村部关于设施农业用地管理有关问题的通知》(自然资规〔2019〕4号)要求,市、县自然资源主管部门会同农业农村主管部门负责设施农业用地日常管理。国家、省级自然资源主管部门和农业农村主管部门负责通过各种技术手段进行设施农业用地监管。设施农业用地由农村集体经济组织或经营者向乡镇政府备案,乡镇政府定期汇总情况后汇交至县级自然资源主管部门。涉及补划永久基本农田的,须经县级自然资源主管部门同意后方可动工建设。

2.《自然资源部、农业农村部、国家林业和草原局关于严格耕地用途管制有关问题的通知》(自然资发〔2021〕166号)要求,严格管控一般耕地转为其他农用地。

严格控制新增农村道路、畜禽养殖设施、水产养殖设施和破坏耕作层的种植业设施等农业设施建设用地使用一般耕地。确需使用的,应经批准并符合相关标准。

为了便于土地分类操作,《指南》对各种类型的农业设施建设用地进行了细化说明,对农业设施建设用地的控制、审批、备案、用途监管等是非常严格的,不能钻空子,不能随性、不能大胆。

案例 14

广西壮族自治区来宾市兴宾区华南农机花卉产业园项目以设施农业为名,违规建设非农业设施。

2021年12月,来宾市兴宾区城北街道办事处违规批复兴宾区"华鑫家私城"设施农业用地备案,同意将位于兴宾区城北街道中南大道与新增次干路交叉口的50.23亩土地作为设施农业用地(花卉种养)备案,其中生产设施用地25.46亩。

2022年5月至11月,兴宾区华鑫家私城未经批准,擅自改变设施农业用地备案用途,建设兴宾区华南农机花卉产业园项目,实地建成接待中心、经营性铁皮棚等非农设施,占地面积50.35亩(含耕地40.60亩)。

兴宾区农业农村局、自然资源局监管不力、执法不严,未制止和上报该违法行为,也未立案查处。

兴宾区城北街道办事处违规批准不符合要求的设施农业用地备案申请,未按要求将用地协议、建设方案等材料上报县级自然资源、农业农村部门审核,未制止和上报问题,未立案查处。

自然资源部督察机构指出问题后,来宾市兴宾区城北街道办事处于2022年11月撤销了该项目的设施农业用地备案;兴宾区自然资源局对华鑫家私城发出《责令停止土地违法行为通知书》和《责令改正土地违法行为通知书》。

【解析】

1. 《自然资源部、农业农村部关于设施农业用地管理有关问题的通知》中对设施农业用地的类型进行了解释并提出管理要求:

设施农业用地包括农业生产中直接用于作物种植和畜禽水产养殖的设施用地。其中,作物种植设施用地包括作物生产和为生产服务的看护房、农资农机具存放场所等,以及与生产直接关联的烘干晾晒、分拣包装、保鲜存储等设施用地;畜禽水产养殖设施用地包括养殖生产及直接关联的粪污处置、检验检疫等设施用地,不包括屠宰和肉类加工场所用地等。

市、县自然资源主管部门会同农业农村主管部门负责设施农业用地日常管理。设施农业用地由农村集体经济组织或经营者向乡镇政府备案,乡镇政府定期汇总情况后汇交至县级自然资源主管部门。

2. 《土地管理法》第八十四条规定,自然资源主管部门、农业农村主管部门的工作人员玩忽职守、滥用职权、徇私舞弊,构成犯罪的,依法追究刑事责任;尚不构成犯罪的,依法给予处分。

3. 《违反土地管理规定行为处分办法》(监察部、人力资源和社会保障部、国土资源部令第15号)第十六条规定,国土资源行政主管部门及其工作人员有下列行为之一的,对有关责任人员,给予记过或者记大过处分;情节较重的,给予降级或者撤职处分;情节严重

的,给予开除处分:

(1) 对违反土地管理规定行为按规定应报告而不报告的;

(2) 对违反土地管理规定行为不制止、不依法查处的;

(3) 在土地供应过程中,因严重不负责任,致使国家利益遭受损失的。

本案中,设施农业项目备案方、经营方和监督管理方,三方主体都存在违法行为。

【延伸】

本案是自然资源部2023年通报的案例。

项目备案方没有对申请备案项目的建设内容进行对照式审核,导致备案的项目与国家规定的内容不符,属于实体违法;同时,没有定期把汇总情况汇交至县级自然资源主管部门,属于程序违法。

经营方未经批准,擅自改变设施农业用地备案用途,建设兴宾区华南农机花卉产业园项目,实地建成接待中心、经营性铁皮棚等非农设施,而且占用耕地数量较大,属于实体违法,应视其行为对土地破坏的程度,对是否构成犯罪作出判断。

保护耕地,人人有责,特别是法律法规授权的责任主体更是责无旁贷。通过日常巡查、群众举报以及卫星监测等手段,主管部门有足够的资源和渠道对土地违法行为做到早发现、早制止和早处置。等到督察机构介入时,行政相对人的经济受到了损失、土地遭到了破坏、处理问题的难度和复杂性也随之增加,关键是可能影响到党和政府在群众心目中的形象。

案例 15

本案例源于最高人民法院行政判决书(2021)最高法行再249号。

2003年,梅州市发展计划局批复同意某公司出资建设"五里香度假村"项目,原兴宁市国土局也作出同意用地的预审意见,镇国土所出具"兹有五里香度假村全部土地已经我所协助征用。其土地使用证正在办理中,请有关部门给予办理报建手续"的证明。

2004年10月,原广东省国土资源厅复函同意涉案项目完善用地手续,但兴宁市有关部门一直未按要求申报完善手续。

2014年,兴宁市自然资源局经立案调查后认定,某公司未取得建设用地批准手续即进行建设,属非法占用土地,决定没收其建筑物和其他设施。

某公司不服,起诉请求撤销处罚决定。一、二审法院均驳回某公司的诉讼请求。某公司申请再审被驳回后,向最高人民法院提出申诉,最高人民法院决定对本案再审并提审。

2023年4月19日,最高人民法院作出再审判决:撤销一、二审判决,确认被诉处罚决定违法。

【解析】

《优化营商环境条例》(国务院令第722号)第三十一条规定,地方各级人民政府及其有关部门应当履行向市场主体依法作出的政策承诺以及依法订立的各类合同,不得以行政区划调整、政府换届、机构或者职能调整以及相关责任人更替等为由违约毁约。因国家利益、社会公共利益需要改变政策承诺、合同约定的,应当依照法定权限和程序进行,并依法对市场主体因此受到的损失予以补偿。

第六十九条规定,政府和有关部门及其工作人员不履行向市场主体依法作出的政策承诺以及依法订立的各类合同,依法依规追究责任。

本案中,涉案的自然资源主管部门不顾自己曾经出具的"证明"、上级机关的"复函"等,对企业作出行政处罚,明显是想"逃脱"自身的监管责任,结果被最高人民法院判罚违法。

【延伸】

诚信,是中国几千年来一直遵循的立身之本、为人之道。"朝令夕改"是社会管理、行政执法的最大忌讳。相关部门的承诺必须是一诺千金,在处理相关问题时,不应当改变或者不承认曾经的承诺。

最高人民法院再审认为,某公司未依法取得并完善用地审批手续,应当承担相应的法律责任。同时,本案所涉的兴宁市相关部门明知某公司用地手续不全,仍然以招商引资名义作出一系列行政许可并支持先行建设,也应承担相应的法律责任。特别是因涉案项目符合土地利用总体规划,原广东省国土资源厅已经同意完善用地手续的情况下,兴宁市相关部门却长期未推动完善用地手续,是违法用地状态长期持续的重要原因。

即使是因国家利益、社会公共利益需要改变政策承诺、合同约定的,也应当依照法定权限和程序进行,并依法对市场主体因此受到的损失予以补偿。

第三节 行政权力

在农用地"非农化"问题的管理中,自然资源主管部门外部行政行为受到多重制约,一是"非农化"形式翻新太快;二是相关规范性文件更新频繁;三是机构改革后职能调整,工作事项重新划分。但是,核心监管权力不得转移或者弱化。

(一) 对地方人民政府的考核权

国家首部土地法强调控制建设用地,经过第一次修订后,土地管理法规的核心内容转向于耕地保护。随着机构改革、经济发展形势的需要,国家对有关耕地保护的管理体制、管理方式、管理效果等作了与时俱进的实践,并及时作出了相应的调整,但是对地方人民政府保护耕地的考核权没有调整。

1. 权力来源

(1) 国务院办公厅印发《省级政府耕地保护责任目标考核办法的通知》(国办发〔2018〕2号)第三条规定,国务院对各省、自治区、直辖市人民政府耕地保护责任目标履行情况进行考核,由国土资源部会同农业部、国家统计局负责组织开展考核检查工作。

第十九条规定,县级以上地方人民政府应当根据本办法,结合本行政区域实际情况,制定下一级人民政府耕地保护责任目标考核办法。

(2)《土地管理法实施条例》第十三条规定,省、自治区、直辖市人民政府对本行政区域耕地保护负总责,其主要负责人是本行政区域耕地保护的第一责任人。国务院对省、自治区、直辖市人民政府耕地保护责任目标落实情况进行考核。

2. 基本程序

国务院《省级政府耕地保护责任目标考核办法》规定了上级政府对下级政府耕地保护考核的基本程序:实行年度自查、期中检查、期末考核相结合的方法。年度自查每年开展1次,由各省、自治区、直辖市自行组织开展;每五年为一个规划期,期中检查在每个规划期的第三年开展1次,由考核部门组织开展;期末考核在每个规划期结束后的次年开展1次。

3. 综合

考核机制是行政机关内部上级对下级施行的一项鼓励先进、激励后进的行政管理行为。

在自然资源系统,这种内部考核机制,不仅仅是影响一届政府或领导班子任期内的绩效评估,更多的是影响地方经济后续发展的自然资源配置,地方政府不能小觑这一内部考核。

上级对下级的考核,听起来好像是上级对下级的不信任,捆住了下级的手脚、挫伤了下级的主动性、积极性和创造性,但是,在有压力的考核机制下,可以培养下级的自觉性。

虽然这种考核表面上是上下级行政机关的内部管理问题,但却间接影响地方的经济社会发展和群众福祉。

(二) 对地方人民政府的督察、约谈、建议权

1. 权力来源

(1) 2004年4月21日,《国务院关于做好省级以下国土资源管理体制改革有关问题的通知》(国发〔2004〕12号 简称《通知》)规定,确立省级以下垂直管理的国土资源管理体制。《通知》要求,要进一步强化省级人民政府及其国土资源主管部门的执法监察责任。

(2)《国务院办公厅关于建立国家土地督察制度有关问题的通知》(国办发〔2006〕50号)规定设立国家土地总督察及其办公室;向地方派驻国家土地督察局。

派驻地方的国家土地督察局,代表国家土地总督察履行监督检查的主要职责是:监督检查省级以及计划单列市人民政府耕地保护责任目标的落实情况;监督省级以及计划单列市人民政府土地执法情况,核查土地利用和管理中的合法性和真实性,监督检查土地管理审批事项和土地管理法定职责履行情况;监督检查省级以及计划单列市人民政府贯彻中央关于运用土地政策参与宏观调控要求情况;开展土地管理的调查研究,提出加强土地管理的政策建议;承办国土资源部及国家土地总督察交办的其他事项。

(3)《土地管理法实施条例》规定,国家自然资源督察机构根据授权对省、自治区、直辖市人民政府以及国务院确定的城市人民政府土地利用和土地管理情况进行督察;国务院自然资源主管部门统一负责全国土地的管理和监督工作。

被督察的地方人民政府违反土地管理法律、行政法规,或者落实国家有关土地管理重大决策不力的,国家自然资源督察机构可以向被督察的地方人民政府下达督察意见书,地方人民政府应当认真组织整改,并及时报告整改情况;国家自然资源督察机构可以约谈被

督察的地方人民政府有关负责人,并可以依法向监察机关、任免机关等有关机关提出追究相关责任人责任的建议。

2. 基本程序

被督察的地方人民政府违反土地管理法律、行政法规,或者落实国家有关土地管理重大决策不力的,国家自然资源督察机构可以向被督察的地方人民政府下达督察意见书;地方人民政府应当认真组织整改,并及时报告整改情况;国家自然资源督察机构可以约谈被督察的地方人民政府有关负责人,并可以依法向监察机关、任免机关等有关机关提出追究相关责任人责任的建议。

3. 综合

按照国家设立的土地督察制度的规定,派驻地区的国家土地督察机构负责对其督察范围内的地方人民政府土地利用和管理情况进行监督检查,但不改变或取代地方人民政府及其土地主管部门的行政许可、行政处罚等管理职权。

派驻地方的国家土地督察机构履行监督检查职责,不直接查处案件。对发现的土地利用和管理中的违法违规问题,由国家土地总督察按照有关规定,通报纪委监委等部门依法处理。

向地方派驻土地督察机构,强调的是"早发现、早报告、早处置"国土资源领域违法违规行为,解决违法违规行为"发现难、制止难、查处难"问题。

从实行省以下垂管管理机制初期的实践可以看出,违法用地案件的数量没减反升,反映了地方政府在执行土地管理法规、领导干部违法违规出让土地、损害农民利益等方面的问题严重,积案太多。

以下引用一些评论或者是督察通报内容,可见土地管理的顽疾之重:

自然资源部通报 2020 年土地例行督查发现的耕地保护重大问题典型案例:"有的地方政府及部门管理职责落实不到位,非法批地、监管不力,违法问题久拖不决、长期存在;有的应付干扰督察,对督察指出的问题虚假整改;一些地方耕地占补平衡要求落实不到位,补充耕地不实,甚至破坏生态进行造地"。

2021 年 8 月 24 日下午,自然资源部召开新闻发布会,通报 2020 年土地卫片执法数据异常的 7 个县(市)实地核查发现的突出问题和 37 个弄虚作假、图斑判定不实等典型问题。会上,自然资源部执法局局长崔瑛说:"发现一些地方无视党中央、国务院严格保护耕地的要求,规避问责,弄虚作假,性质恶劣,甚至违法批地,干预执法,严重扰乱了自然资源管理秩序"。

2004 年 1 月 25 日新浪新闻中心登载新京报潘璠的评论《国土系统垂直管理利大于弊》中提到:"尽管垂直管理未必能杜绝腐败现象,但其意义在于土地部门不再听命于地方政府,其官员也不是由地方政府任命;他们更需要考虑的是如何对国家负责,如何维护国家和人民的利益。至于地方的积极性问题,只要路线正确,是完全可以与国家系统和平共处且共谋发展的。况且,按照新的发展观和市场经济体制下的国际惯例,宏观调控主要是中央政府的事情,地方更多的是提供服务。地方政府和官员们更应多关心经济与社会的协调发展,做好公共卫生事业、基础设施建设乃至社区安全等服务性的工作"。

这里所列的三项权力，都只限于行政机关内部运作。按照文件的规定，派驻地方的国家土地督察机构不改变、不取代地方人民政府及其土地主管部门的行政许可、行政处罚等管理职权，也不直接查处案件。

(三) 对农用地的调查认定、监测、统计和评价权

1. 权力来源

(1)《土地管理法》规定，县级以上人民政府自然资源主管部门会同同级有关部门进行土地调查。土地所有者或者使用者应当配合调查，并提供有关资料；土地所有者或者使用者应当提供有关资料，不得拒报、迟报，不得提供不真实、不完整的资料。

国家建立全国土地管理信息系统，对土地利用状况进行动态监测。

(2)《土地调查条例》(国务院令第 518 号)第十七条规定，接受调查的有关单位和个人应当如实回答询问，履行现场指界义务，按照要求提供相关资料，不得转移、隐匿、篡改、毁弃原始记录和土地登记簿等相关资料。

第十八条规定，各地方、各部门、各单位的负责人不得擅自修改土地调查资料、数据，不得强令或者授意土地调查人员篡改调查资料、数据或者编造虚假数据，不得对拒绝、抵制篡改调查资料、数据或者编造虚假数据的土地调查人员打击报复。

2. 基本程序

土地调查人员应当严格按照全国土地调查总体方案和地方土地调查实施方案实施土地调查，并按照《土地利用现状分类》国家标准和统一的技术规程，登记、审核、录入的调查资料和现场调查资料需一致。

3. 综合

《土地调查条例实施办法》(国土资源部令第 45 号)对土地调查的定义作出了规定，土地调查是指对土地的地类、位置、面积、分布等自然属性和土地权属等社会属性及其变化情况，以及基本农田状况进行的调查、监测、统计、分析的活动。

《土地调查条例》规定土地调查的目的是全面查清土地资源和利用状况，掌握真实准确的土地基础数据，为科学规划、合理利用、有效保护土地资源，实施最严格的耕地保护制度，加强和改善宏观调控提供依据，促进经济社会全面协调可持续发展。

土地的调查、监测、统计和评价，虽然是对土地利用现状及变化情况、土地权属及变化情况以及土地条件等客观状况的调查，但因为国家耕地保护政策，特别是基本农田保护政策的严格要求，调查的结果可能会涉及地方政府保护耕地的义务履行情况或者土地使用权人的切身利益，形成行政行为的潜在外部性，其行为和结论并没有直接对工作对象的相关权益构成影响。

(四) 违反土地管理法规的监督检查权

1. 权力来源

《土地管理法》第六十七条规定，县级以上人民政府自然资源主管部门对违反土地管理法律、法规的行为进行监督检查。

第六十八条规定，县级以上人民政府自然资源主管部门履行监督检查职责时，有权采取下列措施：

（1）要求被检查的单位或者个人提供有关土地权利的文件和资料，进行查阅或者予以复制；

（2）要求被检查的单位或者个人就有关土地权利的问题作出说明；

（3）进入被检查单位或者个人非法占用的土地现场进行勘测；

（4）责令非法占用土地的单位或者个人停止违反土地管理法律、法规的行为。

2．基本程序

《自然资源执法监督规定》（国土资源部令第79号）简称《规定》规定：

县级以上自然资源主管部门应当强化遥感监测、视频监控等科技和信息化手段的应用。

任何单位和个人发现自然资源违法行为，有权向县级以上自然资源主管部门举报。接到举报的自然资源主管部门应当依法依规处理。

市、县自然资源主管部门应当建立执法巡查、抽查制度，组织开展巡查、抽查活动，发现、报告和依法制止自然资源违法行为。

省级自然资源主管部门按照自然资源部的统一部署，组织所辖行政区域内的市、县自然资源主管部门开展自然资源"卫片"执法监督，并向自然资源部报告结果。

省级以上自然资源主管部门实行自然资源违法案件挂牌督办和公开通报制度。

对上级自然资源主管部门交办的自然资源违法案件，下级自然资源主管部门拖延办理的，上级自然资源主管部门可以发出督办通知，责令限期办理；必要时，可以派员督办或者挂牌督办。

从接到举报、日常巡查到上级交办等案件来源，在《规定》中都有相应的程序要求，必须严格执行。关于行政处罚和行政强制问题，还要符合相关法律法规的规定。

3．综合

自然资源执法监督包含了对土地的执法监督，法律规定的监督事项，《规定》作为部门规章，明确了程序和相关要求，需依照规定执行。日常工作中，强调从早、从严原则，努力做到最新提出的行政执法"四个度"，即"执法有尺度、执法有力度、执法有深度、执法有温度"。

（五）土地违法行为案件的移送权

1．权力来源

《土地管理法》第七十一条规定，县级以上人民政府自然资源主管部门在监督检查工作中发现国家工作人员的违法行为，依法应当给予处分的，应当依法予以处理；自己无权处理的，应当依法移送监察机关或者有关机关处理。

第七十二条规定，县级以上人民政府自然资源主管部门在监督检查工作中发现土地违法行为构成犯罪的，应当将案件移送有关机关，依法追究刑事责任。

《自然资源执法监督规定》第九条规定，县级以上地方自然资源主管部门应当加强与人民法院、人民检察院和公安机关的沟通和协作，依法配合有关机关查处涉嫌自然资源犯罪的行为。

《自然资源部、公安部关于加强协作配合强化自然资源领域行刑衔接工作的意见》(自然资发〔2023〕123号)规定,自然资源主管部门在依法查办案件中,发现违法事实涉及的金额、情节、造成的后果,根据法律、司法解释、立案追诉标准等规定,涉嫌构成犯罪,依法需要追究刑事责任的,应当依照行刑衔接有关规定向公安机关移送。

2. 基本程序

在《自然资源部、公安部关于加强协作配合强化自然资源领域行刑衔接工作的意见》文件中,已经明确规定了移送的内容和程序:自然资源主管部门按照行刑衔接工作时限需要,应当向公安机关提供相关的信息;自然资源主管部门移送涉嫌犯罪案件时,应当将载明相关内容的证明文件,连同行刑衔接所必需的其他材料一并移送公安机关。

3. 综合

《土地管理法》规定自然资源主管部门应当移送案件的两种情形:一是发现国家工作人员违法行为自己无权处理的,应当依法移送监察机关或者有关机关处理;二是发现土地违法行为构成犯罪的,应当将案件移送有关机关,依法追究刑事责任。

(六) 行政处罚权

内容在"国土空间规划执法监督"编中。

第二章

耕地非粮化管理

国家保护耕地,严格控制耕地转为非耕地。尽管国家采取了"长牙齿"、"零容忍"的硬措施手段保护耕地,但是耕地"非粮化"倾向仍有蔓延趋势。

第一节 基本概念

1. 什么是耕地?

耕地是自然土壤发育形成的,能够种植农作物的土地,并具备可供农作物生长、发育、成熟的自然环境。它是人类赖以生存的基本资源。

按照自然资源部 2023 年 11 月印发的《国土空间调查、规划、用途管制用地用海分类指南》规定,耕地是指利用地表耕作层种植粮、棉、油、糖、蔬菜、饲草饲料等农作物为主,每年可以种植一季及以上(含一年一季以上的耕种方式种植多年生作物)的土地,包括熟地,新开发、复垦、整理地,休闲地(含轮歇地、休耕地);以及间有零星果树、桑树或其他树木的耕地;包括南方宽度<1.0米,北方宽度<2.0米的固定的沟、渠、路和地坎(埂);包括直接利用地表耕作层种植的温室、大棚、地膜等保温、保湿设施用地。

耕地分为水田、水浇地和旱地。

水田是指用于种植水稻、莲藕等水生农作物的耕地,包括实行水生、旱生农作物轮种的耕地。

水浇地是指有水源保证和灌溉设施,在一般年景能正常灌溉,种植旱生农作物(含蔬菜)的耕地。

旱地是指无灌溉设施,主要靠天然降水种植旱生农作物的耕地,包括没有灌溉设施,仅靠引洪淤灌的耕地。

2. 我国土地管理的基本国策和基本国情是什么?

基本国策是:十分珍惜、合理利用土地和切实保护耕地。

基本国情是:人多地少,耕地后备资源严重不足。

3. 耕地保护对我国经济社会发展有何作用?

(1) 耕地保护事关我国的粮食安全;

(2) 耕地保护事关我国的经济社会可持续发展;

(3) 耕地保护事关我国的社会稳定。

4. 什么是基本农田？

《基本农田保护条例》(国务院令第257号)对基本农田的定义是：按照一定时期人口和社会经济发展对农产品的需求，依据土地利用总体规划确定的不得占用的耕地。

5. 什么是基本农田保护区？

《基本农田保护条例》对基本农田保护区的定义是：为对基本农田实行特殊保护而依据土地利用总体规划和依照法定程序确定的特定保护区域。

6. 哪些耕地应当划入基本农田？

《基本农田保护条例》第十条规定，下列耕地应当划入基本农田保护区，严格管理：

（1）经国务院有关主管部门或者县级以上地方人民政府批准确定的粮、棉、油生产基地内的耕地；

（2）有良好的水利与水土保持设施的耕地，正在实施改造计划以及可以改造的中、低产田；

（3）蔬菜生产基地；

（4）农业科研、教学试验田。

根据土地利用总体规划，铁路、公路等交通沿线，城市和村庄、集镇建设用地区周边的耕地，应当优先划入基本农田保护区；需要退耕还林、还牧、还湖的耕地，不应当划入基本农田保护区。

《土地管理法》规定，国家实行永久基本农田保护制度。下列耕地应当根据土地利用总体规划划为永久基本农田，实行严格保护：

（1）经国务院农业农村主管部门或者县级以上地方人民政府批准确定的粮、棉、油、糖等重要农产品生产基地内的耕地；

（2）有良好的水利与水土保持设施的耕地，正在实施改造计划以及可以改造的中、低产田和已建成的高标准农田；

（3）蔬菜生产基地；

（4）农业科研、教学试验田；

（5）国务院规定应当划为永久基本农田的其他耕地。

7. 什么是永久基本农田？

永久基本农田不是一个概念问题，它既不是在原有基本农田中挑选的一定比例的优质基本农田，也不是永远不能占用的基本农田。永久基本农田就是基本农田。加上"永久"二字，体现了党中央、国务院对耕地，特别是基本农田的高度重视，体现的是严格保护的态度。

8. 基本农田划定的基本原则是什么？

按照《基本农田划定技术规程》(TD/T 1032—2011)，基本农田划定应当遵循"依法依规、规范划定；确保数量、提升质量；稳定布局、明确条件"的基本原则，具体要求为：

（1）依据有关法律法规和土地利用总体规划，以已有基本农田保护成果为基础，综合运用土地利用现状调查成果与农用地分等成果，开展基本农田划定工作；

（2）确保划定后的基本农田面积不低于土地利用总体规划确定的基本农田保护面积指标；

(3) 优先保留原有基本农田中的高等级耕地，集中连片耕地；划定后基本农田平均质量等级应高于划定前的平均质量等级，基本农田集中连片程度有所提高；

(4) 新划定的基本农田土地利用现状应当是耕地。

9. 基本农田补划的基本原则是什么？

《基本农田划定技术规程》(TD/T 1032—2011)规定，基本农田补划应遵循占用与补划"数量相等、质量相当"的原则。具体要求为：

(1) 经依法批准建设占用的基本农田，补划面积应不低于建设占用的面积，质量等级不低于占用土地的质量等级；

(2) 违法占用或因各种原因造成损毁的基本农田应当依法复垦，复垦后不能作为基本农田的，补划的面积应不低于减少部分的基本农田面积，质量等级不低于减少部分的基本农田；

(3) 因其他原因造成基本农田减少的，本行政区域内现状基本农田面积已低于土地利用总体规划确定的基本农田面积指标的，应当按照土地利用总体规划确定的指标补划相应的面积，补划的质量等级不低于减少部分的基本农田；

(4) 补划的基本农田土地利用现状应当是耕地。

10. 永久基本农田要做到的"一不得""四严禁"是指哪些？

"一不得"是指永久基本农田不得转为林地、草地、园地等其他农用地及农业设施建设用地，不得种植造成耕地地类改变的作物。

"四严禁"是指：

(1) 严禁占用永久基本农田发展林果业和挖塘养鱼。

(2) 严禁占用永久基本农田种植苗木、草皮等用于绿化装饰以及其他破坏耕作层的植物。

(3) 严禁占用永久基本农田挖湖造景、建设绿化带。

(4) 严禁新增占用永久基本农田建设畜禽养殖设施、水产养殖设施和破坏耕作层的种植业设施。

11. 农用地、耕地、基本农田、永久基本农田四者内涵的关系是怎样的？

农用地与建设用地、未利用地属于国土空间规划中土地用途分类的最顶层；农用地涵盖耕地、林地、草地、农田水利用地、养殖水面以及设施农业用地；耕地涵盖基本农田（包括永久基本农田）。

12. 全球和中国的耕地保有量的形势如何？

据联合国教科文组织和粮农组织的统计，全世界土地面积为18.29亿公顷左右，人均耕地约0.26公顷。2021年8月26日中国新闻网报道，"三调"结果显示，2019年末全国耕地19.18亿亩，即1.28亿公顷，人均耕地约0.09公顷。中国用占世界7%的耕地，养活了占世界22%的人口，中国的耕地只占总国土面积的13%。

13. 农作物包括哪些？

农作物指农业上栽培的各种植物，包括粮食作物和经济作物两大类。其中粮食作物以水稻、玉米、豆类、薯类、青稞、蚕豆、小麦为主要作物；经济作物包括油料作物、蔬菜作物、花、草、树木等。

14. 一般耕地上种植的农作物有哪些要求？

《国务院办公厅关于防止耕地"非粮化"稳定粮食生产的意见》(国办发〔2020〕44号)要求，一般耕地应主要用于粮食和棉、油、糖、蔬菜等农产品及饲草饲料生产。耕地在优先满足粮食和食用农产品生产基础上，适度用于非食用农产品生产，对市场明显过剩的非食用农产品，要加以引导，防止无序发展。

《自然资源部、农业农村部、国家林业和草原局关于严格耕地用途管制有关问题的通知》(自然资发〔2021〕166号)进一步规定，一般耕地主要用于粮食和棉、油、糖、蔬菜等农产品及饲草饲料生产；在不破坏耕地耕作层且不造成耕地地类改变的前提下，可以适度种植其他农作物。

15. 一般耕地用途管制要做到"五不得"是指哪些？

(1) 不得在一般耕地上挖湖造景、种植草皮。

(2) 不得在国家批准的生态退耕规划和计划外擅自扩大退耕还林还草还湿还湖规模。

(3) 不得违规超标准在铁路、公路等用地红线外，以及河渠两侧、水库周边占用一般耕地种树建设绿化带。

(4) 未经批准不得占用一般耕地实施国土绿化。

(5) 未经批准工商企业等社会资本不得将通过流转获得土地经营权的一般耕地转为林地、园地等其他农用地。

16. 什么叫做耕地耕作层？

《耕作层土壤剥离利用技术规范》(TD/T 1048—2016)定义：经耕种熟化的表土层。该层土作物根系最为密集，养分含量较丰富，粒状、团粒状或碎块状结构。耕作层的厚度一般为 12 cm～30 cm。

17. 耕作层保护的意义？

按照耕作层的定义，耕作层是耕地精华、农业生产物质基础、粮食生产之本。有研究表明，自然形成1厘米厚土壤需要200年，1厘米厚耕作层土壤需要200～400年。耕作层是巨大的财富。土壤蕴含大量生物种子，是生物多样性种子库。耕作层土壤剥离利用也是保护生物多样性。

《中共中央、国务院关于加强耕地保护和改进占补平衡的意见》指出，要全面推进建设占用耕地耕作层土壤剥离再利用。

18. 国家对耕地"非粮化"有哪些要求？

《国务院办公厅关于防止耕地"非粮化"稳定粮食生产的意见》(国办发〔2020〕44号)指出，对耕地实行特殊保护和用途管制，严格控制耕地转为林地、园地等其他类型农用地；不得擅自调整粮食生产功能区；不得违规在粮食生产功能区内建设种植和养殖设施；不得违规将粮食生产功能区纳入退耕还林还草范围；不得在粮食生产功能区内超标准建设农田林网。

19. 什么叫耕地"进出平衡"？

除国家安排的生态退耕、自然灾害损毁难以复耕、河湖水面自然扩大造成耕地永久淹没外，耕地转为林地、草地、园地等其他农用地及农业设施建设用地的，应当通过统筹将林地、草地、园地等其他农用地及农业设施建设用地整治为耕地等方式，补足同等数量、质量的可以长期稳定利用的耕地。

20. "进出平衡"有哪些严格要求？

《自然资源部关于在经济发展用地要素保障工作中严守底线的通知》（自然资发〔2023〕90号）规定，要稳妥有序落实耕地进出平衡。严格控制耕地转为林地、园地、草地等其他农用地，农业结构调整等确需转变耕地用途的，严格落实年度耕地进出平衡。水库淹没区占用耕地的，用地报批前应当先行落实耕地进出平衡；严禁脱离实际、不顾农业生产条件和生态环境强行将陡坡耕地调入；严禁不顾果树处于盛果期、林木处于生长期、鱼塘处于收获季等客观实际，强行拔苗砍树、填坑平塘；严禁只强调账面上落实耕地进出平衡，不顾后期耕作利用情况，造成耕地再次流失。

21. "进出平衡"和"占补平衡"的区别？

《中华人民共和国土地管理法》规定，国家编制土地利用总体规划，规定土地用途，将土地分为农用地、建设用地和未利用地。农用地是指直接用于农业生产的土地，包括耕地、林地、草地、农田水利用地、养殖水面等。

"进出平衡"是在农用地的内部，将耕地转为林地、草地、农田水利用地、养殖水面等其他农用地的，需要从耕地以外的其他非耕地的农用地中，通过整治，补足同等数量、质量的可以长期稳定利用的耕地。

"占补平衡"是指非农建筑经批准占用耕地，需要按照"占多少，垦多少"的原则，通过土地开垦、土地整治等方式，补充数量和质量相当的耕地。

两者，一个是在法律规定的土地规划用途的同一个大类内"进出"调整，另一个则是在土地规划用途的两个大类之间"占补"平衡。共同的目的是保证耕地数量不减少、质量不降低。

22. 什么叫闲置、荒芜耕地？

根据《土地管理法》第三十八条规定，禁止任何单位和个人闲置、荒芜耕地。

《基本农田保护条例》第十八条第二款规定，承包经营基本农田的单位或者个人连续两年弃耕抛荒的，原发包单位应当终止承包合同，收回发包的基本农田。

所以不能闲置耕地，这是违反法律规定的。

23. 什么是"田长制"？

《自然资源部办公厅关于完善早发现早制止严查处工作机制的意见》（自然资办发〔2021〕33号）提出了"田长制"：是指以行政村为耕地保护网格单元，将耕地保护任务逐级落实到责任人、责任地块，逐级设置田长，实行县、乡、村三级联动的全覆盖耕地保护网格化监管。

第二节 案例解析

耕地是粮食生产的命根子,我国的人均耕地面积仅是全球平均数的1/3左右,而且根据相关调查显示,我国的耕地面积还在持续减少,耕地非粮化现象突出。《国务院办公厅关于防止耕地"非粮化"稳定粮食生产的意见》(国办发〔2020〕44号)指出,一些地方把农业结构调整简单理解为压减粮食生产,一些经营主体违规在永久基本农田上种树挖塘,一些工商资本大规模流转耕地改种非粮作物等,这些问题如果任其发展,将影响国家粮食安全。

占耕地用于非农非粮的案例有农民自发的,也有政府投资的,还有社会资本投入的(属于地方政府招商引资项目)。

案例 1

一条省道跨越了两个市辖区。其中一个区,将省道建成了"入户门",省道两侧15米内的耕地都栽上了花和树,景色很美。另一个区段,因为文件下发后,无法进行此类建设,区党委政府认为形象"不佳",要求交通部门和自然资源部门共同努力,争取做到同等效果。针对此情况,应如何处理?

【解析】

自然资源部办公厅早在《自然资源部办公厅关于开展2021年违法违规占用耕地重点问题整治的通知》(自然资办函〔2021〕2206号)中就强调,党中央、国务院一直高度重视耕地保护工作。习近平总书记多次作出重要指示批示,指出要实行党政同责,从严查处各类违法违规占用耕地或改变耕地用途行为,遏制耕地"非农化"、严格管控"非粮化",对在耕地保护方面有令不行、有禁不止、失职渎职的,要严肃追究责任。

对违规在铁路、公路两侧用地范围外以及在河渠两侧、水库周边占用耕地及永久基本农田超标准(县、乡级道路不得超过3米,铁路、国道和省道不得超过5米)建设绿化带、绿色通道的,要整改恢复为耕地;对未经批准占用永久基本农田建设绿色通道的,要整改恢复为耕地。

其中属于2021年9月1日以后的,要依据《土地管理法实施条例》责令限期改正、严肃整改查处。

按照自然资源部的文件规定,本案中已建成的15米宽绿化带需要整改恢复为耕地。另一个区不得再去争取类似建设。

【延伸】

《国务院办公厅关于坚决制止耕地"非农化"行为的通知》(国办发明电〔2020〕24号)明确要求"严禁超标准建设绿色通道""禁止以城乡绿化建设等名义违法违规占用耕地"。

本案是"重形象轻民生"的典型案例。

土地管理是基本国策,保护耕地就是保护生命线,粮食安全涉及国家安全。地方党委政府本应当是粮食安全的守护者、是耕地保护的宣传人和推动者。

王某把原有的鱼塘扩大,占用并破坏了周边6.5亩基本农田。对此应如何处理?

【解析】

《土地管理法》第三十七条规定,禁止占用永久基本农田发展林果业和挖塘养鱼。

《自然资源部、农业农村部、国家林业和草原局关于严格耕地用途管制有关问题的通知》规定,严禁新增占用永久基本农田建设畜禽养殖设施、水产养殖设施和破坏耕作层的种植业设施。

《农村土地经营权流转管理办法》(农业农村部令2021年第1号)规定,禁止占用永久基本农田发展林果业和挖塘养鱼。

《最高人民法院关于审理破坏土地资源刑事案件具体应用法律若干问题的解释》(法释〔2000〕14号)规定,非法占用基本农田5亩以上的,将以非法占用耕地罪追究刑事责任。

本案中,王某占用6.5亩基本农田扩大鱼塘的行为,不仅违反了土地管理法规,而且触犯了刑法。自然资源主管部门应当按照土地管理法规对其进行行政处罚,并通过行刑衔接的程序,将案件移送司法部门处理。

【延伸】

本案中的原有鱼塘,按照法律规定,应该属于农用地中的养殖水面。利用原有的鱼塘和看护房、饲料库等辅助设施正常养鱼,是没有问题的,不违反法律法规的规定。

按照相关文件中"禁止占用永久基本农田发展林果业和挖塘养鱼""严禁新增占用永久基本农田建设畜禽养殖设施、水产养殖设施和破坏耕作层的种植业设施"的规定,新增鱼塘和设施是不可以的,而且未经批准占用基本农田超过5亩的,要被追究刑事责任。

周边的基本农田主要用于种植粮、棉、油、糖和蔬菜,而且应当以种植粮食为主。

《基本农田保护条例》规定,划定的基本农田保护区,由县级人民政府设立保护标志,予以公告。任何单位和个人不得破坏或者擅自改变基本农田保护区的保护标志。

这要求地方政府应当设置包括耕地用途、田亩范围及宣传口号的标志牌,时刻提醒周边群众,宣传保护基本农田的意义,不能随便、擅自改变其用途。

邰某家六口人,承包了4亩耕地,后被划入基本农田。邰某夫妻长期在外地打工,留下父母和两个孩子在家。因父母年纪大了,实在种不了地,于是,邰某和妻子利用春节放假时间,在承包地里栽上了泡桐、杨树等树苗,现在树木已基本成材,该如何处理此事?

【解析】

1.《农村土地承包法》第十七条规定,承包方依法享有承包地使用、收益的权利,有权自主组织生产经营和处置产品。

2.《土地管理法》第三十七条规定,禁止占用永久基本农田发展林果业和挖塘养鱼。

3.《土地管理法实施条例》第十二条规定,严格控制耕地转为林地、草地、园地等其他农用地。

4.《基本农田保护条例》第十七条规定,禁止任何单位和个人占用基本农田发展林果业和挖塘养鱼。

5.《国务院办公厅关于科学绿化的指导意见》(国办发〔2021〕19号)规定,严禁违规占用耕地绿化造林,确需占用的,必须依法依规严格履行审批手续。

6.《国务院办公厅关于防止耕地"非粮化"稳定粮食生产的意见》(国办发〔2020〕44号)规定,要坚决遏制住耕地"非粮化"增量,同时对存量问题摸清情况,从实际出发,分类稳妥处置,不搞"一刀切"。

7.《自然资源部、农业农村部、国家林业和草原局关于严格耕地用途管制有关问题的通知》(自然资发〔2021〕166号)规定,严禁占用永久基本农田种植苗木、草皮等用于绿化装饰以及其他破坏耕作层的植物。

8.《自然资源部关于在经济发展用地要素保障工作中严守底线的通知》(自然资发〔2023〕90号)规定,稳妥有序落实耕地进出平衡。严格控制耕地转为林地、园地、草地等其他农用地,农业结构调整等确需转变耕地用途的,严格落实年度耕地进出平衡。各地要综合考虑坡度、光热水土条件、农业生产配套设施情况、现状种植作物生长周期和市场经济状况、农民意愿、经济成本等因素,系统谋划农业结构调整、进出平衡的空间布局和时序安排,有计划、有节奏、分类别、分区域逐步推动耕地调入。耕地调入后,应通过农民个人或集体经济组织耕种、依法依规流转进行规模化经营等方式,提高耕地长期稳定利用的能力。要巩固退耕还林成果,严禁脱离实际、不顾农业生产条件和生态环境强行将陡坡耕地调入;严禁不顾果树处于盛果期、林木处于生长期、鱼塘处于收获季节等客观实际,强行拔苗砍树、填坑平塘。

本案也是典型案例,违法行为客观存在,是"一刀切"砍树,还是"严禁不顾林木处于生长期,强行拔苗砍树",或是"依法依规严格履行审批手续",这考验着执法机关对政策的理解和对现实状况的处理能力。

【延伸】

(一)重复规定太多,对应性不强。

从本案【解析】中列举的8个管理文件可以看出,就耕地、基本农田(永久基本农田)能否栽树问题,在法律、法规和文件中"严""禁"两字出现频率较高。这种反复强调说明保护耕地特别重要。

另外,法律、法规和文件的对应性不强,部门的自由裁量权在增加。因此相关主管部门在"事前""事中""事后"的监督管理上应该做到早发现、早制止、早处理。《自然资源部办公厅关于完善早发现早制止严查处工作机制的意见》(自然资办发〔2021〕33号)中,创造性地提出了"田长制"模式,实行县、乡、村三级联动的全覆盖耕地保护网格化监管,很有必要。

(二)法律的威力需明确且有效发挥

简单列举相关法律法规对类似案件的处理规定:

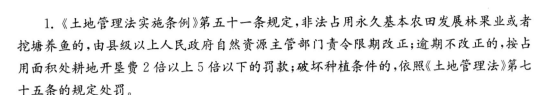

1. 《土地管理法实施条例》第五十一条规定,非法占用永久基本农田发展林果业或者挖塘养鱼的,由县级以上人民政府自然资源主管部门责令限期改正;逾期不改正的,按占用面积处耕地开垦费2倍以上5倍以下的罚款;破坏种植条件的,依照《土地管理法》第七十五条的规定处罚。

2. 《土地管理法》第七十五条规定,违反本法规定,破坏种植条件的,由县级以上人民政府自然资源主管部门、农业农村主管部门等按照职责责令限期改正或者治理,可以并处罚款;构成犯罪的,依法追究刑事责任。

3. 《农村土地承包法》第六十三条规定,承包方、土地经营权人违法将承包地用于非农建设的,由县级以上地方人民政府有关主管部门依法予以处罚;承包方给承包地造成永久性损害的,发包方有权制止,并有权要求赔偿由此造成的损失。

第六十四条规定,土地经营权人擅自改变土地的农业用途、给土地造成严重损害或者严重破坏土地生态环境,承包方在合理期限内不解除土地经营权流转合同的,发包方有权要求终止土地经营权流转合同。土地经营权人对土地和土地生态环境造成的损害应当予以赔偿。

4. 《基本农田保护条例》第三十三条规定,破坏基本农田,毁坏种植条件的,由县级以上人民政府土地行政主管部门责令改正或者治理,恢复原种植条件,处占用基本农田的耕地开垦费一倍以上二倍以下的罚款;构成犯罪的,依法追究刑事责任。

5. 《刑法》第三百四十二条规定,违反土地管理法规,非法占用耕地、林地等农用地,改变被占用土地用途,数量较大,造成耕地、林地等农用地大量毁坏的,处五年以下有期徒刑或者拘役,并处或者单处罚金。

6. 《最高人民法院关于审理破坏土地资源刑事案件具体应用法律若干问题的解释》(法释〔2000〕14号)第三条规定,违反土地管理法规,非法占用耕地改作他用,数量较大,造成耕地大量毁坏的,依照刑法第三百四十二条的规定,以非法占用耕地罪定罪处罚:

(1) 非法占用耕地"数量较大",是指非法占用基本农田五亩以上或者非法占用基本农田以外的耕地十亩以上。

(2) 非法占用耕地"造成耕地大量毁坏",是指行为人非法占用耕地建窑、建坟、建房、挖沙、采石、采矿、取土、堆放固体废弃物或者进行其他非农业建设,造成基本农田五亩以上或者基本农田以外的耕地十亩以上种植条件严重毁坏或者严重污染。

这些法律法规存在一定的重复和交叉,增加了执行难度。至于是否占用了耕地(基本农田)、是否毁坏(破坏)了种植条件,还要再进行相关程序认定(鉴定)。另外还有行刑衔接、案件移送等若干程序需要履行。

好的法律法规,应当清晰、易懂、便于执行。法律的执行,如果一直靠"司法解释"来补充,证明法律是不成熟、不细致的。

无论什么情况,对耕地,特别是基本农田的保护必须统一认识。因为农村劳动力的不足,对耕地(基本农田)"懒人懒种"的现象普遍存在。

据《中国新闻网》2021年8月26日报道,第二次全国国土调查(简称"二调")至第三次全国国土调查(简称"三调")的十年间,全国耕地地类减少了1.13亿亩,其中,耕地净流向林地达1.12亿亩。

因为林地和耕地要求的环境不同,耕地变为林地,不需要什么成本,但如果要把林地恢复为耕地,则需要付出相当大的经济和社会成本。

守住18亿亩耕地红线,自然资源部门责无旁贷,绝不能掉以轻心,必须坚持最严格的耕地保护制度。

案例 4

徐某某等人在浙江省杭州市萧山区新塘街道办事处涝湖村的基本农田上倾倒渣土,后在渣土上覆盖土层并播种植物,在相关部门组织"卫片督察回头看"时发现,这片农田上已经长出了青苗。此行为属于土地复垦吗?

【解析】

《基本农田保护条例》第十七条规定,禁止任何单位和个人在基本农田保护区内建窑、建房、建坟、挖砂、采石、采矿、取土、堆放固体废弃物或者进行其他破坏基本农田的活动。

《土地复垦条例》规定,土地复垦是指对生产建设活动中因挖损、塌陷、压占造成破坏、废弃的土地以及自然灾害造成破坏、废弃的土地,采取工程、生物等整治措施,使其达到可供利用状态的活动。

第十三条 土地复垦义务人应当在办理建设用地申请或者采矿权申请手续时,随有关报批材料报送土地复垦方案。

土地复垦义务人未编制土地复垦方案或者土地复垦方案不符合要求的,有批准权的人民政府不得批准建设用地。

本案纯属"堆放固体废弃物"破坏基本农田的行为,并且属于累犯,根本不属于土地复垦。同时还想通过"瞒天过海"的方式应付土地执法"卫片"检查,应当受到法律的严厉制裁。

【延伸】

1. 本案例来源于中央纪委国家监委网站。

据网站报道,此前,案中徐某某等人曾因"非法占用农用地罪"等罪被萧山区人民法院判处有期徒刑。徐某某等人多年来,一直在涝湖村有组织地实施非法占用农用地等违法犯罪活动,约有百余亩耕地遭到破坏。涝湖村委会因忌惮徐某某在村里的"实力",不想得罪他,仅以村委会的名义发了一张告知单后未采取进一步行动。

村委会的消极监管助长了徐某某的气焰。徐某某通过非法手段占用多块土地,靠倾倒淤泥、渣土、建筑垃圾以及平整出租等形式牟利,其行为没有得到有效约束、制止。甚至个别村民也加入倾倒生活垃圾的行列。

由于耕地保护不力,2021年11月,新塘街道9名党员干部被问责。

2. 2023年7月,中央纪委国家监委公开通报了成都市双流区怡心街道草坪社区未对绿地进行复垦的案例。该社区简单采取开挖草皮、移栽挂穗玉米等方式,应付式解决耕地"非农化"问题。成都市双流区规划、自然资源局、怡心街道、草坪社区负责人和其他相关责任人分别受到党纪政务处分和组织处理。

3.《自然资源管理工作中涉及地类有关问题解答》(自然资办函〔2023〕1804号)中针对有关耕地地类如何调查认定问题,作出如下解答:调查时,对新增耕地的认定更加严格,要求必须出土长苗。主要目的是防止出现新增耕地光开垦、推土、翻耕起垄,但不种植,甚至弄虚作假的问题,确保新增耕地名副其实。

4. 呼吁抓紧出台"田长制"土地管理模式,赋予村(居)委会一定的权力,及早发现并阻止违法行为,减少、减轻对耕地的破坏,实现县、乡、村三级联动的全覆盖耕地保护网格化监管。呼吁各级干部同志们扛起保护耕地的重担。

案例 5

山东省菏泽市曹县山东世纪佳禾绿化工程有限公司违规占用永久基本农田种植绿化装饰草皮,市县政府及相关部门监管不力、执法不严问题。

2021年6月,山东世纪佳禾绿化工程有限公司与曹县好兄弟农业服务有限公司签订租赁合同,从该公司手中转租其流转的菏泽市曹县青堌集镇刘集村土地868.65亩(永久基本农田809.18亩),违反国办发明电〔2020〕24号文件关于"禁止占用永久基本农田种植苗木、草皮等用于绿化装饰以及其他破坏耕作层的植物"的规定,进行绿化装饰草皮种植。

2023年6月督察发现,现状仍种植草皮470亩(全部为永久基本农田)。菏泽市和曹县政府耕地保护主体责任履行不到位。

《通报》结论:曹县农业农村部门、自然资源部门缺乏有效的监管措施,未及时发现并整改纠正该问题,监管责任落实不到位。曹县青堌集镇政府耕地保护责任落实不力,未及时有效进行制止纠正。

督察指出问题后,曹县青堌集镇政府组织对所有种植草皮地块进行了复垦复耕。

【解析】

1.《农村土地承包法》第十二条规定,县级以上地方人民政府农业农村、林业和草原等主管部门分别依照各自职责,负责本行政区域内农村土地承包经营及承包经营合同管理;乡(镇)人民政府负责本行政区域内农村土地承包经营及承包经营合同管理。

2.《基本农田保护条例》第六条规定,县级以上地方各级人民政府土地行政主管部门和农业行政主管部门按照本级人民政府规定的职责分工,依照本条例负责本行政区域内的基本农田保护管理工作;乡(镇)人民政府负责本行政区域内的基本农田保护管理工作。

3.《土地管理法实施条例》第十二条规定,国家对耕地实行特殊保护,严守耕地保护红线,严格控制耕地转为林地、草地、园地等其他农用地。耕地应当优先用于粮食和棉、油、糖、蔬菜等农产品生产。按照国家有关规定需要将耕地转为林地、草地、园地等其他农用地的,应当优先使用难以长期稳定利用的耕地。

4.《国务院办公厅关于坚决制止耕地"非农化"行为的通知》(国办发明电〔2020〕24号)规定,禁止占用永久基本农田种植苗木、草皮等用于绿化装饰以及其他破坏耕作层的植物。

5.《国务院办公厅关于防止耕地"非粮化"稳定粮食生产的意见》(国办发〔2020〕44

号)规定,各地区各部门要认真落实重要农产品保障战略,进一步优化区域布局和生产结构,实施最严格的耕地保护制度,科学合理利用耕地资源,防止耕地"非粮化",切实提高保障国家粮食安全和重要农产品有效供给水平。

要明确耕地利用优先序。对耕地实行特殊保护和用途管制,严格控制耕地转为林地、园地等其他类型农用地。永久基本农田是依法划定的优质耕地,要重点用于发展粮食生产,特别是保障稻谷、小麦、玉米三大谷物的种植面积。

本案是自然资源部2023年通报的典型案例,在国家三令五申的形势下,山东世纪佳禾绿化工程有限公司还租用永久基本农田种植草皮,属于顶风作案,性质恶劣。

【延伸】

《通报》中指出的问题,实际上也是基层自然资源主管部门应该思考的问题:

(1) 曹县农业农村部门、自然资源部门缺乏有效的监管措施,未及时发现并整改纠正该问题,监管责任落实不到位。

农业农村部门和自然资源部门都是新组建的,但是,总的来说,自然资源部门对于土地管理问题是"轻车熟路",而且权限从来没有旁落过,一直都在自然资源主管部门,应该很有经验。《通报》的"问罪"事项,自然资源主管部门应该承担主责。

(2) 机构改革后,自然资源主管部门派驻乡镇的"所"仍然存在,省以下垂直管理制度规定,即使这个"所"人事管理方面归于主管部门,工资待遇方面归于地方,但是派驻乡镇的"中心所"应当承担起监管职责。

(3) 在法律法规中,乡、镇政府的权力是"一带而过",没有细化,没有罚则,乡镇级政府很难处理问题,更何况村(居)委。法律法规规定的"人人都有权",是公民的一般权。最后处理事务的是依法行政权,职责分清,不该挨"板子"的,就不应该挨"板子"。

《基本农田保护条例》规定,县级以上地方人民政府应当建立基本农田保护监督检查制度,定期组织土地行政主管部门、农业行政主管部门以及其他有关部门对基本农田保护情况进行检查,将检查情况书面报告上一级人民政府。被检查的单位和个人应当如实提供有关情况和资料,不得拒绝。

如此大面积的基本农田被顶风作案者"非粮化",本案涉案的市、县政府及其主管部门是否按照法规规定对基本农田的保护情况进行了检查、是否将有关情况报告了上级,答案是肯定没有。

《自然资源部办公厅关于完善早发现早制止严查处工作机制的意见》(自然资办发〔2021〕33号)要求,各地要将党中央、国务院关于严格保护耕地的决策部署、农村乱占耕地建房"八不准"的要求和保障农村村民合理建房用地需求的政策措施等,普及到基层干部和普通群众,进一步强化全社会保护耕地的意识,坚决遏制耕地"非农化"、防止耕地"非粮化"。

菏泽市及曹县人民政府耕地保护主体责任履行不到位,曹县青堌集镇政府耕地保护责任落实不力、未及时有效进行制止纠正。市、县、镇三级人民政府被通报。

曹县农业农村部门、自然资源部门缺乏有效的监管措施,未及时发现并整改纠正该问题,监管责任落实不到位。两个负有主体责任的部门被通报。

同样是被通报的河北省廊坊市村民顶风违规占用永久基本农田种植绿化装饰草皮问题:廊坊市政府及霸州市、永清县政府耕地保护主体责任履行不到位;相关乡镇政府日常动态巡查不严,未能及时发现、制止种植草皮破坏耕地;霸州市、永清县农业农村部门未落实部门监管责任,未及时发现、制止违规流转土地种植绿化装饰草皮;霸州市、永清县自然资源部门日常监管不力、巡查不严。特别是基层干部向镇综合执法队报告了租地人种植草皮问题,但地方政府和有关部门仅口头通知整改,未有效督导整改进展,执法不严,导致问题一直没有整改到位。纪检监察机关对21名责任人进行了追责问责。

案例 6

本案例源于《自然资源部通报2023年督察执法发现的56个违法违规重大典型问题》。

四川省南充市高坪区锦湖乐园乡村旅游项目违法占用耕地和永久基本农田,自然资源部门卫片执法弄虚作假。

2020年4月至10月,南充市景元农业开发有限公司与南充市锦湖旅游开发有限公司合作,未经批准擅自占用南充市高坪区长乐镇灯高山村土地109亩(耕地73亩、永久基本农田22亩)开发锦湖乐园游乐项目,已建设游乐设施、绿化景观等占地92亩(耕地63亩、永久基本农田20亩),硬化道路占地17亩(耕地10亩、永久基本农田2亩)。

2021年7月,南充市高坪区自然资源和规划局在土地"卫片"执法中弄虚作假,涉及该项目的4个图斑中,2个分别填报为"实地未变化"和"应急避难场所",另2个填报为"违法"并向锦湖公司发出了《限期改正通知书》,截至2023年6月督察时项目仍在经营。

长乐镇政府对项目违法用地行为未报告、未制止;南充市高坪区自然资源和规划局监管不力,土地"卫片"填报弄虚作假;南充市自然资源和规划局审查不严。

督察指出问题后,高坪区政府组织对违法用地上修建的游乐设施进行了拆除,土地已复耕。

【解析】

1.《土地管理法》第八十四条规定,自然资源主管部门、农业农村主管部门工作人员玩忽职守、滥用职权、徇私舞弊,构成犯罪的,依法追究刑事责任;尚不构成犯罪的,依法给予处分。

2.《土地管理法实施条例》第六十五条规定,各级人民政府及自然资源主管部门、农业农村主管部门工作人员玩忽职守、滥用职权、徇私舞弊的,依法给予处分。

3.《违反土地管理规定行为处分办法》(监察部、人力资源和社会保障部、国土资源部令第15号)第十五条规定,行政机关及其公务员在办理农用地转用或者土地征收申报、报批等过程中,有谎报、瞒报用地位置、地类、面积等弄虚作假行为,造成不良后果的,对有关责任人员,给予记过或者记大过处分;情节较重的,给予降级或者撤职处分;情节严重的,给予开除处分。

本案是2023年自然资源部的通报案例,《通报》中,已经定性"南充市高坪区自然资源和规划局监管不力,土地卫片填报弄虚作假",对照《违反土地管理规定行为处分办法》,对相关责任人员应从严处理。

【延伸】

法律法规给了我们管理事务的权力,同时也要求我们忠诚于法律法规。有权利就有义务,我们没有理由去弄虚作假,应付检查,违背自己的职业道德。

纪检监察机关的"一案三查"(一查当事人的违纪违法责任,二查党组织的主体责任,三查纪检机构的监督责任)制度非常严格,相关主管部门和相关责任人应当依法履职,并且要恪尽职守。

通报中有提到:国家自然资源督察机构将对督察发现的问题整改情况持续跟踪督促。意味着整改及处罚必须落实到位。

从2023年自然资源部两次通报的十个"非粮化"典型案例中可以看出,自然资源部对地方自然资源主管部门用得最多的词语是"日常监管不力""巡查不严"和"制止不到位",虽然看似不重,以教育、警示为主。但是期望自然资源从业人员充分理解通报的含义,对照相关案件,举一反三,认真履职。

案例 7

子女都进城工作了,父母也随子女进城照顾孙子辈,农村承包的耕地和自留地以及宅基地上的房屋都无人过问和打理了,这种情况应如何处理?

【解析】

1.《土地管理法》第三十八条规定,禁止任何单位和个人闲置、荒芜耕地。

第六十二条规定,国家允许进城落户的农村村民依法自愿有偿退出宅基地。

2.《基本农田保护条例》第十八条规定,禁止任何单位和个人闲置、荒芜基本农田。承包经营基本农田的单位或者个人连续两年弃耕抛荒的,原发包单位应当终止承包合同,收回发包的基本农田。

3.《农村土地承包法》第九条规定,承包方承包土地后,享有土地承包经营权,可以自己经营,也可以保留土地承包权,流转其承包地的土地经营权,由他人经营。

第二十七条规定,国家保护进城农户的土地承包经营权。不得以退出土地承包经营权作为农户进城落户的条件。

承包期内,承包农户进城落户的,引导支持其按照自愿有偿原则依法在本集体经济组织内转让土地承包经营权或者将承包地交回发包方,也可以鼓励其流转土地经营权。

承包期内,承包方交回承包地或者发包方依法收回承包地时,承包方对其在承包地上投入而提高土地生产能力的,有权获得相应的补偿。

4.《土地管理法实施条例》第三十五条规定,国家允许进城落户的农村村民依法自愿有偿退出宅基地。

5.《中央农村工作领导小组办公室、农业农村部关于进一步加强农村宅基地管理的通知》(中农发〔2019〕11号)规定,鼓励村集体和农民盘活利用闲置宅基地和闲置住宅,通过自主经营、合作经营、委托经营等方式,依法依规发展农家乐、民宿、乡村旅游等。城镇居民、工商资本等租赁农房居住或开展经营的,要严格遵守合同法的规定,租赁合同的期限不得超过二十年。合同到期后,双方可以另行约定。在尊重农民意愿并符合规划的前提下,鼓励村集体积极稳妥开展闲置宅基地整治,整治出的土地优先用于满足农民新增宅基地需求、村庄建设和乡村产业发展。闲置宅基地盘活利用产生的土地增值收益要全部用于农业农村。在征得宅基地所有权人同意的前提下,鼓励农村村民在本集体经济组织内部向符合宅基地申请条件的农户转让宅基地。各地可探索通过制定宅基地转让示范合同等方式,引导规范转让行为。转让合同生效后,应及时办理宅基地使用权变更手续。对进城落户的农村村民,各地可以多渠道筹集资金,探索通过多种方式鼓励其自愿有偿退出宅基地。

本案涉及进城农民承包的耕地、自留地及宅基地的处置问题。

耕地、自留地属于农用地,宅基地属于建设用地,都属于集体所有。

按照法律法规,耕地不能闲置、荒芜;可以交回原发包方,获得相应的补偿;也可以保留土地承包权,流转土地经营权,由他人经营并从中受益。

对于闲置的宅基地和住宅的处置,可以自愿有偿退给村集体,也可以与他人合作经营;也可以经村集体同意后,连地带房一起转让给村集体内其他符合条件的村民。

【延伸】

闲置、荒芜(俗话说的撂荒)耕地的现象比较普遍,理由也有很多种。有的认为种粮食不划算而放弃;有的是年轻人外出务工,老人无力耕种;更多的是举家迁入了城镇,常年无人回村。

国家的法律法规和相关政策对进城落户农民在农村集体土地上的利益保护是很宽厚的,自愿有偿是基本原则。实际上,对于承包地和自留地的处置,交回是不符合中国农民传统观念的,所以保留承包权、流转经营权应该是最好的选择。长时间没人居住的房屋容易破败,且农村建房的规定越来越严格,宅基地及住宅最好一次性转让给本村符合条件的村民,这样既可以节约集体土地,也可以让村民有空时回到农村找回一点记忆。

案例 8

本案例源于《自然资源部通报2023年督察执法发现的56个违法违规重大典型问题》。

2022年5月,陕西省延安市黄龙县自然资源局审查同意大唐黄龙新能源有限责任公司占用黄龙县三岔镇孟家山村土地实施大唐黄龙三岔农光互补土地复合利用项目,备案面积1651.24亩。督察发现,该项目实际占地1830.46亩铺设光伏方阵,其中位于备案范围内784.08亩,超出备案范围违法占地1046.38亩,涉及耕地734.77亩(永久基本农田363.32亩),林地、园地及其他农用地等311.61亩。

黄龙县政府耕地保护主体责任落实不到位。黄龙县自然资源局对备案光伏项目用地监管不力,对企业违法占地行为未及时制止查处。三岔镇政府协助企业在备案范围外流转耕地及永久基本农田用于光伏方阵建设,履行耕地和永久基本农田保护责任不到位。

【解析】

1.《国土资源部、发展改革委、科技部、工业和信息化部、住房城乡建设部、商务部关于支持新产业新业态发展促进大众创业万众创新用地的意见》（国土资规〔2015〕5号）要求，光伏、风力发电等项目使用戈壁、荒漠、荒草地等未利用土地的，对不占压土地、不改变地表形态的用地部分，可按原地类认定，不改变土地用途。对项目永久性建筑用地部分，应依法按建设用地办理手续。对建设占用农用地的，所有用地部分均应按建设用地管理。

2.《国土资源部办公厅关于光伏发电用地有关事项的函》（国土资厅函2016〔1638〕号）要求，支持使用未利用地和存量建设用地发展光伏发电。对于之前已经使用农地建设的"农光结合""渔光一体"光伏发电项目，地方各级国土资源部主管部门应会同相关部门加强跟踪监测，发现新情况、新问题及时报部。

3.《国土资源部、国务院扶贫办、国家能源局关于支持光伏扶贫和规范光伏发电产业用地的意见》（国土资规〔2017〕8号）规定，光伏发电规划应符合土地利用总体规划等相关规划，可以利用未利用地的，不得占用农用地；可以利用劣地的，不得占用好地。禁止以任何方式占用永久基本农田，严禁在国家相关法律法规和规划明确禁止的区域发展光伏发电项目。

使用农用地的，所有用地均应当办理建设用地审批手续。新建、改建和扩建地面光伏发电站工程项目，按建设用地和未利用地管理的。

对于使用永久基本农田以外的耕地布设光伏方阵的情形，应当从严提出要求，除桩基用地外，严禁硬化地面、破坏耕作层，严禁抛荒、撂荒。

4.《国务院关于扎实稳住经济一揽子政策措施的通知》（国发〔2022〕12号）要求，加快推动以沙漠、戈壁、荒漠地区为重点的大型风电光伏基地建设。

5.《自然资源部办公厅、国家林业和草原局办公室、国家能源局综合司关于支持光伏发电产业发展规范用地管理有关工作的通知》（自然资办发〔2023〕12号）规定，鼓励在沙漠、戈壁、荒漠等区域选址建设大型光伏基地；新建、扩建光伏发电项目，一律不得占用永久基本农田、基本草原、Ⅰ级保护林地和东北内蒙古重点国有林区；光伏方阵用地不得占用耕地；不得采伐林木、割灌及破坏原有植被，不得将乔木林地、竹林地等采伐改造为灌木林地后架设光伏板。

从上述文件可以看出，国家一直是支持光伏发电产业发展的，但也一直"禁止以任何方式占用永久基本农田"。本案首先应当对大唐黄龙新能源有限责任公司违法占用耕地和基本农田的行为予以行政和刑事处罚，然后再依法追究监管部门的责任。

------【延伸】------

1.《基本农田保护条例》规定，县级以上地方各级人民政府土地行政主管部门和农业行政主管部门按照本级人民政府规定的职责分工，依照本条例负责本行政区域内的基本农田保护管理工作；乡（镇）人民政府负责本行政区域内的基本农田保护管理工作。

划定的基本农田保护区，由县级人民政府设立保护标志，予以公告，由县级人民政府土地行政主管部门建立档案，并抄送同级农业行政主管部门；破坏或者擅自改变基本农田保护区标志的，由县级以上地方人民政府土地行政主管部门或者农业行政主管部门责令恢复原状，可以处1000元以下罚款。

占用基本农田从事其他活动导致破坏基本农田、毁坏种植条件的，由县级以上人民政府土地行政主管部门责令改正或者治理,恢复原种植条件,处占用基本农田的耕地开垦费一倍以上二倍以下的罚款;构成犯罪的,依法追究刑事责任。

2.《土地管理法》规定:各级人民政府应当采取措施,制止非法占用土地的行为;乡(镇)人民政府应当将永久基本农田的位置、范围向社会公告,并设立保护标志。

对于耕地保护,特别是基本农田保护方面,乡镇级政府的权力究竟有多大?应如何行使权力?这些都是值得思考的问题。

3.《行政处罚法》规定,行政处罚由具有行政处罚权的行政机关在法定职权范围内实施;行政机关依照法律、法规或者规章的规定,可以在其法定权限内委托符合规定条件的组织实施行政处罚,受委托组织必须具有熟悉有关法律、法规、规章和业务的工作人员。

本案中,针对镇政府"履行耕地和永久基本农田保护责任不到位"问题,根据《土地管理法》的规定,镇政府"应当采取措施,制止非法占用土地的行为"。《基本农田保护条例》也规定"乡(镇)人民政府负责本行政区域内的基本农田保护管理工作"。但是,应采取何种措施制止非法占地行为、如何保护基本农田,法律法规没有说明。

国土空间规划管理是一项技术性很强的工作,涉及的法律法规和技术标准(规范)众多。设立基本农田保护标志相对简单,但是涉及行政许可、行政处罚类的案件,乡镇政府难以配齐相关专业人员,把权力下放到普通乡镇,值得进一步探讨。

2023年11月24日,最高人民法院、最高人民检察院发布的《行政公益诉讼典型案例》(法〔2023〕206号)中,有关河南省兰考县人民检察院诉三义寨乡人民政府不履行基本农田保护职责公益诉讼案,认为三义寨乡人民政府存在履行保护基本农田职责不到位的情形,判决责令三义寨政府在判决生效后三个月内督促某文化传媒公司完成复垦。

本案中,乡镇政府的管理能力和业务水平能否担当起土地管理相关的职责同样值得深思。

案例 9

2024年3月24日晚,央视《财经调查》栏目播出了关于湖北部分乡村的报道,曝光了一些基本农田被侵占,建起了光伏电站的情况,引发舆论关注。

央视财经报道指出,湖北省安陆市是全国商品粮基地、产粮大县。然而,该市木梓乡在2019年耗资800多万元建起高标准农田,自2021年起却被用来建设光伏电站。在产粮的农田里来回折腾,当地百姓既心酸又无奈;而项目批了建建了拆,企业也很无奈。

【解析】

2017年9月25日,国土资源部、国务院扶贫办、国家能源局印发的《关于支持光伏扶贫和规范光伏发电产业用地的意见》(国土资规〔2017〕8号)中规定,光伏发电站项目用地中按农用地、未利用地管理的,除桩基用地外,不得硬化地面、破坏耕作层,否则,应当依法办理建设用地审批手续,未办理审批手续的,按违法用地查处。对于布设后未能并网的光伏方阵,应由所在地能源主管部门清理。光伏方阵用地按农用地、未利用地管理的项目退出时,用地单位应恢复原状,未按规定恢复原状的,应由项目所在地能源主管部门责令整改。

本案中的项目,2021年才开始建设,明显不符合文件规定。

【延伸】

央视《财经调查》栏目曝光湖北问题之前,2023年9月15日,"自然资源部微信号"就报道了自然资源部集中公开约谈了2023年督察发现的违法违规问题突出的9个地市。其中,河北省石家庄市因光伏用地违法违规占用耕地总量达到4 520.84亩而被通报。

央视财经报道后,引发舆论的广泛关注,以下摘录部分媒体的热议题目和内容:

《主编有态度》在"高标准农田刚建成,旋即改建光伏电站,是折腾还是骗补?"中提到:前脚刚建成高标准农田,后脚就改建成光伏项目。这种"换装",是不是如网友猜测的那样,为了两次申领国家补贴呢?

《人民日报评论》在"高标准农田'种'光伏电站?奇葩操作当休矣"中提到:说到底还是当地干部政绩观错位、发展观走偏、责任心缺失。

光伏们在"央视'点名'光伏用地违规,企业:手续合法合规,问题出在哪?"中提到:最终,法院判决项目违规并非仅由投资商自身原因造成,政府应该承担赔偿责任。但是,这些项目最终还是被拆除,投资商在法院胜诉也难以拿到相关赔偿,甚至在诉讼期间相关地块已经调整至合规也未能挽回损失。

在近十年的发展过程中,光伏用地的土地类型、标准以及项目相关手续的办理都在不断变化,这导致了此前部分合法合规的项目被动成为"违规"项目。对于存量电站而言,用新规来判定既有项目已经成为当前光伏用地面临的最大风险之一,尤其是国土"二调"数据向"三调"数据转换的过程中,这一风险正在加剧。

光伏产业网官微在"千亩农田改建光伏电站上热搜,多地开始'翻旧账'"中提到:《关于支持光伏扶贫和规范光伏发电产业用地的意见》(国土资规〔2017〕8号)于2022年9月25日有效期届满,此后关于光伏复合项目如何用地一直处于政策不明的状态;《关于支持新产业新业态发展促进大众创业万众创新用地的意见》(国土资规〔2015〕5号)于2023年9月17日有效期届满;《关于光伏电站建设使用林地有关问题的通知》(林资发〔2015〕153号)则在"三调"取消"宜林地"分类后也存在适用性问题。

人民网在"农田里'长'出光伏电站,谁之过?"中提到:其实,当地百姓不只是心酸和无奈,恐怕还有愤怒。农田被侵占了,收入下降了,光伏项目发电带来的噪声"让人感觉特别焦躁",当地百姓当然不会开心。

新京报在"高标准农田变光伏电站,耕地保护岂能儿戏?"中提到:湖北省孝昌县自然资源和规划局花西国土资源所工作人员回应说,"通过县里找省里或者上级的关系,连片把基本农田调出来,把别的地方土地调成基本农田。"也就是,地方职能部门通过把基本农田和一般耕地互换,从而建设连片光伏阵列。

光明网时评频道栏目《龙之朱光明论》在"良田长出光伏电站,耕地保护不是一句空话"中提到:为何湖北这些地方如此来回折腾,居然能够一路绿灯占地建光伏站?梳理相关信息可知,当地占用基本农田建设光伏,有如下路径:

其一,通过层层施压,迫使农民出让土地承包经营权。据木梓乡村民反映,他们被占的都是好粮田,并不乐意出让土地,但架不住村里三番五次动员,只能同意。

其二,偷换概念,将基本农田置换成一般土地,再把一般土地说成基本农田。据报道,针对记者的疑问,安陆市国土资源部门工作人员一口咬定光伏项目占用的不是基本农田;孝昌县国土资源部门工作人员则透露,是县里找省里的关系,把光伏项目占用的基本农田调出来,再把别的地方土地调成基本农田。

其三,重新包装,把光伏项目包装成"农光互补"的光伏发电项目,骗取支持。据披露,建设了光伏项目的农田已不适合耕种,之前亩产稻谷一千四五百斤,现在一亩田只能收三百斤。所谓"农光互补"不过是一种障眼法,或许瞒不住当地的农民,但对于上级领导和主管部门往往有着很大的欺骗性。

看过上述报道,我们应当去思考:是由于文件的更迭、国土"二调""三调"数据转换,还是因地方政府的耕地频繁地"进出平衡"和"占补平衡"而造成如此恶劣的问题?

"进出平衡"和"占补平衡",是保证耕地数量不减少的重要手段,但这种可以调来调去的"进出平衡"和"占补平衡",实际上是企图采用加减法解决眼下问题,没有预测和控制。对现状问题只是应付,耕地的质量难以保证。

案例 10

经茂名市国土资源勘探测绘院测绘,在2013年至2016年间,高州宝光街道下汊村红荔桥至西镇河段下汊村委会、西镇村委会减少了298.16亩土地(含农用地263.73亩,其中耕地94.44亩),其中河道采砂许可证范围外减少的土地面积为224.42亩(含农用地192.44亩,其中耕地94.44亩)。

【解析】

《土地管理法》(2004年修正版)第三十六条规定,禁止占用耕地挖砂、采石、采矿、取土等。

第八十四条规定,土地行政主管部门的工作人员玩忽职守、滥用职权、徇私舞弊,构成犯罪的,依法追究刑事责任;尚不构成犯罪的,依法给予行政处分。

本案是因为河道采砂导致耕地受到破坏的案例,违反了当时的土地管理法规。相关责任人应当受到法律制裁。

【延伸】

这起案件不仅是因为不法分子非法采砂,还涉及有关部门和人员疏于监督管理,导致耕地被破坏。

事情发生后,非法采砂人员受到了严惩,作为国土监管部门的国土资源所的管理者也难逃责任。

一审、二审法院认为,本案中的凌某(国土资源所所长),身为国土资源主管部门派出机构的工作人员,负有对辖区内土地、矿产资源保护监管职责,但其未能正确履行日常监管职责,未能及时制止土地违法及非法采矿行为,致使辖区内临河土地被大量损毁,土地、矿产资源遭受严重破坏,其行为已构成玩忽职守罪,被判处有期徒刑一年四个月。(参见(2021)粤09刑终316号)。

守住耕地保护红线是国家最高层面的耕地保护制度,事关国家粮食安全基础,从事国土监管的部门和人员都必须承受巨大的压力和风险。即使造成土地损毁的原因不是单一的,是多部门行为监管不到位的共同结果,但国土监察巡查不到位也是主要原因。

前面的案例也讨论过,作为最接地气的、最靠近管理前沿的自然资源所,最清楚耕地(基本农田)的具体位置,最先知道一砖一瓦的建设、一草一木的变化和挖掘的每一锹土,责任重大,不可怠慢。

早在《国土资源部、农业部、关于进一步支持设施农业健康发展的通知》(国土资发〔2014〕127号)文件中,就要求县级国土资源部门和农业部门要依据职能加强日常执法巡查,对不符合规定要求开展设施建设和使用土地的,做到早发现、早制止、早报告、早查处。

《自然资源部办公厅关于完善早发现早制止严查处工作机制的意见》(自然资办发〔2021〕33号)文件中,首次提出推动建立"田长制",实行县、乡、村三级联动、全覆盖的耕地保护网格化监管,目的是强调"早"字。

案例11

四川省西昌市吴某破坏耕地案,本案例源于《自然资源部2023年督察执法发现的56个违法违规重大典型问题》。

2018年12月至2020年1月,吴某在未办理用地手续情况下,以改田换土为由,在西昌市月华乡某村的43.39亩永久基本农田上,利用机械取土后,以每立方米3元的价格出售。2020年3月,西昌市自然资源局立案调查,同月将涉嫌犯罪的案件线索移送西昌市公安局。

【解析】

《土地管理法》(2004年修正版)第三十六条和现行的《土地管理法》第三十七条规定,禁止占用耕地挖砂、采石、采矿、取土等。

本案中吴某的行为违反了新旧版《土地管理法》的规定。

【延伸】

在耕地上挖砂、采石、采矿、取土,都是严重破坏耕作土层和种植条件的行为,应当受到法律制裁。

本案涉案耕地,经地质工程公司鉴定,43.39亩永久基本农田耕作层受到重度破坏。此后,吴某使用优质土壤开展永久基本农田的恢复治理,经农业农村局勘察证明,43.39亩永久基本农田的土壤层已全部恢复。2021年3月,经二审审理,凉山彝族自治州中级人民法院判决吴某对毁坏的农用地恢复原状,并认定其犯非法占用农用地罪,判处有期徒刑一年四个月,并处罚金五万元。

即使以土地整治、改田换土为名,但持续一年多的机械取土和土方出售行为,村委会和派驻乡镇的自然资源所也应当有觉察和发现。

《土地管理法》第十一条规定,农民集体所有的土地依法属于村农民集体所有的,由村集体经济组织或者村民委员会经营、管理;已经分别属于村内两个以上农村集体经济组织的农民集体所有的,由村内各该农村集体经济组织或者村民小组经营、管理;已经属于乡(镇)农民集体所有的,由乡(镇)农村集体经济组织经营、管理。

第六十七条规定,县级以上人民政府自然资源主管部门对违反土地管理法律、法规的行为进行监督检查。

第六十八条规定,县级以上人民政府自然资源主管部门履行监督检查职责时,有权采取下列措施:进入被检查单位或者个人非法占用的土地现场进行勘测;责令非法占用土地的单位或者个人停止违反土地管理法律、法规的行为。

《中华人民共和国村民委员会组织法》第八条规定,村民委员会依照法律规定,管理本村属于村农民集体所有的土地和其他财产,引导村民合理利用自然资源,保护和改善生态环境。

第九条规定,村民委员会应当宣传宪法、法律、法规和国家的政策,教育和推动村民履行法律规定的义务、爱护公共财产,维护村民的合法权益。

如果及时发现、及时制止此类行为,不仅能有效保护耕地,而且能降低对社会造成的影响。

案例 12

肇庆市谭某违法破坏农用地开挖鱼塘案:

2020年6月,肇庆居民谭某在怀集县某镇占用土地开挖鱼塘,占用并破坏永久基本农田面积约8.2亩。

同月,当地自然资源局将涉嫌犯罪线索移交公安局。

同年11月,当地人民法院作出判决,判处谭某非法占用农用地罪,判处一年有期徒刑,缓刑二年,并处罚金1万元。截至目前,该用地已恢复原状。

【解析】

《土地管理法》第三十七条规定,禁止占用永久基本农田发展林果业和挖塘养鱼。

《基本农田保护条例》第十七条规定,禁止任何单位和个人占用基本农田发展林果业和挖塘养鱼。

【延伸】

挖个鱼塘,判刑一年,罚款一万。本案是媒体关注最多的破坏基本农田典型案例。

1. 按照最新政策要求,永久基本农田应重点用于粮食生产:

《国务院办公厅关于防止耕地"非粮化"稳定粮食生产的意见》(国办发〔2020〕44号)规定,永久基本农田是依法划定的优质耕地,要重点用于发展粮食生产,特别是保障稻谷、小麦、玉米三大谷物的种植面积。

2. 按照最新政策要求,永久基本农田上禁止以下行为:

《自然资源部、农业农村部、国家林业和草原局关于严格耕地用途管制有关问题的通知》(自然资发〔2021〕166号)规定,永久基本农田不得转为林地、草地、园地等其他农用地及农业设施建设用地。严禁占用永久基本农田发展林果业和挖塘养鱼;严禁占用永久基本农田种植苗木、草皮等用于绿化装饰以及其他破坏耕作层的植物;严禁占用永久基本农田挖湖造景、建设绿化带;严禁新增占用永久基本农田建设畜禽养殖设施、水产养殖设施和破坏耕作层的种植业设施。

3. 《土地管理法实施条例》第五十一条规定,非法占用永久基本农田发展林果业或者挖塘养鱼的,由县级以上人民政府自然资源主管部门责令限期改正;逾期不改正的,按占用面积处耕地开垦费2倍以上5倍以下的罚款;破坏种植条件的,依照《土地管理法》第七十五条的规定(由县级以上人民政府自然资源主管部门、农业农村主管部门等按照职责责令限期改正或者治理,可以并处罚款;构成犯罪的,依法追究刑事责任)处罚。

4. 《刑法》第三百四十二条规定,违反土地管理法规,非法占用耕地、林地等农用地,改变被占用土地用途,数量较大,造成耕地、林地等农用地大量毁坏的,处五年以下有期徒刑或者拘役,并处或者单处罚金。其中,"数量较大"是指非法占用基本农田5亩以上;"造成耕地大量毁坏"是指行为人非法占用耕地进行非农业建设,造成基本农田5亩以上种植条件严重毁坏或者严重污染。

《土地管理法》和《基本农田保护条例》都有规定,省、自治区、直辖市划定的基本农田应当占本行政区域内耕地总面积的80%以上。

基本农田是中国人民的"口粮田",大部分耕地都是基本农田,管制非常严格,对其保护不能大意。

《土地管理法》第三十四条规定,乡(镇)人民政府应当将永久基本农田的位置、范围向社会公告,并设立保护标志。这既是宣传基本农田保护的必要性举措,也是提醒群众基本农田的具体位置。

第三节 行政权力

机构改革后,对于耕地保护的"非粮化"管理权力,应该归属于农业农村部门,但是,在"非粮化"管理过程中,又涉及耕地的"进出平衡"、永久基本农田的特殊保护等事项,自然资源部门也有管理的权力。

在这个环节,除了农用地规划管理中的相关权力外,还有以下专有权:

(一) 基本农田保护区和永久基本农田的具体划定权

1. 权力来源

《土地管理法》第三十四条规定,永久基本农田划定以乡(镇)为单位进行,由县级人民政府自然资源主管部门会同同级农业农村主管部门组织实施。

《基本农田保护条例》第十一条规定,基本农田保护区以乡(镇)为单位划区定界,由县级人民政府土地行政主管部门会同同级农业行政主管部门组织实施。

2. 基本程序

《基本农田划定技术规程》(TD/T 1032—2011)规定,基本农田划定工作应当按照以下几个阶段进行:

(1) 准备阶段

土地利用总体规划批准后,应用土地利用现状调查成果,建立已有的基本农田划定成果与土地利用总体规划成果的对应关系。通过内业核实和实地勘察,查清规划确定的基本农田保护区内基本农田地块现状信息,确保规划确定的基本农田图、数、实地一致;结合农用地分等成果,核实基本农田质量等级信息;综合分析可划定基本农田的空间位置、地类、数量、质量等级等。

(2) 方案编制阶段

在初步调查和分析的基础上,拟定基本农田划定方案,包括:划定方案文本及说明;拟划定基本农田清单(含地块坐落、片(块)编号、地类、面积、质量等级信息等);涉及划定的相关图件;划定前、后的基本农田汇总表等。

同时,还要准备以下相关附件:划定地块的实地勘验报告;相关部门意见;县、乡级土地利用总体规划图、数据库、文本及说明;其他必要附件等。

(3) 方案论证阶段

对于基本农田划定方案,应从组织、经济、技术、公众接受程度等方面,进行可行性论证,征求村民意见,取得相关权益人同意,做好与相关方面的协调。经反复协调仍有异议的,应提交县级人民政府审定。

(4) 组织实施阶段

县级国土资源管理部门依照经审批通过的基本农田划定方案,根据划定的技术方法与技术要求开展划定工作,将基本农田落到具体地块,落实保护责任,及时设立统一规范的保护标志,编制、更新数据库、图件、表册等基本农田相关成果资料,填写基本农田划定平衡表。

(5) 成果验收阶段

基本农田划定成果验收采取业内审核与实地抽查相结合的方式,按规定进行自检、初检和验收。依据最新土地利用调查成果和土地利用总体规划,对划定地块进行对比分析并实地核实。

初检按照每个县(市、区)不低于新划入基本农田总面积 50% 的比例进行抽查;验收应按照不低于新划入基本农田总面积 15% 的比例进行实地抽查核实。

(6) 成果报备阶段

基本农田划定成果经验收合格后,由各级国土资源管理部门逐级备案。

备案内容:基本农田保护图、表、册,及相关工作报告等纸质资料;数据库等电子信息。

3. 综合

在这项行政职权以及后续的验收确认职权中,自然资源部门主要负责审核基本农田的数量和布局是否符合国土空间规划,并负责上传数据等工作。农业农村部门的工作重点则是落实耕地的地力指数、耕种的其他条件等质量问题是否满足划入基本农田的要求。

(二) 基本农田划区定界的验收确认权

1. 权力来源

《基本农田保护条例》第十一条规定,基本农田划区定界后,由省、自治区、直辖市人民政府组织土地行政主管部门和农业行政主管部门验收确认,或者由省、自治区人民政府授权设区的市、自治州人民政府组织土地行政主管部门和农业行政主管部门验收确认。

2. 基本程序

(1) 乡镇提出永久基本农田划区定界验收申请。

(2) 县级自然资源部门会同农业农村部门,对申报材料的内容是否符合国土空间规划(基本农田的数量和布局)、永久基本农田划区定界是否符合《基本农田划定技术规程》(TD/T 1032—2011)等进行验收初审,并提出初审意见。

(3) 按照规定上传相关资料和数据,逐级备案。

3. 综合

该职权属于行政权力中的行政确认事项,是依申请而作出的行政行为。

通过验收确认,保证永久基本农田的数量保护与质量保护相统一,实现数量长期稳定、质量逐步提高,这有利于维护农村土地承包经营权。

(三) 划定基本农田保护区的技术规程制定权

1. 权力来源

《基本农田保护条例》第十三条规定,划定基本农田保护区的技术规程,由国务院土地行政主管部门会同国务院农业行政主管部门制定。

2. 基本程序

原国土资源部已经根据法律法规的规定,参照相关技术规范和政策的要求,并按照国家规范(标准)规定的程序,制定了《基本农田划定技术规程》(TD/T 1032—2011)(简称《规程》)。

3. 综合

《规程》对基本农田划定(补划)的任务、原则、实施主体、技术方法、技术要求、流程、成果规范等作出了规定,适用于全国。

(四) 基本农田地力分等定级办法制定权

1. 权力来源

《基本农田保护条例》第二十条规定,县级人民政府应当根据当地实际情况制定基本农田地力分等定级办法,由农业农村部门会同自然资源部门组织实施,对基本农田地力分等定级,并建立档案。

2. 基本程序

《耕地质量调查监测与评价办法》(农业部令2016第2号)规定的相关程序是:

(1) 调查:耕地质量等级调查是为评价耕地质量等级情况而实施的调查。

新增耕地质量调查与占补平衡补充耕地质量评价工作同步开展。

(2) 监测:耕地质量监测是通过定点调查、田间试验、样品采集、分析化验、数据分析等工作,对耕地土壤理化性状、养分状况等质量变化开展的动态监测。

(3) 评价:耕地质量评价包括耕地质量等级评价、耕地质量监测评价、特定区域耕地质量评价、耕地质量特定指标评价、新增耕地质量评价和耕地质量应急调查评价。县级以上地方人民政府农业主管部门应当对新增耕地、占补平衡补充耕地开展耕地质量评价,并出具评价意见。

3. 综合

这项权力是国务院的行政法规授权县级人民政府的,并且由农业农村部门主导,自然资源部门配合。这项工作是针对耕地质量进行的。而《土地调查条例》(国务院令第518号)主要是针对土地的自然属性和土地权属,以及基本农田状况进行的调查、监测、统计、分析活动的规范。其中,基本农田现状及变化情况,特别是基本农田的数量、分布和保护状况是重点调查内容。

(五) 行政处罚权

内容在"国土空间规划执法监督"编中。

第三章 土地复垦与整理

土地复垦和土地整理是保障耕地数量不减少的重要手段,《土地管理法》规定,国家实行占用耕地补偿制度。非农业建设经批准占用耕地的,按照"占多少,垦多少"的原则,由占用耕地的单位负责开垦与所占用耕地的数量和质量相当的耕地。国家有关"占补平衡""城乡挂钩"等一系列文件,都与土地复垦和整理有关。

第一节 基本概念

1. 什么叫土地复垦?

《土地复垦条例》(国务院令第592号)规定,土地复垦,是指对生产建设活动和自然灾害损毁的土地,采取整治措施,使其达到可供利用状态的活动。

2. 土地复垦的目的是什么?

土地复垦的目的是落实十分珍惜土地、合理利用土地和切实保护耕地的基本国策,规范土地复垦活动,加强土地复垦管理,提高土地利用的社会效益、经济效益和生态效益。

3. 土地复垦的主体是怎么规定的?

生产建设活动损毁的土地,必须按照"谁损毁,谁复垦"的原则,由生产建设单位或者个人负责复垦(简称土地复垦义务人)。由于历史原因无法确定土地复垦义务人的生产建设活动以及自然灾害损毁的土地,由县级以上人民政府负责组织复垦。

4. 土地复垦的监管主体是谁?

县级以上地方人民政府自然资源主管部门负责本行政区域土地复垦的监督管理工作(含复垦方案审查、复垦标准、费用、期限、验收等)。

5. 临时用地复垦期限是多长?

临时用地使用人应当自临时用地期满之日起一年内完成土地复垦,因气候、灾害等不可抗力因素影响复垦的,经批准可以适当延长复垦期限。

6. 编制土地复垦方案有资质要求吗?

《土地复垦条例》第十一条规定,土地复垦义务人应当按照土地复垦标准和国务院国土资源主管部门的规定编制土地复垦方案。

7. 什么是占用耕地补偿制度?

占用耕地补偿制度是指非农业建设项目经批准占用耕地的,要按"占多少,补多少"的原则,由占用耕地的单位负责开垦与所占耕地数量和质量相当的耕地,没有条件开垦或开垦的耕地不符合要求的,应当按照省(自治区、直辖市)的规定缴纳耕地开垦费,专款用于开垦新的耕地。

8. 什么是土地整理？

土地整理亦称"土地整治""土地调整"或"土地重划",是实施土地利用规划的重要手段,指将零碎高低不平和不规整的土地或被破坏的土地加以整理,使人类在土地利用中不断建设土地和重新配置土地的过程。

简单说就是:将土地重新规划利用、调整用途,使土地利用效率、效益更高,更符合当地规划的各项目标所需。

9. 什么是土地开发？

土地开发是指在保护和改善生态环境、防止水土流失和土地荒漠化的前提下,采用工程、生物等措施,将荒草地、盐碱地、沼泽地、沙地、裸土地、裸岩等未利用土地资源开发成宜农地的活动。

10. 什么是城乡建设用地增减挂钩？

国土资源部发布的《城乡建设用地增减挂钩试点管理办法》(国土资发〔2008〕138号)规定,城乡建设用地增减挂钩,是指依据土地利用总体规划,将若干拟整理复垦为耕地的农村建设用地地块和拟用于城镇建设的地块等面积共同组成建新拆旧项目区,通过建新拆旧和土地整理复垦等措施,在保证项目区内各类土地面积平衡的基础上,最终实现增加耕地有效面积,提高耕地质量,节约集约利用建设用地,使城乡用地布局更合理的目标。

11. 什么是全域土地综合整治？

《自然资源部关于开展全域土地综合整治试点工作的通知》(自然资发〔2019〕194号)规定:全域土地综合整治是以科学规划为前提,以乡镇为基本实施单元,整体推进农用地整理、建设用地整理和乡村生态保护修复,优化生产、生活、生态空间格局,促进耕地保护和土地集约节约利用,改善农村人居环境,助推乡村全面振兴。

12. 增减挂钩与复垦政策的区别有哪些？

(1)复垦对象范围不同。

增减挂钩的对象是农村低效、闲置和废弃的建设用地,也包括工矿用地。复垦的对象则仅限于农村旧住宅、废弃宅基地、空心村以及其他被人为或者自然灾害破坏的农用地。

(2)操作方式不同。

增减挂钩要求建新区和拆旧区必须一一对应,整体审批,封闭运行,复垦土地类型与占用土地类型需一致,一次性实现耕地"占补平衡"。是一种异地挂钩行为。

复垦不需要异地挂钩建新区,主要解决就地复垦问题,不需要整体报批,这就解决了增减挂钩占用与复垦土地类型难以一致的问题。复垦指标可用于安排新增建设用地,耕地占补平衡另行落实。复垦为耕地的,另外按照开发补充耕地项目管理和报备,纳入补充耕地储备指标管理范畴。

(3)节余指标流转范围不同。

现行增减挂钩政策原则上拆旧和建新项目不得跨县(市、区)行政区域,即节余指标不得跨县区流转。

复垦指标是以公开交易方式在省内流转用于城镇建设。

（4）收益分配不同。

增减挂钩收益主要由政府掌握，统筹用于改善农民生活条件和支持农村集体发展生产，拆旧区的农民集体和农户仅获得一些拆迁补偿，所获收益不高，拆旧复垦积极性低。复垦指标交易75%净收益直接返给农民，增加了农民财产性收入，农民参与复垦积极性高。

13. 土地整理与土地复垦、土地开发有何区别？

土地整理是在现有农用地内部的调整，对田、水、路、林、村等实行综合整治，以增加有效耕地面积、提高耕地质量的行为。

土地复垦侧重于使因各种自然和人为因素造成破坏的草地、耕地、林地恢复到原先的地类。

土地开发侧重于将未利用地但宜农土地，开发成耕地或其他农用地。

14. 什么是高标准农田？

高标准农田是指土地平整、集中连片、设施完善、农田配套、土壤肥沃、生态良好、抗灾能力强，与现代农业生产和经营方式相适应的旱涝保收、高产稳产，划定为永久基本农田的耕地。

15. 什么是高标准农田建设？

《高标准基本农田建设标准》（TD/T 1033—2012）定义，高标准基本农田建设是以建设高标准基本农田为目标，依据土地利用总体规划和土地整治规划，在农村土地整治重点区域及重大工程建设区域、基本农田保护区、基本农田整备区等开展的土地整治活动。

第二节　案例解析

国土空间规划的土地共分三大类。为了解决"口粮"问题，耕地（永久基本农田）不能减少；为了解决发展问题，建设用地又在增加；矛头指向的是耕地以外的其他农用地和未利用地。因此，未利用地的开发、农用地的整理以及占用和毁坏土地的复垦，就成为相关权利人的义务。

案例1

1982年，张某在倒闭的养猪场集体土地上未经批准建了一座砖窑，进行黏土砖生产。1999年12月20日，张某与望洪村村委会签订了一份《集体荒地承包合同》，承包期限15年。

2003年4月29日，永宁县国土资源局、永宁县望洪乡人民政府向张某发出了《关于东和村砖窑生产用地规范管理的通知》，该通知第二项规定，现存砖窑主需提交生产经营用地计划申请，经相关部门审核批准后，凭国土资源局颁发的生产经营许可证方可从事生产经营,否则按非法用地处理;第四项规定了对未取得生产许可证的砖窑,按非法用地处理,限期予以拆除,并处以罚款。

2003年,张某未经相关部门批准对该砖窑进行了扩建。2003年7月17日,张某与永宁县国土资源局、望洪乡政府签订了《砖窑生产用地资源补偿管理费缴纳协议》,协议约定收取张某复垦保证金×元。

2007年2月8日、2008年7月10日,张某先后两次交纳了复垦保证金共计×元。

2009年4月3日,张某向永宁县国土资源局书面保证,在2009年6月1日前自行拆除他所经营的砖窑,但直至逾期,张某仍未履行。

2009年7月13日,永宁县国土资源局在履行了调查、询问、现场勘验、行政处罚告知、行政处罚听证等行政处罚程序后,根据《中华人民共和国土地管理法》第三十六条第二款和《宁夏回族自治区土地管理条例》第二十七条第一款的规定,对张某作出处罚决定(永国土行处字〔2009〕×号):一、责令退还非法占用的土地;二、责令张某在15日之内拆除在非法占用的土地上建筑的砖窑和其他设施,恢复土地原状。

2009年8月3日,张某提起诉讼,请求撤销该行政处罚决定并承担本案诉讼费。

【解析】

1. 原《村镇建房用地管理条例》(国发〔1982〕29号)第十七条规定,对兴办砖瓦厂的用地申请,应严格审批。砖瓦厂应充分利用不宜种植的土丘、山坡等地取土、不得占用耕地。确需占用少量耕地取土的,必须有恢复种植或用于其他生产的切实措施。

2.《土地管理法》(1986年修正版)第八条规定,集体所有的土地依照法律属于村农民集体所有,由村农业生产合作社等农业集体经济组织或者村民委员会经营、管理。

第三十九条规定,乡(镇)村企业建设需要使用土地的,必须持县级以上地方人民政府批准的设计任务书或者其他批准文件,向县级人民政府土地管理部门提出申请,按照省、自治区、直辖市规定的批准权限,由县级以上地方人民政府批准。

3.《土地管理法》(2004年修正版)第三十六条规定,禁止占用耕地建窑、建坟或者擅自在耕地上建房、挖砂、采石、采矿、取土等。

4.《土地复垦规定》(国务院令第19号)第三条规定,本规定适用于因从事开采矿产资源、烧制砖瓦、燃煤发电等生产建设活动,造成土地破坏的企业和个人(以下简称企业和个人)。

第四条规定,土地复垦,实行"谁破坏、谁复垦"的原则。

第十三条规定,在生产建设过程中破坏的土地,可以由企业和个人自行复垦,也可以由其他有条件的单位和个人承包复垦。

承包复垦土地,应当以合同形式确定承、发包双方的权利和义务。土地复垦费用,应当根据土地被破坏程度、复垦标准和复垦工程量合理确定。

按照本案的时间节点和当时的法律法规规定,张某的行为应当受到行政处罚。

【延伸】

本案是二审终审的真实案例,判决结论是:永宁县国土资源局依法具有对本行政区域内的土地进行监督管理的职责。张某于1982年建砖窑,一直未经土地管理部门的审批,属于私自占用集体土地建窑,其行为违反了土地管理法的相关规定,应予以行政处罚。永宁县国土资源局与张某签订《砖窑生产用地资源补偿管理费缴纳协议》并收取了上述费用,该收费并不违反法律法规。且收取张某复垦保证金并不能认定上诉人建窑行为是合法的。

2009年4月3日,张某向永宁县国土资源局书面保证在2009年6月1日前自行拆除他所经营的砖窑,但逾期后张某未履行,是张某的过错。

2017年8月至2018年3月间,被告人鹿某宇等人在未取得采矿许可证的情况下,在江苏省徐州市贾汪区青山泉镇某处,以"土地复垦"为名组织他人以挖掘机采凿、炸药爆破等方式盗采建筑石料用灰岩矿,价值人民币1067万余元,被告人周某州等人明知是盗采的矿石,仍为牟利而予以收购。

徐州铁路运输法院支持检察机关指控的全部犯罪事实,对鹿某宇等6名非法采矿主犯分别判处四年三个月至三年不等的有期徒刑,对其他被告人分别判处一年六个月至七个月不等的有期徒刑。同时,对12名被告人分别处以30万元至5万元不等的罚金。

【解析】

1.《土地管理法》(2004年修正版)第三十六条规定,禁止占用耕地建窑、建坟或者擅自在耕地上建房、挖砂、采石、采矿、取土等。

2.《中华人民共和国矿产资源法》(以下简称《矿产资源法》)第三十九条规定,未取得采矿许可证擅自采矿的,责令停止开采、赔偿损失,没收采出的矿产品和违法所得,可以并处罚款;拒不停止开采,造成矿产资源破坏的,依照刑法有关规定对直接责任人员追究刑事责任。

3.《土地复垦条例》第二十五条规定,政府投资进行复垦的,负责组织实施土地复垦项目的国土资源主管部门应当组织编制土地复垦项目设计书,明确复垦项目的位置、面积、目标任务、工程规划设计、实施进度及完成期限等。

土地权利人自行复垦或者社会投资进行复垦的,土地权利人或者投资单位、个人应当组织编制土地复垦项目设计书,并报负责组织实施土地复垦项目的国土资源主管部门审查同意后实施。

第二十七条规定,土地复垦项目的施工单位应当按照土地复垦项目设计书进行复垦。负责组织实施土地复垦项目的国土资源主管部门应当健全项目管理制度,加强项目实施中的指导、管理和监督。

【延伸】

本案起初是鹿某宇等人从政府部门承揽土地复垦工程,结果变成了非法采矿,对原有土地造成更加严重的破坏。

历时半年多,法规规定的土地复垦项目设计书是否通过审查、自然资源主管部门是否健全了项目管理制度并加强了项目实施中的指导、管理和监督,都不得而知。

《土地复垦条例》第三十六条规定,负有土地复垦监督管理职责的部门及其工作人员有下列行为之一的,对直接负责的主管人员和其他直接责任人员,依法给予处分;直接负责的主管人员和其他直接责任人员构成犯罪的,依法追究刑事责任:

(1) 违反本条例规定批准建设用地或者批准采矿许可证及采矿许可证的延续、变更、注销的;

(2) 截留、挤占、挪用土地复垦费的;

(3) 在土地复垦验收中弄虚作假的;

(4) 不依法履行监督管理职责或者对发现的违反本条例的行为不依法查处的;

(5) 在审查土地复垦方案、实施土地复垦项目、组织土地复垦验收以及实施监督检查过程中,索取、收受他人财物或者谋取其他利益的;

(6) 其他徇私舞弊、滥用职权、玩忽职守行为。

1997年10月27日,海南省万宁市(县级市)政府责令采钛人停止采挖并撤离现场后,万宁市东澳镇政府未设界桩和危险标志,未履行复垦义务,也未责令采矿人进行复垦,导致积水成塘的钛窟一直处于危险状态。直到1998年5月1日,五位女孩溺水死亡后,才开始填复钛窟。

东澳镇政府称,填复费是由市政府牵头,市环资局定价,委托镇政府收取的。由于镇政府收取填复费的面积只有3.3亩,所以只负责3.3亩范围的填复,五位女孩溺水死亡的地点不属于镇政府所填复的范围。事故的原因是市环资局不制止非法越界采钛行为所致。事故发生时的钛窟面积约40亩,故非法越界开采者和万宁市环资局应承担主要责任。

万宁市环资局称,东澳镇政府对每位采钛者收取3 000元复垦费,其复垦义务并不限于3.3亩钛区,故其应承担主要责任。依据《中华人民共和国矿产资源法实施细则》之规定,采矿人负有土地复垦义务,故所有参加采矿的人与东澳镇政府应共同承担赔偿责任,环资局不应承担责任。

【解析】

1. 《土地管理法》(1986年修正版)第五条规定,乡级人民政府负责本行政区域内的土地管理工作。

第十八条规定,采矿、取土后能够复垦的土地,用地单位或者个人应当负责复垦,恢复利用。

2. 《土地复垦规定》(国务院令第19号)第四条规定,土地复垦,实行"谁破坏、谁复垦"的原则。

第六条规定,各级人民政府土地管理部门负责管理、监督检查本行政区域的土地复垦工作。

【延伸】

本案是一起因采矿后土地未及时复垦导致多人死亡事故而引发的赔偿诉讼案件。

涉案的东澳镇人民政府收取了填复（复垦）费，既没有主动复垦，也没有责令采矿人复垦。

涉案的万宁市环资局（土地管理职能部门）把土地复垦监管权力委托给乡镇以后，未履行监督、检查职责，在诉讼案件中仍然没认识到自身的责任。

2000年8月18日，海南省海南中级人民法院作出了民事判决书，判定东澳镇人民政府和万宁市环资局都负有民事赔偿责任。

案例4

2003年3月，薄某村村委会在得到有关信息后，召开村民代表大会及有地户会议，按照少数服从多数的原则，决定对本村部分集体土地（包含本案涉案土地）进行土地开发整理，并对地上附着物进行了一定的补偿。后在义和镇政府组织及河口国土局的规划与监管下，对薄某村的这部分土地进行了土地开发整理。在开发整理过程中，村民王某未因补偿问题提出异议，并将属于自己的部分枣树予以出售。2003年10月21日，东营市国土资源局对开发整理后的这部分土地进行了竣工验收，确认合格后纳入了土地储备库，并对此进行了易地占补。王某认为在这次土地开发整理中自己损失巨大，而补偿数额太低，多次到有关部门进行上访。2005年4月13日，王某以在土地开发整理中毁坏林木、林地的行为违法为由，将东营市河口区国土资源局、东营市河口区义和镇人民政府和村民委员会列为共同被告，向法院提起诉讼。

【解析】

《中华人民共和国土地管理法实施条例》（1999年版）第十八条规定，县、乡（镇）人民政府应当按照土地利用总体规划，组织农村集体经济组织制定土地整理方案，并组织实施。

地方各级人民政府应当采取措施，按照土地利用总体规划推进土地整理。土地整理新增耕地面积的百分之六十可以用作折抵建设占用耕地的补偿指标。

【延伸】

按照土地管理法规的规定，涉案的镇政府、国土资源局和村委会都是土地整理工作的实施主体，而且实施行为也符合规定。

有关土地整理涉及地块的地类认定问题，也符合《土地利用现状调查技术规程》以及该省的相关技术细则，涉案土地是集体所有的荒地，并非王某所说的林地。

最后，二审法院驳回了王某的上诉请求，维持一审法院的判决。

本案是王某因迁移树木补偿数额异议引发的纠纷，理应属于王某与村委会之间的民事纠纷，而王某却去追究行政机关在行政行为过程中容易忽视的细节问题。这种现象时常发生，对行政机关来说，这种现象时刻要求我们在作出行政行为时，必须有法可依。

案例5

2023年5月，一名来自河北衡水阜城县大白乡的网友通过人民网领导留言板反映，

"现在农村都在推行退林还耕政策,我们也都很配合。去年,我家有一块地上的树已被砍伐了,但是邻居家的树并未砍伐,村里给出的理由是,监控照片拍到的树伐掉,拍不到的不用伐。今年,监控又拍到了我家另一块地上的树,村里多次通知让伐掉。然而这块地是一块靠天吃饭的旱地,没水没电,无法灌溉。前些年为响应国家政策种植了这些树,这么多年刚刚长到碗口粗又让伐掉,甚是觉得可惜。最重要的是,即使把树伐掉,这块地也只能荒废了,因为根本种不活庄稼。望有关部门领导实地考察,看看到底需不需要伐树才能解决问题。"

【解析】

1.《自然资源部、国家林业和草原局关于以第三次全国国土调查成果为基础明确林地管理边界 规范林地管理的通知》(自然资发〔2023〕53号)文件规定:

(1)"三调"为林地,不属于上述情形而属于在农民依法承包经营的耕地上种树的,经地方各级自然资源主管部门与林草主管部门共同确认到图斑后,依据《土地管理法》《土地管理法实施条例》《国务院办公厅关于坚决制止耕地"非农化"行为的通知》(国办发明电〔2020〕24号)、《国务院办公厅关于防止耕地"非粮化"稳定粮食生产的意见》(国办发〔2020〕44号)和《自然资源部、农业农村部、国家林业和草原局关于严格耕地用途管制有关问题的通知》(自然资发〔2021〕166号)的相关要求,在尊重农民意愿的前提下,逐步恢复为耕地,林草主管部门无需办理林地审核审批、采伐等手续,不纳入林业监督执法。

(2)"三调"为耕地,实际属于国发明电〔1998〕8号印发以后发生的毁林开垦,已划入耕地保护红线的,按照耕地管理,产权归属及经营主体不变;没有划入耕地保护红线的,经地方各级自然资源主管部门与林草主管部门共同确认到图斑后,依法依规按照林地管理。

2. 衡水市委办于2023年6月22日回应称:"经调查,您反映的地块系永久基本农田耕地流出。阜城县有关单位已安排专人为您解读了相关政策,您已采取相应整改措施;针对您反映的此地块无法浇水问题,通过乡镇和村干部积极协调,该地块及周围约50亩耕地可以用邻村(小生庄)机井进行灌溉"。

【延伸】

从本案网友的清晰叙述,群众的简单需求,到当地有关部门的"含糊"回应,再到有关文件的"复杂"引用和"细致入微"的区别问题类型,始终没有得出这位"网友"又被拍到的另一块地上的树"该不该砍伐"的结论,倒是听出了"网友"所称"村里面给出的理由是监控照片拍到的树伐掉,拍不到不用伐""今年监控又拍到了我家另一块地的树,村里多次通知让伐掉""这么多年刚刚长到碗口粗又让伐掉,甚是觉得可惜"的无奈。

1. 群众反映的是响应"退林还耕政策",市委办的答复是"地块系永久基本农田耕地流出",这究竟是耕地还是林地?

耕地流入流出指的是耕地和非耕地之间的互相转换,有原来不是耕地的土地面积进入了耕地面积,也有原来的耕地面积流向非耕地使用范围,这是土地使用的统计方法和具体表现。有些土地,原来是撂荒地、宅基地等,经过整理成为耕地,属于耕地流入;而有些耕地因需要变成非耕地,就是耕地流出。

群众的"退林还耕",属于耕地流入,不宜种树;市委办的"耕地流出",不应砍树。

2. 2023年4月6日发布的《自然资源部、国家林业和草原局关于以第三次全国国土调查成果为基础明确林地管理边界、规范林地管理的通知》(自然资发〔2023〕53号)文件规定,国土"三调"数据和"三区三线"成果已于2022年9月30日正式启用,具有唯一性和权威性。

但是,文件中对是林地还是耕地问题,两次提到"经地方各级自然资源主管部门与林草主管部门共同确认到图斑"。究竟是以"三调"作为依据,还是以"地方各级自然资源主管部门与林草主管部门共同确认到图斑"作为依据,抑或以"卫片"作为依据?

本案中,"退耕还林"和"退林还耕"之间的转换,都属于农用地大概念中土地整理的范畴。

2023年6月13日发布的《自然资源部关于在经济发展用地要素保障工作中严守底线的通知》(自然资发〔2023〕90号)指出,严禁脱离实际、严禁不顾果树处于盛果期、林木处于生长期、鱼塘处于收获季等客观实际问题,强行拔苗砍树、填坑平塘;严禁只强调账面上落实耕地进出平衡,不顾后期耕作利用情况,造成耕地再次流失。

文件及时回应了广大农民和社会各界关切的问题。不仅对实施条件指明了方向,更是对"一刀切"的及时纠偏,需要各地严格落实。实施过程中,凡是涉及群众利益的,要及时听取群众呼声,切实解决群众的合理诉求,而不能直接采取"拔苗挖树""先砍再说"的方式。

案例6

"水稻上山"为何争议这么大?

【解析】

《自然资源部关于在经济发展用地要素保障工作中严守底线的通知》(自然资发〔2023〕90号)再次强调,禁止在25度以上陡坡地、重要水源地15度以上坡地开垦耕地。对于坡度大于15度的区域,原则上不得新立项实施补充耕地项目,根据农业生产需要和农民群众意愿确需开垦的,应经县级论证评估、省级复核认定具备稳定耕种条件后方可实施。

各地要综合考虑坡度、光热水土条件、农业生产配套设施情况、现状种植作物生长周期和市场经济状况、农民意愿、经济成本等因素,系统谋划农业结构调整。提高耕地长期稳定利用的能力。

【延伸】

为什么"水稻上山"会遭到如此热议,总结一下:

(1) 个别媒体有意炒作,不做全面宣传,以"标题党"吸人眼球。

(2) 各种"作秀",意在旅游而非粮食生产。如有关媒体报道的浙江绍兴上虞区岭南乡覆卮山景区梯田灯光秀、广西文化和旅游厅发布的龙胜各族自治县龙脊镇平安村的梳秧节等,都属于这种现象。

(3) 有些地方政府不顾水土条件、农业生产配套设施情况和耕作的难易程度,用工程建设的方式,来完成"额定"产出。有报道指出,这样的工程投资,平均需要19.6年每亩土地的产出才能收回成本。

引用监督体制内的结论语:

保护耕地关键在于认真落实,而不是账面上、数字上落实。有的地方不顾农业生产条件和生态环境,强行在不适合种植粮食的坡地上大搞短平快工程,在短期内就完成了上级安排的任务。有的不顾农民意愿,未征得农民或经营者同意就强制实施复垦复耕,甚至采取硬性摊派任务、规定时限、追责免职等极端方式,强行实施复垦复耕。这种简单粗暴、急于求成的做法,不仅是对群众合法权益的践踏,更是形式主义和官僚主义作祟。

案例 7

全域土地综合整治开展阶段验收和整体验收时,如何确定新增耕地和永久基本农田的面积?

【解析】

1.《自然资源部办公厅关于进一步加强补充耕地项目管理严格新增耕地核实认定的通知》(自然资办发〔2022〕36号)规定,项目竣工后,要制作项目区分辨率优于0.2米的高清正射影像图,按照国土变更调查技术规程,逐地块调查测量新增耕地位置、面积和利用状况;涉及田坎新增耕地的,必须对计划整治区域的田坎全部实测落图,不得以国土调查数据库中的田坎系数代替实测数据。

2.《自然资源部办公厅关于严守底线规范开展全域土地综合整治试点工作有关要求的通知》(自然资办发〔2023〕15号)规定,阶段验收和整体验收时,均应实测新增耕地和永久基本农田面积,并按相关规定严格把关,确保质量不降低。不得仅靠"图上作业"或以系数测算新增耕地和永久基本农田面积。

【延伸】

文件中强调对新增耕地和永久基本农田的面积要用"实测"的手段予以确定,目的是确保位置要准确、数字要精确。

《土地管理法》第二十八条规定,统计机构和自然资源主管部门共同发布的土地面积统计资料是各级人民政府编制土地利用总体规划的依据。

《自然资源部办公厅关于严守底线规范开展全域土地综合整治试点工作有关要求的通知》(自然资办发〔2023〕15号)文件要求,项目完成验收并经审核同意更新全国国土空间规划"一张图"数据后,方可作为规划管理和用地审批依据。永久基本农田调整完成后,要及时向社会公告,加强后期管护和政策宣传,接受社会监督。

自然资源系统使用卫星动态监测,手段是先进的,但精度不是最准确的,所以初始提供上图、上星的数据一定要精准,否则会"差之毫厘谬以千里",给后期督察和地方自然资源部门的工作带来不必要的麻烦。

不能因为需要完成目前的"进出平衡"和补划永久基本农田任务而弄虚作假,违反《自然资源部办公厅关于严守底线规范开展全域土地综合整治试点工作有关要求的通知》(自然资办发〔2023〕15号)文件中的"各派驻地方的国家自然资源督察局结合年度督察工作,加强对各地全域土地综合整治试点工作的抽查核查,对发现的重大问题向部报告,按程序及时通报,督促整改"规定。届时,问题将十分严重。

案例 8

庆云县某村民委员会未经依法批准,擅自在村集体耕地上挖沟 942 平方米取土。经举报,某县自然资源局依法对该村民委员会作出行政处罚决定:

(1) 限自收到本处罚决定书之日起 15 日内,改正新开沟 942 平方米的违法行为,将开挖的沟进行填土并恢复到原有状态;

(2) 处以耕地开垦费 1.1 倍的罚款,共计 32 571 元。同时,告知履行方式、期限和行政救济的权利。

因村委会在法定期限内未申请行政复议或提起行政诉讼,也未履行行政处罚决定,该县自然资源局向法院申请强制执行。

【解析】

《土地管理法》相关规定如下:

第七条规定,任何单位和个人都有遵守土地管理法律、法规的义务。

第十一条规定,农民集体所有的土地依法属于村农民集体所有的,由村集体经济组织或者村民委员会经营、管理。

第三十条规定,非农业建设经批准占用耕地的,按照"占多少,垦多少"的原则,由占用耕地的单位负责开垦与所占用耕地的数量和质量相当的耕地;没有条件开垦或者开垦的耕地不符合要求的,应当按照省、自治区、直辖市的规定缴纳耕地开垦费,专款用于开垦新的耕地。

第三十七条规定,禁止占用耕地建窑、建坟或者擅自在耕地上建房、挖砂、采石、采矿、取土等。

第七十五条规定,占用耕地建窑、建坟或者擅自在耕地上建房、挖砂、采石、采矿、取土等,由县级以上人民政府自然资源主管部门责令限期改正或者治理,可以并处罚款。

【延伸】

本案的裁判结果:法院认为,某县自然资源局依法享有对在耕地上取土的违法行为进行处罚的职权,本案事实清楚、证据确凿,适用法律、参照规范性文件正确。县自然资源局向法院申请强制执行行政处罚决定符合法律规定,予以准许。

耕地开垦费、土地复垦费和耕地修复费,是占用土地行为应该付出的费用,是法律法规规定的义务,不是行政处罚。

案涉的村委会作为农民集体所有土地的管理者,按照农事的需要开沟引水或排涝,无可厚非。但是为了取土而擅自在耕地上开沟,则是监守自盗,触犯了法律,对其作出罚款决定,属于行政处罚。

目前,村集体的收入和村民自治组织经济没有保障,村委会的工作事项还在不断加重,工作所需经费得不到保障。

本案所涉村委会对行政机关的处罚决定无动于衷,甚至需要通过法律的强制手段执行。行政机关申请人民法院强制执行符合法律法规规定。建议追究涉事相关单位和人员的责任(不排除移送案件)。从"严",方可"顺"。

按照法律法规的规定,村委会对土地管理事务的处理,一般都是辅助性工作,但最终责任都落在村委会头上。建议在国家、地方收取的各项费用中,按比例直接划转给涉地的村委会,以减轻负担。

案例 9

2019年,德州市某公司承建高速公路连接线工地项目,需要临时利用德州市德城区黄河涯镇某村民管理组涉及13户村民的农用土地。经协商,双方签订临时用地合同。2020年底,德州市某公司所建设的高速公路工程完工,并将耕地进行一定修复后交还。

因临时用地期间造成耕地板结、内涝并破坏了表层土壤,无法种植农作物。双方就此发生争议,13户村民向法院提起了诉讼。

【解析】

《土地复垦条例》(国务院令第592号)第十条规定,能源、交通、水利等基础设施建设和其他生产建设活动临时占用所损毁的土地,由土地复垦义务人负责复垦。

《土地管理法实施条例》第二十条规定,土地使用者应当自临时用地期满之日起一年内完成土地复垦,使其达到可供利用状态,其中占用耕地的应当恢复种植条件。

【延伸】

本案是因临时用地和土地复垦过程中行政管理的缺失造成的。

复垦义务人对临时占用的土地进行复垦,只是"将耕地进行一定修复后交还",不符合法规规定的"占用耕地的应当恢复种植条件"要求。

《土地复垦条例》第二十八条规定,土地复垦义务人按照土地复垦方案的要求完成土地复垦任务后,应当按照国务院国土资源主管部门的规定向所在地县级以上地方人民政府国土资源主管部门申请验收,接到申请的国土资源主管部门应当会同同级农业、林业、环境保护等有关部门进行验收。

如果占用前有复垦方案,复垦后有验收过程,也不至于造成"耕地板结、内涝并破坏了表层土壤,无法种植农作物"的后果,进而引起诉讼。

本案最后是通过法院调解,达成德州市某公司"赔偿土地修复费用20万元"的协议。

赔偿费用到位后,13户村民是否复垦土地目前不得而知,需要自然资源主管部门加强后续管理。

案例 10

为积极响应国家政策,致力于打造高标准农田建设,实现"引水上山"、山地种菜的战略部署,从而提高老百姓的收入,宁夏西海固山区开展梯田整改举动。数十台大型机器正在加紧作业,进行梯田合并、拓宽、加长等一系列农耕工作。然而,这些举动引起了群众不理解。

【解析】

1. 2021年9月6日,农业农村部印发《全国高标准农田建设规划(2021—2030年)》(简称《规划》),明确了高标准农田建设的田(田块整治)、土(土壤改良)、水(灌溉与排水)、路(田间道路)、林(农田防护和生态环保)、电(农田输配电)、技(科技服务)、管(管理利用)等八个方面的内容。

并要求综合考虑建设成本、物价波动、政府投入能力和多元筹资渠道等因素,逐步提高亩均投入水平,全国高标准农田建设亩均投资一般应逐步达到3 000元左右。

2. 《中共中央、国务院关于学习运用"千村示范、万村整治"工程经验有力有效推进乡村全面振兴的意见》(2024年中央一号文件)指出,优先把具备水利灌溉条件地区的耕地建成高标准农田;强化高标准农田建设全过程监管,确保建一块、成一块;鼓励农村集体经济组织、新型农业经营主体、农户等直接参与高标准农田建设管护。

3. 《高标准基本农田建设标准》(TD/T 1033—2012)规定,高标准农田是通过农村土地整治形成的集中连片、设施配套、高产稳产、生态良好、抗灾能力强、与现代农业生产和经营方式相适应的基本农田。包括经过整治后达到标准的原有基本农田和新划定的基本农田。

【延伸】

1. 《高标准基本农田建设标准》(简称《标准》)作为国家高标准农田建设的基本准则,对高标准农田建设与国家政策的符合度、水资源保障、耕作便利条件、基础设施配套以及群众意愿等基本条件作出了规定:

(1)符合国家法律、法规,符合国务院国土资源、农业、水利、环境保护等行政主管部门的相关规定,符合土地利用总体规划、土地整治规划等相关规划要求;

(2)水资源有保障,水质应符合《农田灌溉水质标准》的规定,土壤适合农作物生长,无潜在土壤污染和地质灾害;

(3)建设区域相对集中连片且耕作距离适中,耕作条件便利,适合机械化耕作;

(4)具备建设所必需的水利、交通、电力等骨干基础设施;

(5)地方政府重视程度高,当地农村集体经济组织和农民群众积极性高。

同时,该《标准》还对高标准农田建设的"限制区域"作出规定:

(1)水资源贫乏区域;

(2)水土流失易发区、沙化严重区等生态脆弱区域;

(3)历史遗留的挖损、塌陷、压占等造成土地严重损毁且难以恢复的区域;

(4)土壤污染严重的区域。

2. 《自然资源部办公厅关于进一步加强补充耕地项目管理严格新增耕地核实认定的通知》(自然资办发〔2022〕36号)要求,各地要依据土地整治及高标准农田建设等标准,结合实际采取土地清理平整、田块归并、客土回填、改良培肥等工程措施,根据需要修建灌排工程和田间道路等基础设施,切实增加耕地数量、提升耕地质量。

不管地方政府对《规划》和《标准》宣传得有多好,农民群众的看法和思考才是最朴素、最有用也是最符合"标准"的。

对照《标准》，本案所处区位不适宜建设高标准农田。如果强行推进，只会浪费国家资源，造成水土流失、环境破坏，甚至引发地质灾害等，达不到国家相关要求。再怎么解释，群众也不会满意的。

案例 11

开发区在建设时，往往在道路或者河道边留下边角地，而且是耕地。有的因为周边的农业设施被破坏，有的因为路边垃圾倾倒、河流冲刷，这些耕地长期无法耕种。虽然名义上仍为耕地，但实际上已是"占而不用"闲置、撂荒状态。如何处理这种情况？

【解析】

《土地管理法实施条例》第三条规定，国土空间规划应当细化落实国家发展规划提出的国土空间开发保护要求，统筹布局农业、生态、城镇等功能空间，划定落实永久基本农田、生态保护红线和城镇开发边界。

国土空间规划应当包括国土空间开发保护格局和规划用地布局、结构、用途管制要求等内容，明确耕地保有量、建设用地规模、禁止开垦的范围等要求，统筹基础设施和公共设施用地布局，综合利用地上地下空间，合理确定并严格控制新增建设用地规模，提高土地节约集约利用水平，保障土地的可持续利用。

《自然资源部关于在经济发展用地要素保障工作中严守底线的通知》（自然资发〔2023〕90号）要求，要盘活闲置土地和低效用地，充分挖掘存量土地潜力；通过用途合理转换、用地置换腾退等盘活利用。

《自然资源部办公厅关于严守底线规范开展全域土地综合整治试点工作有关要求的通知》（自然资办发〔2023〕15号）规定，原则上不得以土地综合整治的名义调整城镇开发边界。城镇开发边界范围内的耕地，以"开天窗"方式划为永久基本农田的，原则上应予以保留，充分发挥其生态和景观功能。对过于零星破碎、不便耕种、确需进行集中连片整治的，仍优先以"开天窗"方式保留，保持"开天窗"永久基本农田总面积不减少；确需调出、不再以"开天窗"方式保留的，必须确保城镇开发边界扩展倍数不增加。

补划的耕地应为可长期稳定利用的优质耕地，原则上不得超出原乡镇范围，乡镇范围内确实难以落实补划的，在县域范围内统筹安排。

【延伸】

在机构改革前，为了开发区建设用地的方整，确实出现了若干边角耕地的"漏征"现象。

为了达到"规划好每一寸土地"的目标，《土地管理法实施条例》提出了"细化落实""统筹布局"的要求，旨在提高土地节约集约利用水平，保障土地的可持续利用。自然资源部出台的相关文件指导各地在不突破"三区三线"的前提下，可以"通过用途合理转换"，达到高效使用土地。

土地对于人民群众和地方政府而言至关重要。在国土空间规划中已经保证了绿地指标的情况下，建议对以往"漏征"的边角耕地作为建设用地处理，而非简单的"复绿"。

第三节 行政权力

在土地复垦和土地整理过程中,自然资源管理部门的行政权力虽然有限,但却是保障耕地流入、保证耕地数量不减少、耕地质量不降低的重要手段。

(一) 土地复垦标准制定权

1. 权力来源

《土地复垦条例》(国务院令第592号)第六条规定,编制土地复垦方案、实施土地复垦工程、进行土地复垦验收等活动,应当遵守土地复垦国家标准;没有国家标准的,应当遵守土地复垦行业标准。

2. 基本程序

《土地复垦质量控制标准》《土地整治和高标准农田建设项目新增耕地核定技术要求(试行)》等与土地复垦、土地整治、高标准农田建设的行业标准相继出台。

3. 综合

《土地复垦质量控制标准》作为国家土地管理行业标准,对土地损毁类型与复垦类型的划分、损毁土地复垦质量要求、土地复垦质量指标体系、耕地(包括原地、林地、草地)等各类用地的复垦质量控制标准等各阶段的工作作出了规定,便于操作。

《土地整治和高标准农田建设项目新增耕地核定技术要求(试行)》对土地整治、高标准农田建设项目中新增耕地的核定方法、资料要求以及所需要的格式化表格做出了规定。

制定标准是为了统一全国范围内某事项的处理规则,需要严格执行。这项权利具有普遍约束力,且不可诉。

(二) 新开垦和整治耕地的验收权

1. 权力来源

《土地管理法》第三十二条规定,新开垦和整治的耕地由国务院自然资源主管部门会同农业农村主管部门验收。

《土地复垦条例》第二十八条规定,土地复垦义务人按照土地复垦方案的要求完成土地复垦任务后,应当按照国务院国土资源主管部门的规定向所在地县级以上地方人民政府国土资源主管部门申请验收,接到申请的国土资源主管部门应当会同同级农业、林业、环境保护等有关部门进行验收。

2. 基本程序

(1) 土地复垦义务人按照国务院国土资源主管部门的规定向所在地县级以上地方人民政府国土资源主管部门提出验收申请。

(2) 接到申请的国土资源主管部门会同同级农业、林业、环境保护等有关部门,并邀请有关专家进行现场踏勘,查验复垦后的土地是否符合土地复垦标准以及土地复垦方案的要求,核实复垦后的土地类型、面积和质量等情况,并将初步验收结果公告,听取相关权利人的意见。

(3) 负责组织实施土地复垦项目的国土资源主管部门应当按照国务院国土资源主管部门的规定向上级人民政府国土资源主管部门申请最终验收。

(4) 经验收合格的,向土地复垦义务人出具验收合格确认书;经验收不合格的,向土地复垦义务人出具书面整改意见,列明需要整改的事项,由土地复垦义务人整改完成后重新申请验收。

3. 综合

按照法律法规规定,验收权需要自然资源、农业农村、林业、生态环境等多部门协作行使,同时还要求相关专业的专家参与,从而使权力的行使更具说服力和科学性。

验收权是多部门参与的行政确认权,行政相对人是土地复垦义务人(含自然资源部门),具有可诉性。

(三) 土地复垦费用和土地复垦工程的监管权

1. 权力来源

《土地复垦条例》第十七条规定,土地复垦义务人应当于每年12月31日前向县级以上地方人民政府国土资源主管部门报告当年的土地损毁情况、土地复垦费用使用情况以及土地复垦工程实施情况。

县级以上地方人民政府国土资源主管部门应当加强对土地复垦义务人使用土地复垦费用和实施土地复垦工程的监督。

2. 基本程序

(1) 土地复垦义务人在向有批准权的人民政府申请办理建设用地、向有批准权的自然资源主管部门申请办理采矿权手续时,随有关报批材料报送包括土地复垦费用的安排、土地复垦工作计划与进度安排等内容的土地复垦方案。

(2) 土地复垦义务人于每年12月31日前向县级以上地方人民政府自然资源主管部门报告当年的土地损毁情况、土地复垦费用使用情况以及土地复垦工程实施情况。

(3)《土地复垦条例实施办法》(国土资源部令第56号令)第十六条规定,土地复垦义务人应当按照《土地复垦条例》第十五条规定的要求,与损毁土地所在地县级国土资源主管部门在双方约定的银行建立土地复垦费用专门账户,按照土地复垦方案确定的资金数额,在土地复垦费用专门账户中足额预存土地复垦费用。预存的土地复垦费用遵循"土地复垦义务人所有,国土资源主管部门监管,专户储存专款使用"的原则。

第四十四条规定,县级以上国土资源主管部门应当采取年度检查、专项核查、例行稽查、在线监管等形式,对本行政区域内的土地复垦活动进行监督检查,并可以采取下列措施:

① 要求被检查当事人如实反映情况和提供相关的文件、资料和电子数据;

② 要求被检查当事人就土地复垦有关问题做出说明;

③ 进入土地复垦现场进行勘查;

④ 责令被检查当事人停止违反条例的行为。

3. 综合

土地复垦费用是专户专存的、用于土地复垦的专项费用,包含复垦义务人在内的任何单位和个人不得截留、挤占、挪用。这是自然资源主管部门对土地复垦费用监督的主要事项。经批准的土地复垦方案中的土地复垦的质量要求和采取的措施以及土地复垦工作计划与进度,是自然资源主管部门对土地复垦工程监管的主要内容。从复垦方案的制定、工程实施的监管到复垦费用的支付,这项权力应当属于行政确认权,具有可诉性。

(四)行政处罚权

具体内容在"国土空间规划执法监督"编中介绍。

第三编 国土空间规划实施管理

　　国土空间规划实施管理主要是对城镇开发边界内外各类建设工程的规划管理。

　　土地，是一切建设项目的承载体，建设用地规划管理中包含建设项目的用地来源、建设项目所在宗地的容积率、绿地率、建筑密度、建筑高度、建筑退让、停车泊位要求、公共服务设施配建、市政基础设施建设以及城市设计和风貌管控等内容。

　　建设工程规划管理，是通过技术手段将建设用地规划管理阶段的各类指标、各项政策落实到建设用地上的具体操作过程。建设工程因其建设程序多、周期长、涉及政策多、相互关系复杂、使用功能多、使用群体广，特别是国人对建设工程的追求与热爱，所以在建设过程中出现各种奇、特、异的现象和问题是正常的。

　　确权登记是将建设用地、建设工程规划管理中的土地使用权、建筑物所有权等权利和实物，按照我国的政治制度和法律法规的要求，进行最终确认和登记的程序。

　　国土空间规划实施管理是行政机关的行政行为，主要是通过行政审批、行政许可、行政许可的变更与延续、行政处罚、行政强制以及行政确认和行政登记等行为来完成的。

　　尽管国土空间规划实施管理工作中出现的问题千奇百怪，各地管理的方式不一样，执行法律法规的力度有所不同，但我们一定要把握问题的实质，找到问题的根源，许多问题自然能够迎刃而解。

第一章

建设用地规划管理

建设用地是各项建设工程的载体,建设用地规划管理是国土空间规划管理的最初始行为,一切建设活动都涉及用地规划管理。

第一节 基本概念

1. 什么是土地管理?

土地管理是国家用来维护土地所有制,调整土地关系,合理组织土地利用,以及贯彻和执行国家在土地开发、利用、保护和改造等方面的政策,而采取的行政、经济、法律和工程技术的综合性措施。

2. 我国土地资源有哪些特点?

我国土地资源的基本特点是:

(1)土地总量大,人均占有量少;(2)山地多于平地,耕地比例小;(3)土地资源地区分布不均;(4)后备土地资源有限;(5)水土资源不平衡。

3. 什么是土地所有权?

土地所有权是指土地所有者依法对土地实行占有、使用、收益和处分的权利。

4. 土地所有权有哪几种类型?

根据《土地管理法》的规定,我国实行土地的社会主义公有制。土地社会主义公有制形式有两种:一种是全民所有制,即国家所有;另一种是劳动群众集体所有制,即集体所有。

5. 哪些土地属于全民所有土地即国家所有土地?

(1)城市市区的土地;

(2)农村和城市郊区中已经依法没收、征收、征购为国有的土地;

(3)国家依法征用的土地;

(4)依法不属于集体所有的林地、草地、荒地、滩涂及其他土地;

(5)农村集体经济组织全部成员转为城镇居民的,原属于其成员集体所有的土地;

(6)因国家组织移民、自然灾害等原因,农民成建制地迁移后不再使用的原属于迁移农民集体所有的土地。

6. 什么是集体所有土地?

集体所有土地简单来说就是由农民集体享有所有权的土地。农村和城市郊区的土地,除由法律规定属于国家所有的以外,属于农民集体所有。包括属于农民集体所有的建设用地、农用地和未利用地。宅基地、自留地、自留山等属于集体所有。

7. 什么是农用地转用制度?

农用地转用制度,又称农用地转为建设用地制度,是指将农用地按照国土空间规划和国家规定的批准权限报批后转变为建设用地的规定。这一制度是市场经济国家在控制建设用地增长、保护农用地尤其是耕地方面普遍采用的手段。《土地管理法实施条例》规定,在国土空间规划确定的城市和村庄、集镇建设用地范围内,为实施该规划而将农用地转为建设用地的,由市、县人民政府组织自然资源等部门拟订农用地转用方案,分批次报有批准权的人民政府批准。

8. 农用地转用的审批权限有哪些规定?

《国务院关于授权和委托用地审批权的决定》(国发〔2020〕4号)(简称《决定》)中规定,国务院授权和委托省级人民政府用地审批权。

(1)国务院授权各省、自治区、直辖市人民政府批准永久基本农田以外的农用地转为建设用地审批事项。相关内容如下:

① 按照《土地管理法》第四十四条第三款规定,对国务院批准土地利用总体规划的城市在建设用地规模范围内,按土地利用年度计划分批次将永久基本农田以外的农用地转为建设用地的,国务院授权各省、自治区、直辖市人民政府批准;

② 按照《土地管理法》第四十四条第四款规定,对在土地利用总体规划确定的城市和村庄、集镇建设用地规模范围外,将永久基本农田以外的农用地转为建设用地的,国务院授权各省、自治区、直辖市人民政府批准。

(2)国务院委托试点省、自治区、直辖市人民政府批准永久基本农田转为建设用地和土地征收审批事项,试点期限为一年。相关内容如下:

①《土地管理法》第四十四条第二款规定的永久基本农田转为建设用地审批事项;

②《土地管理法》第四十六条第一款规定的永久基本农田、永久基本农田以外的耕地超过三十五公顷的、其他土地超过七十公顷的土地征收审批事项。

(3)《决定》还规定,各省、自治区、直辖市人民政府不得将承接的用地审批权进一步授权或委托。

9. 什么是建设项目用地预审制度?

建设项目用地预审是指自然资源主管部门在建设项目审批、核准、备案阶段,依法对建设项目涉及的土地利用事项进行审查,并提出建设项目用地预审意见。建设项目用地预审制度的目的是保证国土空间规划的实施,充分发挥土地供应的宏观调控作用,控制建设用地总量。

10. 建设项目用地预审应当遵循什么原则?

(1)符合国土空间规划;(2)保护耕地,特别是基本农田;(3)合理和集约利用土地;(4)符合国家供地政策。

11. 什么是建设项目规划选址?

根据《城乡规划法》第三十六条的规定,为了保证城乡规划区内的建设工程的选址和布局符合城乡规划,城乡规划主管部门按国家规定,对需要有关部门进行批准或核准的或以划拨方式取得土地使用权的建设项目,提出用地范围和相关的规划要求。

前款之外的其他建设项目不需要申请选址意见书。

12. 建设项目规划选址应遵循哪些原则?

(1) 建设项目与城乡规划布局相协调;

(2) 建设项目与城市交通、通信、能源、市政、防灾规划的衔接协调;

(3) 建设项目配套的生活设施与城乡生活居住及公共设施规划的衔接与协调;

(4) 建设项目对于城市环境可能造成的污染影响,以及与城乡环境保护规划和风景名胜、文物古迹保护规划的协调。

13. 建设项目用地预审和规划选址的关系如何?

在机构改革前,建设项目的用地预审和规划选址分别属于土地管理和城乡规划两个范畴。

(1) 共同点是:① 在建设项目批准或者核准前,提出相关意见;② 合理和集约利用土地。

(2) 不同点是:① 规划选址是用地预审的前置;② 对耕地保护,特别是基本农田的保护方面,矛盾较为突出。

"多规合一"的机构改革后,特别是"三区三线"的确定,两项工作的目标一致,《土地管理法实施条例》第二十四条规定:建设项目批准、核准前或者备案前后,由自然资源主管部门对建设项目用地事项进行审查,提出建设项目用地预审意见。建设项目需要申请核发选址意见书的,应当合并办理建设项目用地预审与选址意见书,核发建设项目用地预审与选址意见书。

《自然资源部关于以"多规合一"为基础推进规划用地"多审合一、多证合一"改革的通知》(自然资规〔2019〕2号)对《土地管理法实施条例》进一步细化,并做出规定:

(1) 将建设项目选址意见书、建设项目用地预审意见合并,自然资源主管部门统一核发建设项目用地预审与选址意见书,不再单独核发建设项目选址意见书、建设项目用地预审意见。

(2) 涉及新增建设用地,用地预审权限在自然资源部的,建设单位向地方自然资源主管部门提出用地预审与选址申请,由地方自然资源主管部门受理;经省级自然资源主管部门报自然资源部通过用地预审后,地方自然资源主管部门向建设单位核发建设项目用地预审与选址意见书。用地预审权限在省级以下自然资源主管部门的,由省级自然资源主管部门确定建设项目用地预审与选址意见书办理的层级和权限。

(3) 使用已经依法批准的建设用地进行建设的项目,不再办理用地预审;需要办理规划选址的,由地方自然资源主管部门对规划选址情况进行审查,核发建设项目用地预审与选址意见书。

(4) 建设项目用地预审与选址意见书有效期为三年,自批准之日起计算。

14. 什么叫土地征收?

土地征收是国家为了社会公共利益的需要,将集体所有土地征为国有土地的强制手段。具有以下特征：

(1) 是政府行为，具有强制性；
(2) 征地必须按照法定程序进行；
(3) 必须依法对土地所有者进行补偿；
(4) 征地行为必须向社会公开，接受社会的监督；
(5) 征地后的土地性质和权属发生变更，由集体所有土地转变为国有土地。

15. 什么是征地补偿费？

征地补偿费是指国家建设征收土地时，因征地而需支付的补偿费用。征地的补偿费用包括土地补偿费、安置补助费及地上附着物和青苗补偿费。未到期的临时建筑，按重置价格的50%予以补偿，但不作安置依据。到期临时建筑不作补偿，不作安置依据。

16. 什么是土地使用权？

土地使用权是指使用人根据国家法律、文件、合同的规定，在法律允许的范围内，对国家和集体所有的土地享有占有、使用收益和部分处分的权利。土地使用权分国有土地使用权和集体土地使用权。

17. 什么是建设用地？

建设用地是指建造建筑物、构筑物的土地，包括城乡住宅和公共设施用地、工矿用地、交通水利设施用地、旅游用地、军事设施用地等。

18. 建设用地分几类？各是什么含义？

建设用地按用地性质一般分五类：商业用地、综合用地、住宅用地、工业用地和其他用地。

商服用地，是指该宗地块规划的用地性质是用于建设商业服务业用房屋，可细分为批发零售用地、住宿餐饮用地、商务金融用地、其他商服用地。

综合用地，是指不同用途的土地所构成的土地，即同一宗地包含两种或两种以上不同用途的土地，例如商业、居住综合用地，科研设计、办公综合用地等。

住宅用地，传统意义上的住宅用地，有两层意义：一是住宅建筑基底占地及其四周合理间距内的用地(含宅间绿地和宅间小路等)的总称。二是供人们日常生活居住的房基地(有独立院落的包括院落)。包括：城镇单一住宅用地，即城镇居民的普通住宅、公寓、别墅用地；城镇混合住宅用地，即城镇居民以居住为主的住宅与工业或商业等混合用地；农村宅基地，即农村村民居住的宅基地；空闲宅基地，即村庄内部的空闲旧宅基地及其他空闲土地等。

工业用地，是指独立设置的工厂、车间、手工业作坊、建筑安装的生产场地、排渣(灰)场地等用地。工业用地进一步细分为一类、二类、三类。

一类工业用地：对居住和公共设施等环境基本无干扰和污染的工业用地。如电子工业、缝纫工业、工艺品制造工业等用地。

二类工业用地：对居住和公共设施等环境有一定干扰和污染的工业用地。如食品工业、医药制造工业、纺织工业等用地。

三类工业用地：对居住和公共设施等环境有严重干扰和污染的工业用地。如采掘工业、冶金工业、大中型机械制造工业、化学工业、造纸工业、制革工业、建材工业等用地。

其他用地,是指规划范围内除居住区用地以外的各种用地,包括非直接为本区居民配建的道路用地、其他单位用地、保留的自然村或不可建设用地等。

19. 什么是宗地?

宗地是指土地权属界线封闭的地块或者空间。一般情况下,一宗地为一个权属单位;同一个土地使用者使用不相连接的若干地块时,则每一地块分别为一宗。以宗地为基本单位统一编号,叫宗地号,又称地号,其有四层含义,称为:区、带、片、宗,从大范围逐级体现其所在的地理位置。

20. 什么是城镇开发边界?

城镇开发边界,是指在国土空间规划中划定的城镇发展区域的边界。该界线既是国土空间规划的核心及关键组成部分,也是整个规划的基础。这个边界在一定时期内是为了控制城镇扩张、优化城镇布局和功能结构而设定的,通常以城镇的功能为主,包括城市、建制镇以及各类开发区等。

21. 什么是规划条件?

规划条件是自然资源主管部门依据详细规划,对建设项目所在宗地(地块)以及建设工程提出的引导和控制,依据规划进行建设的规定性和指导性意见。

规划条件强化了自然资源主管部门对国有土地使用和各项建设活动的引导和控制,有利于促进土地利用和各项建设工程符合规划所确定的发展目标和基本要求,从而为实现合理布局、节约集约土地和可持续发展提供保障。

规划条件一般含有强制性要求和引导性要求。强制性要求包括地块位置、用地性质,开发强度(建筑密度、建筑控制高度、容积率、绿地率等),主要交通出入口方位,停车场泊位及其他需要配置的基础设施和公共设施控制指标等。引导性要求包括人口容量、建筑形式与风格、历史文化保护和环境保护要求等。

规划条件是出让土地的出让公告、有偿使用合同、入市方案的组成部分,并要纳入国有建设用地划拨决定书或集体建设用地批准文件。

22. 什么是容积率?

容积率系指宗地(地块)内,地上总建筑面积计算值与总建设用地面积的商。地上总建筑面积计算值为建设用地内各栋建筑物地上建筑面积计算值之和;地下有经营性面积的,其经营面积不纳入计算容积率的建筑面积。

容积率表达的是具体"宗地"内单位土地面积上允许的建筑容量。宗地是地籍管理的基本单元,是地球表面一块有确定边界、有确定权属的土地,其面积不包括公用的道路、公共绿地、大型市政及公共设施用地等。容积率只有在指"宗地"容积率的情况下,才能反映土地的具体利用强度,宗地间才具有可比性。

23. 什么是建筑密度?

建筑密度是指宗地(地块)内,所有建筑的基底总面积与宗地面积之比(%),它可以反映出一定用地范围内的空地率和建筑密集程度。

24. 什么是绿地率?

绿地率是指宗地(地块)内,绿地面积与宗地面积之比(%)。

25. 什么是建筑控制高度？

建筑控制高度又称建筑限高，是指一定区域、宗地（地块）内，建筑物地面部分最大高度限制值。建筑高度对城市的风貌影响较大，同时对城市的交通和自然环境也会产生一定的影响，特别是高层、超高层建筑还对抗震、消防提出了更高的要求。

26. 什么是国有土地有偿使用制度？

土地有偿使用是在我国取得土地使用权的主要方式。国有土地有偿使用是指国家将一定时期内的土地使用权提供给单位和个人使用，而土地使用者一次或分年度向国家缴纳土地有偿使用费。

27. 国有土地有偿使用方式有哪些？

国有土地有偿使用方式主要有三种：

（1）国有土地使用权出让，指国家将一定年限内的土地使用权出让给土地使用者，由土地使用者一次性向国家支付土地使用权出让金和其他费用的行为。

国有土地使用权出让的方式主要包括招标、拍卖、挂牌和协议出让。出让是国有土地使用权有偿使用的主要方式。

（2）国有土地使用权租赁，是指国家将一定时期内的土地使用权让与土地使用者使用，由土地使用者按年度向国家缴纳租金的行为。

（3）国家以土地使用权作价出资（入股），是指国家以一定年期的国有土地使用权作价，作为出资投入改组后的新设企业，该土地使用权由新设企业持有。企业可以依照土地管理法律法规关于出让土地使用权的规定转让、出租、抵押所持有的土地使用权。土地使用权作价出资（入股）形成的国家股权，按照国有资产投资主体由有批准权的人民政府委托有资格的国有股权持股单位统一持有。这种方式在国有企业改制改组中采用较多。

《土地管理法》第五十四条、第五十五条明确规定，建设单位使用国有土地，应当以出让等有偿使用方式取得。以出让等有偿使用方式取得国有土地使用权的建设单位，按照国务院规定的标准和办法，缴纳土地使用权出让金等土地有偿使用费和其他费用后，方可使用土地。

28. 国有土地使用权取得方式有哪些？

土地使用权取得有划拨与出让两种方式。

（1）划拨

根据《划拨土地使用权管理暂行办法》第二条规定：划拨土地使用权，是指土地使用者通过除出让土地使用权以外的其他各种方式依法取得的国有土地使用权。

《中华人民共和国城市房地产管理法》（简称《城市房地产管理法》）第二十三条对划拨土地使用权的取得途径进行了规定：土地使用权划拨，是指县级以上人民政府依法批准，在土地使用者缴纳补偿、安置等费用后将该幅土地交付其使用，或者将土地使用权无偿交付给土地使用者使用的行为。依照本法规定以划拨方式取得土地使用权的，除法律、行政法规另有规定外，没有使用期限的限制。但划拨的土地不得进行转让、出租和抵押。

由于承担公共项目的职责，国有企业与政府平台公司的无形资产科目经常出现划拨土地。

(2) 出让

出让方式有四种：招标、拍卖、挂牌和协议。出让的土地使用权人具有法定规范内的处置权，可进行转让、出租和抵押。

① 招标。招标出让国有土地使用权，是指市、县人民政府土地行政主管部门发布招标公告，邀请特定或者不特定的公民、法人和其他组织参加国有土地使用权投标，根据投标结果确定土地使用者的行为。

② 拍卖。拍卖出让国有土地使用权，是指市、县人民政府土地行政主管部门发布拍卖公告，由竞买人在指定时间、地点进行公开竞价，根据出价结果确定土地使用者的行为。

③ 挂牌。挂牌出让国有土地使用权，是指市、县人民政府土地行政主管部门发布挂牌公告，按公告规定的期限将拟出让宗地的交易条件在指定的土地交易场所挂牌公布，接受竞买人的报价申请并更新挂牌价格，根据挂牌期限截止时的出价结果确定土地使用者的行为。

④ 协议出让。协议出让国有土地使用权，是指国家以协议方式将国有土地使用权在一定年限内出让给土地使用者，由土地使用者向国家支付土地使用权出让金的行为。

29. 哪些土地使用权可以通过划拨获得？

对国家重点扶持的能源、交通、水利等基础设施用地项目，可以以划拨方式提供土地使用权。对以营利为目的，非国家重点扶持的能源、交通、水利等基础设施用地项目，应当以有偿方式提供土地使用权。

根据国土资源部令第9号《划拨用地目录》的规定，下列土地可以划拨获得：

(1) 党政机关和人民团体用地

① 办公用地；② 安全、保密、通信等特殊专用设施。

(2) 军事用地

(3) 城市基础设施用地

① 供水设施；② 燃气供应设施；③ 供热设施；④ 公共交通设施；⑤ 环境卫生设施；⑥ 道路广场；⑦ 绿地。

(4) 非营利性邮政设施用地

(5) 非营利性教育设施用地

(6) 公益性科研机构用地

(7) 非营利性体育设施用地

(8) 非营利性公共文化设施用地

① 图书馆；② 博物馆；③ 文化馆；④ 青少年宫、青少年科技馆、青少年（儿童）活动中心。

(9) 非营利性医疗卫生设施用地

① 医院、门诊部（所）、急救中心（站）、城乡卫生院；② 各级政府所属的卫生防疫站（疾病控制中心）、健康教育所、专科疾病防治所（站）；③ 各级政府所属的妇幼保健所（院、站）、母婴保健机构、儿童保健机构、血站（血液中心、中心血站）。

(10) 非营利性社会福利设施用地

① 福利性住宅；② 综合性社会福利设施；③ 老年人社会福利设施；④ 儿童社会福利设施；⑤ 残疾人社会福利设施；⑥ 收容遣送设施；⑦ 殡葬设施。

（11）石油天然气设施用地

（12）煤炭设施用地

（13）电力设施用地

（14）水利设施用地

（15）铁路交通设施用地

（16）公路交通设施用地

（17）水路交通设施用地

（18）民用机场设施用地

（19）特殊用地

① 监狱；② 劳教所；③ 戒毒所、看守所、治安拘留所、收容教育所。

30. 哪些土地使用权可以通过协议出让获得？

根据《土地管理法》《城市房地产管理法》《协议出让国有土地使用权规定》（国土资源部令第21号）等规定，以下土地使用权可通过协议出让方式获得：

（1）商业、旅游、娱乐和商品住宅等各类经营性用地和工业用地以外用途的土地，其供地公告公布后同一宗地只有一个意向用地者的。

（2）原划拨、承租土地使用权人申请办理协议出让，经依法批准，可以采取协议方式，但《国有建设用地使用权划拨决定书》《国有建设用地使用权租赁合同》、法律、法规、行政规定等明确应当收回土地使用权重新公开出让的除外。

（3）划拨土地使用权转让申请办理协议出让，经依法批准，可以采取协议方式，但《国有建设用地使用权划拨决定书》、法律、法规、行政规定等明确应当收回土地使用权重新公开出让的除外。

（4）已出让、租赁土地申请改变用地规划条件的，经规划行政主管部门批准，可以采用协议方式，但《国有土地使用权出让合同》《国有土地使用权租赁合同》另有约定的除外。

（5）出让的国有建设用地使用权人申请续期，可以采用协议方式。

（6）在划拨供应的建设项目中，需要整体规划建设的配套项目，建设用地不能分割供应的，可以采用协议方式供应。

（7）对无法单独确定规划条件实施供应的城市边角地、夹心地、插花地等，可以按规划部门批准的相邻建设用地规划条件，协议出让给该建设项目主体。

（8）利用地铁站（场）、公共服务设施、交通枢纽等公共空间进行上盖物业或多功能立体开发利用的，其建设用地使用权以协议方式出让给已经取得交通建设项目建设用地的使用权人；以协议方式取得的地铁站（场）、公共服务设施、交通枢纽等配套开发建设用地使用权，以自主开发为主，物业自持。

（9）对营利性养老服务机构利用存量建设用地从事养老设施建设，涉及划拨建设用地使用权出让（租赁）或转让的，在原土地用途符合规划的前提下，可不改变土地用途，允许补缴土地出让金（租金），办理协议出让或租赁手续。

（10）经营性文化事业单位转制为一般竞争性企业的，原生产经营性划拨用地可采用协议出让或租赁方式进行土地资产处置。

（11）由于城市规划调整、经济形势发生变化、企业转型等原因，土地使用权人已依法取得的国有划拨工业用地补办出让、国有承租工业用地补办出让，符合规划并经依法批准，可以采取协议方式。

（12）对因搬迁改造被收回原国有土地使用权的企业，经批准可采取协议出让方式，按土地使用标准为其安排同类用途用地。

（13）企业改制（破产、兼并、合并等）时，未纳入企业改制资产的生产经营性建设用地使用权可以协议方式出让给改制文件确定的承接主体。

（14）采矿、采石、采砂、盐田等地面生产和尾矿堆放用地，鼓励采取租赁，也可协议方式出让。

（15）本实施意见发布前已形成的历史违法用地，包括集体建设用地上已建成项目的，经行政部门处罚后，需完善国有建设用地供应手续的，可以采取协议方式出让。

（16）人民法院生效法律文书和协助执行通知书要求办理国有建设用地手续，涉及出让的，可以采取协议方式出让给协助执行通知书明确的土地使用者。

（17）法律、法规、行政规定明确可以协议出让的其他情形。

土地使用权转让申请办理协议出让，必须经过相关部门的审批或者人民法院的执行通知书才可以进行，必须符合相关的法律法规的规定。

31. 哪些土地使用权必须通过招标、拍卖和挂牌出让获得？

（1）供应商业、旅游、娱乐和商品住宅等各类经营性用地以及有竞争要求的工业用地。

（2）其他土地供地计划公布后同一宗地有两个或者两个以上意向用地者的。

（3）划拨土地使用权改变用途，《国有土地划拨决定书》或法律、法规、行政规定等明确应当收回土地使用权，实行招标拍卖挂牌出让的。

（4）划拨土地使用权转让，《国有土地划拨决定书》或法律、法规、行政规定等明确应当收回土地使用权，实行招标拍卖挂牌出让的。

（5）出让土地使用权改变用途，《国有土地使用权出让合同》约定或法律、法规、行政规定等明确应当收回土地使用权，实行招标拍卖挂牌出让的。

（6）法律、法规、行政规定明确应当招标拍卖挂牌出让的其他情形。

32. 建设用地使用权转让有何要求？

《国务院办公厅关于完善建设用地使用权转让、出租、抵押二级市场的指导意见》（国办发〔2019〕34号）规定：

以划拨方式取得的建设用地使用权转让，需经依法批准，土地用途符合《划拨用地目录》的，可不补缴土地出让价款，按照转移登记办理；不符合《划拨用地目录》的，在符合规划的前提下，由受让方依法依规补缴土地出让价款。

以作价出资或入股方式取得的建设用地使用权转让，参照以出让方式取得的建设用地使用权转让有关规定，不再报经原批准建设用地使用权作价出资或入股的机关批准；转让后,可保留为作价出资或入股方式,或直接变更为出让方式。

以出让方式取得的建设用地使用权转让,在符合法律法规规定和出让合同约定的前提下,应充分保障交易自由;原出让合同对转让条件另有约定的,从其约定。

《城市房地产管理法》第三十九条规定:以出让方式取得土地使用权的,转让房地产时,应当符合下列条件:

(1) 按照出让合同约定已经支付全部土地使用权出让金,并取得土地使用权证书;

(2) 按照出让合同约定进行投资开发,属于房屋建设工程的,完成开发投资总额的百分之二十五以上,属于成片开发土地的,形成工业用地或者其他建设用地条件。

33. 什么情况下可无偿收回土地使用权?

无偿收回国有土地使用权主要有以下几种情况:

(1) 经批准非农业建设占用耕地连续两年未使用;

(2) 以出让方式取得地使用权进行房地产开发,满两年未动工开发的;

(3) 土地出让等有偿使用合同约定的使用期限届满,土地使用者未申请续期或者申请续期未获批准的;

(4) 因单位撤销、迁移等原因,停止使用原划拨的国有土地的;

(5) 公路、铁路、机场、矿场等经核准报废的。

无偿收回农民集体土地所有权主要有以下几种情况:

(1) 不按批准的用途使用土地;

(2) 因撤销、迁移等原因停止使用土地的。

34. 国有土地使用权出让的最高年限是多少?

土地使用权出让合同约定的出让年限不得超过以下最高年限。国有土地使用权出让的最高年限分别为:居住用地 70 年;工业用地 50 年;教育、科技、文化、卫生、体育用地 50 年;商业、旅游、娱乐用地 40 年;综合或其他用地 50 年。

35. 什么是国有土地使用权划拨?

国有土地使用权划拨即以划拨方式取得国有土地使用权,是指经县级以上人民政府依法批准后,在土地使用权人依法缴纳了土地补偿费、安置补偿费及其他费用后,国家将土地交付给土地使用权人使用,或者国家将土地使用权无偿交付给土地使用权人使用的行为。

划拨土地使用权具有以下特点:

(1) 划拨土地使用权没有期限的规定;

(2) 划拨土地使用权不得转让、出租、抵押,如果需要转让、出租、抵押等,应当办理土地出让手续或经政府批准;

(3) 取得划拨土地使用权,只需缴纳国家取得土地的成本和国家规定的税费,无须缴纳土地有偿使用费。

36. 采取划拨方式使用土地的范围有哪些?

由于划拨土地使用权是国家的一种特殊优惠政策,《土地管理法》第五十四条对可以采取划拨方式使用土地的范围作出了规定,主要包括:

（1）国家机关用地和军事用地；
（2）城市基础设施用地和公益事业用地；
（3）国家重点扶持的能源、交通、水利等基础设施用地；
（4）法律、行政法规规定的其他用地。

根据《节约集约利用土地规定》（国土资源部令第61号）第二十一条规定，国家扩大国有土地有偿使用范围，减少非公益性用地划拨。除军事、保障性住房和涉及国家安全及公共秩序的特殊用地可以划拨方式供应外，国家机关办公和交通、能源、水利等基础设施（产业）、城市基础设施以及各类社会事业用地中的经营性用地，实行有偿使用。

37. 什么是临时用地？

根据《自然资源部关于规范临时用地管理的通知》（自然资规〔2021〕2号）的规定，临时用地是指建设项目施工、地质勘查等临时使用，不修建永久性建（构）筑物，使用后可恢复的土地（通过复垦可恢复原地类或者达到可供利用状态）。

38. 哪些用地可以申请临时用地？

因临时用地具有临时性和可恢复性等特点，与建设项目施工、地质勘查等无关的用地，使用后无法恢复到原地类或者复垦达不到可供利用状态的用地，不得使用临时用地。临时用地的范围包括：

（1）建设项目施工过程中建设的直接服务于施工人员的临时办公和生活用房，包括临时办公用房、生活用房、工棚等使用的土地；直接服务于工程施工的项目自用辅助工程，包括农用地表土剥离堆放场、材料堆场、制梁场、拌和站、钢筋加工厂、施工便道、运输便道、地上线路架设、地下管线敷设作业，以及能源、交通、水利等基础设施项目的取土场、弃土（渣）场等使用的土地；

（2）矿产资源勘查、工程地质勘查、水文地质勘查等，在勘查期间临时生活用房、临时工棚、勘查作业及其辅助工程、施工便道、运输便道等使用的土地，包括油气资源勘查中钻井井场、配套管线、电力设施、进场道路等钻井及配套设施使用的土地；

（3）符合法律、法规规定的其他需要临时使用的土地。

39. 临时用地的审批由谁负责？

县（市）自然资源主管部门负责临时用地审批，其中涉及占用耕地和永久基本农田的，由市级或者市级以上自然资源主管部门负责审批。

不得下放临时用地审批权或者委托相关部门行使审批权。

40. 临时用地的使用期限是多少？

临时用地使用期限一般不超过两年。建设周期较长的能源、交通、水利等基础设施建设项目施工使用的临时用地，期限不超过四年。

临时用地使用期限，从批准之日起算。

41. 农村宅基地的概念是什么？

农村宅基地是农村村民用于建造住宅及其附属设施的集体建设用地，包括住房、附属用房和庭院等用地，不包括与宅基地相连的农业生产性用地、农户超出宅基地范围占用的空闲地等土地。

宅基地具有福利性质和社会保障功能，农民无需交纳任何土地费用即可取得。

42. 农村宅基地是否能继承？

农村宅基地不能单独继承。依据我国法律规定，宅基地的所有权和使用权是分离的，宅基地的所有权属于村集体，使用权属于村内房屋所有权人，村民只有宅基地使用权，不能随意对宅基地进行处置。所以宅基地不属于遗产，不能被继承，宅基地上的房屋可以继承。

需特别指出的是，将来继承的房屋灭失后，不能进行重建或者以其他方式继续使用这块宅基地，由村集体经济组织按法定程序收回其宅基地使用权另行安排。

43. 宅基地由谁审批？

根据《土地管理法》第六十二条的规定，农村村民住宅用地，由乡（镇）人民政府审核批准；其中，涉及占用农用地的，依照本法第四十四条的规定办理审批手续。第四十四条规定，建设占用土地，涉及农用地转为建设用地的，应当办理农用地转用审批手续。

44. 新开工项目的基本建设程序是怎样规定的？

《国务院办公厅关于加强和规范新开工项目管理的通知》（国办发〔2007〕64号）分别就实行审批制、核准制和备案制的新开工项目的基本建设程序作出规定。

实行审批制的政府投资项目，项目单位应首先向发展改革等项目审批部门报送项目建议书，依据项目建议书批复文件分别向城乡规划、国土资源和环境保护部门申请办理规划选址、用地预审和环境影响评价审批手续。完成相关手续后，项目单位根据项目论证情况向发展改革等项目审批部门报送可行性研究报告，并附规划选址、用地预审和环评审批文件。项目单位依据可行性研究报告批复文件向城乡规划部门申请办理规划许可手续，向国土资源部门申请办理正式用地手续。

实行核准制的企业投资项目，项目单位分别向城乡规划、国土资源和环境保护部门申请办理规划选址、用地预审和环评审批手续。完成相关手续后，项目单位向发展改革等项目核准部门报送项目申请报告，并附规划选址、用地预审和环评审批文件。项目单位依据项目核准文件向城乡规划部门申请办理规划许可手续，向国土资源部门申请办理正式用地手续。

实行备案制的企业投资项目，项目单位必须首先向发展改革等备案管理部门办理备案手续，备案后，分别向城乡规划、国土资源和环境保护部门申请办理规划选址、用地和环评审批手续。

45. 什么是土地储备？

土地储备是指县级（含）以上国土资源主管部门为调控土地市场、促进土地资源合理利用，依法取得土地，组织前期开发、储存以备供应的行为。

第二节　案例解析

虽然法律法规和相关政策有了明文规定，但在日常事务管理中，还会发现许多边缘的、模糊的案件,咋看似乎与政策法规不搭边。本节就建设用地管理中的一些案例,对规划选址、用地预审、土地征收、规划条件、土地划拨、出让、用途变更、宗地合并和拆分以及宅基地管理等方面,结合相关法律法规和政策进行解析。

有关案例来源于"城市规划博客城市规划管理交流"公众号的讨论,一并感谢。

(一) 基本建设程序类案例

在我国,按照基本建设主管部门的规定,进行基本建设必须严格按照程序执行。只有严格按照基本建设程序进行项目建设,才能保证正常建设秩序和工程质量,并最终保证投资效果。

在国家大的建设程序框架下,涉及基本建设的有关主管部门要按照相关法规履行各自的基本建设程序。土地管理法规规定了用地预审、土地征收、建设用地使用权供应、土地核验等完整的土地管理程序;城乡规划法规规定了规划选址、规划条件、建设用地规划管理、建设工程规划管理、规划核实等完整的规划管理程序。在各部门履行每道程序时,除了与其他部门的程序存在交叉的问题(实际上是行政权力的互相"制约"),每道程序内部运行时,又有许多细部程序。在具体工作中,这些程序环环相扣,不能颠倒、不能交叉、不能缺失。

随着机构和审批制度改革的深入,许多法定程序正在通过法律法规的修订逐步优化。我们的土地管理和城乡规划管理,已在"多规合一"的要求下,向国土空间规划管理过渡,相关法律法规体系正在逐步完善。

案例 1

项目土地还没报批下来,能以选址意见书作为土地使用证明文件来办理工程规划许可证吗?

【解析】

2019 年 4 月 23 日修正的《城乡规划法》(下同)第四十条规定,申请办理建设工程规划许可证,应当提交使用土地的有关证明文件、建设工程设计方案等材料。

2021 年 7 月 2 日修订的《土地管理法实施条例》第二十四条规定,建设项目确需占用国土空间规划确定的城市和村庄、集镇建设用地范围外的农用地,涉及占用永久基本农田的,由国务院批准;不涉及占用永久基本农田的,由国务院或者国务院授权的省、自治区、直辖市人民政府批准。具体按照下列规定办理:

(1) 建设项目批准、核准前或者备案前后,由自然资源主管部门对建设项目用地事项进行审查,提出建设项目用地预审意见。建设项目需要申请核发选址意见书的,应当合并办理建设项目用地预审与选址意见书,核发建设项目用地预审与选址意见书。

(2) 建设单位持建设项目的批准、核准或者备案文件,向市、县人民政府提出建设用地申请。市、县人民政府组织自然资源等部门拟订农用地转用方案,报有批准权的人民政府批准;依法应当由国务院批准的,由省、自治区、直辖市人民政府审核后上报。农用地转用方案应当重点对是否符合国土空间规划和土地利用年度计划以及补充耕地情况作出说明,涉及占用永久基本农田的,还应当对占用永久基本农田的必要性、合理性和补划可行性作出说明。

(3)农用地转用方案经批准后,由市、县人民政府组织实施。

第二十五条规定,建设项目需要使用土地的,建设单位原则上应当一次申请,办理建设用地审批手续,确需分期建设的项目,可以根据可行性研究报告确定的方案,分期申请建设用地,分期办理建设用地审批手续。建设过程中用地范围确需调整的,应当依法办理建设用地审批手续。

农用地转用涉及征收土地的,还应当依法办理征收土地手续。

2019年3月13日发布的《国务院办公厅关于全面开展工程建设项目审批制度改革的实施意见》(国办发〔2019〕11号)规定,可以将用地预审意见作为使用土地证明文件申请办理建设工程规划许可证。

一部法律、一部行政法规和一部规范性文件,都涉及基本建设程序中土地使用权问题,我们应如何执行呢?

2019年4月23日修正的《中华人民共和国行政许可法》(简称《行政许可法》)第三十四条、三十八条、第三十九条规定,行政机关应当对申请人提交的申请材料进行审查;申请人的申请符合法定条件、标准的,行政机关应当依法作出准予行政许可的书面决定;行政机关作出准予行政许可的决定,需要颁发行政许可证件的,应当向申请人颁发加盖本行政机关印章的行政许可证件。

本案例中,涉及土地问题。取得土地使用权,需要经过预审、规划选址、农用地转用、征地以及供地等程序,而且土地又是与人民群众的切身利益密切相关的问题。如果行政机关不按照法律法规规定的实质性和程序性的要求,而只根据规范性文件作出行政许可,一旦产生行政诉讼,行政机关必然败诉。因此,有关行政许可欲速则不达。

【延伸】

为了跟进和落实审批制度改革的要求,缩短行政许可周期,各地都在探讨和摸索"模拟"审批、"容缺"审查,并总结了一定的经验。这些经验实际上是将行政许可的审查程序由"串联"改为"并联",各涉及部门提前做好前期审查工作,留出一定的时间给建设单位和相关行政机关完善各项行政许可的"前置"要件,在正式作出行政许可时,各类"前置"要件和程序需符合法律法规的规定。

一个中学,建校已数十年,当时获批了50亩土地,但只有镇、区级国土部门出具的权属证明,选址意见书和红线、建设用地规划许可证、划拨决定书等手续缺失。现拟在学校空地上建食堂,申请办理建设工程规划许可证,是否可行?

【解析】

《城市规划法》第三十一条规定,在城市规划区内进行建设需要申请用地的,必须持国家批准建设项目的有关文件,向城市规划行政主管部门申请定点,由城市规划行政主管部门核定其用地位置和界限,提供规划设计条件,核发建设用地规划许可证。建设单位或者个人在取得建设用地规划许可证后,方可向县级以上地方人民政府土地管理部门申请用地,经县级以上人民政府审查批准后,由土地管理部门划拨土地。

《城乡规划法》第三十六条规定,以划拨方式提供国有土地使用权的,建设单位在报送有关部门批准或者核准前,应当向城乡规划主管部门申请核发选址意见书。

第三十七条规定,在城市、镇规划区内以划拨方式提供国有土地使用权的建设项目,建设单位在取得建设用地规划许可证后,方可向县级以上地方人民政府土地主管部门申请用地,经县级以上人民政府审批后,由土地主管部门划拨土地。

第三十八条规定,在城市、镇规划区内以出让方式提供国有土地使用权的,在国有土地使用权出让前,城市、县人民政府城乡规划主管部门应当依据控制性详细规划,提出出让地块的位置、使用性质、开发强度等规划条件,作为国有土地使用权出让合同的组成部分。未确定规划条件的地块,不得出让国有土地使用权。以出让方式取得国有土地使用权的建设项目,建设单位在取得建设项目的批准、核准、备案文件和签订国有土地使用权出让合同后,向城市、县人民政府城乡规划主管部门领取建设用地规划许可证。城市、县人民政府城乡规划主管部门不得在建设用地规划许可证中,擅自改变作为国有土地使用权出让合同组成部分的规划条件。

第三十九条规定,规划条件未纳入国有土地使用权出让合同的,该国有土地使用权出让合同无效;对未取得建设用地规划许可证的建设单位批准用地的,由县级以上人民政府撤销有关批准文件;占用土地的,应当及时退回。

从上述的法律规定中可知:规划选址(定点)意见书、建设用地规划许可证、规划条件等,都是办理相应性质土地使用权的前置条件,而土地使用权证(现在为不动产登记证)是使用土地的最终证明文件。有了土地使用的证明文件,就不再需要选址意见书、红线图、建设用地规划许可证、划拨决定书等材料了。

《行政许可法》第三十一条规定,行政机关不得要求申请人提交与其申请的行政许可事项无关的技术资料和其他材料。

《土地权属争议调查处理办法》(国土资源部令第17号)第五条规定,个人之间、个人与单位、单位与单位之间发生的争议案件,由争议土地所在地的县级国土资源行政主管部门调查处理;个人之间、个人与单位之间发生的争议案件,可以根据当事人的申请,由乡级人民政府受理和处理。

按此规定,本案中镇、区级国土部门出具的土地权属证明是有效的。

按照《城乡规划法》第四十条"申请办理建设工程规划许可证,应当提交使用土地的有关证明文件、建设工程设计方案等材料"的规定,该中学可以申请办理建设工程规划证,行政机关应当依法受理并作出行政许可决定。

【延伸】

有的案例中,在建设单位提供了土地使用权证的前提下,因为找不到前置的选址意见书、红线图、规划条件、建设用地规划许可证、划拨决定书等材料,行政机关要求建设单位补办相关许可手续,这些都是毫无意义的。特别是在《国务院办公厅关于全面开展工程建设项目审批制度改革的实施意见》(国办发〔2019〕11号)和《自然资源部关于以"多规合一"为基础推进规划用地"多审合一、多证合一"改革的通知》(自然资规〔2019〕2号)文件下达后,再这样行使所谓的权力,既违背了法律精神,也不符合时代要求。

案例3

20年前出让的一宗商业用地,出让合同和规划设计条件中所写的密度不一致(合同写的密度是38.3%,条件写的不大于25%),而且,规划设计条件是附在出让合同后的,应以哪个为准?

【解析】

1. 20年前有关土地使用权出让的有关规定:

《中华人民共和国城镇国有土地使用权出让和转让暂行条例》(国务院令第55号发布)(简称《城镇国有土地使用权出让和转让暂行条例》)第八条规定,土地使用权出让应当签订出让合同。第十条规定,土地使用权出让的地块、用途、年限和其他条件,由市、县人民政府土地管理部门会同城市规划和建设管理部门、房产管理部门共同拟定方案,按照国务院规定的批准权限报经批准后,由土地管理部门实施。

《城市国有土地使用权出让转让规划管理办法》(建设部令第22号)第五条规定,出让的地块,必须具有城市规划行政主管部门提出的规划设计条件及附图。

按照规定,土地出让合同中,涉及规划的相关指标应该与规划设计条件一致。

2. 即使出让合同属于行政合同,出让方与受让方权利和义务存在不对等性,但是,受让方在不违反合同约定的前提下,出让方不能干涉合同的履行。

3. 从技术角度来讲,商业用地的建筑密度的上限一般控制在50%左右,该规划设计条件中的不大于25%,明显是偏低的,规划设计条件及其依据的详细规划的科学性值得商榷。

综上,建议本案中的建筑密度指标以出让合同正本中的约定为准。

【延伸】

在改革土地管理制度、深化"放管服"改革、优化营商环境、提高审批效率的大趋势下,要求行政机关在办理审批事项中,既要"快"(提速),还要"省"(合并事项)。建议行政机关再自加压力,以科学的态度,加一个"准"。另外,对以往工作中发生的一些问题,要在部门之间协调解决,不能因为部门间的不协调,而给行政相对人带来不必要的麻烦。

(二)城镇开发边界类案例

"三区三线"是新时代国土空间规划的灵魂。划定"三区三线",是落实国家最严格的生态环境保护制度、耕地保护制度和节约用地制度的最有效的手段。三条控制线作为调整经济结构、规划产业发展、推进城镇化不可逾越的红线,对保障生态安全、粮食安全、国土安全有着极其重要的意义。科学划定落实三条控制线,做到不交叉、不重叠、不冲突。

自然资源部根据《中共中央办公厅、国务院办公厅印发〈关于在国土空间规划中统筹划定落实三条控制线的指导意见〉》,专门出台了《自然资源部关于做好城镇开发边界管理的通知(试行)》(自然资发〔2023〕193号),为处理城镇开发边界内外的相关问题指明了方向。

已有的存量工矿土地,有国有划拨土地证,新划定的"三区三线"把这块地划到城镇开发边界外,现拟在该土地上新建建筑,能否办理建设工程规划许可证?

【解析】

《自然资源部关于做好城镇开发边界管理的通知(试行)》(自然资发〔2023〕193号)(简称《通知》)规定:

1. 各类城镇建设所需要的用地(包括能源化工基地等产业园区、围填海历史遗留问题区域的城镇建设或产业类项目等)均需纳入全省(区、市)规划城镇建设用地规模和城镇开发边界扩展倍数统筹核算;

2. "已依法依规批准且完成备案的建设用地,已办理划拨或出让手续,已核发建设用地使用权权属证书,确需纳入城镇开发边界的"属于可以作为城镇开发边界进行局部优化的情形;

3. 在落实最严格的耕地保护、节约用地和生态环境保护制度的前提下,结合城乡融合、区域一体化发展和旅游开发、边境地区建设等合理需要,在城镇开发边界外可规划布局有特定选址要求的零星城镇建设用地。

《通知》明确了"三区三线"划定时,哪些城镇的建设用地应当纳入城镇开发边界;明确了哪些用地可以按照局部优化的情形纳入城镇开发边界;明确了在城镇开发边界外,可规划布局有特定选址要求的零星城镇建设用地。

总的看来,在原土地利用规划、城乡规划向新时代的国土空间规划过渡时期,《通知》具有很好的可操作性。但一定要牢记《通知》的核心精神:一是城镇建设用地的总规模不能突破,二是确需的内容应当符合《通知》规定的城镇开发边界进行局部优化的六种情形的。

依据上述规定,首先,要对本案例中提到的宗地是否需要划入城镇开发边界进行统筹研判。其次,要对该企业的社会效益、环境效益和经济效益进行高站位的调查和分析,研判是否"确需"。在分析和研判的过程中,一定要站在"保障生态安全、粮食安全、国土安全"的高度,统筹布局生态、农业、城镇等功能空间。

本案中的用地,如果能划入城镇开发边界内,是可以按照城乡规划法规办各种规划许可的。如果不能纳入城镇开发边界内,则可以在乡镇国土空间总体规划进行统筹后,予以规划许可。

【延伸】

虽然《城乡规划法》第五条和《土地管理法》第二十一条中都规定了彼此应"相衔接",但因为机构设置和权限分工不同,土地管理和城乡规划管理之间仍然存在一些"缝隙"。

《通知》作为试行文件,有的情形说得很清楚,有的则用"等"字概括。在执行过程中,需有责任心地进行细化,既要弥补"缝隙",减少社会矛盾,又要有大局观,统筹城乡发展。

对城镇开发边界外的一些基础设施建设项目(包括原有和新建),可以通过科学的选址论证予以落地;跨城镇开发边界的原有项目,如果边界内的用地符合国土空间规划,可以考虑以优化边界的方式,将边界外的土地纳入进来。

(三) 规划选址、用地预审类案例

《国务院办公厅关于加强和规范新开工项目管理的通知》(国办发〔2007〕64号)规定,实行审批制的政府投资项目,项目单位应首先向发展改革等项目审批部门报送项目建议书,依据项目建议书批复文件分别向城乡规划、国土资源部门申请办理规划选址、用地预审。

建设项目的规划选址和用地预审都是基本建设程序中的一个环节,仅在工作目的上存在一些差异。规划选址侧重于建设项目与城乡规划布局、基础设施和环境承载能力等是否协调,而用地预审则侧重于建设项目与土地利用、耕地保护等政策是否相符。

建设项目的规划选址和用地预审,源于两部法律规定的行政许可行为。机构改革后,随着国土空间规划管理法律法规体系的建立和完善,《土地管理法实施条例》已经将两项行政许可合并。

案例 5

某高速公路服务区位于城镇开发边界外,2013年取得用地预审和选址意见书,未取得规划手续。2016年取得高速公路施工图设计文件批复后,项目开工建设并已完工投入使用。2023年7月,拟在服务区内增设液化天然气(LNG)加气站,是否需要获取用地预审和选址意见书?

【解析】

1.《城乡规划法》第三十六条规定,按照国家规定需要有关部门批准或者核准的建设项目,以划拨方式提供国有土地使用权的,建设单位在报送有关部门批准或者核准前,应当向城乡规划主管部门申请核发选址意见书。

前款规定以外的建设项目不需要申请选址意见书。

2.《土地管理法实施条例》第二十四条规定,建设项目确需占用国土空间规划确定的城市和村庄、集镇建设用地范围外的农用地,建设项目批准、核准前或者备案前后,由自然资源主管部门对建设项目用地事项进行审查,提出建设项目用地预审意见。

3.《建设项目用地预审管理办法》(国土资源部令第68号)规定,已经预审的项目,如需对土地用途、建设项目选址等进行重大调整的,应当重新申请预审;预审审查的相关内容在建设用地报批时,未发生重大变化的,不再重复审查。

本案中,建设项目不涉及土地使用权取得方式的改变、没有占用农用地,土地用途、用地规模也没有发生重大变化,故不需要重新获取用地预审和选址意见书。

【延伸】

看问题要看本质,要深入理解相关规定的精神。法律法规已经明确规定了核发"规划选址意见书"和提出"用地预审意见"的情形,即非划拨用地不需要规划选址,只有占用国土空间规划确定的建设用地范围外的农用地才需要用地预审。部门规章也明确规定了是

否需要重新审查的情形。

同时,要注意规划选址和用地预审分属两个不同概念下的行政行为:规划选址审查土地使用权的取得方式,而用地预审审查的是土地的规划用途。有的建设项目可能需要规划选址,但不一定需要用地预审,反之亦然。但最终核发的是"建设项目用地预审与选址意见书"。

案例6

一个重要交通工程跨越县和地级市两个辖区的土地,其用地预审与选址意见书、土地划拨、建设工程设计方案审查和建设工程规划许可证应由谁核发?

【解析】

1. 关于用地预审与规划选址

(1)《建设项目选址规划管理办法》(建规〔1991〕583号)第七条规定:建设项目选址意见书,按建设项目计划审批权限实行分级规划管理。

县人民政府计划行政主管部门审批的建设项目,由县人民政府城市规划行政主管部门核发选址意见书;

地级、县级市人民政府计划行政主管部门审批的建设项目,由该市人民政府城市规划行政主管部门核发选址意见书;

直辖市、计划单列市人民政府计划行政主管部门审批的建设项目,由直辖市、计划单列市人民政府城市规划行政主管部门核发选址意见书;

省、自治区人民政府计划行政主管部门审批的建设项目,由项目所在地县、市人民政府城市规划行政主管部门提出审查意见,报省、自治区人民政府城市规划行政主管部门核发选址意见书;

中央各部门、公司审批的小型和限额以下的建设项目,由项目所在地县、市人民政府城市规划行政主管部门核发选址意见书;

国家审批的大中型和限额以上的建设项目,由项目所在地县、市人民政府城市规划行政主管部门提出审查意见,报省、自治区、直辖市、计划单列市人民政府城市规划行政主管部门核发选址意见书,并报国务院城市规划行政主管部门备案。

(2)《建设项目用地预审管理办法》(国土资源部令第68号)第四条规定:建设项目用地实行分级预审。

需人民政府或有批准权的人民政府发展和改革等部门审批的建设项目,由该人民政府的国土资源主管部门预审。

需核准和备案的建设项目,由与核准、备案机关同级的国土资源主管部门预审。

第六条规定:依照本办法第四条规定应当由国土资源部预审的建设项目,国土资源部委托项目所在地的省级国土资源主管部门受理,但建设项目占用规划确定的城市建设用地范围内土地的,委托市级国土资源主管部门受理。受理后,提出初审意见,转报国土资源部。

涉密军事项目和国务院批准的特殊建设项目用地,建设用地单位可直接向国土资源部提出预审申请。

应当由国土资源部负责预审的输电线塔基、钻探井位、通信基站等小面积零星分散建设项目用地,由省级国土资源主管部门预审,并报国土资源部备案。

规划选址和用地预审的主体,是随项目批准主体的不同而分级变化的。

2. 关于划拨用地

(1)《土地管理法》第四十四条规定:在已批准的农用地转用范围内,具体建设项目用地可以由市、县人民政府批准。第五十三条规定:经批准的建设项目需要使用国有建设用地的,建设单位应当持法律、行政法规规定的有关文件,向有批准权的县级以上人民政府自然资源主管部门提出建设用地申请,经自然资源主管部门审查,报本级人民政府批准。

(2)《城乡规划法》第三十七条规定:在城市、镇规划区内以划拨方式提供国有土地使用权的建设项目,经有关部门批准、核准、备案后,建设单位应当向城市、县人民政府城乡规划主管部门提出建设用地规划许可申请,由城市、县人民政府城乡规划主管部门依据控制性详细规划核定建设用地的位置、面积、允许建设的范围,核发建设用地规划许可证。建设单位在取得建设用地规划许可证后,方可向县级以上地方人民政府土地主管部门申请用地,经县级以上人民政府审批后,由土地主管部门划拨土地。

根据法律规定,土地划拨、出让的权限,应归建设项目所在地的县、市人民政府。

3. 关于建设工程规划许可

《城乡规划法》第四十条规定:在城市、镇规划区内进行建筑物、构筑物、道路、管线和其他工程建设的,建设单位或者个人应当向城市、县人民政府城乡规划主管部门或者省、自治区、直辖市人民政府确定的镇人民政府申请办理建设工程规划许可证。申请办理建设工程规划许可证,应当提交使用土地的有关证明文件、建设工程设计方案等材料。

建设工程规划许可的权限,应归建设项目所在地的城市、县人民政府的自然资源主管部门。

【延伸】

一部法律不能解决全国所有的事!所以,法律会将有关权限授权或者委托给地方政府,既是为了"放权",更是为了服务于地方的发展。

《国务院关于授权和委托用地审批权的决定》(国发〔2020〕4号)提出,按照《中华人民共和国土地管理法》规定,对国务院批准土地利用总体规划的城市在建设用地规模范围内,按土地利用年度计划分批次将永久基本农田以外的农用地转为建设用地的,授权各省、自治区、直辖市人民政府批准;把在土地利用总体规划确定的城市和村庄、集镇建设用地规模范围外,将永久基本农田以外的农用地转为建设用地的,国务院授权各省、自治区、直辖市人民政府批准。并试点对《中华人民共和国土地管理法》中的第四十四条第二款规定的永久基本农田转为建设用地审批事项,以及第四十六条第一款规定的永久基本农田、永久基本农田以外的耕地超过三十五公顷的、其他土地超过七十公顷的土地征收审批事项,国务院委托部分试点省、自治区、直辖市人民政府批准。

行政权许可权来自法定、依法授权或者委托。

案例 7

地下水监测站的数量比较多,每个占地约两三平方米。这些监测站是否需要办理用地预审手续?

【评析】

《建设项目用地预审管理办法》(国土资源部令第68号)第六条规定:应当由国土资源部负责预审的输电线塔基、钻探井位、通信基站等小面积零星分散建设项目用地,由省级国土资源主管部门预审,并报国土资源部备案。

依此规定,即使是小面积的、零星分散的建设项目用地,只要涉及国土空间规划确定的城市和村庄、集镇建设用地范围外农用地的,都要办理用地预审手续。

【延伸】

对于耕地保护问题,法律法规的严肃性不可侵犯。但是,我们也不能机械地执行法律法规。例如,一基或者数基独立的电力线杆(塔),占用了"国土空间规划确定的城市和村庄、集镇建设用地范围外的农用地",若都要办理用地预审,将极大地增加工作量,而且手续烦琐、周期较长,不利于生产和生活。在此情况下,建议采取更为灵活的管理政策。传统做法中,独脚塔和两脚塔采用占地补偿方式,三脚以上的塔形则需要进行用地预审和征地处理。笔者认为这种做法比较合理,值得赓续,也供大家讨论。

案例 8

建设项目用地预审与选址意见书需要附规划条件吗?

【解析】

《建设项目选址规划管理办法》(建规〔1991〕583号)第六条规定,建设项目选址意见书应当包括下列内容:建设项目选址、用地范围和具体规划要求。

《自然资源部关于加强和规范规划实施监督管理工作的通知》(自然资发〔2023〕237号)规定,用地预审与选址意见书明确的规划要求达到规划条件深度的,可作为规划条件使用。

参考《江苏省城乡规划条例》第三十二条规定,选址意见书的内容,应当包括建设项目的选址位置和下一阶段规划要求,附选址位置图。

第三十四条规定,以划拨方式提供国有土地使用权的建设项目,按照下列程序办理建设用地规划许可:

(1)建设单位或者个人在建设项目经有关部门批准、核准、备案后,向城市、县城乡规划主管部门提出申请,并提交建设项目总平面图;

(2)城市、县城乡规划主管部门审查相关材料,初步审查总平面图,符合控制性详细规划的,核发建设用地规划许可证。

本案中,建议附一个比规划条件要求宽泛一些的规划要求,为了节约用地,在核发建设用地规划许可证时,还要初步审查项目的总平面图。

【延伸】

在申请建设项目用地预审和规划选址时,建设项目的名称、产业门类、用地与建设规模、供水与能源的需求量以及"三废"的排放方式和排放量等,有的基本明确,有的也有了预测。为了保证项目尽早开工并投产达效,可先给出一个规划要求,便于建设项目在建设用地、建设工程等批准前,建设单位有方向性地提前介入规划方案、施工图初步设计等工作。

(四) 宗地管理类案例

宗地是建设用地开发利用中,空间范围划定、规划条件提出、建设用地供应、规划设计、开发建设等工作的基础。宗地还是不动产单元的基础,不动产登记离不开宗地和宗地范围的确定。土地使用权一经出让或划拨,一般不得分宗或合宗。

案例 9

一个加油站,部分用地是国有建设用地,部分用地是集体建设用地。可以分开供地吗?后期能合为一宗土地吗?

【解析】

1. 关于能否分开供地

《土地管理法》第五十三条规定,经批准的建设项目需要使用国有建设用地的,建设单位应当持法律、行政法规规定的有关文件,向有批准权的县级以上人民政府自然资源主管部门提出建设用地申请,经自然资源主管部门审查,报本级人民政府批准。

第六十条规定,农村集体经济组织使用乡(镇)土地利用总体规划确定的建设用地兴办企业或者与其他单位、个人以土地使用权入股、联营等形式共同开办企业的,应当持有关批准文件,向县级以上地方人民政府自然资源主管部门提出申请,按照省、自治区、直辖市规定的批准权限,由县级以上地方人民政府批准。

无论是国有建设用地还是集体建设用地,都可以依照法定程序申请用地。因此,本案中的加油站可以分开供地。

2. 关于合并宗地问题

(1)《土地登记办法》(国土资源部令第 40 号)第五条规定,土地以宗地为单位进行登记;宗地是指土地权属界线封闭的地块或者空间。

《国务院办公厅关于完善建设用地使用权转让、出租、抵押二级市场的指导意见》(国办发〔2019〕34 号)第七条规定,分割、合并后的地块应具备独立分宗条件。

(2) 参考有关省、市和地方的有关规定

《浙江省人民政府办公厅关于规范和完善建设用地使用权转让、出租、抵押二级市场的实施意见》(浙政办发〔2020〕57 号)第二条规定,合并所涉及的宗地应当为界线相邻的地块,且土地权属性质、使用权类型和土地用途一致。

《天津市人民政府办公厅关于完善建设用地使用权转让、出租、抵押二级市场的实施意见(试行)》(津政办规〔2021〕7 号)第二条规定:土地合并所涉及的宗地应当为界线相邻的地块,且土地权属性质、使用权类型和土地用途一致。

(3)《深圳市规划和国土资源委员会关于土地分宗、合宗的办理规则》规定,拟合宗用地的原土地使用权出让合同约定的土地性质、土地用途应基本一致。

因本案中加油站的土地权属不同,不能形成土地权属界线封闭的地块或者空间的基本条件。所以,不能合并宗地。

【延伸】

合并宗地是有条件的,特别是已经取得建设用地使用权的项目。一般情况下,土地使用权一经出让或划拨,不得合宗。除了基于公共利益或实施城乡规划的需要,在土地尚未利用的情形下,为了集约节约用地、提高土地利用效率的情形。

另外,按照国土空间规划,每一宗地都有其特有的开发利用经济技术指标。《自然资源部关于加强和规范规划实施监督管理工作的通知》(自然资发〔2023〕237号)规定,对开发经营类多宗出让地块实施统一规划的,建设工程设计方案相关指标应符合各宗地地块出让合同附具的规划条件,不得通过统一规划规避容积率等控制指标和配套要求。

案例 10

一家开发企业通过出让方式,先后取得毗邻的两宗国有土地使用权,用于居住小区开发。两宗地除了兼容商业比例不同(一个不大于10%,一个小于等于15%),其他指标都一样。在建设过程中,出现一栋楼跨越两宗地的情况,现在申请合并宗地,应如何处理?

【解析】

1. 能否合并宗地

《土地登记办法》(国土资源部令第40号)第五条规定,土地以宗地为单位进行登记;宗地是指土地权属界线封闭的地块或者空间。

《国务院办公厅关于完善建设用地使用权转让、出租、抵押二级市场的指导意见》(国办发〔2019〕34号)第七条规定,分割、合并后的地块应具备独立分宗的条件。

《自然资源部关于加强和规范规划实施监督管理工作的通知》(自然资发〔2023〕237号)第三条规定,建设用地规划许可证、建设用地使用权有偿使用合同、国有建设用地划拨决定书及集体建设用地批准文件明确的宗地土地用途、规划条件应严格一致,不得擅自改变。核发建设工程规划许可证前,应将建设工程设计方案的总平面图予以批前公示,经依法审定后不得随意修改,确需修改的,应当采取适当方式听取利害关系人的意见,并依法办理相应的变更手续。对开发经营类多宗出让地块实施统一规划的,建设工程设计方案相关指标应符合各宗地地块出让合同附具的规划条件,不得通过统一规划规避容积率等控制指标和配套要求。

本案中,两宗地同属一个开发企业,都是通过出让方式取得的国有土地使用权,规划条件除了兼容商业的比例不同,其他规划指标都一样,但兼容商业的比例有一个共同的数值区间。因此,依照相关规定,可以合并宗地。

2. 合并宗地后取得国有土地使用权的年限

参考《云南省建设用地使用权转让、出租、抵押二级市场管理办法(试行)》(云自然资规〔2022〕1号）第十五条规定，合并宗地剩余年限不一致的，以合并前各宗土地的剩余年限综合确定合并后的土地使用年限，但不得超过合并前最高的宗地剩余使用年限。涉及需补缴土地价款的，按相关规定执行。

参考《天津市人民政府办公厅关于完善建设用地使用权转让、出租、抵押二级市场的实施意见（试行）》（津政办规〔2021〕7号）第二条规定：合并后使用年限的剩余年限不一致的，经出让人同意，可按等价值原则重新确定剩余土地出让年限。

合并宗地后的土地使用权年限，全国没有统一的要求。本案中，合并宗地后的土地使用权年限可参照云南省或者天津市的相关规定。

3. 是否需要补缴出让金

《城市国有土地使用权出让转让规划管理办法》（建设部令第22号）第八条规定，土地出让金的测算应当把出让地块的规划设计条件作为重要依据之一。

《国有建设用地使用权出让地价评估技术规范》6.4条规定，土地出让后经原出让方批准改变用途或者容积率等土地使用条件的，在评估需补缴地价款时，估价期日应以国土资源主管部门依法受理补缴地价申请时点为准。

本案中，因两宗地兼容的商业比例及出让使用权的年限不同，合并宗地后，用途比例和出让年限可能会有所变化，故应当按照规定重新核算出让金。

4. 一栋楼跨越宗地

《城乡规划法》第六十四条规定：未取得建设工程规划许可证或者未按照建设工程规划许可证的规定进行建设的，由县级以上地方人民政府城乡规划主管部门责令停止建设；尚可采取改正措施消除对规划实施的影响的，限期改正，处建设工程造价百分之五以上百分之十以下的罚款；无法采取改正措施消除影响的，限期拆除，不能拆除的，没收实物或者违法收入，可以并处建设工程造价百分之十以下的罚款。

本案中，宗地没有合并之前，就出现跨越宗地地界建设现象，这个问题十分严重，应当受到严厉制裁，对监管部门及其工作人员也要严肃处理。

········【延伸】·········

相邻两宗土地在符合条件的情况下进行宗地合并，有利于集约节约用地，提高土地利用效率。

但是，必须按照《自然资源部关于加强和规范规划实施监督管理工作的通知》（自然资发〔2023〕237号）的要求，对开发经营类多宗出让地块实施统一规划的，建设工程设计方案相关指标应符合各宗地地块出让合同附具的规划条件，不得通过统一规划规避容积率等控制指标和配套要求。

房地产开发的项目宗地，涉及很多利害关系人，所以，一定要慎重处理。宗地合并后，影响居住品质的容积率、建筑密度等指标一定不能提高，因"减少退界距离"等手段节约下来的用地，要最大限度地用于配套设施的建设。

案例 11

工业用地在不合并不动产证的情况下，两个地块容积率等指标可以合并计算吗？

【解析】

《土地登记办法》(国土资源部令第40号)第五条规定,土地以宗地为单位进行登记;宗地是指土地权属界线封闭的地块或者空间。

《城乡规划法》第三十八条规定,城市、县人民政府城乡规划主管部门不得在建设用地规划许可证中,擅自改变作为国有土地使用权出让合同组成部分的规划条件。

第四十三条规定,建设单位应当按照规划条件进行建设;确需变更的,必须向城市、县人民政府城乡规划主管部门提出申请。

本案中,对照宗地的概念和相关规划管理要求,不建议将两宗地的容积率等指标合并计算。

【延伸】

《国务院办公厅关于完善建设用地使用权转让、出租、抵押二级市场的指导意见》(国办发〔2019〕34号)第(七)条规定,分割、合并后的地块应具备独立分割宗地条件。

《自然资源部关于加强和规范规划实施监督管理工作的通知》(自然资发〔2023〕237号)第三条规定,建设用地规划许可证、建设用地使用权有偿使用合同、国有建设用地划拨决定书及集体建设用地批准文件明确的宗地土地用途、规划条件应严格一致,不得擅自改变。对开发经营类多宗出让地块实施统一规划的,建设工程设计方案相关指标应符合各宗地地块出让合同附具的规划条件,不得通过统一规划规避容积率等控制指标和配套要求。

以上规定是普通性规定,对开发经营类的用地尤为严格。而对于工业用地,规划条件中的限制条件与其他开发经营性用地有所区别,有的甚至是颠倒性的。如容积率是限制低限,绿地率是限制高限等。

所以,建议将本案中两宗用地先进行合并,办理不动产登记后,再依法进行后续的规划审批和许可工作。

案例 12

乡镇一宗已摘牌的工业项目用地,在建设过程中,乡镇申请分割一小部分空地转给另外一家企业。此举是否可行?手续应如何办理?

【解析】

1. 能否分割宗地

(1)《国务院办公厅关于完善建设用地使用权转让、出租、抵押二级市场的指导意见》(国办发〔2019〕34号)第(七)条规定,分割后的地块应具备独立的分割宗地条件。

(2)《产业用地政策实施工作指引(2019年版)》第二十六条规定,对于落实产业用地政策供应的宗地,相关规范性文件有限制改变用途、限制转让或分割转让等规定的,原则上应当将限制要求写入划拨决定书或有偿使用合同,在分割转让审批中予以落实。

本案中,要对照文件要求,决定能否分宗。

2. 能否转让

(1)《土地管理法》第二条规定,土地使用权可以依法转让。

(2)《城市房地产管理法》第三十八条规定,下列房地产,不得转让:

① 以出让方式取得土地使用权的,不符合本法第三十九条规定的条件的;

② 司法机关和行政机关依法裁定、决定查封或者以其他形式限制房地产权利的;

③ 依法收回土地使用权的;

④ 共有房地产,未经其他共有人书面同意的;

⑤ 权属有争议的;

⑥ 未依法登记领取权属证书的;

⑦ 法律、行政法规规定禁止转让的其他情形。

第三十九条规定,以出让方式取得土地使用权的,转让房地产时,应当符合下列条件:

(一)按照出让合同约定已经支付全部土地使用权出让金,并取得土地使用权证书;

(二)按照出让合同约定进行投资开发。属于房屋建设工程的,完成开发投资总额的百分之二十五以上;属于成片开发土地的,形成工业用地或者其他建设用地条件。

转让房地产时房屋已经建成的,还应当持有房屋所有权证书。

(3)《土地管理法实施条例》第四十三条规定:通过出让等方式取得的集体经营性建设用地使用权依法转让、互换、出资、赠予或者抵押的,双方应当签订书面合同,并书面通知土地所有权人。

本案有关能否转让的问题,应当符合法律法规的规定。

3. 具体操作

(1)确定能否分宗。首先是查阅原宗地的规划条件、建设工程的规划许可情况,与现场进行核对,拟分割出去的宗地是否具备与原宗地同样的建设条件,即独立的分宗条件。如果符合条件,确定可以分宗。

(2)确定能否转让。查阅出让合同或者划拨决定书中,是否有限制转让或分割转让等规定。对照《城市房地产管理法》第三十八条、第三十九条的有关规定,核查是否存在"不得转让"的情形和转让的基本条件是否符合规定。符合相关要求,则确定可以转让。

确定可以转让后,按照法律法规的规定,签订转让协议并办理不动产登记。需要建设的,进入基本建设程序。

【延伸】

法律法规虽然没有禁止宗地分割和建设用地使用权转让,但要严格控制。宗地分割与宗地合并相反,对土地的集约节约利用、提高土地利用效率是不利的,而且容易引发民事纠纷,造成社会不安定因素。市政道路规划、幼儿园等配套建设,需要穿越宗地或占用其中的一部分,这种因规划建设需要分割宗地的,属于自然分割;建设用地使用权人为了开发建设、融资、转让等需求进行宗地分割的,属于申请分割。

《城市房地产管理法》等法律法规对取得国有土地权转让的形式作出了严格的规定。《产业用地政策实施工作指引(2019年版)》第一条规定,产业用地政策是指国务院、国务院办公厅及自然资源部等部门的规范性文件中规定的适用于特定行业的用地政策。专门指出"上述特定行业不包括房地产业"。

（五）用地混合、兼容和配套类案例

一宗土地有明显的两种及两种以上用途，称为混合用地；一宗土地以一种用途用地为主，另外一种或者几种用途为辅，称为兼容用地；一宗土地只有一种规划用途，但其他用途的土地与整宗用地的规划用途不可分割，称为配套用地。

在工业园区，一宗土地规划为一类工业用地，大部分已建成。现企业想在剩余部分的用地上建设酒店，是否可行？如果可行，手续如何办理？

【解析】

1. 是否可以混合

目前，国家还没有对已经取得使用权的土地混合使用问题作出统一明确的规定。

《国土资源部、国家发展和改革委员会、科学技术部、工业和信息化部、住房和城乡建设部、商务部〈关于支持新产业新业态发展促进大众创业万众创新用地的意见〉》（国土资规〔2015〕5号）（已过有效期）第（十二）条提出：引导土地用途兼容复合利用。城乡规划主管部门在符合控制性详细规划的前提下，按照用途相近、功能兼容、互无干扰、基础设施共享的原则，会同发展改革、国土资源主管部门，根据当地实际，研究制定有助于新产业、新业态发展的兼容性地类和相关控制指标。经市、县国土资源会同城乡规划等部门充分论证，新产业工业项目用地，生产服务、行政办公、生活服务设施建筑面积占项目总建筑面积比例不超过15%的，可仍按工业用途管理。科教用地可兼容研发与中试、科技服务设施与项目及生活性服务设施，兼容设施建筑面积比例不得超过项目总建筑面积的15%，兼容用途的土地、房产不得分割转让。出让兼容用途的土地，按主用途确定供应方式，在现有建设用地上增加兼容的，可以协议方式办理用地手续。

《江苏省人民政府办公厅关于进一步推进工业用地提质增效的意见》（苏政办发〔2021〕103号）第四条规定，增加混合产业用地供给。以产业链、供应链为纽带，统筹安排混合产业用地的规模、结构和布局，促进土地用途混合利用和建筑复合使用。鼓励同一地块内工业、仓储、研发、办公、商服等用途互利的功能混合布置。混合产业用地应确定主导功能及混合比例要求，明确工业用地规模、分割转让限制等要求。对涉及公共安全、环境保护及特殊功能需求的用途不得混合利用。单一工业用地内，研发、中试设施、检测等其他产业用途和配套设施的建筑面积占地上建筑总面积的比例上限由15%提高到30%，其中用于办公、生活配套设施的比例不超过地上建筑总面积的15%。

从国土资源部和江苏省的文件来看，在不影响公共安全、环境保护的前提下，本案中的工业用地和商业用地可以混合使用，但不属于兼容类型，商业用地必须分宗处理。

2. 手续办理

首先分割宗地，然后提出规划条件，重新评估地价，再进行土地使用权转让或者收回土地使用权重新出让（可以采用协议出让），不动产登记，最后进入基本建设程序。

【延伸】

混合用地属于详细规划编制阶段的工作。详细规划应对混合用地的性质、比例作出规定。对已取得建设用地使用权的宗地进行混合处理,从国土空间规划管理角度来看,建议考虑以下原则:

(1) 城市用地布局与结构不能被改变。后期的调整越大,对总的布局与结构冲击越大。对局部地块作出适当调整,影响不大,如果做大范围的用地性质调整,就必须按照规划修编的要求执行。

(2) 对城市公共服务设施以及市政设施的需求不能改变。虽说在规划阶段,对城市公共服务设施和市政基础设施的容量的预测会留有余量,但这些余量不一定能满足城市发展的需求,或许在用地布局调整时,还有可能会增加规划的余量,但是,调整后的用地不得增加城市公共服务设施和市政基础设施的负担。

(3) 综合考虑对环境质量的影响。环境也是资源,也有承载力的要求。调整后的用地,除要考虑对自然环境的影响,更要考虑建筑环境、生活环境对人们工作、生活的影响。

参考《江苏省人民政府办公厅关于进一步推进工业用地提质增效的意见》(苏政办发〔2021〕103号)的有关规定,同一地块内的工业、仓储、研发、办公、商服等用途互利的功能,鼓励混合布置。

至于对其他类型混合用地的处理,在建议原则的基础上,依此类推。在具体操作中,除了要符合政策规定,还要遵守法律法规规定的程序要求,不能造成国有资产流失,并严格执行现行的技术规范(标准)。

案例 14

煤矿工业广场,地面设施部分有为煤矿生活服务的办公楼、职工宿舍、澡堂、食堂、生活服务中心,有为煤矿生产服务的车间、机房、储煤场、洗煤厂、装车线、材料供应仓库、材料装车线等。该广场用地属于什么用途?

【解析】

合理布局的含义是指在筹划、安排事物时,根据整体的需要,合理地安排各个部分的位置、角色和功能。

《城乡规划法》第四条规定,合理布局、节约土地,是制定和实施城乡规划的基本原则。《国土资源部、国家发展和改革委员会、科学技术部、工业和信息化部、住房和城乡建设部、商务部关于支持新产业新业态发展促进大众创业万众创新用地的意见》(国土资规〔2015〕5号)(已过有效期)第十二条曾提出:引导土地用途兼容复合利用。城乡规划主管部门在符合控制性详细规划的前提下,按照用途相近、功能兼容、互无干扰、基础设施共享的原则,会同发展改革、国土资源主管部门,根据当地实际,研究制定有助于新产业、新业态发展的兼容性地类和相关控制指标。经市、县国土资源会同城乡规划等部门充分论证,新产业工业项目用地,生产服务、行政办公、生活服务设施建筑面积占项目总建筑面积比例不超过15%的,可仍按工业用途管理。科教用地可兼容研发与中试、科技服务设施与项目及生活性服务设施,兼容设施建筑面积比例不得超过项目总建筑面积的15%,兼容用途的土地、房产不得分割转让。出让兼容用途的土地，按主用途确定供应方式，在现有建设用地上增加兼容的，可以协议方式办理用地手续。

参照《江苏省人民政府办公厅关于进一步推进工业用地提质增效的意见》（苏政办发〔2021〕103号）第四条规定，增加混合产业用地供给。以产业链、供应链为纽带，统筹安排混合产业用地的规模、结构和布局，促进土地用途混合利用和建筑复合使用。鼓励同一地块内工业、仓储、研发、办公、商服等用途互利的功能混合布置。混合产业用地应确定主导功能及混合比例要求，明确工业用地规模、分割转让限制等要求。对涉及公共安全、环境保护及特殊功能需求的用途不得混合利用。单一工业用地内，研发、中试设施、检测等其他产业用途和配套设施的建筑面积占地上建筑总面积的比例上限由15%提高到30%，其中用于办公、生活配套设施的比例不超过地上建筑总面积的15%。

本案中，涉及生产区和生活区的混合用地问题，同时存在工业、居住、商业性质的用地混合。如果生活区的用地和建筑面积比例不超过文件规定，则属于工业用地内兼容性质，整个工业广场的用地性质为工业用地；如果超过规定比例，则为混合用地。

【延伸】

对于大型工矿企业，为了方便职工生活，设立生活区是人性化的做法，同时，可以缓解城市交通的压力。但需注意，在规定比例范围内的用地及其附属设施，不得分割转让。超过规定比例的，可以按照主要用途进行出让。

案例 15

纯住宅用地上，可以建设锅炉房（热力站）、养老设施、社区服务用房、物管用房、配电房、道路、绿化、门卫室吗？这些用地属于什么性质？比例应如何控制？

【解析】

《城市居住区规划设计标准》（GB 50180—2018）第2.0.9条规定，配套设施对应居住区分级配套规划建设，并与居住人口规模或住宅建筑面积规模相匹配的生活服务设施；主要包括基层公共管理与公共服务设施、商业服务设施、市政公用设施、交通场站及社区服务设施、便民服务设施。

《商务部等12部门关于推进城市一刻钟便民生活圈建设的意见》（商流通函〔2021年〕第176号）要求，重点对城镇老旧小区、新建居住区、城乡结合部的小区加强商业网点布局，满足居民便利生活和日常消费需求。推动商居和谐，落实相关规划和标准，引导住宅和商业适当分离，商业设施和社区风格相协调，基本保障业态和品质提升业态相结合。

该意见还要求落实新建社区商业和综合服务设施面积占社区总建筑面积比例不低于10%的规定，做到社区商业设施与住宅同步规划、同步建设、同步验收和同步交付。结合旧城改造和城市更新，做好与国土空间规划衔接，推动土地复合开发利用、用途合理转换，盘活存量房屋设施，增加商业网点用房供给，有条件的商业网点周边要实行人车分流，完善无障碍设施。鼓励物业服务企业在保障安全、征得业主同意的前提下，在居住区设置共享仓，为商户和居民提供物品临时存放场所。

本案中提及的有关公共服务和市政公用设施，都是居住区必不可少的配套设施，其用地属于居住用地的配套设施用地,归属于居住用地。

为了方便居民生活,居住用地的配套设施一般都是零散布置或者与其他用途的建筑结合建设,大多是低层建筑,用地面积难以统计。目前,国家对此没有明确规定。

【延伸】

土地使用兼容性的规定是为了确定地块主导用地属性,分为可以兼容、有条件兼容和不允许兼容的设施类型,一般是通过用地与建筑兼容表实施控制。兼容有比例限制,在比例范围内不允许分割转让,超过比例则要办理出让手续。

一个项目内安排了多种用途功能设施就是混合用地,这种混合会在规划条件里明确各种用途比例的建筑面积构成。混合用地如要分宗,则要重新定地价,办理出让手续。

配套设施建设的目的是满足居民生活、工作、学习、娱乐等需求,提升居民生活品质,使城市更加宜居。配套设施建设可以完善城市功能、提高城市品位、促进城市发展。配套设施建设不改变用地性质,不需要履行改变土地用途的手续,也不需要缴纳改变土地用途的土地价款。

(六) 建筑用途改变类案例

用地性质决定了地上建筑的主导使用功能。

建筑按使用功能分为工业建筑、公共建筑、居住建筑。工业建筑的功能主要是为工业生产服务,如仓库、车间、发电机房等。公共建筑的功能主要是给公众提供社交活动的场所,如机关办公楼、学校、医院、电影院、体育馆等。居住建筑的功能主要是供家庭或个人较长时期居住使用的建筑,如住宅、公寓、宿舍、别墅等。除了按功能分类外,建筑的常用分类方法还可以按规模、结构、建筑层数、耐火等级等方式分类。

案例 16

某设计院取得一宗土地,全部按照规划许可建设完毕,并通过规划核实。现设计院想将沿街的一栋楼改成快捷酒店,应如何操作?

【解析】

《城乡规划法》第四十三条规定,建设单位应当按照规划条件进行建设;确需变更的,必须向城市、县人民政府城乡规划主管部门提出申请。变更内容不符合控制性详细规划的,城乡规划主管部门不得批准。城市、县人民政府城乡规划主管部门应当及时将依法变更后的规划条件通报同级土地主管部门并公示。建设单位应当及时将依法变更后的规划条件报有关人民政府土地主管部门备案。

《土地管理法》第五十六条规定,建设单位确需改变该幅土地建设用途的,应当经有关人民政府自然资源主管部门同意,报原批准用地的人民政府批准。其中,在城市规划区内改变土地用途的,在报批前,应当先经有关城市规划行政主管部门同意。

《城市房地产管理法》第十八条规定,土地使用者需要改变土地使用权出让合同约定的土地用途的,必须取得出让方和市、县人民政府城市规划行政主管部门的同意,签订土地使用权出让合同变更协议或者重新签订土地使用权出让合同,相应调整土地使用权出让金。

《城镇国有土地使用权出让和转让暂行条例》第十八条规定,土地使用者需要改变土地使用权出让合同规定的土地用途的,应当征得出让方同意并经土地管理部门和城市规划部门批准,依照本章的有关规定重新签订土地使用权出让合同,调整土地使用权出让金,并办理登记。

《自然资源部关于加强和规范规划实施监督管理工作的通知》(自然资发〔2023〕237号)要求,未依法依规取得规划许可,不得实施新建、改建、扩建工程,不得擅自改变土地用途。

本案中,不仅仅是建筑用途改变的问题,而且涉及土地性质的改变。首先要征求自然资源主管部门的意见,主管部门要对该建筑使用功能的改变是否影响城市用地布局与结构、是否增加城市公共服务设施以及市政设施的需求等方面作出判断。如果同意改变,则分割宗地,重新签订土地使用权出让合同,补缴土地使用权出让金,并履行自然资源相关法律法规规定的行政许可手续。

【延伸】

1. 依照法律法规规定,建设工程的规划用途及土地使用用途都是可以变更的。但是,必须履行相应的程序。
2. 各类型的建筑必须执行对应的建筑设计规范。
3. 各类建筑必须严格执行防火规范。

参照南京市《既有建筑改变使用功能规划建设联合审查办法》的相关规定,对"非住宅建筑改为住宅、酒店式公寓的""住宅建筑改为有安全、噪声、光、油烟污染问题,严重影响周边环境的项目,包括:餐饮、机械加工、建材库房、宠物医院、娱乐场所、棋牌室、健身房、游泳馆等""将建筑用途转为易燃易爆、危化品生产加工存储、危废存储等功能的""社区用房、物管用房、农贸市场改作他用的""将地下车库、交通通道改作他用的""封闭架空层、增加隔层等增加建筑面积进行使用的""利用违法建设整体或部分进行使用的"等情况,必须严格控制。

案例 17

某口腔医院租用社区办公用房开设门诊,自然资源部门是否需要介入?

【解析】

本案属于租赁房屋改变建筑用途,不涉及改变土地用途和不动产登记用途,也不涉及权利人的相关权利变更,自然资源管理的相关法律法规对此情况没有禁止性规定,所以无需办理自然资源方面的许可。

【延伸】

目前,各地已就既有建筑改变使用功能问题出台了相关联合审查管理方法,自然资源部门审查的关键问题在于规划用途及土地用途是否发生了改变,同时要考虑民生、相邻权、环境污染、房屋结构和消防安全等问题。

(七) 规划调整类案例

近年来,"多规合一"改革取得了开创性、决定性成就,确立了国土空间规划在国家空间治理体系中的基础性地位。但是,因为各种因素,特别是新产业、新业态和新生活方式的出现,对自然资源配置提出了更多的要求。在国土空间规划的法律法规体系尚未完善的过渡期,频繁调整规划现象可能还要持续一段时间。

案例 18

一宗工业用地,其现行控制性详细规划的绿地率指标为不小于20%,与《工业项目建设用地控制指标》中"工业项目用地一般不得安排非安全生产必需绿地,严禁建设脱离工业生产需要的花园式工厂"的规定不符。现在准备出具规划条件,应如何执行?

【解析】

1.《土地管理法》第三条规定,十分珍惜、合理利用土地和切实保护耕地是我国的基本国策。

2.《城乡规划法》第三十八条规定,在城市、镇规划区内以出让方式提供国有土地使用权的,在国有土地使用权出让前,城市、县人民政府城乡规划主管部门应当依据控制性详细规划,提出出让地块的位置、使用性质、开发强度等规划条件,作为国有土地使用权出让合同的组成部分。

第四十八条规定,修改控制性详细规划的,组织编制机关应当对修改的必要性进行论证,征求规划地段内利害关系人的意见,并向原审批机关提出专题报告,经原审批机关同意后,方可编制修改方案。

本案应当先按照法定程序修改控制性详细规划,然后出具规划条件。

【延伸】

规划本身就是通过技术手段落实法律法规和各类政策的工具,在相关政策发生变化时,规划应当及时作出相应的调整。

参照《江苏省建设用地指标(2022年版)》的相关规定,工业用地的绿地率指标的上限值控制在6%至7%之间。

案例 19

一企业想在原有国有土地使用权的用地范围内,申请扩大生产并新建厂房,但新的国土空间规划已将其划为商业用地,该申请能否审批?

【解析】

《城乡规划法》第二条规定,制定和实施城乡规划,在规划区内进行建设活动,必须遵守本法。

第七条规定,经依法批准的城乡规划,是城乡建设和规划管理的依据,未经法定程序不得修改。

《土地管理法实施条例》第二条规定,土地开发、保护、建设活动应当坚持规划先行。经依法批准的国土空间规划是各类开发、保护、建设活动的基本依据。

根据法律法规的规定,本案的申请事项不能审批。

【延伸】

国土空间规划作为一项公共政策,在编制过程中应当充分考虑政策的延续性,尽量避免大拆大建和重复建设。规划的权威来自权威的规划。

国土空间规划是对一定区域国土空间开发保护在空间和时间上作出的安排,是国家空间发展的指南和可持续发展的空间蓝图。为了实现这张蓝图的目标,需要社会全员、全要素投入,不断地、循序渐进地努力,而不是一蹴而就的。

案例 20

某加油站有土地证和房产证,但不在城镇开发边界内。现在申请扩建,应如何办理?

【解析】

目前,各地已经完成"三区三线"划定工作,自然资源部于 2023 年 10 月 8 日,印发了《自然资源部关于做好城镇开发边界管理的通知(试行)》(自然资发〔2023〕193 号)(简称《通知》)。文件强调了"三区三线"划定成果的严肃性和权威性,还对"三区三线"划定工作中出现的一些问题作出了补充规定,如城镇开发边界进行局部优化和规划城镇建设用地安排等。

对城镇开发边界外"已依法依规批准且完成备案的建设用地,已办理划拨或出让手续,已核发建设用地使用权权属证书",可以作为城镇开发边界进行局部优化的情形。

本案的加油站用地符合该规定。

《城乡规划法》第四十三条规定,建设单位应当按照规划条件进行建设。

本案的加油站能否扩建,取决定规划条件中规定的容积率指标。

【延伸】

"三区三线"是一个新概念、新工作,缺乏经验指导,对于类似案件,我们可以按照《通知》的规定执行。但是,要等量缩减城镇开发边界内的新增城镇建设用地,以确保城镇建设用地总规模和城镇开发边界扩展倍数不得突破。

案例 21

一家公立医院,原来划拨时容积率很低,现在要加建一栋建筑物,应如何处理?

【解析】

《城乡规划法》第三十八条规定,在城市、镇规划区内以出让方式提供国有土地使用权的,在国有土地使用权出让前,城市、县人民政府城乡规划主管部门应当依据控制性详细规划,提出出让地块的位置、使用性质、开发强度等规划条件,作为国有土地使用权出让合同的组成部分。

第四十三条规定,建设单位应当按照规划条件进行建设。

第四十八条规定,修改控制性详细规划的,组织编制机关应当对修改的必要性进行论证,征求规划地段内利害关系人的意见,并向原审批机关提出专题报告,经原审批机关同意后,方可编制修改方案。

《建设用地容积率管理办法》(建规〔2012〕22 号)第二条规定,在城市、镇规划区内以划拨或出让方式提供国有土地使用权的建设用地的容积率管理,适用本办法。

本案可以按照法定程序修改详细规划后,重新出具规划条件后再实施。

【延伸】

容积率是一个非常严苛的指标,对划拨用地来说,是节约用地的手段;对出让用地,则直接关系经济利益。同样是出让用地,对居住用地,容积率指标控制的是上限,且又不能低于1;而对工业用地,则控制的是下限。无论是出让用地还是划拨用地,需要调整容积率等指标,都要履行法定的程序。

为达到节约用地的目的,减少后期调整规划的麻烦,建议在规划编制时,对划拨用地的容积率指标适当放宽,但要与有关用地性质所对应的行业要求相符。

(八)临时用地类案例

临时用地,实际上是某项工作开展过程中的辅助用地。土地管理法规将其纳入建设用地管理范畴,自然资源部先后又印发了多项文件,强调了对临时用地的管理。

案例 22

临时用地,是否包括城市开发边界内的已收储土地?还是仅限于耕地、林地、草地等?

【解析】

《土地管理法》第五十七条规定,建设项目施工和地质勘查需要临时使用国有土地或者农民集体所有的土地的,由县级以上人民政府自然资源主管部门批准。其中,在城市规划区内的临时用地,在报批前,应当先经有关城市规划行政主管部门同意。土地使用者应当根据土地权属,与有关自然资源主管部门或者农村集体经济组织、村民委员会签订临时使用土地合同,并按照合同的约定支付临时使用土地补偿费。

《自然资源部、农业农村部关于加强和改进永久基本农田保护工作的通知》(自然资规〔2019〕1号)规定,临时用地一般不得占用永久基本农田,建设项目施工和地质勘查需要临时用地、选址确实难以避让永久基本农田的,在不修建永久性建(构)筑物、经复垦能恢复原种植条件的前提下,土地使用者按法定程序申请临时用地并编制土地复垦方案,经县级自然资源主管部门批准可临时占用,并在市级自然资源主管部门备案,一般不超过两年,同时,通过耕地耕作层土壤剥离再利用等工程技术措施,减少对耕作层的破坏。

《自然资源部关于规范临时用地管理的通知》(自然资规〔2021〕2号)规定,建设项目施工、地质勘查使用临时用地时应坚持"用多少、批多少、占多少、恢复多少",尽量不占或者少占耕地。使用后土地复垦难度较大的临时用地,要严格控制占用耕地。铁路、公路等单独选址建设项目,应科学组织施工,节约集约使用临时用地。制梁场、拌和站等难以恢复原种植条件的不得以临时用地方式占用耕地和永久基本农田,可以建设用地方式或者临时占用未利用地方式使用土地。

《自然资源部、生态环境部、国家林业和草原局关于加强生态保护红线管理的通知(试行)》(自然资发〔2022〕142号)规定,生态保护红线内允许的有限人为活动和国家重大项目占用生态保护红线涉及临时用地的,按照自然资源部关于规范临时用地管理的有关要求,参照临时占用永久基本农田规定办理,严格落实恢复责任。

按照上述规定,临时使用的土地不分国有土地和集体土地,耕地、林地、草地、基本农田以及生态保护红线内的土地都可以占用,但必须履行严格的批准手续。

【延伸】

临时使用的土地,应尽量使用存量的建设用地和未利用地,尽量不占或者少占耕地。临时用地管理制度是为了解决临时用地范围界定不规范、超期使用、使用后复垦不到位及违规批准等问题。应严格遵守耕地保护红线,规范和严格管理临时用地,切实加强耕地保护,促进节约集约用地。

案例 23

某企业通过出让取得国有建设用地使用权,准备建设房地产开发项目,已经取得不动产登记证,但大部分土地还没使用。现在该企业认为房地产市场不景气,拟将剩余土地建设临时驾校和用于仓储(只搭简易钢构)。主管部门应如何处理?

【解析】

《城市房地产管理法》第二十六条规定,以出让方式取得土地使用权进行房地产开发的,必须按照土地使用权出让合同约定的土地用途、动工开发期限开发土地。

《自然资源部关于规范临时用地管理的通知》(自然资规〔2021〕2号)规定,临时用地是指建设项目施工、地质勘查等临时使用,不修建永久性建(构)筑物,使用后可恢复的土地(通过复垦可恢复原地类或者达到可供利用状态)。

本案不属于临时用地的管理范畴,应该按照房地产开发相关的法律法规予以处理。

【延伸】

临时用地的特殊性就是不占指标的临时性和使用后的可恢复性。对于此类问题,主管部门不可听之任之,应该足够重视相关合同的效力问题。

案例 24

若取得了临时用地规划许可证并办理了临时建设工程规划许可证,是否能确保卫星照片执法检查不会出现问题?

【解析】

《自然资源部关于规范临时用地管理的通知》(自然资规〔2021〕2号)要求,县(市)自然资源主管部门应当在临时用地批准后20个工作日内,将临时用地的批准文件、合同以及四至范围、土地利用现状照片影像资料信息等传至自然资源部的临时用地信息系统完成系统配号,并向社会公开临时用地批准信息。

本案中,在完成相关的行政许可后,还必须按照规定,将最终的信息上传到全国的管理系统,才算流程完结。

【延伸】

卫星图片执法的问题,虽然诟病很多,但在土地政策作为基本国策的前提下,这一看似"简单粗暴"的做法确实有其独到的效果。

作为系统内部人员,应该理解"一张图"管理和卫星图片执法的重要意义。在行政执法中,人为因素影响执法公平公正的案例太多了,自然资源系统利用高科技手段,建设"一个系统""一张图"从始到终的管理体系,堪称全面建设法治社会的典范。

案例 25

能否改变临时用地性质或临时房屋用途?临时用地和临时建筑的期限是多少年?在这期间,业主申请办理建设工程规划许可证延期,应如何处理?

【解析】

《土地管理法》第五十七条规定,建设项目施工和地质勘查需要临时使用国有土地或者农民集体所有的土地的,由县级以上人民政府自然资源主管部门批准。土地使用者应当根据土地权属,与有关自然资源主管部门或者农村集体经济组织、村民委员会签订临时使用土地合同,并按照合同的约定支付临时使用土地补偿费。

临时使用土地的使用者应当按照临时使用土地合同约定的用途使用土地,并不得修建永久性建筑物。

《城乡规划法》第四十四条规定,在城市、镇规划区内进行临时建设的,应当经城市、县人民政府城乡规划主管部门批准。临时建设影响近期建设规划或者控制性详细规划的实施以及交通、市容、安全等的,不得批准。临时建设应当在批准的使用期限内自行拆除。

《土地管理法实施条例》第二十条规定,临时用地由县级以上人民政府自然资源主管部门批准,期限一般不超过二年;建设周期较长的能源、交通、水利等基础设施建设使用的临时用地,期限不超过四年;法律、行政法规另有规定的除外。

《自然资源部关于规范临时用地管理的通知》(自然资规〔2021〕2号)规定,临时用地使用人应当按照批准的用途使用土地,不得转让、出租、抵押临时用地。

临时用地没有性质规定,只是相关项目的辅助用地。在土地管理的法规中,纳入建设用地范畴。本案中,临时用地依法不可以改变合同约定的用途,也不可以改变在临时用地上的临时房屋的使用功能。临时用地和临时建筑在批准的期限内使用,到期必须退还、复垦和拆除,一般不予延期。

【延伸】

临时用地和临时建筑的管理权限在本级部门,因为规定的使用期限短,在国土空间规划管理工作中容易被遗忘或者疏漏,加之各种利益的博弈,可能造成管理不到位。所以,《自然资源部关于规范临时用地管理的通知》中要求的"加强'一张图'管理,各级自然资源主管部门在年度国土变更调查、卫星照片执法检查中要结合临时用地信息系统中的批准文件、合同、影像资料、土地复垦方案报告表等,认真审核临时用地的批准、复垦情况"很有必要,应该严格执行。

(九) 管(杆)线类案例

管(杆)线是城市市政基础设施的重要载体,属于建设工程范畴,因其是线性工程,各地对管(杆)线的规划管理的做法不尽相同,有的只做选址,有的不做规划核实。

跨越多个省份的特高压线路,是否需要向途经的县、市申请办理建设工程规划许可手续?

【解析】

1.《建设项目用地预审管理办法》(国土资源部令第68号)第六条规定:依照本办法第四条规定应当由国土资源部预审的建设项目,国土资源部委托项目所在地的省级国土资源主管部门受理,但建设项目占用规划确定的城市建设用地范围内土地的,委托市级国土资源主管部门受理。受理后,提出初审意见,转报国土资源部。

涉密军事项目和国务院批准的特殊建设项目用地,建设用地单位可直接向国土资源部提出预审申请。

应当由国土资源部负责预审的输电线塔基、钻探井位、通信基站等小面积零星分散建设项目用地,由省级国土资源主管部门预审,并报国土资源部备案。

2.《建设项目选址规划管理办法》(建规〔1991〕583号)第七条规定,建设项目选址意见书,按建设项目计划审批权限实行分级规划管理。

3.《城乡规划法》第四十条规定,在城市、镇规划区内进行建筑物、构筑物、道路、管线和其他工程建设的,建设单位或者个人应当向城市、县人民政府城乡规划主管部门或者省、自治区、直辖市人民政府确定的镇人民政府申请办理建设工程规划许可证。

第四十五条规定,县级以上地方人民政府城乡规划主管部门按照国务院规定对建设工程是否符合规划条件予以核实。

本案中,跨越多个省份的高压线路的塔基及线路走向,应该依照分级规定,办理建设项目用地预审与选址意见书。在城镇开发边界内的杆塔线路,应当办理建设工程规划许可证,并申请规划核实。

【延伸】

线性建设工程大多是成网的,通过站点进行转换,这些站点称为管线设施。国土空间规划中,要预留各类长输管线的廊道。在城镇开发边界内,应当编制各类管线的专项规划,并结合其他专项规划,编制管线综合规划,最终纳入城镇详细规划,作为国土空间规划管理的依据。严格执行《自然资源部关于进一步加强国土空间规划编制和实施管理的通知》(自然资发〔2022〕186号)中"不得以专项规划、片区策划、实施方案、城市设计等名义替代详细规划设置规划条件、核发规划许可"的规定。

参照《淮安市地下管线管理条例》,对管线的管理是从规划编制、规划管理、管线信息汇交全过程进行的,有助于地下空间的有序和综合利用,保障管线的运行安全。

案例 27

某地下管线工程经过方案论证,需穿越林地、一般农用地、基本农田以及生态保护区,有哪些要求?

【评析】

《自然资源部、生态环境部、国家林业和草原局关于加强生态保护红线管理的通知(试行)》(自然资发〔2022〕142号)规定:必须且无法避让、符合县级以上国土空间规划的线性基础设施建设,属于允许的人为活动;不涉及新增建设用地、用海用岛审批的,按有关规定进行管理,无明确规定的由省级人民政府制定具体监管办法。上述活动涉及自然保护地的,应征求林业和草原主管部门或自然保护地管理机构意见;生态保护红线内允许的有限人为活动涉及临时用地的,按照自然资源部关于规范临时用地管理的有关要求,参照临时占用永久基本农田规定办理,严格落实恢复责任。

《自然资源部关于规范临时用地管理的通知》(自然资规〔2021〕2号)规定:建设项目施工过程中建设的直接服务于工程施工的项目自用辅助工程,包括地下管线敷设作业;临时用地确需占用永久基本农田的,必须能够恢复原种植条件,并符合《自然资源部 农业农村部关于加强和改进永久基本农田保护工作的通知》(自然资规〔2019〕1号)中申请条件、土壤剥离、复垦验收等有关规定。

本案中,工程建设时涉及临时用地,特别是涉及基本农田和生态保护区,要严格履行临时用地审批手续。《自然资源部关于规范临时用地管理的通知》(自然资规〔2021〕2号)规定,县(市)自然资源主管部门负责临时用地审批,其中涉及占用耕地和永久基本农田的,由市级或者市级以上自然资源主管部门负责审批。不得下放临时用地审批权或者委托相关部门行使审批权。涉及自然保护地的,应征求林业和草原主管部门或自然保护地管理机构意见。

【延伸】

临时用地具有临时性和可恢复性等特点。使用前应当将表层的耕植土剥离;使用后一年内,要将土地恢复至原地类或者达到可供利用状态。使用临时用地时,应坚持"用多少、批多少、占多少、恢复多少"的原则,尽量不占或者少占耕地。不能超期、超范围使用临时用地。临时用地使用人应当按照批准的用途使用土地,不得转让、出租、抵押临时用地。

(十) 地下空间类案例

地下空间是国土空间的重要组成部分。随着人口增多、交通压力增大、地面土地资源紧张,地下空间开发利用的价值不断显现。

案例28

学校操场地下能否批准建设公共停车场?

【解析】

《城乡规划法》第三十三条规定,城市地下空间的开发和利用,应当与经济和技术发展水平相适应,遵循统筹安排、综合开发、合理利用的原则,充分考虑防灾减灾、人民防空和通信等需要,并符合城市规划,履行规划审批手续。

《城市地下空间开发利用管理规定》(建设部令第58号)第五条规定,各级人民政府在编制城市详细规划时,应当依据城市地下空间开发利用规划对城市地下空间开发利用作出具体规定。

第十一条规定,附着地面建筑进行地下工程建设,应随地面建筑一并向城市规划行政主管部门申请办理选址意见书、建设用地规划许可证、建设工程规划许可证。

第十二条规定,独立开发的地下交通、商业、仓储、能源、通信、管线、人防工程等设施,应持有关批准文件、技术资料,依据《城乡规划法》的有关规定,向城市规划行政主管部门申请办理选址意见书、建设用地规划许可证、建设工程规划许可证。

《住房城乡建设部、国土资源部关于进一步完善城市停车场规划建设及用地政策的通知》(建城〔2016〕193号)规定,可充分结合城市地下空间规划,利用地下空间分层规划停车设施,在城市道路、广场、学校操场、公园绿地以及公交场站、垃圾站等公共设施地下布局公共停车场,以促进城市建设用地复合利用。

通过分层规划,利用地下空间建设公共停车场的,地块用地规划性质为相应地块性质兼容社会停车场用地。本案中,利用学校操场的地下空间建设公共停车场符合相关政策,应当按照相关的法规予以批准。

【延伸】

地下空间开发利用,首先应编制专项规划,并将专项规划的内容和要求纳入详细规划,作为地下空间开发利用的国土空间规划管理的依据。

地下空间开发利用受国家鼓励,但应当履行土地使用权、城乡规划等国土空间规划的审批手续。同时,要特别注重结构安全、消防安全以及交通安全。对公共场所地下空间的开发利用,还应当综合考虑地面土地用途的公共安全因素。

案例 29

一个房地产项目配套建设的幼儿园,在建成以后要移交给政府。幼儿园的地下空间能否由开发企业建设成住宅的停车场?

【解析】

《城乡规划法》第三十八条规定,在城市、镇规划区内以出让方式提供国有土地使用权的,在国有土地使用权出让前,城市、县人民政府城乡规划主管部门应当依据控制性详细规划,提出出让地块的位置、使用性质、开发强度等规划条件,作为国有土地使用权出让合同的组成部分。

《城市房地产管理法》第二十五条规定,房地产开发必须严格执行城市规划,按照经济效益、社会效益、环境效益相统一的原则,实行全面规划、合理布局、综合开发、配套建设。

第二十六条规定,以出让方式取得土地使用权进行房地产开发的,必须按照土地使用权出让合同约定的土地用途动工开发土地。

《城镇国有土地使用权出让和转让暂行条例》(国务院令第55号)第十七条规定,土地使用者应当按照土地使用权出让合同的规定和城市规划的要求,开发、利用、经营土地。

《城市地下空间开发利用管理规定》(建设部令第58号)第二十五条规定,地下工程应本着"谁投资、谁所有、谁受益、谁维护"的原则,允许建设单位对其投资开发建设的地下工程自营或者依法进行转让、租赁。

本案中,开发企业依法对幼儿园的地下空间享有使用权和支配权。

【延伸】

同一宗通过出让取得建设用地使用权的土地,只要规划条件和土地使用权出让合同中没有明确规定和约定地下空间的位置、用途和使用方式等,并在国有建设用地使用权出让地价评估时也没有作出具体的说明,则土地使用人的相关权利不应该受到约束。

本案中,因为幼儿园对技防要求的特殊性,地下空间和地面空间的连通条件要受到一定管制。

案例 30

建设城市地下综合管廊,需要办理哪些手续?

【解析】

《城乡规划法》第四十条规定,在城市、镇规划区内进行建筑物、构筑物、道路、管线和其他工程建设的,建设单位或者个人应当向城市、县人民政府城乡规划主管部门或者省、自治区、直辖市人民政府确定的镇人民政府申请办理建设工程规划许可证。

申请办理建设工程规划许可证,应当提交使用土地的有关证明文件、建设工程设计方案等材料。本案中,建设城市地下综合管廊依法应当办理有关法律法规规定的许可手续。

【延伸】

地下管线是城市的生命线工程,无论何种情况,必须保证其安全和通畅。管廊是城市为了节约用地而投入巨资建设的市政工程,其经济效益在短期内并不明显。办理有关法律法规的许可手续,可以为有关主管部门提供在建管道以及建成后管道的相关信息,最终保证各类市政管线的安全。市政管线规划、建设的基本原则之一是沿市政道路铺设;而在市政道路建设时,也应留下管线的位置。

(十一) 土地、房屋征收类案例

土地和房屋征收的主要目的是提供建设用地。征收农用地(含基本农田)、集体建设用地、国有土地上的房屋时,所适用的法律、法规不同,征收的程序也不同。

案例 31

城镇开发边界外的一条省道改造,需要增加匝道。经多轮方案论证,仍然无法避开基本农田和一般耕地,手续应如何办理?

【解析】

1.《土地管理法》第四条规定,土地用途分为农用地、建设用地和未利用地。农用地是指直接用于农业生产的土地,包括耕地、林地、草地、农田水利用地、养殖水面等;建设用地是指建造建筑物、构筑物的土地,包括城乡住宅和公共设施用地、工矿用地、交通水利设施用地、旅游用地、军事设施用地等;未利用地是指农用地和建设用地以外的土地。

第四十四条规定,建设占用土地,涉及农用地转为建设用地的,应当办理农用地转用审批手续。

永久基本农田转为建设用地的,由国务院批准。在土地利用总体规划确定的城市和村庄、集镇建设用地规模范围外,将永久基本农田以外的农用地转为建设用地的,由国务院或者国务院授权的省、自治区、直辖市人民政府批准。

第四十六条规定,征收下列土地的,由国务院批准:

(1) 永久基本农田;

(2) 永久基本农田以外的耕地超过三十五公顷的;

(3) 其他土地超过七十公顷的。

征收前款规定以外的土地的,由省、自治区、直辖市人民政府批准。

征收农用地的,应当依照本法第四十四条的规定先行办理农用地转用审批。其中,经国务院批准农用地转用的,同时办理征地审批手续,不再另行办理征地审批;经省、自治区、直辖市人民政府在征地批准权限内批准农用地转用的,同时办理征地审批手续,不再另行办理征地审批,超过征地批准权限的,应当依照本条第一款的规定另行办理征地审批。

2.《土地管理法实施条例》第二十三条规定,在国土空间规划确定的城市和村庄、集镇建设用地范围内,为实施该规划而将农用地转为建设用地的,由市、县人民政府组织自然资源等部门拟订农用地转用方案,分批次报有批准权的人民政府批准。

农用地转用方案应当重点对建设项目安排、是否符合国土空间规划和土地利用年度计划以及补充耕地情况作出说明。农用地转用方案经批准后,由市、县人民政府组织实施。

第二十四条规定,建设项目确需占用国土空间规划确定的城市和村庄、集镇建设用地范围外的农用地,涉及占用永久基本农田的,由国务院批准;不涉及占用永久基本农田的,由国务院或者国务院授权的省、自治区、直辖市人民政府批准。具体按照下列规定办理:

(1) 建设项目批准、核准前或者备案前后,由自然资源主管部门对建设项目用地事项进行审查,提出建设项目用地预审意见。建设项目需要申请核发选址意见书的,应当合并办理建设项目用地预审与选址意见书,核发建设项目用地预审与选址意见书。

(2) 建设单位持建设项目的批准、核准或者备案文件,向市、县人民政府提出建设用地申请。市、县人民政府组织自然资源等部门拟订农用地转用方案,报有批准权的人民政府批准;依法应当由国务院批准的,由省、自治区、直辖市人民政府审核后上报。农用地转用方案应当重点对是否符合国土空间规划和土地利用年度计划以及补充耕地情况作出说明,涉及占用永久基本农田的,还应当对占用永久基本农田的必要性、合理性和补划可行性作出说明。

(3) 农用地转用方案经批准后,由市、县人民政府组织实施。

第二十五条规定,农用地转用涉及征收土地的,还应当依法办理征收土地手续。

3.《国务院关于授权和委托用地审批权的决定》(国发〔2020〕4号)规定,将国务院可以授权的永久基本农田以外的农用地转为建设用地审批事项授权各省、自治区、直辖市人民政府批准。自本决定发布之日起,按照《土地管理法》第四十四条第三款规定,对国务院批准土地利用总体规划的城市在建设用地规模范围内,按土地利用年度计划分批次将永久基本农田以外的农用地转为建设用地的,国务院授权各省、自治区、直辖市人民政府批准；按照《土地管理法》第四十四条第四款规定，对在土地利用总体规划确定的城市和村庄、集镇建设用地规模范围外，将永久基本农田以外的农用地转为建设用地的，国务院授权各省、自治区、直辖市人民政府批准。

本案作为公路工程，涉及农用地转用审批、征地程序履行、征用基本农田特别审批权等问题，手续比较严格，程序比较复杂。但只要根据法律法规的规定办理，就能顺利完成。

【延伸】

1. 农用地转用手续审批权问题

（1）永久基本农田转为建设用地审批权。根据法律、法规，无论是国土空间规划确定的城市和村庄、集镇建设用地范围内还是范围外，永久基本农田转为建设用地都由国务院批准。

（2）其他农用地转为建设用地审批权。根据国务院的决定，无论是国土空间规划确定的城市和村庄、集镇建设用地范围内还是范围外，耕地超过35公顷、其他土地超过70公顷的，都由各省、自治区、直辖市人民政府批准。并且，各省、自治区、直辖市人民政府不得将承接的用地审批权进一步授权或委托。

（3）参照江苏省人民政府《关于委托用地审批权的决定》（苏政发〔2020〕40号）中将省级农用地转为建设用地和土地征收审批事项委托给设区市人民政府批准。具体委托审批内容包括：

① 在省级人民政府批准的土地利用总体规划确定的城市和村庄、集镇建设用地规模范围内，将永久基本农田及生态保护红线以外的农用地转为建设用地的（涉及使用未利用地的，一并报批），但设区市土地利用总体规划确定的城市建设用地规模范围内农用地转为建设用地的除外；

② 建设占用土地利用总体规划确定的国有未利用地5公顷以上的；

③ 征收非永久基本农田且耕地不超过35公顷、其他土地不超过70公顷的，土地利用总体规划确定的城市建设用地规模范围内土地征收除外。

审批事项、审批权限涉及执法主体问题，不能混淆。

2. 农用地转用的基本程序

（1）在国土空间规划确定的城市和村庄、集镇建设用地范围内，项目建设用地的用途已经符合国土空间规划，但是项目具体的性质以及用地规模的多少，可能与国土空间规划具体安排及法律规定的数额不完全一致，所以需要由市、县人民政府组织自然资源等部门拟订农用地转用方案，向依法获得授权的省级或者获得委托权的设区市人民政府申请报批。

（2）在国土空间规划确定的城市和村庄、集镇建设用地范围外，项目建设的用地在国土空间规划中没有作出安排，需要结合建设项目的具体要求、占用土地基本状况等，对项目用地进行预审和独立的规划选址，然后由市、县人民政府组织自然资源等部门拟订农用地转用方案，向依法获得授权的省级或者获得委托权的设区市人民政府申请报批。涉及占用永久基本农田的，由国务院批准。

3. 农用地转用方案的内容

在国土空间规划确定的城市和村庄、集镇建设用地范围内,农用地转用方案应当重点对建设项目安排、是否符合国土空间规划和土地利用年度计划以及补充耕地情况作出说明。

在国土空间规划确定的城市和村庄、集镇建设用地范围外,农用地转用方案应当重点对是否符合国土空间规划和土地利用年度计划以及补充耕地情况作出说明,涉及占用永久基本农田的,还应当对占用永久基本农田的必要性、合理性和补划可行性作出说明。

4. 农用地转用方案的实施

农用地转用方案经批准后,由市、县人民政府组织实施。农用地转用涉及征收土地的,还应当依法办理征收土地手续。

5. 土地征收

《土地管理法实施条例》第二十六条至第三十一条,对征收土地的程序做了规定。

第三十二条强调了申请征收土地的县级以上地方人民政府,应当及时落实土地补偿费、安置补助费、农村村民住宅以及其他地上附着物和青苗等的补偿费用、社会保障费用等,并保证足额到位,专款专用。有关费用未足额到位的,不得批准征收土地。

征收土地的基本程序是:

发布土地征收预公告→开展土地现状调查→开展社会稳定风险评估→拟定征地补偿安置方案→发布征地补偿安置方案公告→组织听证会→办理征地补偿登记→签订征地补偿安置协议→申请土地征收审批→发布土地征收公告→实施土地征收。

农用地转为建设用地、土地征收以及提供土地使用权,都有法定的程序,尤其需注意:一是程序不能颠倒;二是时间不能减少;三是各种费用必须足额到位,专款专用。

案例 32

一家民营医院于2003年租赁了村集体建设用地,在没有规划手续的情况下,建了住院楼和餐厅。目前,该用地已经划入国土空间规划的城镇开发边界内。随着医院规模不断扩大,医院方想拍下这块土地,应如何处理?

【解析】

《城市房地产管理法》第九条规定,城市规划区内的集体所有的土地,经依法征收转为国有土地后,该幅国有土地的使用权方可有偿出让,但法律另有规定的除外。

《土地管理法实施条例》第三十八条规定,国土空间规划确定为工业、商业等经营性用途,且已依法办理土地所有权登记的集体经营性建设用地,土地所有权人可以通过出让、出租等方式交由单位或者个人在一定年限内有偿使用。

《城镇国有土地使用权出让和转让暂行条例》第二十八条规定,土地使用权出租是指土地使用者作为出租人将土地使用权随同地上建筑物、其他附着物租赁给承租人使用,由承租人向出租人支付租金的行为。

《关于扩大国有土地有偿使用范围的意见》(国土资规〔2016〕20号)规定,对可以使用划拨土地的能源、环境保护、保障性安居工程、养老、教育、文化、体育及供水、燃气供应、供热设施等项目,除可按划拨方式供应土地外,鼓励以出让、租赁方式供应土地。公共服务项目用地出让、租赁应遵循公平合理原则,不得设置不合理的供应条件,只有一个用地意向者的,可以协议方式供应。

《中华人民共和国民法典》(简称《民法典》)第七百一十五条规定,承租人经出租人同意,可以对租赁物进行改善或者增设他物。

《城乡规划法》第四十条规定,在城市、镇规划区内进行建筑物、构筑物、道路、管线和其他工程建设的,建设单位或者个人应当向城市、县人民政府城乡规划主管部门或者省、自治区、直辖市人民政府确定的镇人民政府申请办理建设工程规划许可证。

本案涉及的土地不属于农用地,不需要用地预审。可以通过土地征收程序将集体建设用地转成国有建设用地后,再依法出让、转让。

【延伸】

土地所有权人可以将集体建设用地出租给单位或者个人有偿使用;承租人可以在出租的土地上建设,但必须征得出租人的同意,并符合法律法规的规定。

集体建设用地征收前,需要对土地现状(包括土地的位置、权属、地类、面积,以及农村村民住宅、其他地上附着物和青苗等的权属、种类、数量等情况)进行调查,作为后期地价评估、宗地管理等工作的依据。地上的建筑、附着物等需随集体土地被征收一并收回,即"房随地走"。民营医院属于社会资本进入的公共服务项目,可以通过出让、转让等有偿使用土地的方式取得国有土地使用权。

对于违法建设问题,可以按照原《城市规划法》的规定予以处理。或者在征收土地时不予补偿,在土地转让时,将其作价纳入土地价格。但现状建筑物的结构、消防等安全因素必须符合现行技术规范的要求。

案例33

某老工业用地,属于国土空间规划城镇开发边界内的国有土地,现已停止生产。企业计划将其打造成体育健身、休闲娱乐及餐饮类经营性项目。应如何处理?

【解析】

1.《土地管理法》第五十六条规定,建设单位使用国有土地的,应当按照土地使用权出让等有偿使用合同的约定或者土地使用权划拨批准文件的规定使用土地;确需改变该幅土地建设用途的,应当经有关人民政府自然资源主管部门同意,报原批准用地的人民政府批准。其中,在城市规划区内改变土地用途的,在报批前,应当先经有关城市规划行政主管部门同意。

第五十八条规定,为实施城市规划进行旧城区改建以及其他公共利益需要,确需使用土地的,有关人民政府自然资源主管部门报经原批准用地的人民政府或者有批准权的人民政府批准,可以收回国有土地使用权。

依照规定收回国有土地使用权的,对土地使用权人应当给予适当补偿。

2.《城乡规划法》第二条规定,在规划区内进行建设活动,必须遵守本法。

第四十三条规定,建设单位应当按照规划条件进行建设;确需变更的,必须向城市、县人民政府城乡规划主管部门提出申请。变更内容不符合控制性详细规划的,城乡规划主管部门不得批准。

3.《城镇国有土地使用权出让和转让暂行条例》(国务院令第55号)第四十二条规定,根据社会公共利益的需要,国家可以依照法律程序提前收回,并根据土地使用者已使用的年限和开发、利用土地的实际情况给予相应的补偿。

4.《国有土地上房屋征收与补偿条例》(国务院令第590号)第二条规定,为了公共利益的需要,征收国有土地上单位、个人的房屋,应当对被征收房屋所有权人(以下称被征收人)给予公平补偿。

本项目在国土空间规划的城镇开发边界内,即使符合相关规划要求,企业也不能擅自将现有工业用地改为体育健身、文娱、餐饮等功能用地。

【延伸】

原土地使用者以工业生产项目取得的土地,不能通过改变既有建筑的使用功能来改变土地的用途。唯一合法的途径就是收回土地使用权,对原有建筑进行征收补偿,然后按照规划的内容,依法通过招拍挂形式出让土地使用权。

收回国有土地使用权,不存在征用土地的问题,而是通过国有土地上房屋的征收实现的,即"地随房走",这与征用集体土地的"房随地走"是不一样的。

国有土地上房屋征收程序如下:

(1) 建设单位先向相关部门提出用地申请,启动征收程序。

(2) 市县级人民政府确定征收部门。

(3) 房屋征收部门对征收范围内的房屋进行调查登记,公布调查结果。

(4) 房屋征收部门拟定征收补偿安置方案,并报市、县级人民政府。

(5) 市县级人民政府在征收范围内予以公告。

(6) 社会稳定风险评估。

(7) 征收补偿费用足额到位。

(8) 市、县级人民政府作出房屋征收决定并公告。

(9) 房屋征收部门实施征收。

国有土地上的房屋征收和集体建设用地征收的基本程序接近,法定程序不能疏忽。

(十二) 宅基地类案例

宅基地是农民群众安身立命之所,随着城镇化水平的不断提高,宅基地也成为城市居民的心灵归属之地。我国对宅基地实行所有权与使用权分离的制度,即宅基地的所有权属于农村集体经济组织,是集体所有的建设用地,农村集体经济组织成员可以依法取得宅基地使用权。农村宅基地的权益由三部分组成:一是农村集体经济组织享有宅基地所占土地的土地所有者权益;二是宅基地使用权人享有宅基地使用者权益;三是宅基地上房屋所有人享有房屋所有者权益。做好宅基地的管理工作,对乡村振兴大战略的实现至关重要。

获得宅基地应具备哪些条件?

【解析】

按照农业农村部农村合作经济指导司编制的《农村宅基地管理法律政策问答》,农村宅基地是指农村村民用于建造住宅及其附属设施的集体建设用地,包括住房、附属用房和庭院等用地。不包括与宅基地相连的农业生产性用地、农户超出宅基地范围占用的空闲地等土地。

《土地管理法》第六十二条规定,农村村民一户只能拥有一处宅基地,其宅基地的面积不得超过省、自治区、直辖市规定的标准。

农村村民出卖、出租、赠予住宅后,再申请宅基地的,不予批准。

《民法典》第十七条规定,十八周岁以上的自然人为成年人。

第十八条规定,成年人为完全民事行为能力人。

《自然资源部、农业农村部关于保障农村村民住宅建设合理用地的通知》(自然资发〔2020〕128号)要求,注意分户的合理性,做好与户籍管理的衔接。

按照上述有关要求,获得宅基地的基本条件应该是:

1. 年龄满十八周岁;
2. 必须是农村村民;
3. 在其他地方没有宅基地;
4. 没有出卖、出租、赠予过住宅。

【延伸】

1. 农村宅基地是指农村村民基于本集体经济组织(行政村或生产队)成员身份而享有的可以用于修建住宅的集体建设用地。农民无需交纳任何土地费用即可取得,具有福利性质和社会保障功能。虽然规定了基本条件,但并不是符合条件的人,都能拥有宅基地。

2. 宅基地的所有权归农村集体经济组织,《民法典》第三百六十二条规定,宅基地使用权人依法对集体所有的土地享有占用和使用的权利,有权依法利用该土地建造住宅及其附属设施。宅基地使用权属于个人财产,可以依法继承。对于集体土地的征收,是"房随地走"。

3. 独生子女在符合获得宅基地的条件后,是否需要分户享受宅基地,有关文件要求"注意分户的合理性,做好与户籍管理的衔接"。

4. 对已经进入城镇工作,但户籍还在农村的人来说,是否还可以申请宅基地?

《土地管理法》第六十二条规定,国家允许进城落户的农村村民依法自愿有偿退出宅基地。对于已进城落户的农村村民,能否首次申请宅基地,法律虽然没有明文规定,但是,应当与允许有偿退出已有宅基地是反向的。

5. 对于城镇居民退休后,能否将户籍迁回农村享受宅基地问题,县级以上人民政府应当结合耕地保护、合理用地等政策,作出公平公正的规定。

6. 对于在村妇女和出嫁姑娘,是否享有宅基地权利问题,前文已经做了解析,但是许多地方在操作中仍存在"旧有观念"和"性别歧视"问题。

《宪法》第四十八条规定,中华人民共和国妇女在政治的、经济的、文化的、社会的和家庭的生活等各方面享有同男子平等的权利。

参照《农村土地承包法》第六条规定,农村土地承包,妇女与男子享有平等的权利。承包中应当保护妇女的合法权益,任何组织和个人不得剥夺、侵害妇女应当享有的土地承包经营权。

第三十一条规定,承包期内,妇女结婚,在新居住地未取得承包地的,发包方不得收回其原承包地;妇女离婚或者丧偶,仍在原居住地生活或者不在原居住地生活但在新居住地未取得承包地的,发包方不得收回其原承包地。

只要符合宪法的规定,所有法律法规均不得限制或者剥夺妇女作为集体经济组织成员的权利。

宅基地使用权的消灭有哪些情形?

【解析】

《民法典》第三百六十四条规定,宅基地因自然灾害等原因灭失的,宅基地使用权消灭。

根据《中华人民共和国最高人民法院行政裁定书(2017)最高法行申 6780 号》裁判文书显示,我国对宅基地实行所有权与使用权分离的制度,即宅基地的所有权属于农村集体经济组织,农村集体经济组织成员可以依法取得宅基地使用权,宅基地使用权也因集体经济组织成员资格的丧失而丧失。

《确定土地所有权和使用权的若干规定》(〔1995〕国土〔籍〕字第 26 号)第五十二条规定,空闲或房屋坍塌、拆除两年以上未恢复使用的宅基地,不确定土地使用权。已经确定使用权的,由集体报经县级人民政府批准,注销其土地登记,土地由集体收回。

《土地管理法》第六十六条规定,有下列情形之一的,农村集体经济组织报经原批准用地的人民政府批准,可以收回土地使用权:

(1) 为乡(镇)村公共设施和公益事业建设,需要使用土地的;

(2) 不按照批准的用途使用土地的;

(3) 因撤销、迁移等原因而停止使用土地的。

依照前款第(1)项规定收回农民集体所有的土地的,对土地使用权人应当给予适当补偿。

收回集体经营性建设用地使用权,依照双方签订的书面合同办理,法律、行政法规另有规定的除外。

【延伸】

1. 宅基地使用权被集体经济组织依法收回的,农村村民的宅基地使用权消灭;

2. 土地使用人长期不用或者自愿承诺放弃土地使用权的,农村村民的宅基地使用权消灭;

3. 农村集体组织的成员,作为集体土地使用人死亡的,其对宅基地使用权消灭;

4. 因集体土地使用调整或者政策移民,集体土地使用者在其他位置获得宅基地的,原宅基地使用权消灭;

5. 原宅基地因地震等自然灾害造成形态变化,无法再利用的,宅基地使用权消灭。

案例 36

宅基地的审批管理有哪些新要求?

【解析】

《城乡规划法》第四十一条规定,在乡、村庄规划区内使用原有宅基地进行农村村民住宅建设的规划管理办法,由省、自治区、直辖市制定。在乡、村庄规划区内农村村民住宅建设,不得占用农用地;确需占用农用地的,应当依照《土地管理法》有关规定办理农用地转用审批手续后,由城市、县人民政府城乡规划主管部门核发乡村建设规划许可证。

建设单位或者个人在取得乡村建设规划许可证后,方可办理用地审批手续。

《土地管理法》第六十二条规定,农村村民住宅用地,由乡(镇)人民政府审核批准;其中,涉及占用农用地的,依照本法第四十四条的规定办理审批手续。

《农业农村部、自然资源部关于规范农村宅基地审批管理的通知》(农经发〔2019〕6号)规定:符合宅基地申请条件的农户,向所在村民小组提出宅基地和建房(规划许可)书面申请。村民小组收到申请后,提交村民小组会议讨论,并将申请理由、拟用地位置和面积、拟建房层高和面积等情况在本小组范围内公示。公示无异议或异议不成立的,村民小组将农户申请、村民小组会议记录等材料交村集体经济组织或村民委员会(以下简称村级组织)审查。村级组织重点审查提交的材料是否真实有效、拟用地建房是否符合村庄规划、是否征求了用地建房相邻权利人意见等。审查通过的,由村级组织签署意见,报送乡镇政府。农业农村部门负责审查申请人是否符合申请条件、拟用地是否符合宅基地合理布局要求和面积标准、宅基地和建房(规划许可)申请是否经过村组审核公示等,并综合各有关部门意见提出审批建议。自然资源部门负责审查用地建房是否符合国土空间规划、用途管制要求,其中涉及占用农用地的,应在办理农用地转用审批手续后,核发乡村建设规划许可证。

根据各部门联审结果,由乡镇政府对农民宅基地申请进行审批,出具《农村宅基地批准书》。

《土地管理法》第六十七条规定,县级以上人民政府农业农村主管部门对违反农村宅基地管理法律、法规的行为进行监督检查的,适用本法关于自然资源主管部门监督检查的规定。

第七十八条规定,农村村民未经批准或者采取欺骗手段骗取批准,非法占用土地建住宅的,由县级以上人民政府农业农村主管部门责令退还非法占用的土地,限期拆除在非法占用的土地上新建的房屋。

【延伸】

农村村民使用宅基地,从提出申请到各级的讨论、审查、审批、核发、再审批,取得农村宅基地批准书,是一个较为复杂的过程。

新的要求出台后,农业农村部门参与了审批,同时,农业农村部门也获得了对违反农村宅基地管理法律、法规行为的监督检查权和对农村村民未经批准或者采取欺骗手段骗取批准及非法占用土地建住宅的处罚权。

案例 37

关于宅基地的买卖、出租、赠予、继承、转让,有哪些规定?

【解析】

《土地管理法》第六十二条规定,农村村民出卖、出租、赠予住宅后,再申请宅基地的,不予批准。

国家鼓励农村集体经济组织及其成员盘活利用闲置宅基地和闲置住宅。

2020年6月30日中央全面深化改革委员会第十四次会议审核通过的《深化农村宅基地制度改革试点方案》指出:深化农村宅基地制度改革试点,适度放活宅基地和农民房屋使用权,绝不是让城里人和工商资本到农村买房置地,而是需要严格禁止下乡利用农村宅基地建设别墅大院和私人会馆。总而言之,市场化程度越是深化,越要注重稳定的重要性,不能犯颠覆性错误,宅基地制度改革是要把宅基地"搞活",绝不是"搞乱"。

《中共中央、国务院关于切实加强农业基础建设进一步促进农业发展农民增收的若干意见》(中发〔2008〕1号)强调:要严格农村集体建设用地管理,城镇居民不得到农村购买宅基地、农民住宅或"小产权房"。

《国务院办公厅关于加强土地转让管理严禁炒卖土地的通知》(国办发〔1999〕39号)指出:农民的住宅不得向城市居民出售,也不得批准城市居民占用农民集体土地建住宅,有关部门不得为违法建造和购买的住宅发放土地使用证和房产证。

【延伸】

土地是不可再生的资源,土地管理是基本国策,国家对土地实行最严格的公有制管理。

由于宅基地和宅基地上的住宅及附属用房具有"三权一体"的特殊性,宅基地的使用权是集体经济组织给予其成员的免费福利。只有使用权的人,无权对自身没有所有权的物品进行买卖、出租、有偿转让。

根据目前的政策规定,只有作为集体土地所有者,才可以在本集体经济组织内对宅基地进行流转、分配,且为无偿提供。

宅基地上的房屋,房屋的所有权归属于土地使用人,而使用的土地归属于集体经济组织。房屋可以依法赠予或者继承,但是必须在登记的时候予以注明,以适应改革需要。

自1990年开始实施的《城镇国有土地使用权出让和转让暂行条例》,至今仍是暂行,说明我国在土地所有权公有制的情况下,土地使用权的管理方法仍处于探索和改革中。

《中共中央 国务院关于实施乡村振兴战略的意见》(2018年中央一号文件)提出,探索宅基地所有权、资格权、使用权"三权"分置,落实宅基地集体所有权,保障宅基地农户资格权和农民房屋财权,适度放活宅基地和农民房屋使用权。

《中共中央、国务院关于抓好"三农"领域重点工作确保如期实现全面小康的意见》

(2020年中央一号文件)要求,以探索宅基地所有权、资格权、使用权"三权"分置为重点,进一步深化农村宅基地制度改革试点。

按照中央要求,农业农村部将牵头组织试点,拓展试点范围,丰富试点内容,完善制度设计,围绕宅基地所有权、资格权、使用权"三权"分置,探索完善宅基地分配、流转、抵押、退出、使用、收益、审批、监管等制度的方法路径,总结一批可复制、能推广、惠民生、利修法的制度创新成果。

(十三)土地储备类案例

2018年1月3日国土资源部、财政部、中国人民银行中国银行业监督管理委员会联合印发了《土地储备管理办法》,土地储备的目的是加强自然资源资产管理和防范风险,进一步规范土地储备管理,增强政府对城乡统一建设用地市场的调控和保障能力,促进土地资源的高效配置和合理利用。其中的实质性问题,是为建设用地提供保障途径。

哪些土地可以列入收储范围?

【解析】

2017年11月19日,国土资源部、财政部、中国人民银行印发的《土地储备管理办法》规定,下列土地可以纳入储备范围:

1. 依法收回的国有土地;
2. 收购的土地;
3. 行使优先购买权取得的土地;
4. 已办理农用地转用、征收批准手续并完成征收的土地;
5. 其他依法取得的土地。

【延伸】

土地储备的定义是指县级(含)以上国土资源主管部门为调控土地市场、促进土地资源合理利用,依法取得土地,组织前期开发、储存以备供应的行为。

土地储备的目的是增强政府对城乡统一建设用地市场的调控和保障能力,促进土地资源的高效配置和合理利用。

《土地储备管理办法》虽然在财务问题上有所规定,并强调入库储备土地必须是产权清晰的土地。但在整合土地资源,高效配置利用方面,如"边角地""夹心地""插花地"以及"耕地补偿指标储备"等应该由政府统一征收、收储、安排使用的闲置土地,并未明确地方政府及其部门的职责。所以,《土地储备管理办法》近似于土地使用权储备办法。

建议《土地储备管理办法》在下一次修订时,能扩大业务范围,在"量"的方面,储备到乡村,在"质"的方面,参与"转用、征用、土地资产处置、供地价格确定"等政府土地管理环节,以全面完成土地储备定义中的任务,充分达到土地储备的目的。

哪些土地不能入库储备?

【解析】

1. 《土地储备管理办法》规定,储备土地必须符合土地利用总体规划和城乡规划。存在污染、文物遗存、矿产压覆、洪涝隐患、地质灾害风险等情况的土地,在按照有关规定由相关单位完成核查、评估和治理之前,不得入库储备。

2. 《中华人民共和国土壤污染防治法》第三十二条规定,县级以上地方人民政府及其有关部门应当按照土地利用总体规划和城乡规划,严格执行相关行业企业布局选址要求,禁止在居民区和学校、医院、疗养院、养老院等单位周边新建、改建、扩建可能造成土壤污染的建设项目。

第五十九条规定,用途变更为住宅、公共管理与公共服务用地的,变更前应当按照规定进行土壤污染状况调查。

土壤污染状况调查报告应当由地方人民政府生态环境主管部门会同自然资源主管部门组织评审。

3. 将于2025年7月1日起施行的《矿产资源法》第三十二条规定,编制国土空间规划应当合理规划建设项目的空间布局,避免、减少压覆矿产资源。战略性矿产资源原则上不得压覆;确需压覆的,应当经国务院自然资源主管部门或者其授权的省、自治区、直辖市人民政府自然资源主管部门批准。

4. 《防洪法》第十六条规定,防洪规划确定的河道整治计划用地和规划建设的堤防用地范围内的土地,经土地管理部门和水行政主管部门会同有关地区核定,报经县级以上人民政府按照国务院规定的权限批准后,可以划定为规划保留区;该规划保留区范围内的土地涉及其他项目用地的,有关土地管理部门和水行政主管部门核定时,应当征求有关部门的意见。

5. 《自然资源部、国家文物局关于在国土空间规划编制和实施中加强历史文化遗产保护管理的指导意见》要求,健全"先考古,后出让"的政策机制。经文物主管部门核定可能存在历史文化遗存的土地,要实行"先考古、后出让"制度,在依法完成考古调查、勘探、发掘前,原则上不予收储入库或出让。

【延伸】

"毒土地"需要经过物理、化学措施长期修复才能降解、消除毒素隐患;洪水猛于虎,在洪水走廊、滞洪区、泄洪区内禁止任何与防洪无关的建筑活动;压覆区、采空区既要考虑不能影响采矿,更要考虑采空后对地面建筑和设施安全的影响;对于文物遗存,特别是尚未探明的地下文物遗存,在国土空间规划管理工作中,因为之前没有"先考古,后出让"的规定,我们已经走了许多弯路。

某座全国历史文化名城、同时也是全国某一品种矿藏量最大的城市,在相隔十年左右的时间里,先后出让了两宗土地用于房地产开发。结果,这两宗地在具体实施过程中均因发现了地下文物被叫停,导致大量人力、物力、财力的浪费。

 案例 40

在城镇开发边界内并紧邻开发边界线的一宗土地,规划为居住用地,周边的规划道路尚未修建,该宗土地能否出让?

【解析】

《土地储备管理办法》规定,土地储备机构应组织开展对储备土地必要的前期开发,为政府供应土地提供必要保障。

储备土地的前期开发应按照该地块的规划,完成地块内的道路、供水、供电、供气、排水、通信、围挡等基础设施建设,并进行土地平整,满足必要的"通平"要求。对照规定,显然该宗土地不具备出让的条件。

【延伸】

以前的"毛地"出让,导致企业拿地以后,还要花费大量资金和精力去处理本应由政府处理的事务。房屋征收本是政府的职责,但因权责不清,导致群众对政府、对开发企业均有抵抗情绪。干扰了开发企业的正常工作,影响了政府的形象和经济的发展。

本案例为作者亲历事件。一个规模较大的房地产开发项目,东西两侧为已建成的城市主干路,南北侧为未建成的规划道路,属于农用地,规划条件的主次要出入口都在规划道路上。

开发企业通过招标、拍卖、挂牌程序取得了国有土地使用权,进行了项目一期开发,正着手准备二期开发。在二期方案优化审查时得知,一期交付时相关道路仍未修建,影响了一期工程的市政管线接入接出,更不符合消防的相关规定。在业主投诉后,开发商将一期"将就"交付,但业主要求必须立即将主次出入口的道路修建好,否则二期工程不许开工。二期工程开工时,两条规划道路也开始修建。修建过程中,群众举报道路用地存在违法问题,该事件上了"厅长热线"!处理意见是整改。

(十四)土地整理和城乡挂钩类案例

城乡发展离不开建设,建设离不开土地。有关"占补平衡""土地整理"和"增减挂钩"的相关政策,都与建设用地有关。关于耕地保护问题,已在相关章节中交流过。

案例 41

哪些农村政策可以为城乡建设用地提供保障?

【解析】

国土资源部《关于土地开发整理工作有关问题的通知》(国土资发〔1999〕358号)指出,为使建设占用耕地真正做到"占补平衡",必须实行建设用地项目补充耕地与土地开发整理项目挂钩的制度。按规定标准缴纳耕地开垦费可以购买储备的耕地补偿指标,实现先补后占。

《城乡建设用地增减挂钩试点管理办法》(国土资发〔2008〕138号)说明,城乡建设用地增减挂钩(以下简称挂钩)是指依据土地利用总体规划,将若干拟整理复垦为耕地的农村建设用地地块(即拆旧地块)和拟用于城镇建设的地块(即建新地块)等面积共同组成建新拆旧项目区(以下简称项目区),通过建新拆旧和土地整理复垦等措施,在保证项目区内各类土地面积平衡的基础上,最终实现增加耕地有效面积,提高耕地质量,节约集约利用建设用地,城乡用地布局更合理的目标。

《土地管理法》第三十条规定,国家实行占用耕地补偿制度。非农业建设经批准占用耕地的,按照"占多少,垦多少"的原则,由占用耕地的单位负责开垦与所占用耕地的数量和质量相当的耕地。

《中共中央、国务院关于学习运用"千村示范、万村整治"工程经验,有力有效推进乡村全面振兴的意见》(2024年1月1日)指出:"占补平衡"问题,一是耕地保护,改革完善耕地占补平衡制度,坚持"以补定占";二是综合运用增减挂钩和占补平衡政策,为城乡建设,特别是乡村建设提供用地保障。

从法律法规形成过程和相关政策的延续性来看,城乡建设用地的主要来源还是指向农用地。

【延伸】

随着城镇人口增加和产业发展需求,势必要求增加土地的供应。即使通过各种政策鼓励,仅靠存量的集体和国有建设用地显然无法满足需求。在既要严格保护耕地又要保障城乡建设用地的"两难"情况下,有关政策还是为城乡建设用地指明了方向。无论采取何种方式理解政策,利用政策去获取建设用地,在严格的耕地保护,特别是对永久基本农田的保护政策前提下,节约集约使用建设用地的原则必须严格遵守。

第三节 行政权力

行政行为是指国家行政主体依法行使国家行政权,针对具体事项或者特定的人,对外部采取的能产生直接法律效果,使具体事实规则化的行为。有关建设用地管理的行政行为,权力来源于国家土地管理和城乡规划管理范畴的法律法规。行政行为的表现形式有具体的,也有抽象的。从用地预审选址到最终提供建设用地使用权,都由行政权力主导,完成建设用地管理全过程。

相关行政法规赋予的权力,必须按照《行政许可法》的规定程序执行。

(一) 农用地转用审批权

对农用地的保护,特别是永久基本农田的保护,永远是第一位的。我国已颁布《土地管理法》《城乡规划法》,现在又新增了《粮食法》,一切都是为了守护好中国人的粮袋子。

1. 权力来源

(1)《土地管理法实施条例》第二十四条规定,建设项目确需占用国土空间规划确定的城市和村庄、集镇建设用地范围外的农用地,建设单位应当向自然资源主管部门申请办理建设项目用地预审与选址意见书。

(2)《城乡规划法》第三十六条规定,按照国家规定需要有关部门批准或者核准的建设项目,以划拨方式提供国有土地使用权的,建设单位在报送有关部门批准或者核准前,应当向城乡规划主管部门申请核发选址意见书。

前款规定以外的建设项目不需要申请选址意见书。

(3)《国务院关于授权和委托用地审批权的决定》(国发〔2020〕4号),国务院将永久基本农田以外的农用地转为建设用地审批事项授权各省、自治区、直辖市人民政府批准。

有关省(区、市)又将本属于省级的批准权委托给设区市人民政府。

(4)合并规划选址和用地预审

《自然资源部关于以"多规合一"为基础推进规划用地"多审合一、多证合一"改革的通知》(自然资规〔2019〕2号)要求,将建设项目选址意见书、建设项目用地预审意见合并,自然资源主管部门统一核发建设项目用地预审与选址意见书,不再单独核发建设项目选址意见书、建设项目用地预审意见。

2. 基本程序

《土地管理法实施条例》第二十三条"在国土空间规划确定的城市和村庄、集镇建设用地范围内,为实施该规划而将农用地转为建设用地的"、第二十四条"建设项目确需占用国土空间规划确定的城市和村庄、集镇建设用地范围外的农用地"。

上述两条是在机构改革后和已经有了国土空间规划政策下,规定了建设项目确需占用国土空间规划确定的城市和村庄、集镇建设用地范围内和范围外农用地转为建设用地的基本要求。

国土空间规划范围内的农用地转为建设用地,由自然资源主管部门拟订农用地转用方案后,报同级人民政府申报,由有批准权的人民政府批准。

国土空间规划范围外的农用地转为建设用地,由自然资源主管部门对建设项目核发建设项目用地预审与选址意见书,市、县自然资源部门拟订农用地转用方案后,报同级人民政府申报,由有批准权的人民政府批准。

农用地转用方案应当重点说明是否符合国土空间规划和土地利用年度计划以及补充耕地情况。

3. 综合

农用地转为建设用地的转用方案是利用技术的手段,将相关政策予以落实的文件,属于申报事项,不属于行政行为。

国土空间规划范围内的农用地转为建设用地事项,在转用方案审查阶段,属于政府内部事务。但批准方案行政相对人,属于行政行为,行政主体是人民政府。

国土空间规划范围外的农用地转为建设用地事项,核发用地预审与选址意见书是在建设项目单位申请的情况下作出的,属于行政行为,行政主体是自然资源主管部门。向市、县人民政府提出建设用地申请,是否批准属于行政行为,行政主体是人民政府。

(二)征收集体土地和国有土地上房屋的相关职权

《国有土地上房屋征收与补偿条例》第十三条规定,房屋被依法征收的,国有土地使用权同时收回。征收集体土地和国有土地上的房屋,是保障城乡建设用地的重要手段。对集体土地的征收是连地带房一起征收,而对国有土地的征收则是通过征收国有土地上的房屋来完成土地征收的。

1. 权力来源

(1)《土地管理法》第四十五条规定,为了公共利益的需要,确需征收农民集体所有的土地的,可以依法实施征收。

第四十六条规定了国务院以及省、自治区、直辖市人民政府的批准事项。

(2)《国务院关于授权和委托用地审批权的决定》(国发〔2020〕4号),国务院将永久基本农田以外的农用地转为建设用地审批事项授权各省、自治区、直辖市人民政府批准。

(3)《国有土地上房屋征收与补偿条例》(国务院令第590号)第四条规定,市、县级人民政府负责本行政区域的房屋征收与补偿工作。

2. 基本程序

《土地管理法》第四十七条规定,国家征收土地的,由县级以上地方人民政府予以公告并组织实施,应当按照"发布土地征收预公告→开展土地现状调查→开展社会稳定风险评估→拟定征地补偿安置方案→发布征地补偿安置方案公告→组织听证会→办理征地补偿登记→签订征地补偿安置协议→申请土地征收审批"这个征地程序,完成相关前期工作后,方可申请征收土地。

《国有土地上房屋征收与补偿条例》规定的国有土地上的房屋征收,和集体建设用地征收的基本程序接近:市县级人民政府确定征收部门→房屋征收部门进行房屋调查登记,公布调查结果→拟定征收补偿安置方案,报本级政府→本级政府予以公告→社会稳定风险评估→征收补偿费用足额到位→市、县级人民政府作出房屋征收决定并公告→房屋征收部门实施征收。

3. 综合

批准征收集体土地是行政行为。地方人民政府是申请人,涉及的土地使用人和房屋所有人是利害关系人,有权批准的人民政府是行政主体。

国有土地上房屋征收是行政行为。涉及的房屋所有人是利害关系人,作出征收决定的市、县人民政府是行政主体。

(三)建设用地规划许可权

建设用地许可制度,是在土地已经属于建设用地的前提下,对具体建设单位申请具体建设项目用地时作出的行政许可行为。

1. 权力来源

(1)《城乡规划法》第三十七条规定,在城市、镇规划区内以划拨方式提供国有土地使用权的建设项目,建设单位应当向城市、县人民政府城乡规划主管部门申请办理建设用地规划许可证。

第三十八条规定,在城市、镇规划区内以出让方式提供国有土地使用权的,建设单位应当向城市、县人民政府城乡规划主管部门申请办理建设用地规划许可证。

（2）《土地管理法》第五十四条、第五十五条分别就以划拨方式和出让等有偿使用方式取得国有土地使用权作了规定，但并未将使用多年且约定俗成的《建设用地批准书》（1993年5月1日起使用）和《国有建设用地划拨决定书》（2008年7月1日起执行）的具体办理程序纳入条款中。

（3）《自然资源部关于以"多规合一"为基础推进规划用地"多审合一、多证合一"改革的通知》（自然资规〔2019〕2号），将建设用地规划许可证、建设用地批准书合并，由自然资源主管部门统一核发新的建设用地规划许可证，不再单独核发建设用地批准书。

2. 基本程序

《行政许可法》对行政许可的执行规定了"申请与受理"、"审查与决定"的基本程序。并对特殊情况下的"听证"事项作出了要求。

3. 综合

建设用地规划许可证来源于城乡规划法规体系，建设用地批准书和国有土地划拨决定书来源于土地管理法规体系。机构改革后，自然资源部发布的《自然资源部关于以"多规合一"为基础推进规划用地"多审合一、多证合一"改革的通知》（自然资规〔2019〕2号）规定，将建设用地规划许可证、建设用地批准书合并，由自然资源主管部门统一核发新的建设用地规划许可证，不再单独核发建设用地批准书。

建设用地规划许可是依申请而作出的行政行为。建设单位是申请人，市、县人民政府的自然资源主管部门是行政主体。

（四）农村宅基地批准权

现行宅基地产权制度的基本内容是：农民集体拥有宅基地所有权，农村集体经济组织成员拥有宅基地使用权，符合条件的农户具有分配宅基地的资格。

1. 权力来源

（1）《土地管理法》第六十二条规定，农村村民住宅用地，由乡（镇）人民政府审核批准；其中，涉及占用农用地的，依法办理审批手续。

（2）《城乡规划法》第四十一条规定，农村村民住宅建设，确需占用农用地的，应当依照《土地管理法》有关规定办理农用地转用审批手续后，由城市、县人民政府城乡规划主管部门核发乡村建设规划许可证。建设单位或者个人在取得乡村建设规划许可证后，方可办理用地审批手续。

（3）《农业农村部、自然资源部关于规范农村宅基地审批管理的通知》（农经发〔2019〕6号）规定了乡镇政府在农民宅基地申请进行审批，出具《农村宅基地批准书》时，必须有农业农村部门的审批建议和自然资源部门核发的乡村建设规划许可证。

2. 基本程序

宅基地审批管理的基本程序，村民申请→村民小组讨论、公示→村委会审查，报乡镇政府→农业农村部门提出审批建议→自然资源部门核发乡村建设规划许可证→乡镇政府出具《农村宅基地批准书》。

3. 综合

农村宅基地批准权实际上是一项复合行政权,其依据是各部门联审结果。其中:

(1) 农业农村部门的审查建议是否属于行使农村宅基地批准权的行政行为?

《行政许可法》第十六条规定了能对行政许可事项作出具体规定的情形,并就法规、规章对实施上位法设定的行政许可作出的具体规定,不得增设行政许可;对行政许可条件作出的具体规定,不得增设违反上位法的其他条件作出规定。

《农业农村部、自然资源部关于规范农村宅基地审批管理的通知》(农经发〔2019〕6号)既不属于法规,也不属于规章,在目前相关上位法没有规定的前提下,该通知能否对《农村宅基地批准书》的审批设置增设条件,值得探讨。

参照《中华人民共和国最高人民法院行政裁定书》((2018)最高法行申 5860 号),该审批建议应该属于内部行政行为,不具备外部法律效力,对公民、法人或者其他组织的权利义务不产生实际影响。也就是说,行政机关某一行为的内容需要借助另一行政行为的作出才能对外发生效力,则该行为因不具备外部法律效力,对公民、法人或者其他组织的权利义务不产生实际影响,不属于人民法院行政诉讼的受案范围。

(2) 自然资源主管部门核发《乡村建设规划许可证》的行为本身就是行政行为,作为农村宅基地批准书审批的前置条件,符合《城乡规划法》第四十一条的规定。

(五) 调整建设用地使用指标权

无论是划拨性质的用地,还是出让性质的用地,在取得建设用地使用权之前,自然资源主管部门都会按照详细规划,对宗地使用提出规划条件(要求),并在规划条件中给出宗地使用的强制性指标和引导性要求。其中的强制性指标也是影响土地价格的重要因素。所以,相关法规要求,取得土地使用权后,不得擅自改变规划条件给出的有关指标。

1. 权力来源

(1)《城乡规划法》第三十八条规定,在城市、镇规划区内以出让方式提供国有土地使用权的,在国有土地使用权出让前,城市、县人民政府城乡规划主管部门应当依据控制性详细规划,提出出让地块的位置、使用性质、开发强度等规划条件,作为国有土地使用权出让合同的组成部分。未确定规划条件的地块,不得出让国有土地使用权。

第四十三条规定,建设单位应当按照规划条件进行建设;确需变更的,必须向城市、县人民政府城乡规划主管部门提出申请。变更内容不符合控制性详细规划的,城乡规划主管部门不得批准。

(2)《土地管理法》第五十六条规定,建设单位使用国有土地的,应当按照土地使用权出让等有偿使用合同的约定或者土地使用权划拨批准文件的规定使用土地;确需改变该幅土地建设用途的,应当经有关人民政府自然资源主管部门同意,报原批准用地的人民政府批准。其中,在城市规划区内改变土地用途的,在报批前,应当先经有关城市规划行政主管部门同意。

(3)《城市房地产管理法》第十八条规定,土地使用者需要改变土地使用权出让合同约定的土地用途的,必须取得出让方和市、县人民政府城市规划行政主管部门的同意,签订土地使用权出让合同变更协议或者重新签订土地使用权出让合同,相应调整土地使用权出让金。

(4)《建设用地容积率管理办法》(建规〔2012〕22号)第七条规定,国有土地使用权一经出让或划拨,任何建设单位或个人都不得擅自更改确定的容积率。

2. 基本程序

建设用地规划条件中的强制性指标,包括位置、范围、面积、使用性质、容积率、建筑密度、建筑高度、建筑退让、绿地率、出入口方位、停车泊位、公共服务设施和市政基础设施、地下空间开发利用等规划要求。这些指标有的直接影响土地价格,有的直接影响城市风貌,有的直接影响城市环境。《建设用地容积率管理办法》就能否调整容积率的情形以及调整的程序作了规定,因为容积率只是规划条件中的一项指标,建议大家参照执行。

3. 综合

出让土地是通过招标、拍卖和挂牌等方式来完成的,参与竞标人是在确定的规划条件基础上进行竞价的。一旦竞得者取得土地使用权后申请调整相关指标,对其他竞标人是不公平的,而且容易引起纠纷。无论采用何种说辞,都是不可取的。

《建设用地容积率管理办法》第五条还规定了,不得以政府会议纪要等形式代替规定程序调整容积率。

(六) 收回土地使用权

土地使用权是单位或者个人使用土地并从中获益的权利。《土地管理法》第十二条规定,依法登记的土地使用权受法律保护,任何单位和个人不得侵犯。

1. 权利来源

(1)《土地管理法》第五十八条规定,有下列情形之一的,由有关人民政府自然资源主管部门报经原批准用地的人民政府或者有批准权的人民政府批准,可以收回以下国有土地使用权:为实施城市规划进行旧城区改建以及其他公共利益需要,确需使用土地的;土地出让等有偿使用合同约定的使用期限届满,土地使用者未申请续期或者申请续期未获批准的;因单位撤销、迁移等原因,停止使用原划拨的国有土地的;公路、铁路、机场、矿场等经核准报废的。

第八十一条规定,依法收回国有土地使用权当事人拒不交出土地的,临时使用土地期满拒不归还的,或者不按照批准的用途使用国有土地的,由县级以上人民政府自然资源主管部门责令交还土地,处以罚款。

(2)《城市房地产管理法》第二十二条规定,土地使用权出让合同约定的使用年限届满,土地使用者未申请续期或者虽申请续期但未获批准的,土地使用权由国家无偿收回。

第二十六条规定,以出让方式取得土地使用权进行房地产开发的,必须按照土地使用权出让合同约定的土地用途、动工开发期限开发土地。满二年未动工开发的,可以无偿收回土地使用权;但是,因不可抗力或者政府、政府有关部门的行为或者动工开发必需的前期工作造成动工开发迟延的除外。

（3）《城镇国有土地使用权出让和转让暂行条例》第十七条规定，土地使用者未按土地使用权出让合同规定的期限和条件开发、利用土地的，市、县人民政府土地管理部门应当予以纠正，并根据情节可以给予警告、罚款直至无偿收回土地使用权的处罚。

第四十七条规定，无偿取得划拨土地使用权的土地使用者，因迁移、解散、撤销、破产或者其他原因而停止使用土地的，市、县人民政府应当无偿收回其划拨土地使用权。

（4）《基本农田保护条例》（国务院令第257号）第十八条规定：禁止任何单位和个人闲置、荒芜基本农田。经国务院批准的重点建设项目占用基本农田的，连续2年未使用的，经国务院批准，由县级以上人民政府无偿收回用地单位的土地使用权。

（5）《国有土地上房屋征收与补偿条例》（国务院令第590号）第十三条规定，房屋被依法征收的，国有土地使用权同时收回。

（6）《闲置土地处置办法》（国土资源部令第53号）第十二条规定，属于政府、政府有关部门的行为造成动工开发延迟的，造成土地闲置的，市、县国土资源主管部门应当与国有建设用地使用权人协商，协议有偿收回国有建设用地使用权。

（7）《关于深入推进城镇低效用地再开发的指导意见（试行）》（国土资发〔2016〕147号）指出，原国有土地使用权人有开发意愿，但没有开发能力的，可由政府依法收回土地使用权进行招拍挂，并给予原国有土地使用权人合理补偿。

2. 基本程序

目前，关于收回土地使用权问题的规定，有两部法律、三部行政法规、一部部门规章和一部规范性文件，其中部分存在重复。

政策法规规定的有关收回土地使用权事项，有的是行政决定，有的是行政处罚，都属于行政行为。

收回土地使用权，要正确处理好法律的权威性、政府的公信力以及行政相对人的合法权益三者之间的关系。因为土地标的较大，特别是出让土地，所以，在收回土地使用权时，一是要厘清情形，分析造成可能被收回土地使用权的原因；二是要把握尺度，充分理解法规中的"可以""应当""并""协商""可由"等词的含义；三是程序不能少。

需要行政处罚的按照行政处罚的程序处理；需要行政协议的按照行政协议的程序处理。

3. 综合

农用地转用和集体土地征收，一般都由市、县级人民政府提出申请，由上级人民政府或有权批准的人民政府批准。有关提供国有土地使用权和国有土地上房屋征收的批准、决定权，都在市、县级人民政府。按照"谁批准，谁收回"的原则，市、县人民政府是收回土地使用权的行政主体。

（七）行政处罚权

具体内容在"国土空间规划执法监督"编中介绍。

第二章
建设工程规划管理

　　建设工程规划管理,是落实国土空间规划管理的最后环节,也是基本实现规划管理目标的关键步骤。在此阶段,从规划角度出发,要确保前期提供建设用地的所有规定切实执行;同时,还要在和其他主管部门相关管理工作的协调中,取得一致意见。让规划管理工作的社会、政治和经济效益全面发挥。

　　建设工程规划管理过程中产生和积累的各种档案资料,是后期房屋等建筑物、构筑物所有权以及建设用地使用权等不动产确权登记工作的前置条件。

第一节　基本概念

1. 什么是工程?

《现代汉语词典》(2002年增补本)对工程的定义:土木建筑或其他生产、制造部门用比较大而复杂的设备来进行的工作。如土木工程、机械工程、化学工程、采矿工程、水利工程等。

2. 什么是建设工程?

建设工程是指为人类生活、生产提供物质技术基础的各类建筑物和工程设施的统称。建设工程是人类有组织、有目的、大规模的经济活动。建设工程按照自然属性可分为建筑工程、土木工程和机电工程三类。

3. 建设工程有哪些特点?

建设工程周期性长、投资规模大、安全、对技术要求高、物资运输安置量大。同时在环境污染、噪声、文明施工等方面需要加强控制。

4. 什么是建设工程规划许可证?

建设工程规划许可证是经城乡规划主管部门依法审核,确认建设工程符合城乡规划要求的法律凭证。

建设工程规划许可证源于1990年4月1日实施的《城市规划法》的规定。这里的"建设"是动词,"工程"是名词,是对建设工程的活动或者行为是否符合城乡规划要求的许可。

同样源于《城市规划法》的建设用地规划许可证中的"建设"是名词,"用"是动词。

5. 哪些工程建设行为需要办理建设工程规划许可证?

《城市规划法》第三十二条规定,在城市规划区内新建、扩建和改建建筑物、构筑物、道路、管线和其他工程设施，必须持有关批准文件向城市规划行政主管部门提出申请，由城市规划行政主管部门根据城市规划提出的规划设计要求，核发建设工程规划许可证件。

本条中的"新建""扩建"和"改建"是动词"建设"行为的形式。

《城乡规划法》第四十条规定，在城市、镇规划区内进行建筑物、构筑物、道路、管线和其他工程建设的，建设单位或者个人应当向城市、县人民政府城乡规划主管部门或者省、自治区、直辖市人民政府确定的镇人民政府申请办理建设工程规划许可证。

本条中的"其他工程建设的"中的"建设"，包括了"新建""扩建"和"改建"行为。

两部法律，对"工程"类型的规定是一致的。

6. 办理建设工程规划许可证有哪些规定？

《城乡规划法》第四十条规定，申请办理建设工程规划许可证，建设单位应当提交使用土地的有关证明文件、建设工程设计方案等材料。对符合控制性详细规划和规划条件的，由城市、县人民政府城乡规划主管部门或者省、自治区、直辖市人民政府确定的镇人民政府核发建设工程规划许可证。

7. 建设工程设计方案应当包含哪些内容？

《住房城乡建设部关于发布市政公用工程设计文件编制深度规定（2013年版）的通知》（建质〔2013〕57号）、《住房城乡建设部关于印发〈建筑工程设计文件编制深度规定（2016版）〉的通知》（建质函〔2016〕247号）等文件中，对各类建设工程的各个设计阶段设计文件的内容和深度作出了规定。

对于建设工程规划许可阶段的"建设工程设计方案"，除了要满足上述文件要求外，更要体现对地块规划条件中各项指标和要求的响应，特别是对规划条件中强制性要求的落实。

规划条件的强制性要求包括地块位置、用地性质、开发强度（建筑密度、建筑控制高度、容积率、绿地率等）、主要交通出入口方位、停车场泊位及其他需要配置的基础设施和公共设施控制指标等。

第二节 案例解析

有关建设工程的规划管理，法律法规作了一些规定，但在实际管理工作中，与相关部门的衔接协调、各种规范的应用、规划条件中各项指标的落实等问题，都要在此管理阶段予以解决。加之国土空间规划管理中"三区三线"的新要求，所以在建设工程规划管理中出现了许多"异常"的问题。

案例 1

出让土地后，已取得国有土地使用权证，在办理工程规划许可时，需要提供土地价款缴清凭证吗？

【解析】

《城乡规划法》第四十条规定，申请办理建设工程规划许可证，建设单位应当提交使用土地的有关证明文件、建设工程设计方案等材料。对符合控制性详细规划和规划条件的，由城市、县人民政府城乡规划主管部门或者省、自治区、直辖市人民政府确定的镇人民政府核发建设工程规划许可证。

《不动产登记暂行条例实施细则》（国土资源部令第63号）第三十四条规定，申请国有建设用地使用权首次登记，应当提交下列材料：

（1）土地权属来源材料；
（2）权籍调查表、宗地图以及宗地界址点坐标；
（3）土地出让价款、土地租金、相关税费等缴纳凭证；
（4）其他必要材料。

前款规定的土地权属来源材料，根据权利取得方式的不同，包括国有建设用地划拨决定书、国有建设用地使用权出让合同、国有建设用地使用权租赁合同以及国有建设用地使用权作价出资（入股）、授权经营批准文件。

申请在地上或者地下单独设立国有建设用地使用权登记的，按照本条规定办理。

《行政许可法》第三十一条规定，行政机关不得要求申请人提交与其申请的行政许可事项无关的技术资料和其他材料。

土地价款缴清凭证不是办理建设工程规划许可证所需的材料，不应要求申请人提供。

【延伸】

法条中的"使用土地的有关证明文件"是指使用权的批准文件、土地确认文件、矛盾纠纷中有相关职权部门作出的调解和协调文件。

取得土地使用权的一般步骤是：

农用地转用→征用土地→出让（划拨）土地→签订合同（缴费）→不动产权登记。

税费缴纳凭证、出让合同等，是办理不动产登记的必备材料。已经取得土地使用权证，证明相关的程序已经完成。申请办理建设工程规划许可时，不应要求建设单位提供与该行政许可申请无关的材料。

上述现象普遍存在，如要求建设单位提供地质勘探报告、环境影响评价报告等。按照《行政许可法》的规定，要求建设单位提供与申请许可事项无关的材料，属于违法行为。

案例 2

某项目现状一层为服装商店，现申请加建二层用于居住，但若加盖则超出原出让协议约定1.0的容积率。自然资源主管部门回复不同意加建，该项目无法办理建设工程规划许可证。律师认为，这个合同没有直接的依据。

【解析】

《城市房地产管理法》第十三条规定，土地使用权出让，可以采取拍卖、招标或者双方协议的方式

《城镇国有土地使用权出让和转让暂行条例》第十三条规定，土地使用权出让可以采取的方式有：协议、招标、拍卖。

《城乡规划法》第三十八条规定,在城市、镇规划区内以出让方式提供国有土地使用权的,在国有土地使用权出让前,城市、县人民政府城乡规划主管部门应当依据控制性详细规划,提出出让地块的位置、使用性质、开发强度等规划条件,作为国有土地使用权出让合同的组成部分。

根据法律法规的规定,本案不得加建超出协议约定容积率部分的建筑。

【延伸】

出让的方式有三种,协议出让是其中的一种。出让土地的使用必须符合规划条件,容积率是影响规划条件中"开发强度"的重要因素,同时也是影响土地价格的重要因素。国家采取严格的手段,强化对建设用地容积率的管理。

对于加建问题,除了要审查容积率指标外,还要考虑用地性质、日照要求、配套设施的比例是否满足规划条件中的相关要求。同时,还要与相关部门协同合作,确保建筑结构和消防安全。

案例 3

以前出让的土地,其土地性质和指标与现行的控制性详细规划不一致,政府对该区域暂无统一征收计划,建设单位若按照以前的出让合同和规划指标来申请扩建,规划许可应以何为依据?

【解析】

《城乡规划法》第一条规定,制定城乡规划法的目的是协调城乡空间布局。

第三条规定,城市、镇规划区内的建设活动应当符合规划要求。

第二十八条规定,要有计划、分步骤地组织实施城乡规划。

根据法律规定,本案中的申请事项应当按照现行规划予以控制,不能同意其扩建申请。

【延伸】

城乡规划是城乡在规划期限内经济发展和城乡建设的目标和蓝图,要通过"有计划、分步骤"地有序实施规划,才能达到目标、完成蓝图。土地的使用性质决定着城市的用地结构和空间布局,也是城乡规划的核心内容,一定要严格控制。

即使是控制性详细规划调整,也尽量避免触碰总体规划的强制性内容,否则规划的"一盘棋"思路将被打乱。

案例 4

一块通过出让取得的工业用地与一小学相隔一条路,满足消防安全间距要求。正在编制的国土空间规划拟将其调整为居住用地。现企业申请改扩建,自然资源主管部门在国土空间规划批复之前,不想受理该申请,该做法有何依据?

【解析】

《城乡规划法》第七条规定,经依法批准的城乡规划,是城乡建设和规划管理的依据。《自然资源部办公厅关于印发〈产业用地政策实施工作指引(2019年版)〉的通知》(自然资办发〔2019〕31号)第二十条(过渡期政策)指出,对于产业用地政策中明确,利用存量房产、土地资源发展国家支持产业、行业的,可享受在一定年期内不改变用地主体和规划条件的过渡期支持政策的情形,现有建设用地过渡期支持政策以5年为限,过渡期满及涉及转让需办理改变用地主体和规划条件的手续时,除符合《划拨用地目录》的可保留划拨外,其余可以协议方式办理,但法律、法规、行政规定等明确规定及国有建设用地划拨决定书、租赁合同等规定或约定应当收回土地使用权重新出让的除外。

产业用地政策对"暂不变更"的时限没有明确规定的,时限及后续管理可参照国土资规〔2015〕5号文件执行,或由地方自然资源主管部门会同相关部门制定实施细则,但时限起算时点应在设定过渡期政策相关文件有效期内。

自然资源主管部门应当做好相关起算时点和过渡期时间跨度的备案管理,过渡期临近结束时,应当提前通知存量房产、土地资源的使用方,掌握其继续使用房产、土地资源的意愿,做好政策服务。期满及涉及转让需以协议方式办理相关用地手续的,按《协议出让国有土地使用权规定》和《协议出让国有土地使用权规范(试行)》办理。

本案中,建议依法受理企业的改扩建申请。

【延伸】

其一,根据法律规定,只有经过依法批准的规划,才是规划管理的依据。无论目前规划编制和审批的进展在哪个阶段,只要没有通过批准,都不是规划管理的依据。企业申请改扩建的时间,正好处于机构改革和法律法规制定的过渡期,也是规划编制的过渡期。借鉴上述文件的规定,主体不变、规划条件不变,应当支持企业的发展。当然,应当对照产业政策,判断其是否属于国家支持的产业和行业。在不能明确判断的前提下,建议在过渡期内按照《产业用地政策实施工作指引(2019年版)》第四条关于平等对待各类用地主体的要求处理。

其二,工业用地的噪声和大气污染的排他性与学校用地对环境的敏感性,从科学角度讲,不管谁先来后到,都不应该毗邻布局,这是规划工作者应该避免的问题。如果毗邻布局,就是规划的失误。

其三,在过渡期内,对类似项目批复规划许可时,应当按照文件的要求做好后续工作,以保证新规划的顺利实施和经济效益。

案例 5

新建市政管线工程,需要穿越高速公路。在批复规划许可前,是否需要征求高速公路管理部门意见?

【解析】

《城乡规划法》第四条规定,在规划区内进行建设活动,应当遵守土地管理、自然资源和环境保护等法律、法规的规定。

《公路安全保护条例》(国务院令第593号)第二十七条规定,进行跨越、穿越公路修建桥梁、渡槽或者架设、埋设管道、电缆等涉路施工活动,建设单位应当向公路管理机构提出行政许可申请。

本案在办理穿越高速公路市政管线规划许可时,应当先征求公路管理机构的意见。

【延伸】

城乡规划管理涉及面广,相关法律法规中有限的罗列和无限的"等"字就说明了这一点。建设活动应当遵守相关法律法规的规定,除了建设单位应当遵守,自然资源主管部门也应当遵守。

土地、环保、公路、水利、文物、市政、消防、人防等主管部门或者机构的意见,实际上是规划许可的前置条件。有关主管部门或者机构的相关许可,是基于规划许可作出的,是保证规划许可实施的辅助条件。基本程序是:征求意见→规划许可→其他许可→实施各项许可内容。

案例 6

对于在开发边界外,已经合法取得的土地,可以进行扩建吗?

【解析】

《自然资源部关于做好城镇开发边界管理的通知(试行)》(自然资发〔2023〕193号)将"已依法依规批准且完成备案的建设用地,已办理划拨或出让手续,已核发建设用地使用权权属证书,确需纳入城镇开发边界的"纳入可以进行"城镇开发边界进行局部优化"的情形。

【延伸】

首轮国土空间规划的指导思想是保护耕地、"减量"规划,通过划定"三区三线",对城镇开发边界、总用地规模和城镇开发边界的扩展倍数进行总量控制。

在总用地规模和城镇开发边界的扩展倍数不突破的前提下,是否将开发边界外已有的建设用地优化进开发边界内,是地方政府的事权,不仅考验着地方政府的智慧,也是对地方政府正确发展观的检验。

本案中,若将类似情形优化进城镇开发边界,或者通过镇村规划将其作为零星城镇建设用地,办理扩建的规划许可是没有障碍的。

目前的法律法规体系尚未完全建立,只靠着规范性文件管理国土空间规划的相关工作,总会出现"不明确"或者"自由散漫"型的做法和答复,但是,"总用地规模和城镇开发边界的扩展倍数"不能突破的总要求是不会改变的。

案例 7

一个工业项目,乙方租用甲方的土地,发展改革部门备案是乙方名称的项目。现在申请办理工程规划许可,建设工程规划许可证应发放给甲方还是乙方?

【解析】

1.《企业投资项目核准暂行办法》(国家发展和改革委员会令第19号)第八条规定,项目申报单位在向项目核准机关报送申请报告时,需根据国家法律法规的规定附送城市规划行政主管部门出具的城市规划意见、国土资源行政主管部门出具的项目用地预审意见等文件。

第九条规定,项目申报单位应对所有申报材料内容的真实性负责。

2.《关于改进规范投资项目核准行为加强协同监管的通知》(发改投资〔2013〕2662号)要求,建立部门联动机制。对于未取得规划选址、用地预审、环评审批、节能评估审查意见的项目,各级项目核准机关不得予以核准。对于未按规定取得核准、规划许可、环评审批、用地管理等相关文件的建筑工程项目,建设行政主管部门不得发放施工许可证。

3.《城乡规划法》第三十六条规定,按照国家规定需要有关部门批准或者核准的建设项目,以划拨方式提供国有土地使用权的,建设单位在报送有关部门批准或者核准前,应当向城乡规划主管部门申请核发选址意见书。

第四十条规定,申请办理建设工程规划许可证,建设单位应当提交使用土地的有关证明文件等材料。

4.《土地管理法实施条例》第二十四条规定,建设项目批准、核准前或者备案前后,由自然资源主管部门对建设项目用地事项进行审查,提出建设项目用地预审意见;建设单位持建设项目的批准、核准或者备案文件,向市、县人民政府提出建设用地申请。

从政策法规规定的程序以及相关材料的衔接来看,本案的建设工程规划许可证应该颁发给土地使用权所有人。

【延伸】

国家对国有土地使用权的租赁,是对土地使用权出让方式的补充,是依据土地管理法规作出的行政行为。租赁合同属于行政合同,承租人可以取得承租土地使用权,并可以办理使用权登记。承租的土地使用权可以转租、转让或抵押。

承租土地的使用权证明,可以作为后续的其他行政许可的法定要件。

对于类似本案的乙方租用甲方的土地,属于《民法典》规定的租赁合同的范畴,是调整民事主体之间民事关系的合同,不能作为行政许可的法定要件。

对于此类问题,发展改革部门的有关备案等文件,违背了该部门的有关规定,不能作为后续其他行政许可的依据,建议发展改革部门重新修订相关文件。

案例 8

已经办理施工许可证的建设项目,申请对工程规划许可证进行变更,可行吗?

【解析】

1.《中华人民共和国建筑法》(简称《建筑法》)第八条规定,依法应当办理建设工程规划许可证的,已经取得建设工程规划许可证,是申请领取施工许可证应当具备的条件。

2.《建筑工程施工许可管理办法》(住房和城乡建设部令第52号)第六条规定,建设单位申请领取施工许可证的工程名称、地点、规模,应当符合依法签订的施工承包合同。

3.《城乡规划法》第四十三条规定,建设单位应当按照规划条件进行建设;确需变更的,必须向城市、县人民政府城乡规划主管部门提出申请。变更内容不符合控制性详细规划的,城乡规划主管部门不得批准。城市、县人民政府城乡规划主管部门应当及时将依法变更后的规划条件通报同级土地主管部门并公示。建设单位应当及时将依法变更后的规划条件报有关人民政府土地主管部门备案。

4.《行政许可法》第四十九条规定,被许可人要求变更行政许可事项的,应当向作出行政许可决定的行政机关提出申请;符合法定条件、标准的,行政机关应当依法办理变更手续。

本案中,根据法律规定,依法可以变更。但是变更的内容涉及施工许可证内容的,建议不予变更,或者变更后,将有关变更情况告知《施工许可证》颁发部门。

【延伸】

单就建设工程规划许可证的变更,只要符合法定条件,原发证机关应当依法给予办理变更手续。

按照《建筑法》的规定,建设工程规划许可证是申领施工许可证的前置条件。

参考《江苏省城乡规划条例》第四十九条和《北京市城乡规划条例》第三十九条的规定,建设单位在领取建设工程规划许可证后,已在规定的期限内办理了施工许可证,证明建设工程规划许可证作为办理施工许可证前置条件的法律效力已经生效。

《行政许可法》第八条规定,行政机关不得擅自改变已经生效的行政许可。

施工许可证和建设工程规划许可证都是全国统一格式,其中,建设单位(个人)、建设工程名称、建设地点(位置)、建设规模四项内容,在以上两证的格式文本中要求是一致的,在申请建设工程规划许可证变更时,这四项内容不应给予变更。

案例 9

在开发边界外的光伏变电站,应该办理建设用地规划许可还是乡村建设规划许可?

【解析】

《城乡规划法》第四十一条规定,在乡、村庄规划区内进行乡镇企业、乡村公共设施和公益事业建设的,建设单位或者个人应当向乡、镇人民政府提出申请,由乡、镇人民政府报城市、县人民政府城乡规划主管部门核发乡村建设规划许可证。

在乡、村庄规划区内进行乡镇企业、乡村公共设施和公益事业建设以及农村村民住宅建设,不得占用农用地;确需占用农用地的,应当依照《中华人民共和国土地管理法》有关规定办理农用地转用审批手续后,由城市、县人民政府城乡规划主管部门核发乡村建设规划许可证。建设单位或者个人在取得乡村建设规划许可证后,方可办理用地审批手续。

《自然资源部关于做好城镇开发边界管理的通知(试行)》(自然资发〔2023〕193号)结合城乡融合、区域一体化发展和旅游开发、边境地区建设等合理需要,在城镇开发边界外可规划布局有特定选址要求的零星城镇建设用地。

本案应当先办理建设用地规划许可证,再办理建设工程规划许可证。

【延伸】

《城乡规划法》规定乡村建设规划许可证适用的范围为乡、村庄规划区内;适用的类型为乡镇企业、乡村公共设施、公益事业和农村村民住宅建设。

光伏变电站不在乡、村庄规划区内,也不属于乡村建设规划许可证所适用的建设类型。它应当属于促进区域一体化发展需要使用城镇开发边界外零星城镇建设用地的项目。应当按照:用地预审→征地→出让→建设用地规划许可→建设工程规划许可的程序履行规划许可。

另外,在目前城镇粗犷化发展的背景下,若要提高土地使用强度,促进乡村振兴,应当充分挖掘和节约集约利用城镇开发边界内的建设用地,为乡村振兴留下充足的建设用地和发展空间。

有关国有农场的建设用地可能处于城镇开发边界外的情况,考虑历史原因,应当按照城镇开发边界内的状况予以办理相关规划许可手续。

案例 10

一个项目,共计6栋建筑,已经在一张建设工程规划许可证上获得规划许可。其中已有2栋开工建设。现准备用未建的4栋建筑争取上级拨款,为了规避使用上级资金的审计问题,拟申请将未建的4栋建筑从已发的建设工程规划许可证中分割出来,单独发证,应如何操作?

【解析】

按照[案例8]的相关解析,建设工程规划许可证是办理施工许可证的前置条件。首先要查阅建设工程规划许可证的法律效力是否已经完全生效。因为本案中的建设工程规划许可证是包含6栋建筑规划许可的总证,建设单位在申请施工许可时,可能会按栋申请,如果准备分证的4栋建筑的施工许可证尚未办理,为确保项目的顺利建设,可以进行分证处理。

【延伸】

建设工程规划许可,是依照法定程序对符合法定条件的特定对象作出的行政许可,应当是一项严肃、精细的工作。本案中,6栋建筑纳入了一张许可证中,即使有审定的建设工程设计方案作为附件,在后续的施工验线和规划核实等工作中,也难以实现精细化指导。

目前,住房建设部门的消防审查验收、施工图审查等事项大多已在省级平台上操作,而自然资源部门多个行政许可事项尚未实现平台操作。一旦省级平台全面运行后,修改、变更已经作出的许可,程序将十分复杂。为了应付后期的审计工作,自然资源主管部门就为项目进行分证处理,这既增加了当前的工作量,也为后期的解释、说明工作增添了额外负担。另外,分证后,相关规费的收缴问题也是大家需要思考的。

案例 11

某政府部门项目,土地使用权证在国资委名下,现政府某部门来申请项目的办理建设工程规划手续,应如何处理?

【解析】

1.《城市房地产管理法》第二十条规定,国家对土地使用者依法取得的土地使用权不提前收回。在特殊情况下,根据社会公共利益的需要,国家可以依照法律程序提前收回,并根据土地使用者已使用的年限和开发、利用土地的实际情况给予相应的补偿。

2.《城镇国有土地使用权出让和转让暂行条例》(国务院令第55号)第四十七条规

定,对划拨土地使用权,市、县人民政府根据城市建设发展需要和城市规划的要求,可以无偿收回。

3.《城乡规划法》第四十条规定,申请办理建设工程规划许可证,建设单位应当提交使用土地的有关证明文件等材料。

4.《机关团体建设楼堂馆所管理条例》(国务院令第688号)第十条规定,对未经批准的办公用房项目,不得办理规划、用地、施工等相关手续。

本案中的两个部门均为政府部门,所涉及的资产都属于国有资产。建议按照法律法规的规定,收回国资委名下的土地使用权,将该土地使用权出让或者划拨给案中的申请部门,然后按照法定程序,办理建设工程规划许可证。

【延伸】

根据《行政事业性国有资产管理条例》(国务院令第738号)第二条规定,行政事业性国有资产,包括使用财政资金形成的资产,接受调拨或者划转、置换形成的资产,接受捐赠并确认为国有的资产和其他国有资产。所有行政机关和事业单位的资产,都属于国有资产。

国资委名下的土地使用权,无论是通过何种方式取得的,都应当属于国有资产。对该资产的处置,除了要满足土地使用权管理方面的法律法规,还要符合《行政事业性国有资产管理条例》的相关规定。政府某部门要取得国资委名下的土地使用权,应当按照国资委取得该土地使用权的方式,依法取得。

另外,政府部门的相关建设项目必须符合《机关团体建设楼堂馆所管理条例》的相关规定。

案例12

一条城市道路,既有道路部分没有土地使用权证,政府指定城投公司为业主单位,准备对该道路实施拓宽升级改造,应如何办理建设工程规划许可证?

【解析】

《土地管理法》第九条规定,城市市区的土地属于国家所有。

第十二条规定,土地的所有权和使用权的登记,依照有关不动产登记的法律、行政法规执行。

第五十四条规定,建设单位使用国有土地,经县级以上人民政府依法批准,城市基础设施用地和公益事业用地可以以划拨方式取得。

《自然资源部关于以"多规合一"为基础,推进规划用地"多审合一、多证合一"改革的通知》(自然资规〔2019〕2号)规定,以划拨方式取得国有土地使用权的,建设单位向所在地的市、县自然资源主管部门提出建设用地规划许可申请,经有建设用地批准权的人民政府批准后,市、县自然资源主管部门向建设单位同步核发建设用地规划许可证、国有土地划拨决定书。

《城乡规划法》第四十条规定,申请办理建设工程规划许可证,建设单位应当提交使用土地的有关证明文件等材料。

本案中的城市道路用地，属于以划拨方式使用国有土地。如果现状城市道路及需要拓宽的部分都是国有土地，则可以由城投公司作为建设单位，一并向自然资源主管部门提出建设用地规划许可申请，办理建设用地规划许可证、国有土地划拨决定书。然后依法办理土地所有权和使用权的登记，以及建设工程规划许可手续。

如果现有道路以及拓宽部分涉及农用地或者非国有土地，则需依法履行农用地转用和土地征地批准手续后，申请划拨用地。

【延伸】

对于因各种原因占用土地且未办理用地手续、属于划拨用地的，建议按照土地法规及时处理。不能因为用地指标紧张而忽视市政基础设施的用地问题。将来的管理和指标控制会越来越严，违法用地的问题终将解决。江苏省采取的违法用地清零和建设用地指标直接挂钩的做法，值得借鉴。

案例13

四年前取得的一块土地，因合伙人之间的出资问题，项目一直没有开工建设。现在开工建设的话，是否可以依据现有控制性详细规划，提出规划指标并签订补充协议？还是收回土地使用权重新出让？

【解析】

《城市房地产管理法》第二十六条规定，以出让方式取得土地使用权进行房地产开发的，必须按照土地使用权出让合同约定的土地用途、动工开发期限开发土地。超过出让合同约定的动工开发日期满一年未动工开发的，可以征收相当于土地使用权出让金百分之二十以下的土地闲置费；满二年未动工开发的，可以无偿收回土地使用权。

《闲置土地处置办法》（国土资源部令第53号）第二条规定，闲置土地，是指国有建设用地使用权人超过国有建设用地使用权有偿使用合同或者划拨决定书约定、规定的动工开发日期满一年未动工开发的国有建设用地。

已动工开发但开发建设用地面积占应动工开发建设用地总面积不足三分之一或者已投资额占总投资额不足百分之二十五，中止开发建设满一年的国有建设用地，也可以认定为闲置土地。

按照本案的描述，造成土地闲置的原因不属于《闲置土地处置办法》第八条的情形，应该直接履行收回国有土地使用权程序，不可以开工建设。

【延伸】

无论土地是什么用途，只要是通过出让方式取得使用权的，相关法律规定的动工开发期限，都已纳入土地出让合同的范本中。

《闲置土地处置办法》第八条规定的六种属于政府、政府有关部门的行为造成动工开发延迟的情形，可以在本办法第十二条中选择处置方式。

非政府原因造成土地闲置的，应当按照《闲置土地处置办法》第十四条的规定处理：

（1）未动工开发满一年的，由市、县国土资源主管部门报经本级人民政府批准后，向国有建设用地使用权人下达《征缴土地闲置费决定书》，按照土地出让或者划拨价款的百

分之二十征缴土地闲置费。土地闲置费不得列入生产成本;

(2)未动工开发满两年的,由市、县国土资源主管部门按照《土地管理法》第三十七条和《城市房地产管理法》第二十六条的规定,报经有批准权的人民政府批准后,向国有建设用地使用权人下达《收回国有建设用地使用权决定书》,无偿收回国有建设用地使用权。闲置土地设有抵押权的,同时抄送相关土地抵押权人。

案例 14

一个项目的施工方想申请办理临时建设工程规划许可证,拟在项目用地红线范围外临时占地建设管理用房和施工人员的宿舍,这种情况应如何处理?

【解析】

1.《土地管理法》第五十七条规定,建设项目施工和地质勘查需要临时使用国有土地或者农民集体所有的土地的,由县级以上人民政府自然资源主管部门批准。其中,在城市规划区内的临时用地,在报批前,应当先经有关城市规划行政主管部门同意。土地使用者应当根据土地权属,与有关自然资源主管部门或者农村集体经济组织、村民委员会签订临时使用土地合同,并按照合同的约定支付临时使用土地补偿费。

临时使用土地的使用者应当按照临时使用土地合同约定的用途使用土地,并不得修建永久性建筑物。临时使用土地期限一般不超过二年。

第八十一条规定,临时使用土地期满拒不归还的,或者不按照批准的用途使用国有土地的,由县级以上人民政府自然资源主管部门责令交还土地,处以罚款。

2.《土地管理法实施条例》第二十条规定,建设项目施工、地质勘查需要临时使用土地的,应当尽量不占或者少占耕地。

临时用地由县级以上人民政府自然资源主管部门批准,期限一般不超过二年;建设周期较长的能源、交通、水利等基础设施建设使用的临时用地,期限不超过四年;法律、行政法规另有规定的除外。土地使用者应当自临时用地期满之日起一年内完成土地复垦,使其达到可供利用状态,其中占用耕地的应当恢复种植条件。

3.《城乡规划法》第四十四条规定,在城市、镇规划区内进行临时建设的,应当经城市、县人民政府城乡规划主管部门批准。临时建设影响近期建设规划或者控制性详细规划的实施以及交通、市容、安全等的,不得批准。临时建设应当在批准的使用期限内自行拆除。

第六十六条规定,建设单位或者个人未经批准进行临时建设的、未按照批准内容进行临时建设的、临时建筑物、构筑物超过批准期限不拆除的,由所在地城市、县人民政府城乡规划主管部门责令限期拆除,可以并处临时建设工程造价一倍以下的罚款。

本案中,施工方应先按照土地管理的法规取得临时用地的批准文件,再按照城乡规划管理的法规取得临时建设规划许可。

【延伸】

在项目施工过程中,因建设用地场地的局限性和保障施工现场安全管理的需要,法律法规允许建设单位在项目建设用地外,申请临时用地进行临时建设。法规还就申请、批准的形式和使用期限作出了要求。

临时用地上不得建设永久性建筑物，但为了使用期间的安全，建筑设计在结构设计和消防设计方面必须保证安全。

临时用地到期后，必须依法复原或者复垦；临时建设到期后，应当自行拆除。

案例 15

某工业项目已建成并投入生产，但总的建筑规模超出了规划条件。在建设过程中，建筑退界、退让道路红线（城市支路）等与规划条件存在出入。现申请补办建设工程规划许可手续，是否可行？

【解析】

1. 《城乡规划法》第四十条规定，在城市、镇规划区内进行建筑物、构筑物、道路、管线和其他工程建设的，应当申请办理建设工程规划许可证。

第四十三条规定，建设单位应当按照规划条件进行建设；确需变更的，必须向城市、县人民政府城乡规划主管部门提出申请。变更内容不符合控制性详细规划的，城乡规划主管部门不得批准。

第六十四条规定，未取得建设工程规划许可证或者未按照建设工程规划许可证的规定进行建设的，由县级以上地方人民政府城乡规划主管部门责令停止建设；尚可采取改正措施消除对规划实施的影响的，限期改正，处建设工程造价百分之五以上百分之十以下的罚款；无法采取改正措施消除影响的，限期拆除，不能拆除的，没收实物或者违法收入，可以并处建设工程造价百分之十以下的罚款。

2. 《土地管理法》第五十三条规定，经批准的建设项目需要使用国有建设用地的，建设单位应当持法律、行政法规规定的有关文件，向有批准权的县级以上人民政府自然资源主管部门提出建设用地申请，经自然资源主管部门审查，报本级人民政府批准。

本案涉及的问题包括：土地使用费是否缴纳、土地使用权证是否办理、违反了规划条件的规定等。必须严格依法处理后，再议后续事宜。

【延伸】

对于类似情况，应作如下处理：一是建设单位（投资商）应当抓紧完善土地使用权的来源问题，按照土地使用权出让合同约定，缴纳各项税费，办理国有土地使用权登记手续。二是针对出让合同的要件之一——规划条件的符合度问题，国土、规划主管部门（现已合并，由自然资源主管部门承担原有事务）应当依据现行政策，对项目重新审查，在不违反出让土地时公平公正前提下，结合企业建设的现状，作出判断。三是地方政府（招商引资单位）必须承担相应的责任。

对于工业项目，规划条件中的容积率、绿地率和建筑密度等指标，可以按照现行要求予以调整和确认。至于建筑退让地界距离和退让道路红线等与公平公正相关的问题，应当严格把控。

如果是房地产开发项目，必须严格按照规划条件的要求执行。

案例 16

小区的建设单位,为了提高小区销售成交量,擅自为一楼住宅修建铁栅栏(占用了小区绿地率指标),作为划分一楼业主使用土地范围的界线,这一行为应依据哪些法律认定其违法?

【解析】

《民法典》第二百七十四条规定,建筑区划内的绿地,属于业主共有。

《城乡规划法》第三十八条规定,在城市、镇规划区内以出让方式提供国有土地使用权的,在国有土地使用权出让前,城市、县人民政府城乡规划主管部门应当依据控制性详细规划,提出出让地块的位置、使用性质、开发强度等规划条件,作为国有土地使用权出让合同的组成部分。

参考《江苏省城乡规划条例》第四十五条的规定,对房地产开发项目,除因公共利益需要外,申请变更的内容涉及提高容积率、改变使用性质、降低绿地率、减少必须配置的公共服务设施和基础设施的,城乡规划主管部门不得批准。

该行为既违反了行政法,也违反了民法。

【延伸】

宗地是土地管理的基础单元,与民法中的建筑区划基本一致。土地出让前,规划条件已经对宗地(后期的建筑区划)内的各项用地指标作出要求,然后通过公平公正的招标、拍卖、挂牌程序出让国有土地使用权。竞得者应当按照竞标时的条件对宗地内的各项内容进行建设。

本案提及的"修建栅栏"问题,如果属于宗地应当配套建设的内容,应该属于全体潜在的和显现的业主共有,不可以作为特定人的权利。

案例 17

一市场用地,用地内的大部分已建成建筑已经办理了建设工程规划许可证。近期编制的详细规划中,该地块的容积率提高了,并兼容了部分住宅用地。建设单位按照新的详细规划要求,编制了建设工程设计方案,并向自然资源部门提出申请,市级规委会审议通过了该设计方案。建设单位重新签订了土地合同变更条款,拟在省规划用地管理系统使用前完成相关工程的规划许可手续。自然资源部门应如何履行相关程序?是否需要发展改革委的项目备案文件?

【解析】

《企业投资项目核准和备案管理条例》(国务院令第 673 号)第十三条规定,实行备案管理的项目,企业应当在开工建设前通过在线平台将下列信息告知备案机关:

(一)企业基本情况;

(二)项目名称、建设地点、建设规模、建设内容;

(三)项目总投资额;

(四)项目符合产业政策的声明。

企业应当对备案项目信息的真实性负责。

备案机关收到本条第一款规定的全部信息即为备案;企业告知的信息不齐全的,备案机关应当指导企业补正。企业需要备案证明的,可以要求备案机关出具或者通过在线平台自行打印。

第十四条规定,已备案项目信息发生较大变更的,企业应当及时告知备案机关。

《城乡规划法》第四十三条规定,建设单位应当按照规划条件进行建设;确需变更的,必须向城市、县人民政府城乡规划主管部门提出申请。变更内容不符合控制性详细规划的,城乡规划主管部门不得批准。城市、县人民政府城乡规划主管部门应当及时将依法变更后的规划条件通报同级土地主管部门并公示。建设单位应当及时将依法变更后的规划条件报有关人民政府土地主管部门备案。

本案中,规划已经调整了,建设工程设计方案也通过市级规委会的审议,并且已经签订了土地合同变更条款,缴纳了调整后的土地使用税费。接下来,自然资源部门需要处理调整内容的公示和建设工程规划许可等事宜。

【延伸】

本案问题中提到的"拟在省规划用地管理系统使用前完成相关工程的规划许可手续",是一个严重错误的想法。省里建立的规划用地管理系统是为了规范管理的,规矩是用来遵守的,不是用来打破的。作为系统内的从业人员,应将系统当成约束并自觉遵守。如果把系统当障碍,试图逾越,必将犯错。

建设用地使用权、建设工程规划许可等的管理权限都在市、县级人民政府及其自然资源部门,在省级的"一张图""一张网"中,地方人民政府及其自然资源部门既是制图人也是执行者,需依法行事,自觉遵守每条规定。

在国土空间规划管理中,法律法规就相关事项的执法程序作出了规定。依照法定程序,维护公平公正,保证国家利益和各群体或者个人的合法权益不受损害,是我们工作的目标和宗旨。

案例 18

一个工厂,土地被司法机关查封。企业现申请按照已经批准的总平面图扩建厂房,是否可以继续办理建设工程规划许可手续?

【解析】

《城乡规划法》第四十条规定,申请办理建设工程规划许可证,应当提交使用土地的有关证明文件、建设工程设计方案等材料。

《城市房地产管理法》第三十八条规定,司法机关和行政机关依法裁定、决定查封或者以其他形式限制房地产权利的,不得转让。

《最高人民法院关于人民法院民事执行中查封、扣押、冻结财产的规定》第一条规定,人民法院采取查封、扣押、冻结措施需要有关单位或者个人协助的,人民法院应当制作协助执行通知书,连同裁定书副本一并送达协助执行人。查封、扣押、冻结裁定书和协助执行通知书送达时发生法律效力。

《民法典》第四百一十七条规定,建设用地使用权抵押后,该土地上新增的建筑物不属于抵押财产。

本案中,土地使用权被查封,但只要查封、扣押、冻结裁定书中没有明确被执行人不得继续使用的,不影响建设单位提交使用土地的证明,因此可以继续办理建设工程规划许可手续。

【延伸】

类似土地使用权被查封、抵押等情形,是为了防止被执行人或者债务人的不动产转移。如果没有接到法律文书及其他相关要求,则建设单位的土地使用权与规划审批不受影响。进一步理解,查封、抵押等情况往往是由于被执行人债务没有清偿引起的。在查封、抵押的土地上进行建设,属于资产增益,即使相关权利人不一定有权优先受偿,但也为经济纠纷的处理提供更多的保障。

《行政许可法》第三十一条规定,申请人申请行政许可,应当如实向行政机关提交有关材料和反映真实情况,并对其申请材料实质内容的真实性负责。

第六十九条规定,被许可人以欺骗、贿赂等不正当手段取得行政许可的,应当予以撤销。撤销行政许可的,被许可人基于行政许可取得的利益不受保护。

被依法收回土地使用权的,属于建设用地使用权消灭。原建设单位不得以"不知情"等任何理由,向主管部门申请涉及土地使用权的许可事项。

案例 19

可以连带建设工程设计方案一起出让建设用地使用权吗?

【解析】

《城乡规划法》第三十八条规定,在城市、镇规划区内以出让方式提供国有土地使用权的,在国有土地使用权出让前,城市、县人民政府城乡规划主管部门应当依据控制性详细规划,提出出让地块的位置、使用性质、开发强度等规划条件,作为国有土地使用权出让合同的组成部分。

第四十条规定,申请办理建设工程规划许可证,应当提交使用土地的有关证明文件、建设工程设计方案等材料。

《建设工程质量管理条例》(国务院令第279号)第二十一条规定,设计单位应当根据勘察成果文件进行建设工程设计。设计文件应当符合国家规定的设计深度要求。

《建设工程勘察设计管理条例》(国务院令第662号)第二十五条规定,城乡规划是编制建设工程勘察、设计文件的依据。

本案中,建设工程设计方案可以代替规划条件,作为建设用地使用权出让的要件。

【延伸】

控制性详细规划是规划条件的依据,规划条件是对控制性详细规划的细化和补充;规划条件是建设工程设计方案的设计依据,建设工程设计方案是按照国家有关设计文件编制要求对规划条件的具体落实。

建设工程设计方案作为出让土地使用权的要件,自然资源主管部门必须严格按照规划条件规定的内容进行审查。竞标企业在竞标前也应当认真研究建设工程设计方案的各项指标,竞得土地使用权后,不得修改属于规划条件的强制性指标。

目前,许多城市实行的"无城市设计不供地"策略,这与"带方案"挂牌出让土地使用权是一个道理,实际上是管理部门强化精细化管理、落实规划意图最直接的做法,值得推广。

案例20

带地面资产(违法建设罚没财物)土地出让后,建设单位申请完善相关建设工程规划许可手续,办理工程规划许可证的验线环节还要执行吗?

【解析】

《行政许可法》第十六条规定,地方性法规可以在法律、行政法规设定的行政许可事项范围内,对实施该行政许可作出具体规定。对行政许可条件作出的具体规定,不得增设违反上位法的其他条件。

参考《江苏省城乡规划条例》第四十四条、《广州市城乡规划条例》第三十三条和《上海市城乡规划条例》第四十二条,都规定了新建、改建、扩建建设工程开工前,城乡规划主管部门应当在放线后组织验线。经复验无误后方可准予开工。

本案中,既有建筑的四至位置已经固定,不需要验线。

【延伸】

验线,是对规划许可内容进行建设前的最后一次确认,是避免错误、减少损失、保障建设项目按照规划要求实施的有效手段。

《城乡规划法》中虽没有对建设工程开工前需要验线作出规定,但相关地方法规按照《行政许可法》的要求,对实施建设工程规划许可作出了具体规定,验线不属于规划许可。

建设工程一旦建成,验线的功能也随之失效。即使是处理违法建设,也不需要对建筑物未经验线就开工建设的事实进行认定甚至处罚。

案例21

一块临街商业用地,土地使用权是个人名字。现在想开发建设,但是立项部门不给个人立项,相关发证部门说,网络上审批的项目,缺少规定条件,不能上网审批。无立项不能发放相关证件。针对此情况,应如何解决?

【解析】

1.《公司法》第五十九条规定,一人有限责任公司应当在公司登记中注明自然人独资或者法人独资,并在公司营业执照中载明。

第六十三条规定,一人有限责任公司的股东不能证明公司财产独立于股东自己的财产的,应当对公司债务承担连带责任。

2.《企业名称登记管理规定》(国务院令第734号)中,规定了有关企业名称的登记要求。

3.《企业投资项目核准和备案管理条例》(国务院令第673号)第十三条规定,实行备案管理的项目,企业应当在开工建设前通过在线平台将有关信息告知备案机关。

4.《城市房地产管理法》第三十条规定了设立房地产开发企业,应该具备的有关条件。

根据法律法规,本案中的事项应当成立公司(企业),以公司(企业)名义处理相关事务。

【延伸】

一个人也可以成立有限责任公司,只是自然人和公司法人的权利和义务不一样而已。

建议发展改革部门和自然资源部门之间进行沟通,做好建设主体和不动产登记主体的统一工作。

案例 22

河道管理范围线内和河湖岸线管理范围内的建设项目,自然资源部门是否可以为其办理建设工程规划许可手续,应如何办理?

【解析】

1.《城乡规划法》第四十条规定,在城市、镇规划区内进行建筑物、构筑物、道路、管线和其他工程建设的,建设单位或者个人应当向城市、县人民政府城乡规划主管部门或者省、自治区、直辖市人民政府确定的镇人民政府申请办理建设工程规划许可证。

申请办理建设工程规划许可证,应当提交使用土地的有关证明文件、建设工程设计方案等材料。

2.《中华人民共和国河道管理条例》(2018年修正版)第十六条规定,城镇规划的临河界限,由河道主管机关会同城镇规划等有关部门确定。沿河城镇在编制和审查城镇规划时,应当事先征求河道主管机关的意见。

第二十一条规定,在河道管理范围内,滩地的利用,应当由河道主管机关会同土地管理等有关部门制定规划,报县级以上地方人民政府批准后实施。

第二十五条规定,在河道滩地修建厂房或者其他建筑设施必须报经河道主管机关批准;涉及其他部门的,由河道主管机关会同有关部门批准。

本案中,应当按照法律的规定,办理建设工程规划许可手续。

【延伸】

在中华人民共和国境内,每个行业主管部门都有其法定的职责。无论是公路、铁路、河道、港口还是供电等领域,只要在国土空间范围内的建设活动,都会与规划许可在空间上存在交叉和重合,各主管部门对各自的管理事项提出要求或者作出行政许可,是依法行政行为,目的是共同管理好所涉事项。

案例 23

乡村的生活污水管网项目,没有取得土地所有权,是否需要办理工程规划许可证?

【解析】

《城乡规划法》第四十条规定,在城市、镇规划区内进行建筑物、构筑物、道路、管线和其他工程建设的,建设单位或者个人应当向城市、县人民政府城乡规划主管部门或者省、自治区、直辖市人民政府确定的镇人民政府申请办理建设工程规划许可证。

《村庄和集镇规划建设管理条例》(国务院令第116号)第二十六条规定,乡(镇)村企业、乡(镇)村公共设施、公益事业等建设,在开工前,建设单位和个人应当向县级以上人民政府建设行政主管部门提出开工申请,经县级以上人民政府建设行政主管部门对设计、施工条件予以审查批准后,方可开工。

第三十五条规定,乡级人民政府应当按照国家有关规定,对村庄、集镇建设中形成的具有保存价值的文件、图纸、资料等及时整理归档。

本案中的生活污水管网项目应当办理规划许可手续。

【延伸】

管线工程是保障城乡生产、生活的重要市政基础设施。随着"人居环境"要求不断提高,乡镇区乃至农民集中居住区都加大了投入,铺设了污水管网。为确保这些管网能够建得好、用得好,从规划设计、施工到运行维护的每个环节都要采取有效的保障措施。在这些保障措施中,规划管理尤为重要。

办理工程规划许可的程序,可以参照《城乡规划法》的规定。至于使用土地的有关证明文件,可以按照"临时用地"管理的要求办理。如果沿着乡村道路或者公路铺设管道,只需征得相关管理部门的同意即可。

城市的各种管道都有主管部门和管线单位,日常维护分工明确。而乡村的这些管道的维护,大多由村(居)委组织实施。所以,档案管理和安全培训工作非常重要。

案例 24

因历史遗留问题,导致项目用地仅有土地证,没有规划条件。应如何审查该建设工程设计方案?

【解析】

1984年颁布的《城市规划条例》第四十四条规定,申请进行建设的组织和个人,经城市规划主管部门对其建设位置提出地面控制标高、建筑密度、建筑层数、建筑立面以及与环境协调等设计要求,并审查其有关设计文件和图纸。

《城市规划法》第三十一条规定,在城市规划区内进行建设需要申请用地的,由城市规划行政主管部门核定其用地位置和界限,提供规划设计条件,核发建设用地规划许可证。

1988年修正的《土地管理法》第十九条规定,使用国有土地,未经原批准机关同意,连续二年未使用的,由土地管理部门报县级以上人民政府批准,收回用地单位的土地使用权,注销土地使用证。

本案中,首先要明确"历史遗留问题"的来龙去脉,"遗留"的原因是什么?再按照现行控规,评估地价重新出让或者转让土地,是实现规划目标的最有效的做法,避免造成新的遗留问题。

【延伸】

法律法规早就有了"提出设计要求""提供规划设计条件"等规定,如何造成近40年的"历史遗留问题"?需要细查案中的"土地证"。

在审查建设工程设计方案时,土地使用权的问题虽为一般性审查,但偶尔会发现违规情况,应依法及时作出处理。

建设工程设计方案审查,从一般程序看,仅是建设工程规划许可前的一个环节。但其关联着落实规划条件、土地使用权管理、规划建设管理等后续的其他管理,是承上启下的重要环节。

改革开放初期,确实存在"综合用地"问题,经过多年的处理,应所剩无几。类似案件是否属于闲置土地收回使用权的问题,应当查清原合同(协议)中的建设内容。

案例 25

一个新建住宅小区,原审查通过的方案绿地率为30%,建成后绿地率仅有27%,且无增加绿地的可能性。现在申请规划核实,该如何处理?

【解析】

1.《城乡规划法》第四十三条规定,建设单位应当按照规划条件进行建设。

第四十五条规定,县级以上地方人民政府城乡规划主管部门按照国务院规定对建设工程是否符合规划条件予以核实。未经核实或者经核实不符合规划条件的,建设单位不得组织竣工验收。

2.《城市绿化条例》(国务院令第100号)第十一条规定,工程建设项目的附属绿化工程设计方案,按照基本建设程序审批时,必须有城市人民政府城市绿化行政主管部门参加审查。

第十四条规定,单位附属绿地的绿化规划和建设,由该单位自行负责,城市人民政府城市绿化行政主管部门应当监督检查,并给予技术指导。

第十六条规定,城市新建、扩建、改建工程项目和开发住宅区项目,需要绿化的,其基本建设投资中应当包括配套的绿化建设投资,并统一安排绿化工程施工,在规定的期限内完成绿化任务。

第二十五条规定,工程建设项目的附属绿化工程设计方案,未经批准或者未按照批准的设计方案施工的,由城市人民政府城市绿化行政主管部门责令停止施工、限期改正或者采取其他补救措施。

本案应该依法作出不予规划核实的行政确认决定书。

【延伸】

《城乡规划法》第三十八条规定,提出规划条件的依据是控制性详细规划。

《建设工程勘察设计管理条例》(国务院令第662号)第二十五条规定,城乡规划是编制建设工程设计文件的依据。

审查建设工程设计方案的主要依据是规划条件,规划核实的主要依据也是规划条件,同时,规划条件又是土地使用权出让合同的重要组成部分。

另外,规划条件是政府的自然资源主管部门设置的,各级政府及其部门的要求和规定,在规划条件中都有反映。

有关规定的绿地率的问题,即使写在规划条件里,依照法规规定,从设计方案审查到投资主体、从实施到后期补救措施，都不是自然资源主管部门的职责，所以不要"越俎代庖"。

目前，许多地方政府部门对建设工程项目附属绿地配比不足的问题采取异地建设处理，这实际上对建设项目内业主并不公平。

建议：一是建设单位应当对业主受损的权益进行直接补偿；二是要求建设单位对配套建设的其他公共服务设施进行品质提升，予以整体补偿；三是对建设单位予以严厉惩戒，异地建设不仅仅是绿化建设费用的问题，更重要的是土地的区位和价格的问题，应当一并计算。

建设工程规划管理具有多重复杂性，规划条件是一切规划管理的起点，但最终都归结于最后的行政确认环节，即规划核实。

案例 26

建设用地的建设工程规划许可证过期了，需要补办，有没有前置条件？还是建设单位申请即可办理？

【解析】

1. 《行政许可法》第五十条规定，被许可人需要延续依法取得的行政许可的有效期的，应当在该行政许可有效期届满三十日前向作出行政许可决定的行政机关提出申请。但是，法律、法规、规章另有规定的，依照其规定。

第七十条规定，行政许可有效期届满未延续的，行政机关应当依法办理有关行政许可的注销手续。

2. 《建筑法》第九条规定，建设单位应当自领取施工许可证之日起三个月内开工。因故不能按期开工的，应当向发证机关申请延期；延期以两次为限，每次不超过三个月。既不开工又不申请延期或者超过延期时限的，施工许可证自行废止。

3. 参考《江苏省城乡规划条例》和《黑龙江省城乡规划条例》的相关规定：

《江苏省城乡规划条例》第四十九条规定，建设单位或者个人在取得选址意见书一年内未办理建设项目批准或者核准文件，在取得建设用地规划许可证一年内未办理用地批准文件，在取得建设工程规划许可证、乡村建设规划许可证一年内未办理施工许可证，且未申请延期或者申请延期未获批准的，相应的选址意见书、建设用地规划许可证、建设工程规划许可证和乡村建设规划许可证失效，城乡规划主管部门应当予以注销。

《黑龙江省城乡规划条例》第三十五条规定，建设项目选址意见书、建设用地规划许可证、建设工程规划许可证、乡村建设规划许可证的有效期限为二年，期限届满前应当取得后续批准文件。未取得后续批准文件的，规划许可自行失效。

根据法律规定，本案涉及的事项需要重新申请办理行政许可。

【延伸】

应当根据法律、法规以及规章的要求，对已经作出的许可证件效力进行管理。《行政许可法》对延续行政许可有效期做出了规定。

本案在解析中列举了《建筑法》对施工许可证有效期管理的法律规定，并参考了地方法规对规划许可证件有效期的管理要求。这些规定和要求都符合《行政许可法》的规定。

仔细研究法律法规中的用词：

(1) 注销：取消登记、记载过的事项。《行政许可法》中的"行政许可有效期届满未延续的，行政机关应当依法办理有关行政许可的注销手续"和《江苏省城乡规划条例》中的"相应的选址意见书、建设用地规划许可证、建设工程规划许可证和乡村建设规划许可证失效，城乡规划主管部门应当予以注销"，都含有行政机关"应当注销"的字眼，这个注销行为是行政机关的职责，需要主动执行。

(2) 自行：使原有的资格、权利等失去效力的形式。《建筑法》中的"施工许可证自行废止"和《黑龙江省城乡规划条例》中的"规划许可自行失效"，都有"自行"二字。不需要行政机关主动注销。

(3) 《行政许可法》的"应当注销"与《建筑法》中的"自行废止"的规定看似矛盾，两者都属于国家法律，层次相同，但在"施工许可证"的管理方面，《行政许可法》属于一般法，而《建筑法》属于特别法，在法条竞合的情形下，特别法优先于一般法。

按照《城乡规划法》第三十九条的规定，建设用地规划许可证是建设单位申请批准用地的前置条件，本案中提及的"建设用地规划证"也过期了，证明使用土地的权利尚未取得。如果已经取得土地使用权，则建设用地规划许可证的法律效力已经体现，不存在过期问题。

重新办理规划许可要提交的材料和履行的程序，由法律法规确定。

案例 27

一块地按商业用途出让后，企业在没有办理建设工程规划许可证和施工许可证的情况下已经开工建设。现申请办理建设工程规划许可手续，并申请调高建筑密度、建筑高度，减少绿地率，变更用地性质为商住，应如何处理？

【解析】

1. 《城乡规划法》第四十条规定，在城市、镇规划区内进行建筑物、构筑物、道路、管线和其他工程建设的，建设单位应当申请办理建设工程规划许可证。

第四十三条规定，建设单位应当按照规划条件进行建设；确需变更的，必须向城市、县人民政府城乡规划主管部门提出申请。变更内容不符合控制性详细规划的，城乡规划主管部门不得批准。

第六十四条规定，未取得建设工程规划许可证进行建设的，由县级以上地方人民政府城乡规划主管部门责令停止建设；尚可采取改正措施消除对规划实施的影响的，限期改正，处建设工程造价百分之五以上百分之十以下的罚款；无法采取改正措施消除影响的，限期拆除，不能拆除的，没收实物或者违法收入，可以并处建设工程造价百分之十以下的罚款。

2. 《建筑法》第六十四条规定，未取得施工许可证擅自施工的，责令改正，可以处以罚款。

3. 《城市房地产管理法》第十八条规定，土地使用者需要改变土地使用权出让合同约定的土地用途的，必须取得出让方的同意，签订土地使用权出让合同变更协议或者重新签订土地使用权出让合同，相应调整土地使用权出让金。

4. 《行政许可法》第五条规定，实施行政许可，应当遵循公开、公平、公正的原则。

本案中的情形，首先由自然资源和住房城乡建设主管部门依法对建设单位的违法行为进行行政处罚。其次是查证规划条件和土地使用权出让合同，对不符合的变更申请，自然资源主管部门不得批准。最后，在受理变更申请时，特别需要注意当初出让土地时，对其他竞标者的相关权益的保护问题。

【延伸】

此类问题是对法律法规的严重挑战，性质恶劣，必须严惩。

住宅建筑对环境的要求远远高于商业建筑。建筑密度和高度低、绿地率高，是高品位住宅建筑的必要条件。无论是初始提出规划条件，还是后期建设工程设计方案的调整或其他变更，都要以创造美好、舒适的建筑环境和人居环境为原则，即"调优原则"。

土地用途、建筑密度、绿地率以及容积率等，都是规划条件的强制性内容。参照《建设用地容积率管理办法》（建规〔2012〕22号）第七条对容积率调整情形的规定，涉及规划条件中相关的强制性指标和要求的调整，必须有足够的理由，并且要完成规定的程序后，方可启动。

调整的原因和程序规定，既是对受让人和行政机关行为的约束，也有利于对行政机关的保护。

案例 28

一宗工程许可审批案件，许可申请已受理，但因项目内存在违法情形，需执法局处理后才予许可，但即将超出许可法定时限的规定。违法处理时限是否有相关法条支持，可不计入工程许可审批时长？

【解析】

1. 《行政许可法》第四十二条规定，除可以当场作出行政许可决定的外，行政机关应当自受理行政许可申请之日起二十日内作出行政许可决定。二十日内不能作出决定的，经本行政机关负责人批准，可以延长十日，并应当将延长期限的理由告知申请人。但是，法律、法规另有规定的，依照其规定。

第四十五条规定，行政机关作出行政许可决定，依法需要听证、招标、拍卖、检验、检测、检疫、鉴定和专家评审的，所需时间不计算在本节规定的期限内。行政机关应当将所需时间书面告知申请人。

第十六条规定，法规、规章对实施上位法设定的行政许可作出的具体规定，不得增设行政许可；对行政许可条件作出的具体规定，不得增设违反上位法的其他条件。

2. 《自然资源行政处罚办法》（自然资源部令第12号）第三十八条规定，自然资源主管部门应当自立案之日起九十日内作出行政处罚决定；案情复杂不能在规定期限内作出行政处罚决定的，经本级自然资源主管部门负责人批准，可以适当延长，但延长期限不得超过三十日，案情特别复杂的除外。

3. 参考《江苏省城乡规划条例》第四十三条，建设用地规划许可证、建设工程规划许可证的办理，城乡规划主管部门应当自受理之日起三十个工作日内作出许可决定。在三十个工作日内不能作出决定的，经城乡规划主管部门负责人批准，可以延长十个工作日，并应当将延长期限的理由告知申请人。

《上海市城乡规划条例》第三十五条,申请办理建设工程规划许可证,应当提交使用土地的有关证明文件、建设工程设计方案等材料;规划行政管理部门应当在三十个工作日内提出建设工程设计方案审核意见。经审定的建设工程设计方案的总平面图,规划行政管理部门应当予以公布。

建设单位或者个人应当根据经审定的建设工程设计方案编制建设项目施工图设计文件,并在建设工程设计方案审定后六个月内,将施工图设计文件的规划部分提交规划行政管理部门。符合经审定的建设工程设计方案的,规划行政管理部门应当在收到施工图设计文件规划部分后的二十个工作日内,核发建设工程规划许可证。

本案中提及的有关行政处罚的期限会影响行政许可审批期限的问题,行政处罚和行政许可管理的事务不同,没有法律法规规定行政处罚是行政许可的前置条件。

【延伸】

1. 关于行政许可的办理期限问题

《行政许可法》规定,受理申请至作出许可决定的基本时间为二十日,但法律、法规另有规定的,依照其规定。

建设工程规划许可的办理过程中,涉及建设工程设计方案的审查,包括规划条件中提出的若干子项,如容积率的建筑面积的计算、日照间距的校核、建筑密度和绿地率的复核等。所以,在法律规定的基本期限内通常无法作出行政许可决定。

从江苏省和上海市的城乡规划条例中可以看出,建设工程设计方案审查的技术难度和涉及事项的广泛程度。

2. 关于行政许可的前置条件问题

《土地管理法》《城乡规划法》等国土空间规划管理法律,没有涉及行政处罚是行政许可前置条件的规定。《行政许可法》规定,法规、规章不得增设违反上位法的其他条件。所以,各地的有关部门文件、部门联合文件、政府的规范性文件,更无权增设违反上位法的、涉及行政许可的其他条件。

3. 关于行政处罚的时间规定

2017年,第二次修正后的《中华人民共和国行政处罚法》没有对作出行政处罚决定的期限作出具体规定,但《自然资源行政处罚办法》第三十八条作出了规定,应当自立案之日起九十日内作出行政处罚决定。

城乡规划管理工作中,批前公示和批后公布分别在什么阶段开展呢?

【解析】

1.《城乡规划法》在以下条款中对城乡规划的公开制度作出规定:

第八条 城乡规划组织编制机关应当及时公布经依法批准的城乡规划。但是,法律、行政法规规定不得公开的内容除外。

第九条 任何单位和个人都应当遵守经依法批准并公布的城乡规划。

第二十六条 城乡规划报送审批前,组织编制机关应当依法将城乡规划草案予以公告,公告的时间不得少于三十日。

第四十条 应当依法将经审定的修建性详细规划、建设工程设计方案的总平面图予以公布。

第四十三条 城市、县人民政府城乡规划主管部门应当及时将依法变更后的规划条件通报同级土地主管部门并公示。

第五十四条 监督检查情况和处理结果应当依法公开,供公众查阅和监督。

2.《行政许可法》第三十条规定,行政机关应当将法律、法规、规章规定的有关行政许可的事项、依据、条件、数量、程序、期限以及需要提交的全部材料的目录和申请书示范文本等在办公场所公示。

3.《行政处罚法》第五条规定,行政处罚遵循公正、公开的原则。

对违法行为给予行政处罚的规定必须公布;未经公布的,不得作为行政处罚的依据。

规划编制成果报批前,需要公告;依法批准后的城乡规划编制成果,需要公布;经审定的建设工程设计方案,需要公布;依法变更后的规划条件,需要公示;监督检查情况和处理结果,需要公开。

行政许可的依据,应当公示;行政处罚的规定,必须公布。

【延伸】

城乡规划是一项公共政策,从规划编制、报批、修改到规划实施许可,再到规划监督检查和行政处罚,全过程都需要接受公众的监督,向全社会公开。

公告、公示、公布都属于公开的形式,"三公"的方式、时间节点、时长要依照法律法规的规定,严格把控。

城乡规划法规规定的公开制度,属于人民政府及其自然资源主管部门的主动公开形式。公开的位置应显眼,便于公众查阅、监督;公开的文字和图纸内容应尽可能多且清晰;公开的时长不得缩短。

《土地管理法实施条例》中也规定了征收土地预公告和公告制度,必须严格执行。

《行政许可法》和《行政处罚法》规定的公示、公布的内容,是全天候的公开制度,需要永远公开。

知情权是监督公共权力的有效手段,是保护公民自身利益的需要。

案例30

建设工程设计方案审查,需要审查哪些内容?

【解析】

1.《城乡规划法》第三十八条规定,在国有土地使用权出让前,城市、县人民政府城乡规划主管部门应当依据控制性详细规划,提出出让地块的位置、使用性质、开发强度等规划条件。

第四十条规定,建设单位或者个人向城乡规划主管部门申请办理建设工程规划许可证,应当提交使用土地的有关证明文件、建设工程设计方案等材料。

2.《黑龙江省城乡规划条例》第二十八条规定,城乡规划主管部门应当对建设工程设计方案进行审查。审查建设工程设计方案应当重点审查是否符合控制性详细规划和城市设计要求,是否与周边空间环境相协调,以及建筑物的平面、立面、剖面、风格特点和建筑立面材料、门窗、屋面、墙体、主要出入口等建筑元素。

《江苏省城乡规划条例》第三十三条规定,规划条件应当明确出让地块的位置、范围和面积,使用性质、容积率、建筑密度、建筑高度、建筑退让、绿地率、出入口方位、停车泊位、必须配置的公共服务设施和市政基础设施、地下空间开发利用等规划要求,以及有关规划引导要素。

根据相关法律和参考地方法规的规定,规划条件来自法定的控制性详细规划,是对控制性详细规划的深化,是建设工程设计方案审查的依据。

【延伸】

从《上海市城乡规划条例》第三十五条"规划行政管理部门应当在三十个工作日内提出建设工程设计方案审核意见"和《江苏省城乡规划条例》第三十九条"城乡规划主管部门在审查过程中,应当根据需要组织专家评审"的规定中可以看出,审查建设工程设计方案是一项复杂的、多专业配合的工作。自然资源主管部门及其工作人员不是万能的,需要其他行业专家的支持。

在建设工程设计方案审查时,首先要有规划"一盘棋"的思路,不能"捡了芝麻丢了西瓜"。其次要尽量做到公平公正,正确理解各类规范(标准)含义和专家的意见,专家意见是作出最终审查意见的参考。最后,不能越位处理其他部门的审查事项,如消防、人防、环保等,明确责任分工,权责分明。

第三节　行政权力

建设工程规划管理工作阶段的行政行为,是对建设活动从行为到产品的过程管理,是为了保证建设活动符合城乡规划的要求。依法行使权力并作出行政行为是保证顺利管理的必要形式和手段。

(一) 建设工程设计方案审定权

建设工程设计方案是申请办理建设工程规划许可证的法定要件,是落实规划条件,实现规划蓝图最重要的一步。

1. 权力来源

《城乡规划法》第四十条规定,建设单位或者个人向城乡规划主管部门申请办理建设工程规划许可证,应当提交使用土地的有关证明文件、建设工程设计方案等材料。

城市、县人民政府城乡规划主管部门或者省、自治区、直辖市人民政府确定的镇人民政府应当依法将经审定的修建性详细规划、建设工程设计方案的总平面图予以公布。

2. 基本程序

建设单位向自然资源主管部门提交设计方案→相关责任人对照规划条件(控制性详

细规划)进行预审→组织专家评审(非必要)→集体研究→发出审查意见书→通过审查的,予以公布。

3. 综合

建设工程设计方案审定是办理建设工程规划许可的一个环节,是行政行为,但不是行政许可行为。市、县人民政府的自然资源主管部门是行政主体,建设单位是行政相对人。

(二) 建设工程、乡村建设规划许可权

建设工程、乡村建设规划许可是城乡规划法律法规体系中的最后一个行政许可事项。

1. 权力来源

《城乡规划法》第四十条规定,在城市、镇规划区内进行建筑物、构筑物、道路、管线和其他工程建设的,建设单位或者个人应当向城市、县人民政府城乡规划主管部门或者省、自治区、直辖市人民政府确定的镇人民政府申请办理建设工程规划许可证。

申请办理建设工程规划许可证,应当提交使用土地的有关证明文件、建设工程设计方案等材料。需要建设单位编制修建性详细规划的建设项目,还应当提交修建性详细规划。对符合控制性详细规划和规划条件的,由城市、县人民政府城乡规划主管部门或者省、自治区、直辖市人民政府确定的镇人民政府核发建设工程规划许可证。

第四十一条规定,在乡、村庄规划区内进行乡镇企业、乡村公共设施和公益事业建设的,建设单位或者个人应当向乡、镇人民政府提出申请,由乡、镇人民政府报城市、县人民政府城乡规划主管部门核发乡村建设规划许可证。

2. 基本程序

(1)《行政许可法》对行政许可规定了"申请与受理""审查与决定"的基本程序,并对特殊情况下的"听证"事项作出了要求。

(2) 自然资源主管部门的工作人员需要去建设场地,对申请许可工程的周边、空中、地下等建筑和设施情况进行现场踏勘,并将相关要求记录在案。

3. 综合

建设工程、乡村建设规划许可权是行政许可行为,必须严格执行《行政许可法》的规定。建设工程规划许可是依申请而作出的行政行为。建设单位是申请人,市、县人民政府的自然资源主管部门是行政主体。

(三) 临时建设工程规划许可权

1. 权力来源

《城乡规划法》第四十四条规定,在城市、镇规划区内进行临时建设的,应当经城市、县人民政府城乡规划主管部门批准。临时建设影响近期建设规划或者控制性详细规划的实施以及交通、市容、安全等的,不得批准。

临时建设应当在批准的使用期限内自行拆除。临时建设和临时用地规划管理的具体办法,由省、自治区、直辖市人民政府制定。

根据法律的授权,参考以下地方法规:

《上海市城乡规划条例》第四十条规定,进行临时建筑物、构筑物、道路或者管线建设的,建设单位或者个人应当申请临时建设工程规划许可证。规划行政管理部门受理申请后,应当在五个工作日内作出决定。经审核,临时建设不影响控制性详细规划和近期建设规划的实施,以及公共卫生、公共安全、公共交通和市容景观的,核发临时建设工程规划许可证。

《江苏省城乡规划条例》第四十六条规定,在城市、镇规划区内进行临时建设,应当向城市、县城乡规划主管部门申请临时建设工程规划许可证。

临时建设不得妨碍城市交通和公共安全,不得影响城市景观和周围建筑物的使用,不得影响近期建设规划和控制性详细规划的实施。

2. 基本程序

(1)《行政许可法》对行政许可规定了"申请与受理""审查与决定"的基本程序,并对特殊情况下的"听证"事项作出了要求。

(2)自然资源主管部门的工作人员需要去建设场地,对申请许可工程的周边、空中、地下等建筑和设施情况进行现场踏勘,并将相关要求记录在案。

(3)征求相关部门意见。

3. 综合

因临时建筑具有用地临时、用途临时、使用期限短等特殊性,法律没有作出具体规定,但授权给省级人民政府制定规划管理的具体办法,各地规定大同小异。

因为特殊性,需要征求涉及部门的意见。例如,占用城市道路人行道建设报刊亭,虽不涉及临时用地,但涉及占用市政道路和交通安全管理,需要两个主管部门或者机构出具意见。

(四)建设工程定位验线权

为了保证建设工程按照规划许可的位置准确定位,开工前的验线工作尤为重要。虽然法律没有专门对此项工作作出规定,但将其列入了监督检查的范畴。部分地方法规强调了这项工作。

1. 权力来源

(1)《行政许可法》第十条规定,行政机关应当对公民、法人或者其他组织从事行政许可事项的活动实施有效监督。

(2)《城乡规划法》第五十一条规定,县级以上人民政府及其城乡规划主管部门应当加强对城乡规划实施的监督检查。

(3)参考《江苏省城乡规划条例》第四十四条规定,取得建设工程规划许可证、乡村建设规划许可证的建设工程开工前,建设单位或者个人应当向城市、县城乡规划主管部门申请验线,城乡规划主管部门应当在五个工作日内进行验线。未经验线,不得开工。

《浙江省城乡规划条例》第四十二条规定,建设单位应当委托具有相应测绘资质的单位进行坐标放线和竣工测绘。城市、县人民政府城乡规划主管部门应当加强建设工程验线管理。

2. 基本程序

建设工程开工前,建设单位按照建设工程规划许可证的规定轴线或者中心线的定位位置进行放线,并留下放线记录,申请自然资源主管部门现场验线,并将验线的结论记录在案,经建设单位、施工单位、监理单位签字确认后归档。

3. 综合

(1)《城乡规划法》第五十三条规定,城乡规划主管部门对城乡规划的实施情况进行监督检查,有权采取以下措施:

① 要求有关单位和人员提供与监督事项有关的文件、资料,并进行复制;

② 要求有关单位和人员就监督事项涉及的问题作出解释和说明,并根据需要进入现场进行勘测;

③ 责令有关单位和人员停止违反有关城乡规划的法律、法规的行为。

城乡规划主管部门的工作人员履行前款规定的监督检查职责,应当出示执法证件。被监督检查的单位和人员应当予以配合,不得妨碍和阻挠依法进行的监督检查活动。

(2)《行政许可法》第六十一条规定,行政机关依法对被许可人从事行政许可事项的活动进行监督检查时,应当将监督检查的情况和处理结果予以记录,由监督检查人员签字后归档。公众有权查阅行政机关监督检查记录。

建设工程定位验线属于行政行为的监督检查权,不属于行政许可,但其效力介于行政许可和行政处罚之间,主管部门和被监管对象都要依法认真对待。

(五) 建设工程设计方案修改批准权

建设工程设计方案,是建设单位委托专业设计院,根据规划条件和建设单位的要求,对工程实施作出的规划蓝图。在不违反规划条件的情况下,建设单位可以根据情势变化,对设计方案进行修改,并按照法定程序进行申报。

1. 权力来源

《城乡规划法》第五十条规定,经依法审定的建设工程设计方案的总平面图不得随意修改;确需修改的,城乡规划主管部门应当采取听证会等形式,听取利害关系人的意见。

2. 基本程序

与首次申报的程序基本一致,建设单位向自然资源主管部门提交设计方案→相关责任人对照规划条件(控制性详细规划)进行预审→组织专家评审(必要)、征求利害关系人意见→集体研究→发出审查意见书→通过审查的,予以公布。

在提交的新方案中,必须说明修改方案的理由,修改前后的指标对照及与规划条件的呼应关系等。组织专家评审是必要过程,同时应征求利害关系人意见,征求意见的形式最好按照法律的规定,采取听证会形式。

3. 综合

建设工程设计方案审定是办理建设工程规划许可的一个环节,属于行政行为,但不属于行政许可行为。

申请修改建设工程设计方案是允许的,但是需要考虑:① 可能对现有业主的合法权益造成损害。② 原有方案已经审定并公布,再次修改公布可能对城乡规划的权威性造成影响。所以,法律要求"不得随意修改"。

(六) 建设工程规划许可变更权

行政许可变更包括行政机关主动行为和依申请变更的行政许可行为。

1. 权力来源

(1)《城乡规划法》第四十三条规定,建设单位应当按照规划条件进行建设;确需变更的,必须向城市、县人民政府城乡规划主管部门提出申请。变更内容不符合控制性详细规划的,城乡规划主管部门不得批准。

第五十条规定,在建设工程规划许可证或者乡村建设规划许可证发放后,因依法修改城乡规划给被许可人合法权益造成损失的,应当依法给予补偿。

(2)《行政许可法》第四十九条规定,被许可人要求变更行政许可事项的,应当向作出行政许可决定的行政机关提出申请;符合法定条件、标准的,行政机关应当依法办理变更手续。

2. 基本程序

主动变更行为,即政府及部门修改规划的情形。修改后影响规划实施的,对已建部分依法征收;对未建部分进行协商处理,造成损失的,依法给予补偿。

依申请变更的,首先,建设单位提出申请,提交相关的图纸并说明变更的事项和理由;然后,自然资源主管部门对照法律规定,对提交的材料等进行审查。符合法定条件、标准的,依法办理变更手续;不符合的,作出不予变更决定。

3. 综合

在本章[案例 8]中,已就建设工程规划许可证的变更问题进行了解析,建议借鉴。建设工程规划许可变更属于行政许可行为,行政主体是人民政府及其自然资源主管部门,行政相对人是建设单位或相关利害关系人。

(七) 规划核实权

规划核实是对建设工程是否符合城乡规划的行政确认行为,也是对整个建设活动最终的行政确认行为。

1. 权力来源

《城乡规划法》第四十五条规定,县级以上地方人民政府城乡规划主管部门按照国务院规定对建设工程是否符合规划条件予以核实。未经核实或者经核实不符合规划条件的,建设单位不得组织竣工验收。

2. 基本程序

建设单位提出申请,自然资源主管部门对照规划条件、建设工程规划许可证、建设工程设计方案、验线记录等批准的文件,现场勘查申请核实项目(楼栋)、配套设施等建设是否符合批准文件的各项规定。符合的,予以确认;不符合的,提出整改意见。

3. 综合

规划核实是行政确认行为,行政主体是自然资源主管部门,行政相对人是申请规划核实的建设单位或者个人。

规划核实是对建设工程作出确认的行政行为,与后续的各部门的工作以及建设工程业主方的权利密不可分,所以,要对规划意图的实现状况进行全面校验。

(八) 竣工验收资料接收权

建设工程竣工验收资料是整个建设活动的原始记录,具有极高的权威性。

1. 权力来源

(1)《城乡规划法》第四十五条规定,建设单位应当在竣工验收后六个月内向城乡规划主管部门报送有关竣工验收资料。

(2) 参考《上海市城乡规划条例》第三十五条,建设单位或者个人应当根据经审定的建设工程设计方案编制建设项目施工图设计文件,并在建设工程设计方案审定后六个月内,将施工图设计文件的规划部分提交规划行政管理部门。

2. 基本程序

建设单位整理竣工验收资料→报送自然资源主管部门→交接清单→自然资源主管部门整理并登记入库。

3. 综合

自然资源主管部门接收的竣工验收资料,并不是工程建设中涉及的全部资料,而是工程建设中自然资源主管部门参与工作部分的竣工资料。从建设用地管理阶段的农用地转用预审、规划选址、征地、提供土地使用权、用地批准、建设用地规划许可,到建设工程管理阶段的建设工程设计方案审查、建设工程规划许可、验线、规划核实,在这整个过程中自然资源主管部门留下的工作痕迹(含公示、变更等),是其需要的建设工程竣工验收资料。

参照《上海市城乡规划条例》的规定,"施工图设计文件的规划部分"是办理建设工程规划许可证需要提交的材料,而其他的施工图及在工程建设中涉及的有关工程招标、材料采购、施工企业、监理单位等竣工资料,不需要提交自然资源主管部门。

《城乡规划法》第六十七条规定,建设单位未在建设工程竣工验收后六个月内向城乡规划主管部门报送有关竣工验收资料的,由所在地城市、县人民政府城乡规划主管部门责令限期补报;逾期不补报的,处一万元以上五万元以下的罚款。这证明了报送有关竣工验收资料的重要性。

建设工程竣工验收资料是承载经验的历史记载,应当严格执行保管和利用的相关制度。

(九) 行政处罚权

内容在"国土空间规划执法监督"编中。

第三章

不动产登记

我国的不动产登记最早源于土地管理制度,主要以征税为目的。"文革"后,恢复了房屋登记制度。1994年《城市房地产管理法》颁布,首次以法律形式确立了国家实行土地使用权和房屋所有权登记发证制度。随着各项改革的深入,法律法规不断完善,土地、森林、矿产、草原、渔业、海域等管理部门的登记制度相继出台。2007年颁布的《中华人民共和国物权法》(简称《物权法》)明确规定:国家对不动产实行统一登记制度,但是由于地方利益阻碍、各地平台条件及人才素质不统一等原因,这一规定并没有得到落实。直至2015年3月1日《不动产登记暂行条例》的实施,标志着不动产统一登记制度在我国正式建立。

不动产统一登记制度建立后,虽然在社会上引起了这一制度利于反腐、利于房地产税征收、利于调控房价等争议,但其真正的目的是让政府有关部门更加了解房地产市场的真实情况,更好地保护不动产权利人合法财产权,保障不动产交易安全,维护正常的市场交易秩序。

《城乡规划法》以及相关法律法规规定,不动产登记事项涉及国土空间规划管理实质性审查内容;不动产登记的相关法规规定,土地、房产等未载入登记簿的,不产生法律效力。现行的相关文件又规定了不动产登记簿记载的事项是登记土地和建(构)筑物后续再改造、使用等的前提条件;同时,国土空间规划编制也有涉及土地的产权分明、界址清楚等要求。所以,添加本章作为国土空间规划管理的内容。

第一节 基本概念

1. 不动产指的是哪些?

《不动产登记暂行条例》第二条规定,不动产是指土地、海域以及房屋、林木等定着物。

2. 什么是不动产登记?

《不动产登记暂行条例》第二条规定,不动产登记是指不动产登记机构依法将不动产权利归属和其他法定事项记载于不动产登记簿的行为。

3. 不动产登记是行政行为吗?

《土地管理法》第十二条规定,土地的所有权和使用权的登记,依照有关不动产登记的法律、行政法规执行。依法登记的土地的所有权和使用权受法律保护,任何单位和个人不得侵犯。

《城市房地产管理法》第六十条规定,国家实行土地使用权和房屋所有权登记发证制度。

《中华人民共和国行政诉讼法》(简称《行政诉讼法》)第十二条规定,人民法院受理公民、法人或者其他组织提起的对行政机关作出的关于确认土地、矿藏、水流、森林、山岭、草原、荒地、滩涂、海域等自然资源的所有权或者使用权的决定不服的诉讼。

《中华人民共和国行政复议法》(简称《行政复议法》)第十一条规定,对行政机关作出的确认自然资源的所有权或者使用权的决定不服的,公民、法人或者其他组织可以依照本法申请行政复议。

《不动产登记暂行条例》第六条规定,国务院自然资源主管部门负责指导、监督全国不动产登记工作。县级以上地方人民政府应当确定一个部门为本行政区域的不动产登记机构,负责不动产登记工作,并接受上级人民政府不动产登记主管部门的指导、监督。

根据上述法律法规的规定,不动产登记是依申请而作出的行政行为,并且是可提起行政复议和行政诉讼的行政确认行为。

4. 属于集体所有权的土地包括哪些?

《土地管理法》第九条规定,农村和城市郊区的土地,除由法律规定属于国家所有的以外,属于农民集体所有;宅基地和自留地、自留山,属于农民集体所有。

5. 什么是所有权?

《现代汉语词典》(商务印书馆,2002年增补本)对所有权的定义是:国家、集体或者个人对于生产资料或者生活资料的占有权。

《民法典》第二百四十条对所有权的定义是:对自己的不动产或者动产,依法享有占有、使用、收益和处分的权利。

6. 什么是私人所有权?

《民法典》第二百六十六条规定,私人对其合法的收入、房屋、生活用品、生产工具、原材料等不动产和动产享有所有权。

7. 什么是土地承包经营权?

《民法典》第三百三十一条规定,土地承包经营权人依法对其承包经营的耕地、林地、草地等享有占有、使用和收益的权利,有权从事种植业、林业、畜牧业等农业生产。

8. 什么是建设用地使用权?

《民法典》第三百四十四条规定,建设用地使用权人依法对国家所有的土地享有占有、使用和收益的权利,有权利用该土地建造建筑物、构筑物及其附属设施。

9. 什么是宅基地使用权?

《民法典》第三百六十二条规定,宅基地使用权人依法对集体所有的土地享有占有和使用的权利,有权依法利用该土地建造住宅及其附属设施。

10. 什么是海域使用权?

按照《中华人民共和国海域使用管理法》第十六条、第十七条和第二十五条的规定,县级以上有批准权的人民政府海洋行政主管部门批准和颁发的海域使用权证书,依法在一定期限内使用一定海域进行养殖、拆船、旅游、娱乐、盐业、矿业、公益事业、港口、修造船厂等用海的权利。

11. 什么是地役权?

地役权是指土地权利人为了自己使用土地的方便或者土地利用价值的提高,通过约定而得以利用他人土地的一种定限物权。

按照《民法典》第三百七十二条规定,地役权人有权按照合同的约定,利用他人的不动产,以提高自己的不动产的效益。

12. 什么是抵押权？

抵押权是指债务人或者第三人不转移财产的占有,将该财产作为债权的担保,债务人未履行债务时,债权人依照法律规定的程序就该财产优先受偿的权利。

13. 不动产登记的法定性规定有哪些？

《民法典》第二百零八条规定,不动产物权的设立、变更、转让和消灭,应当依照法律规定登记。

第二百零九条规定,不动产物权的设立、变更、转让和消灭,经依法登记,发生效力;未经登记,不发生效力,但是法律另有规定的除外。

第二百一十四条规定,不动产物权的设立、变更、转让和消灭,依照法律规定应当登记的,自记载于不动产登记簿时发生效力。

《不动产登记暂行条例》第十五条规定,当事人或者其代理人应当向不动产登记机构申请不动产登记。

14. 哪些类型的不动产不需要登记？

《民法典》第二百零九条规定,依法属于国家所有的自然资源,所有权可以不登记。

第二百一十五条规定,当事人之间订立有关设立、变更、转让和消灭不动产物权的合同,除法律另有规定或者当事人另有约定外,自合同成立时生效;未办理物权登记的,不影响合同效力。

第二百二十九条规定,因人民法院、仲裁委员会的法律文书或者人民政府的征收决定等,导致物权设立、变更、转让和消灭,自法律文书生效或者征收决定等生效时发生效力。

第二百三十条规定,因继承取得物权的,自继承开始时发生效力。

第二百三十一条规定,因合法建造、拆除房屋等事实行为设立和消灭物权的,自事实行为成就时发生效力。

第二百三十二条规定,处分第二百一十五条、第二百二十九条、第二百三十条、第二百三十一条规定享有的不动产物权,依照法律规定需要办理登记的,未经登记,不发生物权效力。

15. 什么是不动产登记簿？

不动产登记簿是指由不动产登记机构依法制作的,对某一特定的区域内的不动产以及其上的权利状况加以记载的具有法律效力的官方记录。

16. 不动产登记簿的效力有哪些？

《民法典》第二百一十四条规定,不动产物权的设立、变更、转让和消灭,依照法律规定应当登记的,自记载于不动产登记簿时发生效力。

第二百一十六条规定,不动产登记簿是物权归属和内容的根据。

第二百一十七条规定,不动产权证书记载的事项,应当与不动产登记簿一致;记载不一致的,除有证据证明不动产登记簿确有错误外,以不动产登记簿为准。

17. 什么是首次登记？

《不动产登记暂行条例实施细则》第二十四条规定，不动产首次登记，是指不动产权利第一次登记。

未办理不动产首次登记的，不得办理不动产其他类型登记，但法律、行政法规另有规定的除外。

18. 哪些情形需要申请变更登记？

《土地登记办法》（国土资源部令第40号）第三十八条规定，变更登记是指因土地权利人发生改变，或者因土地权利人姓名或者名称、地址和土地用途等内容发生变更而进行的登记。

《不动产登记暂行条例》第十四条规定，权利人姓名、名称或者自然状况发生变化，需要申请变更登记。

《不动产登记暂行条例实施细则》第二十六条规定，有下列情形之一的，不动产权利人可以向不动产登记机构申请变更登记：

（1）权利人的姓名、名称、身份证明类型或者身份证明号码发生变更的；

（2）不动产的坐落、界址、用途、面积等状况变更的；

（3）不动产权利期限、来源等状况发生变化的；

（4）同一权利人分割或者合并不动产的；

（5）抵押担保的范围、主债权数额、债务履行期限、抵押权顺位发生变化的；

（6）最高额抵押担保的债权范围、最高债权额、债权确定期间等发生变化的；

（7）地役权的利用目的、方法等发生变化的；

（8）共有性质发生变更的；

（9）法律、行政法规规定的其他不涉及不动产权利转移的变更情形。

19. 哪些情形需要申请转移登记？

《不动产登记暂行条例实施细则》第二十七条规定，因下列情形导致不动产权利转移的，当事人可以向不动产登记机构申请转移登记：

（1）买卖、互换、赠予不动产的；

（2）以不动产作价出资（入股）的；

（3）法人或者其他组织因合并、分立等原因致使不动产权利发生转移的；

（4）不动产分割、合并导致权利发生转移的；

（5）继承、受遗赠导致权利发生转移的；

（6）共有人增加或者减少以及共有不动产份额变化的；

（7）因人民法院、仲裁委员会的生效法律文书导致不动产权利发生转移的；

（8）因主债权转移引起不动产抵押权转移的；

（9）因需役地不动产权利转移引起地役权转移的；

（10）法律、行政法规规定的其他不动产权利转移情形。

20. 哪些情形需要申请注销登记？

《不动产登记暂行条例实施细则》第二十八条规定，有下列情形之一的，当事人可以申请办理注销登记：

(1) 不动产灭失的；

(2) 权利人放弃不动产权利的；

(3) 不动产被依法没收、征收或者收回的；

(4) 人民法院、仲裁委员会的生效法律文书导致不动产权利消灭的；

(5) 法律、行政法规规定的其他情形。

不动产上已经设立抵押权、地役权或者已经办理预告登记，所有权人、使用权人因放弃权利申请注销登记的，申请人应当提供抵押权人、地役权人、预告登记权利人同意的书面材料。

21. 哪些情形可以申请更正登记？

《民法典》第二百二十条规定，权利人、利害关系人认为不动产登记簿记载的事项有错误，可以申请更正登记。不动产登记簿记载的权利人书面同意更正或者有证据证明登记确有错误的，登记机构应当予以更正。

第三百六十五条规定，已经登记的宅基地使用权转让或者消灭的，应当及时办理变更登记或者注销登记。

《不动产登记暂行条例实施细则》第七十九条规定，权利人、利害关系人认为不动产登记簿记载的事项有错误，可以申请更正登记。

22. 哪些情形可以申请异议登记？

《民法典》第二百二十条规定，不动产登记簿记载的权利人不同意更正的，利害关系人可以申请异议登记。

《不动产登记暂行条例实施细则》第八十二条规定，利害关系人认为不动产登记簿记载的事项错误，权利人不同意更正的，利害关系人可以申请异议登记。

23. 哪些情形可以申请预告登记？

《民法典》第二百二十一条规定，当事人签订买卖房屋的协议或者签订其他不动产物权的协议，为保障将来实现物权，按照约定可以向登记机构申请预告登记。

《不动产登记暂行条例实施细则》第八十五条规定，有下列情形之一的，当事人可以按照约定申请不动产预告登记：

(1) 商品房等不动产预售的；

(2) 不动产买卖、抵押的；

(3) 以预购商品房设定抵押权的；

(4) 法律、行政法规规定的其他情形。

预告登记生效期间，未经预告登记的权利人书面同意，处分该不动产权利申请登记的，不动产登记机构应当不予办理。

预告登记后，债权未消灭且自能够进行相应的不动产登记之日起3个月内，当事人申请不动产登记的，不动产登记机构应当按照预告登记事项办理相应的登记。

24. 什么是查封登记？

人民法院、人民检察院等其他国家权力机关因处理案件需要，依法要求不动产登记机构协助对相关权利人的不动产权利进行限制而依法进行的登记。

25. 哪些情形可以申请注销登记?

《现代汉语词典》(商务印书馆,2002年增补本)对注销的解释是:取消登记过的事项。

《土地登记办法》(国土资源部令第40号)第四十九条规定,注销登记是指因土地权利的消灭等而进行的登记。

《不动产登记暂行条例实施细则》明文规定了以下可以申请注销登记的情形:

第二十八条规定,有下列情形之一的,当事人可以申请办理注销登记:

(1) 不动产灭失的;

(2) 权利人放弃不动产权利的;

(3) 不动产被依法没收、征收或者收回的;

(4) 人民法院、仲裁委员会的生效法律文书导致不动产权利消灭的;

(5) 法律、行政法规规定的其他情形。

不动产上已经设立抵押权、地役权或者已经办理预告登记,所有权人、使用权人因放弃权利申请注销登记的,申请人应当提供抵押权人、地役权人、预告登记权利人同意的书面材料。

第四十六条规定,申请集体建设用地使用权及建筑物、构筑物所有权变更登记、转移登记、注销登记的,申请人应当根据不同情况,提交下列材料:

(1) 不动产权属证书;

(2) 集体建设用地使用权及建筑物、构筑物所有权变更、转移、消灭的材料;

(3) 其他必要材料。

第五十一条规定,已经登记的土地承包经营权发生下列情形之一的,承包方应当持不动产权属证书、证实灭失的材料等,申请注销登记:

(1) 承包经营的土地灭失的;

(2) 承包经营的土地被依法转为建设用地的;

(3) 承包经营权人丧失承包经营资格或者放弃承包经营权的;

(4) 法律、行政法规规定的其他情形。

第五十九条规定,申请海域使用权注销登记的,申请人应当提交下列材料:

(1) 原不动产权属证书;

(2) 海域使用权消灭的材料;

(3) 其他必要材料。

因围填海造地等导致海域灭失的,申请人应当在围填海造地等工程竣工后,依照本实施细则规定申请国有土地使用权登记,并办理海域使用权注销登记。

第六十三条规定,已经登记的地役权,有下列情形之一的,当事人可以持不动产登记证明、证实地役权发生消灭的材料等必要材料,申请地役权注销登记:

(1) 地役权期限届满;

(2) 供役地、需役地归于同一人;

(3) 供役地或者需役地灭失;

(4) 人民法院、仲裁委员会的生效法律文书导致地役权消灭；

(5) 依法解除地役权合同；

(6) 其他导致地役权消灭的事由。

第七十条规定,有下列情形之一的,当事人可以持不动产登记证明、抵押权消灭的材料等必要材料,申请抵押权注销登记：

(1) 主债权消灭；

(2) 抵押权已经实现；

(3) 抵押权人放弃抵押权；

(4) 法律、行政法规规定抵押权消灭的其他情形。

第七十七条规定,在建建筑物抵押权变更、转移或者消灭的,当事人应当提交下列材料,申请变更登记、转移登记、注销登记：

(1) 不动产登记证明；

(2) 在建建筑物抵押权发生变更、转移或者消灭的材料；

(3) 其他必要材料。

在建建筑物竣工,办理建筑物所有权首次登记时,当事人应当申请将在建建筑物抵押权登记转为建筑物抵押权登记。

第八十六条规定,申请预告登记的商品房已经办理在建建筑物抵押权首次登记的,当事人应当一并申请在建建筑物抵押权注销登记,并提交不动产权属转移材料、不动产登记证明。不动产登记机构应当先办理在建建筑物抵押权注销登记,再办理预告登记。

第八十九条规定,预告登记未到期,有下列情形之一的,当事人可以持不动产登记证明、债权消灭或者权利人放弃预告登记的材料,以及法律、行政法规规定的其他必要材料申请注销预告登记：

(1) 预告登记的权利人放弃预告登记的；

(2) 债权消灭的；

(3) 法律、行政法规规定的其他情形。

26. 依登记机构职权注销登记包括哪些情形？

《民法典》第三百六十五条规定,已经登记的宅基地使用权转让或者消灭的,应当及时办理变更登记或者注销登记。

《不动产登记暂行条例实施细则》第十九条规定,人民政府依法做出征收或者收回不动产权利决定生效后,要求不动产登记机构办理注销登记的,不动产登记机构直接办理注销登记。

第九十二条规定,查封期间,人民法院解除查封的,不动产登记机构应当及时根据人民法院协助执行通知书注销查封登记。

27.《不动产登记暂行条例实施细则》规定登记失效的情形包括哪些？

第八十三条规定,不动产登记机构受理异议登记申请的,应当将异议事项记载于不动产登记簿,并向申请人出具异议登记证明。

异议登记申请人应当在异议登记之日起 15 日内,提交人民法院受理通知书、仲裁委员会受理通知书等提起诉讼、申请仲裁的材料;逾期不提交的,异议登记失效。

异议登记失效后,申请人就同一事项以同一理由再次申请异议登记的,不动产登记机构不予受理。

第九十二条规定,查封期间,人民法院解除查封的,不动产登记机构应当及时根据人民法院协助执行通知书注销查封登记。

不动产查封期限届满,人民法院未续封的,查封登记失效。

28. 哪些情形在登记前需要公告?

《不动产登记暂行条例实施细则》第十七条规定,有下列情形之一的,不动产登记机构应当在登记事项记载于登记簿前进行公告,但涉及国家秘密的除外:

(1) 政府组织的集体土地所有权登记;

(2) 宅基地使用权及房屋所有权,集体建设用地使用权及建筑物、构筑物所有权,土地承包经营权等不动产权利的首次登记;

(3) 依职权更正登记;

(4) 依职权注销登记;

(5) 法律、行政法规规定的其他情形。

公告应当在不动产登记机构门户网站以及不动产所在地等指定场所进行,公告期不少于15个工作日。公告所需时间不计算在登记办理期限内。公告期满无异议或者异议不成立的,应当及时记载于不动产登记簿。

第二节　案例解析

不动产登记是对权利人享有的不动产权利的法律确认和保护,涉及民事主体的权利归属和权利内容变化。由于不动产登记涉及众多复杂的民事主体,加之我国的经济体制改革和不动产登记制度起步较晚,产权混乱不清等历史遗留问题较多,登记机构在具体操作中遇到了形形色色的案件。

案例 1

2017年5月,李某向某县不动产登记机构申请办理一宗国有建设用地使用权的首次登记。经登记机构审查,该宗土地使用权由李某于1996年5月以出让方式取得,并与县国土资源主管部门签订了《国有土地使用权出让合同》,缴纳了土地出让金及相关税费,但未办理土地使用权登记。不动产登记机构根据《不动产登记操作规范(试行)》要求,对该宗地进行了实地查看,发现该宗地建设工程规划许可证、建设用地规划许可证及出让合同所附宗地图与宗地现状及周边地物不符,要求李某对宗地图予以更正补充。

李某认为,其合法取得土地已近20年,自己在宗地内经批准建设了若干栋房屋,交通、水利等部门在其用地周边也进行了相关建设,出让合同所附宗地图与现状不符是正常现象,无论如何"更正补充",也不可能恢复到与所附宗地图完全一样。故李某向该不动产登记机构的上级部门进行了投诉。

【解析】

《不动产登记暂行条例》(2014年版)第十七条规定,不动产登记机构收到不动产登记申请材料,应当分别按照下列情况办理:

(1) 属于登记职责范围,申请材料齐全、符合法定形式,或者申请人按照要求提交全部补正申请材料的,应当受理并书面告知申请人;

(2) 申请材料存在可以当场更正的错误的,应当告知申请人当场更正,申请人当场更正后,应当受理并书面告知申请人;

(3) 申请材料不齐全或者不符合法定形式的,应当当场书面告知申请人不予受理并一次性告知需要补正的全部内容。

《不动产登记暂行条例实施细则》(2016年版)第三十四条规定,申请国有建设用地使用权首次登记,应当提交下列材料:

(1) 土地权属来源材料;

(2) 权籍调查表、宗地图以及宗地界址点坐标;

(3) 土地出让价款、土地租金、相关税费等缴纳凭证;

(4) 其他必要材料。

《不动产登记操作规范(试行)》(国土资规〔2016〕6号)第8.1.4条规定,申请国有建设用地使用权首次登记,不动产登记机构在审核过程中应注意以下要点:

(1) 不动产登记申请书、权属来源材料等记载的主体是否一致;

(2) 不动产权籍调查成果资料是否齐全、规范,权籍调查表记载的权利人、权利类型及其性质等是否准确,宗地图、界址坐标、面积等是否符合要求;

(3) 以出让方式取得的,是否已签订出让合同,是否已提交缴清土地出让价款凭证;

(4) 依法应当纳税的,是否已完税。

【延伸】

本案例中,登记机构的工作人员在无意中让申请人感觉被"刁难"。

新一轮的机构改革前,城乡规划部门和国土资源部门在建设用地管理方面环环相扣,有的甚至互为前置,也可以认为是相互"牵制"。特别是《城市国有土地使用权出让转让规划管理办法》(建设部令第22号)出台后,两部门之间"互相监督"的意味更浓。当然,在程序上也可以互相佐证两部门之间行政行为的合法性。

《城市规划法》第三十一条规定,在城市规划区内进行建设需要申请用地的,向城市规划行政主管部门申请定点,由城市规划行政主管部门核定其用地位置和界限,提供规划设计条件,核发建设用地规划许可证。建设单位或者个人在取得建设用地规划许可证后,方可向县级以上地方人民政府土地管理部门申请用地,经县级以上人民政府审查批准后,由土地管理部门划拨土地。

《城镇国有土地使用权出让和转让暂行条例》(1990年版)第十条规定,土地使用权出让的地块、用途、年限和其他条件,由市、县人民政府土地管理部门会同城市规划和建设管理部门、房产管理部门共同拟定方案,按照国务院规定的批准权限报经批准后,由土地管理部门实施。

《城市房地产管理法》(1994年版)第十二条规定,土地使用权出让,由市、县人民政府有计划、有步骤地进行。出让的每幅地块、用途、年限和其他条件,由市、县人民政府土地管理部门会同城市规划、建设、房产管理部门共同拟定方案,按照国务院规定,报经有批准权的人民政府批准后,由市、县人民政府土地管理部门实施。

《城市国有土地使用权出让转让规划管理办法》第五条规定,出让城市国有土地使用权,出让前应当制定控制性详细规划。

第七条规定,城市国有土地使用权出让、转让合同必须附具规划设计条件及附图。

规划设计条件及附图,出让方和受让方不得擅自变更。在出让、转让过程中确需变更的,必须经城市规划行政主管部门批准。

出让的地块,必须具有城市规划行政主管部门提出的规划设计条件及附图。

第九条规定,已取得土地出让合同的,受让方应当持出让合同依法向城市规划行政主管部门申请建设用地规划许可证。在取得建设用地规划许可证后,方可办理土地使用权属证明。

第十三条规定,凡持未附具城市规划行政主管部门提供规划设计条件及附图的出让、转让合同,或擅自变更的,城市规划行政主管部门不予办理建设用地规划许可证。

凡未取得或擅自变更建设用地规划许可证而办理土地使用权属证明的,土地权属证明无效。

本案中,既然李某提供了建设工程规划许可证、建设用地规划许可证等材料,证明李某的建设行为已经得到了相关部门的许可。本案发生于2017年5月,不动产登记机构已经划归国土资源部门管理,土地出让合同及其所附的宗地图本就属于国土资源部门管理,不动产登记、宗地图中的界址坐标、面积等都由国土资源部门管理。所以,核实与现场情况是否相符,是国土资源管理部门的职责。按照《中华人民共和国民事诉讼法》(简称《民事诉讼法》)"当事人对自己提出的主张,有责任提供证据"和《不动产登记暂行条例》(2014版)第二十五条"国土资源、公安、民政、财政、税务、工商、金融、审计、统计等部门应当加强不动产登记有关信息互通共享"的要求,涉案的登记机构应当在部门内部调档查验,而不应当要求申请人更正补充。

本案在县国土资源主管部门的协调下,该不动产登记机构为申请人李某办理了不动产登记。主管部门对不动产登记机构提出了两点要求:一是要充分利用已有的不动产权籍调查资料,尊重历史,面对现实,维护权利人合法权益;二是建立日常例会会审制度,针对不动产登记工作中出现的历史遗留疑难问题,由涉及的有关部门,特别是本部门内部进行会审、研究、讨论,形成处理意见和解决办法。

2019年8月,许某持协助过户申请书、涉案两套房屋的所有权证及国有土地使用证、许某身份证复印件、姜某死亡证明、报纸公告、姜某与许某于2017年9月6日签订的遗赠扶养协议复印件(正文部分由许某书写,主要内容为:由许某帮助姜某料理日常生活、管理财物并尽养老送终之义务,待姜某百年之后,其两套房产及财物由许某继承)等材料,向市规划和自然资源局申请办理已故姜某在本市两套房屋(205室和203室)的不动产登记。

市规划和自然资源局认为许某提交的上述复印件系遗嘱,而非遗赠扶养协议。该遗嘱除姜某、许某签字外,仅有一名见证人签字。市规划和自然资源局于同日作出《告知书》,以申请登记材料不符合法定形式为由决定不予受理,并在《告知书》中载明"现你申请将205室、203室转移登记在你名下,因你提供的遗嘱不符合法定形式,因而不予受理。"

许某不服,提起行政诉讼。

【解析】

原《中华人民共和国继承法》第五条规定,继承开始后,按照法定继承办理;有遗嘱的,按照遗嘱继承或者遗赠办理;有遗赠扶养协议的,按照协议办理。

第十六条规定,公民可以立遗嘱将个人财产赠给国家、集体或者法定继承人以外的人。

第十七条规定,代书遗嘱应当有两个以上见证人在场见证,由其中一人代书,注明年、月、日,并由代书人、其他见证人和遗嘱人签名。

第三十一条规定,公民可以与扶养人签订遗赠扶养协议。按照协议,扶养人承担该公民生养死葬的义务,享有受遗赠的权利。

《不动产登记暂行条例》(2019年修订版)第十七条规定,不动产登记机构收到不动产登记申请材料,对申请材料不齐全或者不符合法定形式的,应当当场书面告知申请人不予受理并一次性告知需要补正的全部内容。

《不动产登记暂行条例实施细则》(2019年修正版)第十四条规定,因继承、受遗赠取得不动产,当事人申请登记的,应当提交死亡证明材料、遗嘱或者全部法定继承人关于不动产分配的协议以及与被继承人的亲属关系材料等,也可以提交经公证的材料或者生效的法律文书。

第二十七条规定,因继承、受遗赠导致权利发生转移,导致不动产权利转移的,当事人可以向不动产登记机构申请转移登记。

第三十八条规定,申请国有建设用地使用权及房屋所有权转移登记的,应当根据不同情况,提交不动产权属证书、继承或者受遗赠的材料、其他必要材料。

《不动产登记操作规范(试行)》规定,不动产登记机构受理后,认为需要进一步核实情况的,可以发函给出具证明材料的单位、被继承人或遗赠人原所在单位或居住地的村委会、居委会核实相关情况。

本案的诉讼结果是:一审法院驳回了许某的诉讼请求;二审法院撤销了一审法院的行政判决,并责令涉案的市规划和自然资源局在法定期限内受理上诉人许某的不动产登记申请。

【延伸】

本案中,申请人许某提交给市规划和自然资源局的遗赠扶养协议中载明:"本人姜某因年老体弱,疾病缠身,现住院治疗,生活已不能自理需人照料。因本人无子女,经与国资委领导刘主任、陈处长、马律师商议,确定由我姐姐姜某之子许某全权帮助我料理日常生活、管理财物并尽养老送终义务。待百年之后,本人两套房产及财物由许某继承。特立此遗嘱并执行。2017年9月6日于南京朝天宫社区卫生服务中心。"该协议除姜某、许某签字外,还有一名见证人签字。

一审法院认为,许某提交的复印件载明"特立此遗嘱并执行",结合许某在庭审中的陈述,上述材料正文部分系许某所书写,市规划和自然资源局据此认定上述材料为代书遗嘱,并无不当。许某提交的上述材料除姜某、许某签字外,仅有一名见证人签字,不符合代书遗嘱中两个以上见证人的法定形式要求。市规划和自然资源局以许某提供的遗嘱不符合法定形式为由决定不予受理,并在收到不动产登记申请的当日作出《告知书》并送达许某,适用法律准确、程序合法。

此外,许某提交的遗赠扶养协议中,未载明两套房产的不动产权证号或地理位置等信息,不符合不动产转移登记的条件。故许某要求市规划和自然资源局办理转移登记的主张不能成立,法院不予支持,判决驳回许某的诉讼请求。

二审法院认为,涉案的遗赠扶养协议中载明遗赠人姜某没有子女,明确了许某负有帮助料理姜某的日常生活、管理财物及养老送终的义务,在姜某去世后享有其两套房产及财物的权利,协议有双方当事人签名,明确了有关遗赠扶养的权利义务,具备了遗赠扶养协议的实质要件和基本要素,还有一名见证人证明是双方当事人的真实意见,属于一份有偿的、互享权利、互负义务的双务合同。因此,上诉人主张涉案书面材料应为遗赠扶养协议的理由成立。市规划和自然资源局主张"涉案书面材料是代书遗嘱或附条件的遗赠,即使是遗赠扶养协议也应不低于遗嘱的标准,也需要两个以上的见证人"的抗辩意见,缺乏相应的法律法规依据。

涉案书面材料中虽然有"与国资委领导刘主任、陈处长、马律师商议"的内容,但现有证据不能证明马律师对于双方签订遗赠扶养协议进行过专业指导。根据许某的当庭陈述和证人(协议见证人)证言,可以证明姜某的退休单位国资委的领导和马律师曾建议姜某与许某尽快完善遗产处理手续并办理公证。许某提交的涉案书面材料内容中虽有"遗嘱"的字样,但没有明确的"遗赠扶养协议"字样或名称,考虑到民间非法律人士的专业知识局限以及社会风俗,不能过于严苛地要求其形式完整明确。况且《不动产登记暂行条例实施细则》第十四条规定的申请人应当提交死亡证明材料、遗嘱或者全部法定继承人关于不动产分配的协议以及与被继承人的亲属关系材料等,并没有把"遗赠扶养协议"单独列出,而是以"遗嘱"概括规定。由此可见,法律法规也没有明确规定办理不动产登记的遗赠扶养协议的必备要件或形式,更不能要求一般申请人提供的遗赠扶养协议必须达到法律专业人士所理解的协议形式完整规范、名称明确的程度。

至于遗赠扶养协议中对两套房产是否明确的问题,市规划和自然资源局在庭审中认可经过查询系统,姜某在本市只有这两套涉案房产,但辩称不能排除姜某在本市以外是否还有其他房产,许某应当通过民事审判方式进一步明确其内容及效力。现有证据可以证明,遗赠人姜某没有法定继承人,许某已通过报纸公告的方式公开其接受遗赠予接受异议的途径。市规划和自然资源局认为许某应通过民事诉讼对涉案房产进行确权,或证明姜某在本市以外没有房产的要求,缺乏法律法规依据。许某申请对涉案的两套房产变更登记,并已提交了两套房产的所有权证及国有土地使用证,市规划资源局作为法定的不动产登记部门,应综合各种信息对两套房产进行判断。

许某已提交了符合法定形式要求的材料,市规划和自然资源局应当依据《不动产登记暂行条例》第十七条的规定予以受理。市规划资源局受理后,出于慎重考虑,可以依据《不动产登记暂行条例》《不动产登记暂行条例实施细则》的相关规定,对申请材料的真实性、遗赠扶养协议的义务是否实际履行进行调查,或要求申请人补充提交材料后,再决定是否作出不动产变更登记行为。因此,市规划和自然资源局以许某所提供的材料不符合法定形式为由决定不予受理,属于适用法律不当,应予撤销。

不动产登记涉及当事人的切身利益,登记机构对申请人提交的相关材料,特别是涉及相关权利的材料应进行认真、慎重、重点审核,是依法依规履职的表现,无可厚非。但是不应当机械地执行法律法规的规定,要善意地理解法律法规的意义,正确适用法律法规。

本案中的"遗嘱"和"遗赠扶养协议",在原《继承法》中是分别规定的,《民法典》第一千一百二十三条,也是将遗嘱继承和遗赠扶养协议作为两种继承情形分别规定的。涉案的副省级城市的规划和自然资源局在案件二审时还以"遗赠扶养协议也应不低于遗嘱的标准"为由抗辩,显然缺乏法律依据。

《不动产登记暂行条例》(2019年修订版)第十六条规定,申请人应当对提交申请材料的真实性负责。

《民法典》第二百二十二条规定,当事人提供虚假材料申请登记,造成他人损害的,应当承担赔偿责任。

为了预防少数申请人提供虚假材料,保证登记的准确性,不动产登记机构应当以"登记指南""友情提示"等形式宣传提供虚假材料进行登记的后果和危害性。

另外,《不动产登记暂行条例实施细则》(2019年修正版)第十五条和第十六条赋予不动产登记机构进行查验和实地查看的权利;在《不动产登记操作规范(试行)》中规定了不动产登记机构认为需要进一步核实情况的,可以发函给出具证明材料的单位、被继承人或遗赠人原所在单位或居住地的村委会、居委会核实相关情况。《不动产登记暂行条例》(2019年修订版)第二十三条规定,各级不动产登记机构登记的信息应当纳入统一的不动产登记信息管理基础平台,确保国家、省、市、县四级登记信息的实时共享。

如此多的规定,足以保障《不动产登记暂行条例》第一条"规范登记行为,方便群众申请登记,保护权利人合法权益"宗旨的实现,将不会再出现类似本案的败诉问题。

案例 3

本案例源于最高人民法院(2018)最高法行再183号行政判决。

2012年12月28日,某县级市人民政府颁发灵国用〔2012〕第86号土地使用权证。使用权人为甲公司,地号00-02-260,面积21898平方米,用途为工业用地,取得价格665万元,使用权类型为出让,使用终止日期为2060年3月31日。

2013年5月10日,甲公司与乙公司签订国有土地使用权转让合同,约定甲公司将灵国用〔2012〕第86号土地使用权证记载的7 016平方米工业用地使用权转让给乙公司,转让金122.78万元。

2013年5月22日,某县级市国土资源局作出灵国土资〔2013〕116号《关于甲公司出让国有土地使用权宗地编号00-02-260部分转让给乙公司的批复》,同意甲公司将宗地编号00-02-260的(国有土地使用证编号:灵国土资〔2013〕116号)出让国有土地使用权部分转让给乙公司。

2013年5月28日,甲公司和乙公司共同向某县级市国土资源局提出为乙公司办理宗地编号00-02-260-2出让国有建设用地使用权的变更登记申请。申请时,乙公司提交了灵国土资〔2013〕116号批复、灵国用〔2012〕第86号土地使用权证、出让国有土地使用权转让合同书、契税完税证、项目规划设计条件、营业执照、组织机构代码证副本复印件、某县级市房权证北区字第××、20××67、20××68号房屋所有权证复印件。同日,甲公司向某县级市国土资源局提出为甲公司办理宗地编号00-02-260-1出让国有建设用地使用权的变更登记申请。申请时,甲公司提交了灵国土资〔2013〕116号批复、灵国用〔2012〕第86号土地使用权证、营业执照、组织机构代码证。2013年6月20日,某县级市政府分别为甲公司和乙公司颁发了灵国用〔2013〕第71号和灵国用〔2013〕第72号土地使用权证。

2015年7月15日,甲公司以乙公司在办理00-02-260-1、00-02-260-2号宗地的变更登记时伪造项目规划设计条件书和房屋所有权证为由,向某县级市国土资源局递交《更正土地使用权登记申请书》,要求撤销00-02-260-1和00-02-260-2的土地使用权变更登记,恢复00-02-260土地使用权的原始登记。

2015年8月7日,某县级市国土资源局向甲公司送达《不予登记告知书》。

2016年1月26日,甲公司诉至某地级市中级人民法院,以乙公司在办理00-02-260-2号宗地变更登记时提供虚假材料,某县级市政府未尽审慎审查义务为由,请求撤销县级市政府2013年6月20给乙公司颁发的灵国用〔2013〕第72号土地使用权证。

……【解析】………

《土地登记办法》(国土资源部令第40号)第九条规定,申请人申请土地登记,应当根据不同的登记事项提交下列材料:

(1)土地登记申请书;
(2)申请人身份证明材料;
(3)土地权属来源证明;
(4)地籍调查表、宗地图及宗地界址坐标;
(5)地上附着物权属证明;
(6)法律法规规定的完税或者减免税凭证;
(7)本办法规定的其他证明材料。

申请人申请土地登记,应当如实向国土资源行政主管部门提交有关材料和反映真实情况,并对申请材料实质内容的真实性负责。

第三十九条规定,依法以出让、国有土地租赁、作价出资或者入股方式取得的国有建设用地使用权转让的,当事人应当持原国有土地使用证和土地权利发生转移的相关证明材料,申请国有建设用地使用权变更登记。

《城市国有土地使用权出让转让规划管理办法》(建设部令第22号)第七条规定,城市国有土地使用权出让、转让合同必须附具规划设计条件及附图。

规划设计条件及附图,出让方和受让方不得擅自变更。在出让、转让过程中确需变更的,必须经城市规划行政主管部门批准。

第十三条规定,凡持未附具城市规划行政主管部门提供规划设计条件及附图的出让、转让合同,或擅自变更的,城市规划行政主管部门不予办理建设用地规划许可证。

凡未取得或擅自变更建设用地规划许可证而办理土地使用权属证明的,土地权属证明无效。

本案经过中级人民法院一审、高级法院终审和最高法院再审,最终判决是撤销一审、二审判决和县级市政府颁发的灵国用(2013)第72号土地使用权证。

【延伸】

本案中,涉案的甲公司认为乙公司在申请办理宗地变更登记时提供伪造的项目规划设计条件书等虚假材料,某县级市政府未尽审慎审查义务,而提起行政诉讼。

在一审法院庭审中乙公司法定代表人承认在办理00-02-260-2号宗地变更登记时向某县级市国土资源局提供的项目规划设计条件书和三份房屋所有权证书系伪造。

案涉国土资源局认为,按照《土地登记办法》第九条的规定,地上附着物权属证明以及规划设计条件书等,不是申请变更登记的必备材料。而且该条规定了"申请人申请土地登记,应当如实向国土资源行政部门提交有关材料和反映真实情况,并对申请材料实质内容的真实性负责",登记部门对申请人提交的材料只是形式审查,对于材料的真假以及造成的后果,应由申请人负责。

一审法院认为,涉案乙公司在办理变更登记时提供的房屋所有权证书虽然有假,但因甲公司对乙公司提供的该地块地上附属物归其所有的证据并未提出实质异议,亦未提供证据否定乙公司对该地块地上附属物的所有权,故虚假的房屋所有权证书并不足以导致地上附属物权属错误,也不足以导致土地转让变更登记违法。根据国土资源部《土地登记办法》第九条"申请人申请土地登记,应当如实向国土资源行政部门提交有关材料和反映真实情况,并对申请材料实质内容的真实性负责。"的规定,对申请人提交材料真实性的审查并非土地登记机关的法定义务,而且申请人所提交的虚假材料也不足以导致本案土地变更登记违法。因此,县级市政府给乙公司颁发的灵国用(2013)第72号土地使用权证证据确凿、适用法律法规正确,符合法定程序。驳回甲公司的诉讼请求。

二审法院认为,涉案甲公司与乙公司签订国有土地使用权转让合同系其真实意思表示。甲公司与乙公司到县级市国土资源局申请了国有建设用地使用权变更登记并办理了相关变更手续,甲公司自愿处分了本案所案涉土地的使用权,故县级市人民政府的颁证行为不影响甲公司的合法权益。另外,甲公司诉称乙公司在办理变更登记时提供伪造的项目规划设计条件书等虚假材料问题与甲公司的权利无关。一审判决驳回甲公司的诉讼请求结论正确,依法予以维持。甲公司的上诉理由不能成立,依法不予支持。

再审法院认为,根据本案被诉颁证行为作出时适用的《土地登记办法》第九条、《城市国有土地使用权出让转让规划管理办法》第二条、第七条的规定,由于涉案颁证行为系基于国有土地使用权分割转让而进行的变更登记,故依据上述规定,地上附着物权属证明以及规划设计条件书是申请变更登记的必备材料。

案涉甲公司与乙公司在向某县级市国土资源局申请办理00-02-260-2号宗地出让国有建设用地使用权变更登记时,虽然形式上提交了地上附着物权属证明以及项目规划设计条件书,但乙公司法定代表人承认在办理00-02-260-2号宗地变更登记时向某县级市国土资源局提供的项目规划设计条件书和三份房屋所有权证书(办公、门卫、仓库各一)系伪造,且至本案再审审查期间,其仍未能补办相关用地规划手续。

由于欠缺用地规划文件的土地颁证行为,会给以涉案土地及其地上附着物为中心的不动产使用、交易等行为带来诸多障碍和隐患,并对不动产行政管理和城市规划行政管理秩序造成严重破坏,故根据前述法律规定,一审法院认为再审申请人所提交的虚假材料不足以导致本案土地变更登记违法的理由错误,再审被申请人颁发灵国用(2013)第72号国有土地使用权证的行为违法,应予撤销。

由于土地登记在法律性质上属于行政确认,而行政确认的功能在于通过对行政相对人的法律地位、法律关系或有关法律事实进行甄别,给予认定并予以宣告,从而起到稳定法律关系,减少各种纠纷,维护社会秩序,保护公民、法人或者其他组织合法权益的重要作用。据此,尽管《土地登记办法》第九条规定"申请人申请土地登记,应当如实向国土资源行政部门提交有关材料和反映真实情况,并对申请材料实质内容的真实性负责",该规定应当理解为申请人负有如实提交申请材料的义务,并承担相应的法律后果,而不能理解为土地登记机关对申请材料的真实性不承担任何审查职责,或如一审判决所言"对申请人提交材料真实性的审查并非土地登记机关的法定义务"。

事实上,由于土地登记具有物权设定或公示的法律效力,实践中对于物权关系的稳定和土地交易秩序的安全具有重要意义,因此,土地登记机关应当在其职责和能力范围内,对登记材料的真实性尽到合理审慎的审查义务,努力让人民群众对已经登记的土地权属关系放心,从而保障国家物权登记的严肃性和权威性。但具体到本案,鉴于被诉登记行为作出时,统一的不动产登记机构尚未建立,土地登记部门与相关的规划、房产部门亦未实现互联、互通、互查,而乙提交的虚假材料又不具有明显的可辨识性,故被诉颁证行为虽然违法,但不宜认定某市人民政府在登记颁证过程中具有主观过错。希望有关部门在今后的工作中能够加强和完善不动产登记审查的相关措施。

小结:

(一)不动产登记的法定材料和依据问题。

本案发生于不动产登记的国家法律和行政法规尚未完善之前,适用的是原国土资源部和建设部的两部规章,两部规章确实存在职权交叉问题:

《城市国有土地使用权出让转让规划管理办法》的制定依据是《城市规划法》《土地管理法》和《城镇国有土地使用权出让和转让暂行条例》。

《土地登记办法》制定的依据是《物权法》《土地管理法》《城市房地产管理法》和《土地管理法实施条例》。

按照《中华人民共和国立法法》的规定，涉及两个以上国务院部门职权范围的事项，应当提请国务院制定行政法规或者由国务院有关部门联合制定规章。

随着经济体制和行政体制改革的不断深入，我国各项管理制度趋于成熟，行政职权和管理权不断整合。例如，城乡规划管理和国土资源管理已经整合为国土空间规划管理，不动产登记管理已经建立统一登记制度等，职权交叉现象将逐渐消除。

法律、行政法规的规定是现行《不动产登记暂行条例》的基础，对于国务院部门的规章和技术规范，如《不动产登记暂行条例实施细则》《不动产登记操作规范（试行）》等的要求和规定，不动产登记机构同样需要执行。

（二）法定职责问题。

本案的重要问题是不动产登记机构对申请人提交的材料是否需要进行实质性审查，本章案例1和案例2已就申请材料问题作出解析，再审法院对不动产登记机构提出了充分利用互联、互通、互查等手段的要求，在其职责和能力范围内，对登记材料的真实性尽到合理审慎的审查义务。

（三）在错综复杂的群体中，登记机构是否需要确定利害关系人问题。

本案中的另一个问题是，甲公司与乙公司签订国有土地使用权转让合同，约定甲公司将灵国用〔2012〕第86号土地使用权证记载的7 016平方米工业用地使用权转让给乙公司，甲乙公司共同向某县级市国土资源局提出为乙公司办理宗地编号00-02-260-2出让国有建设用地使用权的变更登记申请。经变更登记后，某县级市政府分别为甲公司和乙公司颁发了灵国用〔2013〕第71号和灵国用〔2013〕第72号土地使用权证。在此情况下，甲公司为什么会提出行政诉讼？甲公司是否具备诉讼主体资格问题？

再审法院认为，《行政诉讼法》第二十五条规定：行政行为的相对人以及其他与行政行为有利害关系的公民、法人或者其他组织，有权提起诉讼。第四十九条规定：提起诉讼应当符合下列条件：（一）原告是符合本法第二十五条规定的公民、法人或者其他组织。据此，行政行为违法只是在实体上决定了针对该行为所提之诉的理由是否成立，而该诉能否被人民法院受理，还需要具备原告适格这样一个适法性条件。换句话说，由于司法机关只能在具体案件中审查行政行为，而不具有对行政行为的一般性审查权，因此，即使行政行为违法，一个不具有原告资格的主体也不能够启动司法审查程序。

本案中，甲公司之所以就被诉行政行为提起诉讼，正是由于乙公司在办理涉案国有土地使用权变更登记的过程中，没有依法办理相应的规划手续，导致甲公司使用的涉案土地与规划不符，无法根据相关政策由工业用地转为商业用地，最终使其本可享有的合法权益受到损害。而事实上，如果继续维持被诉颁证行为，乙公司的土地使用权也将因欠缺规划手续而无法得到保障。因此，二审判决认为"甲公司自愿处分了本案所涉土地的使用权，故某县级市人民政府的颁证行为不影响甲公司的合法权益。乙公司在办理变更登记时提供伪造的项目规划设计条件书等虚假材料问题与甲公司的权利无关"的理由不能成立。甲公司与本案被诉行政行为具有法律上的利害关系，可以作为适格原告。

关于谁是行政行为的利害关系人,对于行政机关来说,确实很难判断。所以,引用本案最高院"即使行政行为违法,一个不具有原告资格的主体也不能够启动司法审查程序"的观点,行政机关(含从事公共服务管理的单位)无需进行分别,这项工作应交由人民法院认定。

案例 4

本案例源于山东省高级人民法院(2015)鲁行终字第66号行政判决。

2000年1月1日,景大村以8.23亩土地使用权出资与陈某签订联营合同,设立市富康家具厂。同年,陈某投资,在涉案原景大村土地上建造36间平房,作为家具加工的厂房。

2001年,该家具加工项目作为该县招商引资项目经过县招商工作办公室的确认,并报有关部门按照当时政策办理有关手续。

2001年11月28日,县土地管理局为陈某颁发广国用〔2001〕字第271号《国有土地使用证》,将陈某先前所建厂房院落占用土地中的2 975平方米出让给陈某,其余仍为景大村的集体土地。

2007年1月25日,陈某提交《房屋确权申请书》和广国用〔2001〕字第271号《国有土地使用证》等材料,申请对先前所建房屋进行初始登记。经审批,县政府于2007年1月29日向陈某颁发字第红旗路001号《房屋所有权证》,该证载明:土地证号:广国用〔2001〕第271号;使用面积(平方米):2 975;权属性质:国有。

2007年3月29日,县国土资源局与陈某签订《收回国有土地协议》,收回陈某使用的涉案国有土地1 972平方米。根据国有土地变更后的情况,2007年8月16日,县国土资源局为陈某颁发广国用〔2007〕第0102号《国有土地使用证》,土地使用面积变更为1 003平方米。

2009年4月13日,陈某提交《房屋所有权登记申请书》和广国用〔2007〕第0102号《国有土地使用证》等材料,申请涉案房屋变更登记。2009年4月16日,县人民政府为陈某颁发字第广饶20090335号《房屋所有权证》,土地使用情况中载明:土地证号:广国用〔2007〕第0102号;使用面积(平方米):1003;权属性质:国有。

2012年,某县政府对陈某的涉案土地和房屋实施协议征收拆迁,并对涉案房屋和土地进行了征收补偿评估,但因陈某不认可该评估和补偿金额,双方并未签订征收补偿协议。

2013年12月2日,县住房和城市规划建设局出具一份《证明》,证明陈某的涉案三幢房屋并未在广国用〔2007〕第0102号《国有土地使用证》所载的土地上,且未取得规划建设许可。

2013年12月2日,某县政府作出《关于撤销陈某名下广饶20090335号房屋所有权登记的决定》(以下简称《被诉撤销决定》)。该决定的主要内容为:"陈某于2009年4月13日以土地证变更为由申请房屋所有权变更,同年4月21日经县人民政府核准颁发了广饶20090335号房屋所有权证。县国土资源局、住房和城乡规划建设局的证明文件证实陈某提交的广国用〔2007〕第0102号土地证载明的土地与其持有的广饶20090335号房屋所有权证载明的房屋占用土地不符,明显违背了《房屋登记办法》第八条的规定。基于陈某申报上述房屋变更登记的事实基础不存在,根据《房屋登记办法》第八十一条规定,县人民政府决定撤销广饶20090335号房屋所有权登记。责令陈某在接到该决定书之日起三日内,将广饶20090335号房屋所有权证交回房屋登记机构,逾期将公告作废。"

陈某对《被诉撤销决定》不服,诉至原审法院。

【解析】

《房屋登记办法》(建设部令第168号)第八条规定,办理房屋登记,应当遵循房屋所有权和房屋占用范围内的土地使用权权利主体一致的原则。

第十一条规定,申请房屋登记,申请人应当对申请登记材料的真实性、合法性、有效性负责,不得隐瞒真实情况或者提供虚假材料申请房屋登记。

第三十条规定,因合法建造房屋申请房屋所有权初始登记的,应当提交下列材料:

(1)登记申请书;(2)申请人身份证明;(3)建设用地使用权证明;(4)建设工程符合规划的证明;(5)房屋已竣工的证明;(6)房屋测绘报告;(7)其他必要材料。

第八十一条规定,司法机关、行政机关、仲裁委员会发生法律效力的文件证明当事人以隐瞒真实情况、提交虚假材料等非法手段获取房屋登记的,房屋登记机构可以撤销原房屋登记,收回房屋权属证书、登记证明或者公告作废,但房屋权利为他人善意取得的除外。

《国有土地上房屋征收与补偿条例》(国务院令第590号)第十三条规定,市、县级人民政府作出房屋征收决定后应当及时公告。公告应当载明征收补偿方案和行政复议、行政诉讼权利等事项。

房屋被依法征收的,国有土地使用权同时收回。

本案经省高院审理作出判决,某县作出《被诉撤销决定》适用法律错误,应予撤销。

【延伸】

总体来说,陈某是一位敢于投资的企业家。地方各级政府和部门都是积极、热情支持的,招商办的招商引资政策都应该是落实到位的。但是,到征收陈某的房屋时,却出现了如此复杂的、令人费解的事。

《城市国有土地使用权出让转让规划管理办法》第五条规定,出让的地块,必须具有城市规划行政主管部门提出的规划设计条件及附图。

第九条规定,已取得土地出让合同的,受让方应当持出让合同依法向城市规划行政主管部门申请建设用地规划许可证。在取得建设用地规划许可证后,方可办理土地使用权属证明。

既然已经将建有房屋的土地出让,并办理了国用〔2001〕字第271号《国有土地使用证》,证明土地使用符合城乡规划的要求。

《城市房屋权属登记管理办法》(建设部令第57号)第十条规定,房屋权属登记依以下程序进行:

(1)受理登记申请;(2)权属审核;(3)公告;(4)核准登记,颁发房屋权属证书。

第十六条规定，新建的房屋，申请人应当在房屋竣工后的3个月内向登记机关申请房屋所有权初始登记，并应当提交用地证明文件或者土地使用权证、建设用地规划许可证、建设工程规划许可证、施工许可证、房屋竣工验收资料以及其他有关的证明文件。

第二十三条规定，属于违章建筑的，登记机关应当作出不予登记的决定：

本案县政府于2007年1月29日向陈某颁发字第红旗路001号《房屋所有权证》，该证载明：土地证号：广国用〔2001〕第271号；使用面积（平方米）：2 975；权属性质：国有。证明陈某在广国用〔2001〕第271号《国有土地使用证》范围内的房屋是合法建筑。

《土地管理法》（2004年版）第五十八条规定，为公共利益需要使用土地和为实施城市规划进行旧城区改建，需要调整使用土地的，由有关人民政府土地行政主管部门报经原批准用地的人民政府或者有批准权的人民政府批准，可以收回国有土地使用权，对土地使用权人应当给予适当补偿。

本案中收回土地使用权以及土地和房屋变更登记，都是依法进行的，并不影响陈某在其合法取得使用权的土地上建筑物的合法性。

县国土资源局为陈某颁发广国用〔2007〕第0102号《国有土地使用证》，土地使用面积变更为1 003平方米；县人民政府为陈某颁发字第广饶20090335号《房屋所有权证》，土地使用情况中载明：土地证号：广国用〔2007〕第0102号；使用面积（平方米）：1 003；权属性质：国有。

在2012年的房屋征收过程中，涉案的县住房和城市规划建设局出具一份《证明》，证明陈某的涉案三幢房屋并未在广国用〔2007〕第0102号《国有土地使用证》所载的土地上，且未取得规划建设许可；涉案的县政府作出《关于撤销陈某名下广饶20090335号房屋所有权登记的决定》；在涉案县政府作出案中的撤销决定后，涉案的县国土资源局作出广国土资罚字〔2014〕1号《行政处罚决定书》，以陈某未经批准在景大村集体土地上建设家具加工厂为由，责令陈某退还土地、没收涉案房屋及设施，并罚款4 1920元；涉案的县城市管理行政执法局以陈某未按规划审批程序办理相关建设手续，擅自在集体土地上建设房屋为由，作出广执处字〔2014〕第03-010号《行政处罚决定书》，责令陈某限期拆除涉案房屋。

《国有土地上房屋征收与补偿条例》（国务院令第590号）第二十四条规定，市、县级人民政府房屋征收决定前，应当组织有关部门依法对征收范围内未经登记的建筑进行调查、认定和处理。对认定为合法建筑和未超过批准期限的临时建筑的，应当给予补偿；对认定为违法建筑和超过批准期限的临时建筑的，不予补偿。

在房屋征收过程中，经调查、认定的违法建筑，应该按照《国有土地上房屋征收与补偿条例》进行处理，县政府不应当依据《房屋登记办法》的"撤销"情形作出处理决定。涉案土地、城管等部门也不应该在房屋征收过程中，以拆违名义促征收，而行使相应的行政权。

另外，法院认为，县政府对陈某下达的《关于撤销陈某名下广饶20090335号房屋所有权登记的决定》中，引用的县住房和城市规划建设局出具的"陈某的涉案三幢房屋并未在广国用〔2007〕第0102号《国有土地使用证》所载的土地上，且未取得规划建设许可的证明"，不属于《房屋登记办法》第八十一条规定的行政机关发生法律效力的文件。因为该项事实涉及实体民事权益以及对违法行为的认定,因此,本条法律规定强调的是以相关单位发生法律效力的文件作为前提。而这里的发生法律效力的文件应该从严把握,除了生效的法院裁判文书、仲裁裁决书和检察院的决定书等,行政机关对当事人以隐瞒真实情况、提交虚假材料等非法手段获取房屋登记进行认定的文件,应该是符合法定要件且已生效的文件。

案例 5

本案源于辽宁省营口市中级人民法院行政判决书(2016)辽 08 行终 14 号。

2000 年 4 月 13 日,于某以 35 万元的价格从营口市启智房地产开发有限公司(2001 年 10 月 31 日被营口市工商行政管理局吊销)处购买了位于阳光小区 7-7(4 号楼 2 单元 3-4 层东户)的房屋。经鉴定,于某提供的专用收款收据、进户通知单上的印章与营口市启智房地产开发有限公司当时启用的印章不一致。

魏某于 2000 年 6 月 29 日与营口市启智房地产开发有限公司签订了商品房购销合同,以 36.8 万元的价格购买了营口市阳光花园 4 号楼 3-4 层东户,并由营口市启智房地产开发有限公司出具了发票。经鉴定,魏某提供的合同和发票上的印章与营口市启智房地产开发有限公司当时启用的印章一致。

2006 年 3 月,魏某提交了地址为阳光花园 4 号楼 2 单元 3-4 东户房屋的相关材料,向营口市房产交易管理中心申请办理了 20060300087 号房屋产权登记,确认营口市站前区阳光小区 7-7 号房屋所有权人为魏某。

2006 年 4 月,王某申请办理该房屋转移登记,营口市房产交易管理中心为其颁发了营房权证第 20060403636 号房屋所有权证。

2011 年 10 月,魏某申请办理该房屋转移登记,营口市房产交易管理中心颁发了营房权证第 20111003446 号房屋所有权证。

2011 年 4 月 19 日,华某夫妇从于某处购买了阳光小区 7-7(4 号楼 2 单元 3-4 层东户)房屋,并入住。

2012 年,魏某法院提起民事诉讼,诉称 2011 年 12 月发现涉案房屋被华某夫妇侵占,魏某认为自己购买房屋并办理了产权证,是合法使用人,要求华某搬出房屋。

民事终审判决华某于判决生效后十日内从魏某的房屋处(坐落于营口市站前区阳光小区 7-7 号)搬出。

在上述民事诉讼期间,华某对一审法院判决不服,遂向法院提起上诉,请求撤销营口市房产交易管理中心给魏某颁发的产权证(20060300087 号)、变更登记为王某的房屋产权证(20060403636 号)及又变更为魏某的房屋产权证(20111003446 号)的行政行为。

本案最终判决撤销营口市房产交易管理中心为魏某颁发的产权证(2006030087 号)、变更登记为王某的房屋产权证(第 20060403636 号)及又变更为魏某的房屋产权证(第 20111003446 号)。

【解析】

《城市房地产管理法》(1994 年版)第六十条规定,以出让或者划拨方式取得土地使用权,应当向县级以上地方人民政府土地管理部门申请登记,经县级以上地方人民政府土地管理部门核实,由同级人民政府颁发土地使用权证书。

在依法取得的房地产开发用地上建成房屋的,应当凭土地使用权证书向县级以上地方人民政府房产管理部门申请登记,由县级以上地方人民政府房产管理部门核实并颁发房屋所有权证书。

《城市房屋权属登记管理办法》(建设部令第57号)第十六条规定,新建的房屋,申请人应当在房屋竣工后的3个月内向登记机关申请房屋所有权初始登记,并应当提交用地证明文件或者土地使用权证、建设用地规划许可证、建设工程规划许可证、施工许可证、房屋竣工验收资料以及其他有关的证明文件。

集体土地上的房屋转为国有土地上的房屋,申请人应当自事实发生之日起30日内向登记机关提交用地证明等有关文件,申请房屋所有权初始登记。

《土地登记办法》(国土资源部令第40号)第二十七条规定,依法以出让方式取得国有建设用地使用权的,当事人应当在付清全部国有土地出让价款后,持国有建设用地使用权出让合同和土地出让价款缴纳凭证等相关证明材料,申请出让国有建设用地使用权初始登记。

【延伸】

案件审理期间,法院经调查,确认涉案人于某、魏某、王某和华某夫妇的房屋都是同一房屋。

案涉登记机构对申请人魏某提交的地址为阳光花园4号楼2单元3-4东户房屋的相关材料没有审核,而是"张冠李戴"地向申请人颁发了20060300087号房屋产权。

案件审理中的证人证词更是反映出涉案登记机构存在办理"人情证"的违法事实:

证人崔某(启智公司原出纳)证实,其于2000年离开公司,在公司上班时未给魏某的房屋手续盖过章,2006年魏某电话告知其要办理产权登记,需要补办手续,并要求经办人要写她的名字,让她"心中有数"。此时公司已不存在,要补办手续是不可能的;

证人蒋某(时任房产交易中心发证中心主任)证实,2006年3月,房产中心主任(一把手)赵某找到他,并向他介绍了西市区财政局局长张某,要求为魏某的房子办理房产证,他告知赵某阳光小区未办理初始登记,不符合办理条件,即使有西市区政府的证明也不可以。但赵某坚持让他办理,蒋某在赵某的指示下交代下属办证人员办理此事。

证人李某、丁某、王某、丛某(办证大厅工作人员)证实,阳光小区没有办理初始登记,因此无法办理房产证。但蒋某告诉他们这是领导交办的任务,因此他们为魏某办理了房产证。

证人王毅(时任西市区政府办公室工作人员)证实,办证所用的西市区政府的证明材料不是其盖的章,当时阳光小区是个敏感话题,盖章必须经区长批准,而且个人买房与政府无关,不可能由政府出具证明。此外,政府公章在"营口"二字中间有一处凹陷痕迹,而证明材料上的公章上没有。

案涉的于某陈述,启智公司共有4套章,原审法院只对其中2套章作鉴定是不合适的,且原审中于某要求对魏某作笔迹鉴定,但魏某不配合。

二审法院认为,上列证据已经原审庭审质证,证言之间无矛盾,形成完整证据链条,可以证明原审被告未尽合理审查义务,违反相关规定,在阳光小区未办理初始登记的情况下为魏某违规办理了房屋产权证。

《不动产登记暂行条例》第二十九条规定,不动产登记机构登记错误给他人造成损害,或者当事人提供虚假材料申请登记给他人造成损害的,依照《中华人民共和国民法典》的规定承担赔偿责任。

第三十条规定,不动产登记机构工作人员进行虚假登记,损毁、伪造不动产登记簿,擅自修改登记事项,或者有其他滥用职权、玩忽职守行为的,依法给予处分;给他人造成损害的,依法承担赔偿责任;构成犯罪的,依法追究刑事责任。

本案中,魏某的行为是恶劣的。一是通过威逼利诱手段,让原任启智公司的出纳崔某为其办理登记提供方便;二是为了符合市里的"历史遗留问题"条件,私刻政府公章;三是恶意霸占他人财产。

本案中,房产中心主任(一把手)赵某不仅利用职权压制下属违规办证,还通过"区财政局局长张某"进一步施压。

在法治的框架下,我们可以提高业务办理效率,但不能因为"人情"而违背"法理"。

案例6

1993年2月,甲公司与县国土资源局签订《国有土地使用权出让合同》,有偿受让800亩国有土地用于开发旅游和房地产项目,并办理了《国有土地使用证》。但由于种种原因,甲公司的规划方案一直未获批复。1994年,该地区因附近修建省级高速公路而被封闭,施工车辆无法到达。2006年6月,县政府以土地闲置为由,做出无偿收回甲公司土地使用权的决定,注销了已核发给甲公司的国有土地使用权证,并将诉争土地出让给乙公司,并为乙公司办理了《国有土地使用证》。

甲公司不服,提起行政诉讼,诉请人民法院撤销县政府无偿收回土地和注销土地登记行为,恢复其原土地证的效力。

一审人民法院认为,造成土地闲置的责任不在甲公司,判决撤销县政府无偿收回国有土地的决定。县政府不服,提起上诉。二审法院认为,造成土地闲置二年以上责任在于甲公司,随后判决撤销一审判决。甲公司不服,向上级人民法院申请再审。再审法院判决:撤销二审法院判决;撤销县政府无偿收回土地的决定。

【解析】

1.《土地管理法》(2004版)第十二条规定,依法改变土地权属和用途的,应当办理土地变更登记手续。

第十三条规定,依法登记的土地的所有权和使用权受法律保护,任何单位和个人不得侵犯。

第五十八条规定,有下列情形之一的,由有关人民政府土地行政主管部门报经原批准用地的人民政府或者有批准权的人民政府批准,可以收回国有土地使用权:

(1)为公共利益需要使用土地的;

(2) 为实施城市规划进行旧城区改建,需要调整使用土地的;

(3) 土地出让等有偿使用合同约定的使用期限届满,土地使用者未申请续期或者申请续期未获批准的;

(4) 因单位撤销、迁移等原因,停止使用原划拨的国有土地的;

(5) 公路、铁路、机场、矿场等经核准报废的。

依照前款第(1)项、第(2)项的规定收回国有土地使用权的,对土地使用权人应当给予适当补偿。

2.《城市房地产管理法》(1994年版)第十九条规定,国家对土地使用者依法取得的土地使用权,在出让合同约定的使用年限届满前不收回;在特殊情况下,根据社会公共利益的需要,可以依照法律程序提前收回,并根据土地使用者使用土地的实际年限和开发土地的实际情况给予相应的补偿。

第二十一条规定,土地使用权出让合同约定的使用年限届满,土地使用者需要继续使用土地的,应当至迟于届满前一年申请续期,除根据社会公共利益需要收回该幅土地的,应当予以批准。经批准准予续期的,应当重新签订土地使用权出让合同,依照规定支付土地使用权出让金。

土地使用权出让合同约定的使用年限届满,土地使用者未申请续期或者虽申请续期但依照前款规定未获批准的,土地使用权由国家无偿收回。

第二十五条规定,以出让方式取得土地使用权进行房地产开发的,必须按照土地使用权出让合同约定的土地用途、动工开发期限开发土地。超过出让合同约定的动工开发日期满一年未动工开发的,可以征收相当于土地使用权出让金百分之二十以下的土地闲置费;满二年未动工开发的,可以无偿收回土地使用权;但是,因不可抗力或者政府、政府有关部门的行为或者动工开发必需的前期工作造成动工开发迟延的除外。

3.《土地登记办法》(国土资源部令第40号)第二十七条规定,依法以出让方式取得国有建设用地使用权的,当事人应当在付清全部国有土地出让价款后,持国有建设用地使用权出让合同和土地出让价款缴纳凭证等相关证明材料,申请出让国有建设用地使用权初始登记。

第五十条规定,下列情形之一的,可直接办理注销登记:

(1) 依法收回的国有土地;

(2) 依法征收的农民集体土地;

(3) 人民法院、仲裁机构的生效法律文书致使原土地权利消灭,当事人未办理注销登记的。

4.《国土资源部闲置土地处置办法》(国土资源部令第5号)第三条规定,市、县人民政府土地行政主管部门对其认定的闲置土地,应当通知土地使用者,拟订该宗闲置土地处置方案。处置方案经原批准用地的人民政府批准后,由市、县人民政府土地行政主管部门组织实施。

第四条规定,在城市规划区范围内,以出让等有偿使用方式取得土地使用权进行房地产开发的闲置土地,超过出让合同约定的动工开发日期满1年未动工开发的,可以征收相当于土地使用权出让金20％以下的土地闲置费;满2年未动工开发时,可以无偿收回土地使用权;但是,因不可抗力或者政府、政府有关部门的行为或者动工开发必需的前期工作造成动工开发迟延的除外。

第五条规定,依照本办法第四条规定收回国有土地使用权的,由市、县人民政府土地行政主管部门报经原批准用地的人民政府批准后予以公告,下达《收回国有土地使用权决定书》,终止土地有偿使用合同或者撤销建设用地批准书,注销土地登记和土地证书。

【延伸】

本案涉及的几个问题:

(一)收回甲公司土地使用权是行政决定还是行政处罚?

按照《土地管理法》(2004版)第五十八条、《城市房地产管理法》(1994年版)第十九条和第二十一条的相关规定以及《城市房地产管理法》(1994年版)第二十五条中"但是,因不可抗力或者政府、政府有关部门的行为或者动工开发必需的前期工作造成动工开发迟延的除外"的规定,收回土地使用权属于行政决定,应当给予补偿。

《城市房地产管理法》(1994年版)第二十五条规定的"以出让方式取得土地使用权进行房地产开发的,必须按照土地使用权出让合同约定的土地用途、动工开发期限开发土地。超过出让合同约定的动工开发日期满一年未动工开发的,可以征收相当于土地使用权出让金百分之二十以下的土地闲置费;满二年未动工开发的,可以无偿收回土地使用权",其中的收回土地使用权属于行政处罚。

本案中,甲公司陈述明确,未及时开工是因为规划方案一直未获批复,加上省级高速公路封闭施工,运送建筑材料的车辆无法到达其地块。符合《城市房地产管理法》第二十五条"因不可抗力或者政府、政府有关部门的行为或者动工开发必需的前期工作造成动工开发迟延的除外"的规定情形,政府不应当收回土地使用权。

(二)收回土地使用权的行政决定和行政处罚的程序需要履行。

按照当时的规定,收回土地使用权前,需要土地行政主管部门对闲置土地进行认定,并通知土地使用者,然后拟订该宗闲置土地处置方案报原批准用地的人民政府批准并公告后,土地行政主管部门下达《收回国有土地使用权决定书》,终止土地有偿使用合同或者撤销建设用地批准书,注销土地登记和土地证书。

如果本案属于行政处罚,必须严格按照《行政处罚法》的程序处置闲置土地。

无论是行政决定还是行政处罚,土地使用者都有提起行政诉讼的权利,自然资源主管部门应当在行政诉讼判决生效后,再对涉案土地进行处置。

(三)能否恢复甲公司原有的土地证的效力问题。

本案中,再审法院判决撤销县政府无偿收回决定。参照最高人民法院于2003年11月17日给广西壮族自治区高级人民法院《关于房地产管理机关能否撤销错误的注销抵押登记行为问题的批复》中明确指出"房地产管理机关可以撤销错误的注销抵押登记行为",案涉县政府可以撤销被注销的甲公司土地使用权证。但是,本案注销后的甲公司土地使用权已被乙公司通过法定程序善意取得,原土地权属已经发生了变化,不能恢复原不动产登记。

《最高人民法院 自然资源部关于加强闲置土地司法查封和处置工作衔接的意见》（法〔2024〕33号）中要求，要强化善意文明执行理念，查封期间在不损害相关主体权益的前提下，可以允许土地使用权人依法动工开发，减少土地闲置。经土地使用权人申请，人民法院允许土地使用权人依法动工的，应作出通知书，并可以要求土地使用权人提供担保。

对闲置土地的处理，不能简单粗暴的采取"收回使用权"的方式，应当尽量促使土地使用权人继续依法动工开发，以减少行政和经济上的矛盾和纠纷。

案例 7

某住宅小区于2013年竣工，共建住宅549套。2015年，该小区住宅全部销售完毕并为业主办理了房屋所有权登记。现业主申请办理房地一体的不动产登记。

经审查发现，该小区开发企业违规提高容积率，且未经处理。同时开发企业不配合办理土地分摊等手续，致使不动产登记无法办理。

【解析】

《城乡规划法》第四十三条规定，建设单位应当按照规划条件进行建设。

第四十五条规定，县级以上地方人民政府城乡规划主管部门按照国务院规定对建设工程是否符合规划条件予以核实。未经核实或者经核实不符合规划条件的，建设单位不得组织竣工验收。

《不动产登记暂行条例》（2014版）第三十三条规定，本条例施行前依法颁发的各类不动产权属证书和制作的不动产登记簿继续有效。

《不动产登记暂行条例实施细则》第一百零五条规定，本实施细则施行前，依法核发的各类不动产权属证书继续有效。不动产权利未发生变更、转移的，不动产登记机构不得强制要求不动产权利人更换不动产权属证书。

《房屋登记办法》（建设部令第168号）第八条规定，办理房屋登记，应当遵循房屋所有权和房屋占用范围内的土地使用权权利主体一致的原则。

第二十条规定，登记申请符合下列条件的，房屋登记机构应当予以登记，将申请登记事项记载于房屋登记簿：

（1）申请人与依法提交的材料记载的主体一致；

（2）申请初始登记的房屋与申请人提交的规划证明材料记载一致，申请其他登记的房屋与房屋登记簿记载一致；

（3）申请登记的内容与有关材料证明的事实一致；

（4）申请登记的事项与房屋登记簿记载的房屋权利不冲突；

（5）不存在本办法规定的不予登记的情形。

登记申请不符合前款所列条件的，房屋登记机构应当不予登记，并书面告知申请人不予登记的原因。

第二十二条规定，有下列情形之一的，房屋登记机构应当不予登记：

（1）未依法取得规划许可、施工许可或者未按照规划许可的面积等内容建造的建筑申请登记的；

(2) 申请人不能提供合法、有效的权利来源证明文件或者申请登记的房屋权利与权利来源证明文件不一致的;

(3) 申请登记事项与房屋登记簿记载冲突的;

(4) 申请登记房屋不能特定或者不具有独立利用价值的;

(5) 房屋已被依法征收、没收,原权利人申请登记的;

(6) 房屋被依法查封期间,权利人申请登记的;

(7) 法律、法规和本办法规定的其他不予登记的情形。

参考几个地方法规的规定:

《江苏省城乡规划条例》第五十条规定,房屋权属登记时记载的房屋用途应当与建设工程规划许可证或者乡村建设规划许可证确定的用途一致。

《北京市城乡规划条例》第四十三条规定,建设工程竣工后,建设单位可以申请有关主管部门对建设工程实施竣工联合验收。

未经验收或者验收不合格的建设工程,规划自然资源主管部门不予办理不动产登记手续;涉及违法建设的,按照法律、行政法规和本条例有关规定处理。

《广州市城乡规划条例》第三十八条规定,建设单位或者个人应当在建设工程竣工后向规划许可机关申请办理规划核实手续。未经规划核实或者经核实不符合的,建设单位不得组织竣工验收,产权登记机关不得办理产权登记手续。

【延伸】

规划核实是建设工程竣工验收的法定前置条件,未经核实或者经核实不符合规划条件的,建设单位不得组织竣工验收。规划核实和竣工验收又是不动产登记的前置条件。

容积率指标对于房地产开发项目来说,影响小区的配套指标和小区品质,同时,容积率指标还影响土地出让金,土地出让金就是国有资产。本案的开发企业擅自提高容积率,违反了《城乡规划法》的规定,应当受到行政处罚。

整合不动产登记职责后,不动产等级的法规也明确规定,以前依法核发的各类不动产权属证书继续有效,只要不动产权利未发生变更、转移的,不得强制要求不动产权利人更换不动产权属证书。

本案中的业主已经办理了房屋所有权登记,按照法规规定,在房屋产权不发生变更、转移的情况下,已经办理的房屋所有权不影响其法律效力。业主主动要求办理房地一体不动产登记的,不动产登记机构应当依法为其办理。

按照法律法规的规定,本案必须在开发企业的违法行为消除后,方可解决土地的分摊问题。其中涉及行政和民事两个方面的问题:行政方面,开发企业要受到行政处罚,包括拆除超出容积率部分的建筑、罚款、补缴出让金等;民事方面,补缴出让金后,业主是否应当得到一定的补偿。要解决这一问题,需要开发企业积极主动配合。如果开发企业不配合,涉及的相关部门和单位(国土、规划、住建、消防、不动产登记等)应当联手行动,形成行政合力,共同承担责任。一方面,对涉案开发企业采取相关行政措施(行政处罚、诚信记录、限制开发经营准入等),敦促开发企业履行义务;另一方面,为业主办理不动产登记。

对涉及众多业主的房地产项目,自然资源主管部门应当加强日常的监督检查,发现问题及时纠正。如果开发企业不予配合纠正,可以按照《自然资源执法监督规定》(国土资源部令第79号)第十四条"县级以上自然资源主管部门履行执法监督职责,依法可以采取对涉嫌违反自然资源法律法规的单位和个人,依法暂停办理其与该行为有关的审批或者登记发证手续的措施"的规定,对其后续项目不予许可、不予预售登记。

《自然资源部关于进一步加强国土空间规划编制和实施管理的通知》(自然资发〔2022〕186号)规定,不符合国土空间规划的工程建设项目,不得办理用地用海审批和土地供应等手续,不予确权登记。

《自然资源部关于加强和规范规划实施监督管理工作的通知》(自然资发〔2023〕237号)规定,存在未按照规划许可内容进行建设行为的,应依法进行处罚,涉及追究相关人员责任的,应依法追究相关责任。未通过规划核实和不符合其他法定登记条件的,不予办理不动产登记。

对于历史遗留问题,应当按照自然资源部发布的《关于加快解决不动产登记若干历史遗留问题的通知》(自然资发〔2021〕1号)的要求,分门别类、积极稳妥地予以解决。

案例 8

2017年9月5日,龙港镇居民朱女士为办理房产抵押贷款,前往苍南县不动产登记服务中心龙港分中心提交申请。由于受理业务的临时聘用人员态度冷淡、语气生硬,且没有一次性把办理要求全部告知,导致朱女士又分别于9月6日、9月7日两天三次往返于龙港分中心与银行之间才完成业务申请。一怒之下,朱女士联系了媒体反映了这一情况。9月13日,这一情况曝光后,引起了当地政府重视,苍南县纪委、县监委于当日14时成立联合调查组,迅速展开调查。

【解析】

《不动产登记暂行条例》第一条规定,为整合不动产登记职责,规范登记行为,方便群众申请登记,保护权利人合法权益,根据《中华人民共和国民法典》等法律,制定本条例。

第十一条规定,不动产登记工作人员应当具备与不动产登记工作相适应的专业知识和业务能力。

不动产登记机构应当加强对不动产登记工作人员的管理和专业技术培训。

第十七条规定,不动产登记机构收到不动产登记申请材料,应当分别按照下列情况办理:

(1) 属于登记职责范围,申请材料齐全、符合法定形式,或者申请人按照要求提交全部补正申请材料的,应当受理并书面告知申请人;

(2) 申请材料存在可以当场更正的错误的,应当告知申请人当场更正,申请人当场更正后,应当受理并书面告知申请人;

(3) 申请材料不齐全或者不符合法定形式的,应当当场书面告知申请人不予受理并一次性告知需要补正的全部内容;

(4) 申请登记的不动产不属于本机构登记范围的,应当当场书面告知申请人不予受理并告知申请人向有登记权的机构申请。

不动产登记机构未当场书面告知申请人不予受理的,视为受理。

【延伸】

《不动产登记暂行条例》(简称《条例》)是在整合、协调分散于各部门登记职能的基础上出台的一部行政法规。《条例》既总结吸纳了原来各类登记制度的优点,也摒弃了其中的弊端。同时对新时代、新形势下的不动产等级制度提出了新要求。其基本宗旨是提质增效,让权利人少走弯路,方便群众申请登记。

本案中,管理部门的行为增加了权利人的义务,违背了《条例》统一登记的基本宗旨。行政机关及负责社会事务管理的事业单位,一定要理解企业的难处。

登记部门作为控制把握建设工程是否符合城乡规划和国土空间规划的最后一关,应将其视为责任而非权力。

本案经纪委监委调查证实,分中心窗口人员确实存在一次性告知内容不全、服务态度较差的情况。调查还发现,该分中心管理混乱,工作人员违反工作纪律在窗口聊天、吃零食、抽烟、玩游戏,违规让临时聘用人员参与不动产抵押登记和注销的初审,并在为服务对象查询不动产证办理进度时,存在违纪收受中华牌香烟等违纪行为。

本案是一起因为信访举报引发出的案件,反映的是登记机构工作人员的工作作风问题,但实则涉及违法违纪问题。

以下是多例不动产登记部门因违规而受到行政处分和刑事处罚的案例,希望大家从中有所启发和警示。

案例一:市不动产中心受理部部长田某民、原副部长王某辉(现任某分中心副主任)、副主任科员金某、工作人员李某、刘某、李睿、唐某、王某才(现任市信访局科员)、劳务派遣及公益性岗位人员孟某等14人长期与房产中介相互勾结,利用职务便利,通过倒卖排队序号、违规插队等手段,为中介违规办理业务并收取好处费,合计11.8万元,严重侵害群众利益,破坏营商环境,在社会上造成严重的不良影响。

此案中原市房屋产权监理处处长裴某忠、原党总支书记宋某仁、原副处长周某利和原主管单位市国土局分管副局长曹某、现主管单位市自然资源服务中心主任滕某、副主任李某鸣(主管市不动产中心工作)及市不动产中心副主任某克(分管受理部)、副主任兼党总支负责人薛某等前后两届领导班子成员因不作为、慢作为,使损害和侵占群众利益的问题得不到整治,工作中存在严重形式主义、官僚主义的问题,对侵犯群众利益问题负有领导责任。

根据《中国共产党纪律处分条例》《中华人民共和国公务员法》和《中华人民共和国公职人员政务处分法》,上述涉案人员受到了不同的党纪和政务处分。

案例二:不动产登记中心原工作人员熊某利用职务便利非法收受他人财物。2016年10月至2019年4月,熊某在担任柳江区(县)不动产登记中心工作人员期间,利用职务便利,先后为单位同事、房产中介、房地产开发公司加急办理房产转移登记、抵押登记等业务,以"加急费"的名义收受财物共计27万余元,其个人实际所得26万余元。2019年5月,熊某受到开除公职处分;同年8月,熊某因犯受贿罪被判处有期徒刑三年,缓刑三年,并处罚金人民币22万元。

案例三：某镇国土规建环保安监交通站原工作人员韦某利用职务便利非法收受他人财物。2014年至2017年，韦某在原县国土资源局拉堡国土资源所工作期间，与蒋某华合谋，利用蒋某华职务上的便利，在为黑恶势力犯罪团伙成员张某（另案处理）等人办理不动产登记手续等过程中，为他人谋取利益，伙同蒋某华共同收受他人给予的财物共计112万元，其个人实际所得51万元。2019年6月，韦某受到开除公职处分；同年10月，韦某因犯受贿罪被判处有期徒刑四年，并处罚金人民币30万元。

案例9

本案例源于《中华人民共和国最高人民法院行政判决书》(2021)最高法行再131号。

一宗土地因地籍调查时缺少一户相邻宗地权利人指界，导致宗地图的四至位置和面积错误，进而引发不动产首次登记错误。该宗土地首次登记后，又经过两次变更登记，并历经七年五次行政诉讼、一次民事诉讼。最终，终审法院判决：责令广东省湛江市人民政府责成辖区内不动产登记机构或者其他实际履行该职责的职能部门对湛江市华兴房地产有限公司所持有的湛国用〔2004〕第00091号《国有土地使用证》中登记错误事项予以更正登记。

【解析】

《民法典》第二百二十条规定，权利人、利害关系人认为不动产登记簿记载的事项错误的，可以申请更正登记。不动产登记簿记载的权利人书面同意更正或者有证据证明登记确有错误的，登记机构应当予以更正。

不动产登记簿记载的权利人不同意更正的，利害关系人可以申请异议登记。登记机构予以异议登记，申请人自异议登记之日起十五日内不提起诉讼的，异议登记失效。异议登记不当，造成权利人损害的，权利人可以向申请人请求损害赔偿。

《不动产登记暂行条例》第十条规定，不动产登记机构应当依法将各类登记事项准确、完整、清晰地记载于不动产登记簿。任何人不得损毁不动产登记簿，除依法予以更正外不得修改登记事项。

第十八条规定，不动产登记机构受理不动产登记申请的，应当按照下列要求进行查验：

(1) 不动产界址、空间界限、面积等材料与申请登记的不动产状况是否一致；

(2) 有关证明材料、文件与申请登记的内容是否一致；

(3) 登记申请是否违反法律、行政法规规定。

第十九条规定，属于下列情形之一的，不动产登记机构可以对申请登记的不动产进行实地查看：

(1) 房屋等建筑物、构筑物所有权首次登记；

(2) 在建建筑物抵押权登记；

(3) 因不动产灭失导致的注销登记；

(4) 不动产登记机构认为需要实地查看的其他情形。

对可能存在权属争议，或者可能涉及他人利害关系的登记申请，不动产登记机构可以向申请人、利害关系人或者有关单位进行调查。

不动产登记机构进行实地查看或者调查时,申请人、被调查人应当予以配合。

《不动产登记暂行条例实施细则》第七十九条规定,权利人、利害关系人认为不动产登记簿记载的事项有错误,可以申请更正登记。

利害关系人申请更正登记的,应当提交利害关系材料、证实不动产登记簿记载错误的材料以及其他必要材料。

第八十条规定,不动产权利人或者利害关系人申请更正登记,不动产登记机构认为不动产登记簿记载确有错误的,应当予以更正。

不动产权属证书或者不动产登记证明填制错误以及不动产登记机构在办理更正登记中,需要更正不动产权属证书或者不动产登记证明内容的,应当书面通知权利人换发,并把换发不动产权属证书或者不动产登记证明的事项记载于登记簿。

第八十一条规定,不动产登记机构发现不动产登记簿记载的事项错误,应当通知当事人在30个工作日内办理更正登记。当事人逾期不办理的,不动产登记机构应当在公告15个工作日后,依法予以更正。

【延伸】

不动产登记确有错误的,登记机构应依权利人、利害关系人申请或者自行发现后予以更正。

本案中,经过两次庭审,发证机关都是以"涉案土地与利害关系人的土地证面积范围没有重叠""除土地使用权人变更外,其余登记内容未作变更"为由辩解。然而,法院认定"登记前后该宗土地的四至范围、面积发生变化,而原湛江市国土局未能提供其登记土地四至范围及面积发生变化的主要证据。因此,湛江市政府为东园合作社核发99号证的证据不足",并判决"确认湛江市政府为东园合作社核发的99号证违法"。登记机关没有意识到涉案土地的初始登记存在错误,也未履行《不动产登记暂行条例》第十八条、第十九条赋予的"查验""查看"职责,不仅增加了当事人的诉累,也影响了政府在群众心目中的形象。

案例10

本案例源于《上海市第三中级人民法院行政判决书》((2020)沪03行终528号)。

2019年12月2日,包某至上海市自然资源确权登记局(以下简称市确权登记局)下属的上海市杨浦区不动产登记事务中心(以下简称杨浦登记中心,现为上海市杨浦区自然资源确权登记事务中心),要求提供其名下上海市杨浦区飞虹路738号东间房屋(以下简称涉案房屋)的登记资料。其间,包某递交了上海市不动产登记原始凭证查阅申请书,申请查阅其名下涉案房屋房地产登记簿中的初始登记资料。杨浦登记中心经审查发现,涉案房屋产权人于2000年9月因房屋买卖将不动产权利人登记为包某,遂向包某提供了涉案房屋产权人登记为包某时的房地产买卖合同等不动产变更登记资料,但对包某申请查阅的涉案房屋初始登记资料不予查询。

【解析】

《民法典》第二百一十四条规定,不动产物权的设立、变更、转让和消灭,依照法律规定应当登记的,自记载于不动产登记簿时发生效力。

第二百一十六条规定,不动产登记簿是物权归属和内容的根据。

第二百一十七条规定,不动产权属证书是权利人享有该不动产物权的证明。不动产权属证书记载的事项,应当与不动产登记簿一致;记载不一致的,除有证据证明不动产登记簿确有错误外,以不动产登记簿为准。

第二百一十八条规定,权利人、利害关系人可以申请查询、复制不动产登记资料,登记机构应当提供。

《不动产登记暂行条例》第二条规定,本条例所称不动产登记,是指不动产登记机构依法将不动产权利归属和其他法定事项记载于不动产登记簿的行为。

《不动产登记资料查询暂行办法》第十一条规定,有下列情形之一的,不动产登记机构不予查询,并出具不予查询告知书:

(1)查询人提交的申请材料不符合本办法规定的;

(2)申请查询的主体或者查询事项不符合本办法规定的;

(3)申请查询的目的不符合法律法规规定的;

(4)法律、行政法规规定的其他情形。

查询人对不动产登记机构出具的不予查询告知书不服的,可以依法申请行政复议或者提起行政诉讼。

第十四条规定,不动产登记簿上记载的权利人可以查询本不动产登记结果和本不动产登记原始资料。

《不动产登记暂行条例实施细则》第二十条规定,不动产登记机构应当根据不动产登记簿,填写并核发不动产权属证书或者不动产登记证明。

第九十四条规定,不动产登记资料包括:

(1)不动产登记簿等不动产登记结果;

(2)不动产登记原始资料,包括不动产登记申请书、申请人身份材料、不动产权属来源、登记原因、不动产权籍调查成果等材料以及不动产登记机构审核材料。

《不动产登记操作规范(试行)》第4.3条规定,除尚未登记的不动产首次申请登记的,不动产登记机构应当通过查阅不动产登记簿的记载信息,审核申请登记事项与不动产登记簿记载的内容是否一致。

(1)申请人与不动产登记簿记载的权利人是否一致;

(2)申请人提交的登记原因文件与登记事项是否一致;

(3)申请人申请登记的不动产与不动产登记簿的记载是否一致;

(4)申请登记事项与不动产登记簿记载的内容是否一致;

(5)不动产是否存在抵押、异议登记、预告登记、预查封、查封等情形。

【延伸】

按照法律法规的规定,任何一处不动产的首次登记、变更登记、转移登记、注销登记、更正登记、异议登记、预告登记、查封登记等,都必须在不动产登记簿中作记录,每一次记录都反映了不动产权利人的权利更迭,而且每一次更迭后都会依据登记簿向相关权利人颁发不动产权证书。所以,不动产登记簿是不动产权利的源头资料,不仅包含某一环节权利人的不动产及个人信息记载,更包含了不动产权利更迭各环节中曾经是权利人的相关个人信息。所以对不动产登记簿的查询,必须按照个人信息的保密规定进行。

不动产登记簿里记载的每一个环节中的不动产权利人,只能查询自身取得不动产权利时的相关原始资料,不可以向前或向后查阅其他曾经取得该不动产权利人的相关资料。在不动产登记机构出具不予查询告知书后,查询人不服的可以依法申请行政复议或者提起行政诉讼,但上级机关或者人民法院通常不会支持其请求。

本案中,包某主张其作为涉案房屋所有权人,可以查询涉案房屋包括首次登记在内的所有不动产登记资料,缺乏法律依据。其要求市确权登记局履行配合其查阅涉案房屋首次登记资料的法定职责的诉请,被人民法院判决驳回。

案例 11

本案例源于《河南省高级人民法院行政判决书》((2020)豫行再 125 号)。

昝某青以非本人名下的西国用〔2015〕第 055 号国有土地使用证向某县自然资源局申请他项权利登记时,该局的工作人员没有严格审查,为昝某青办理了抵押登记,并颁发了西他项〔2015〕第 175 号土地他项权利证书。农行某县支行据此登记,将 280 万元本金借给昝某青。后昝某青无力偿还该贷款,经民事判决进入强制执行程序后,昝某青无可供执行的财产。农行某县支行基于对县自然资源局土地权属登记、土地抵押登记行政行为的信赖,将 280 万元本金借出,并认为在财产损失与错误登记行为之间存在法律上的因果联系,遂向人民法院提起行政诉讼,请求判决县自然资源局颁发西他项〔2015〕第 175 号土地他项权利证书之行为违法,并赔偿因违法登记造成的损失 280 万元本金及利息损失。

【解析】

《不动产登记暂行条例》第十八条规定,不动产登记机构受理不动产登记申请的,应当按照下列要求进行查验:

(1)不动产界址、空间界限、面积等材料与申请登记的不动产状况是否一致;

(2)有关证明材料、文件与申请登记的内容是否一致;

(3)登记申请是否违反法律、行政法规规定。

第十九条规定,属于下列情形之一的,不动产登记机构可以对申请登记的不动产进行实地查看:

(1)房屋等建筑物、构筑物所有权首次登记;

(2)在建建筑物抵押权登记;

(3)因不动产灭失导致的注销登记;

(4)不动产登记机构认为需要实地查看的其他情形。

对可能存在权属争议,或者可能涉及他人利害关系的登记申请,不动产登记机构可以向申请人、利害关系人或者有关单位进行调查。

第二十九条规定,不动产登记机构登记错误给他人造成损害,或者当事人提供虚假材料申请登记给他人造成损害的,依照《民法典》的规定承担赔偿责任。

《不动产登记暂行条例实施细则》第六十六条规定,自然人、法人或者其他组织为保障其债权的实现,依法以不动产设定抵押的,可以由当事人持不动产权属证书、抵押合同与主债权合同等必要材料,共同申请办理抵押登记。

《民法典》第二百二十二条规定,当事人提供虚假材料申请登记,造成他人损害的,应当承担赔偿责任。

因登记错误,造成他人损害的,登记机构应当承担赔偿责任。登记机构赔偿后,可以向造成登记错误的人追偿。

《中华人民共和国国家赔偿法》(简称《国家赔偿法》)第四条规定,行政机关及其工作人员在行使行政职权时有下列侵犯财产权情形之一的,受害人有取得赔偿的权利:

(1) 违法实施罚款、吊销许可证和执照、责令停产停业、没收财物等行政处罚的;

(2) 违法对财产采取查封、扣押、冻结等行政强制措施的;

(3) 违法征收、征用财产的;

(4) 造成财产损害的其他违法行为。

第十六条规定,赔偿义务机关赔偿损失后,应当责令有故意或者重大过失的工作人员或者受委托的组织或者个人承担部分或者全部赔偿费用。

对有故意或者重大过失的责任人员,有关机关应当依法给予处分;构成犯罪的,应当依法追究刑事责任。

【延伸】

《不动产登记暂行条例》第十八条规定了不动产登记需要查验的材料,而且,国有土地使用权登记的事权始终在自然资源部门。本案中涉案的县自然资源局有义务、有条件、有能力查验昝某青提交的西国用〔2015〕第055号土地使用证的真实性、合法性,重点查明权籍调查成果是否完备、权属是否清楚,即作为登记的证明材料、文件与申请登记内容的权属、界址、面积是否一致。

为了保障登记的准确性,《不动产登记暂行条例》第十九条还专门为"首次登记""抵押登记"和"注销登记"作出"需实地查看"的规定;《不动产登记暂行条例实施细则》第六十六条还有"共同申请办理抵押登记"的规定。而涉案县自然资源局在办理抵押权登记时不仅未去现场核查,且在有关权利人未到场的情况下仅作形式审查,未尽依法、审慎、全面的审查义务,对虚假伪造的西国用〔2015〕第055号土地使用权证作出抵押登记。

一审法院认为,该登记行为事实不清、证据不足、程序违法,依法应予以撤销,但鉴于其虚假性,依法不具有可撤销内容,可确认行为违法。判决如下:

一、确认某县自然资源局2015年9月18日作出西他项〔2015〕第175号土地他项权证之行政行为违法;二、驳回农行某县支行请求某县自然资源局赔偿280万元本金及利息的诉讼请求。

二审法院判决如下:

一、维持一审法院行政判决第二项;二、撤销一审法院行政判决第一项;三、确认某县自然资源局2015年9月18日作出西他项〔2015〕第175号土地他项权登记之行政行为无效。

《民法典》第二百二十二条的规定,不但要求登记机构不得登记错误,并且要求申请人不得提供虚假材料,并赋予登记机构的工作人员在履职时审慎审查义务及承担损害结果的赔偿主体和追偿权利。

昝某青以非本人名下的西国用(2015)第055号国有土地使用证向县自然资源局申请他项权利登记时,某县自然资源局的工作人员应当更加审慎对待、严格审查,因为并非昝某青持有本人的国有土地使用证申请他项权利登记。同时,县自然资源局有义务、有条件也有能力核实昝纪青提交的该国有土地使用证的真伪及内容是否正确,因为该国有土地使用证就是县自然资源局自己登记颁发的,核实该证的使用权人是否正确轻而易举,从而可以避免因申请人的错误登记导致抵押登记的设立,避免农行某县支行放贷本金280万元及产生的利息收不回来。县自然资源局依法应当承担赔偿责任,况且民事判决进入强制执行程序后,因无可供执行的财产,县人民法院曾作出裁定,终结本次执行程序至今。县自然资源局赔偿后,依法可以向造成登记错误的申请人追偿。

再审法院的判决如下:

一、维持二审法院判决第二项,即"撤销一审法院行政判决第一项'确认县自然资源局2015年9月18日作出西他项〔2015〕第175号土地他项权证之行政行为违法'";二、维持二审法院判决第三项,即"确认县自然资源局西他项〔2015〕第175号土地他项权登记无效";三、撤销二审法院第一项,即"维持一审法院行政判决第二项'驳回农行某县支行请求县自然资源局赔偿280万元本金及利息的诉讼请求'";四、县自然资源局赔偿农行某县支行280万元本金及利息。

赔偿义务机关应当履行法院作出赔偿判决。

根据《国家赔偿法》第十六条"赔偿义务机关赔偿损失后,应当责令有故意或者重大过失的工作人员或者受委托的组织或者个人承担部分或者全部赔偿费用"的规定,对造成国家赔偿的个人应当承担的份额进行追偿,被追偿人应当按照《国家赔偿费用管理条例》(国务院令第589号)第十二条"有关工作人员、受委托的组织或者个人应当依照财政收入收缴的规定上缴应当承担或者被追偿的国家赔偿费用"的规定,上缴应当承担或者被追偿的国家赔偿费用。

另外,国家赔偿义务机关还要根据《民法典》第二百二十二条的规定,向造成登记错误的当事人追偿。

本案中,造成国家赔偿的当事人由三部分组成:一是县自然资源局,二是县自然资源局负责不动产登记的工作人员,三是昝某青。其中,昝某青已无可供执行的财产,那么,只有县自然资源局及其负责不动产登记的工作人员承担农行某县支行的280万元本金及利息的国家赔偿金。如果赔偿义务机关认为应当由不动产登记的工作人员承担全部赔偿费用,那么造成国家赔偿的工作人员能否承担起赔偿金额?值得深思。

本案例源于黄为森所著的《判决撤销房屋所有权证和判决撤销不动产登记行政行为》

一书。

2018年7月,嵇某与市房地产公司签订《商品房买卖合同》,约定购买该公司开发的花园新村2幢1单元1801室房屋(精装修),房屋建筑面积186.25平方米,其中套内建筑面积157.53平方米,公共部分与公用房屋分摊建筑面积28.72平方米。

经房地产测绘机构测绘,该房18层标准层建筑面积为122.37平方米、标准层以上的闷顶层面积为61.89平方米。

嵇某与甲公司共同申请,房屋登记机关于2018年9月21日为其办理房屋转移登记,向嵇某颁发了房屋产权证。房屋登记簿和房屋产权证内记载:房屋用途为住宅,建筑面积为184.26平方米,套内建筑面积为156.69平方米。

现嵇某以房屋登记机关将闷顶层登记在其房产证建筑面积中,缺乏事实和法律依据为由,向法院提起诉讼,要求撤销房屋产权证。

【解析】

《民法典》第二百七十一条规定,业主对建筑物内的住宅、经营性用房等专有部分享有所有权,对专有部分以外的共有部分享有共有和共同管理的权利。

第二百七十二条规定,业主对其建筑物专有部分享有占有、使用、收益和处分的权利。业主行使权利不得危及建筑物的安全,不得损害其他业主的合法权益。

第二百七十三条规定,业主对建筑物专有部分以外的共有部分,享有权利,承担义务;不得以放弃权利为由不履行义务。

查阅360百科,住宅是指专供居住的房屋,包括别墅、公寓、职工家属宿舍和集体宿舍、职工单身宿舍和学生宿舍等。

《住宅设计规范》对住宅的定义是:供家庭居住使用的建筑。

【延伸】

本案法院认为:按照国家规范,住宅应满足人体健康所需的通风、日照和隔音要求。而诉争的闷顶层不通风、无采光、不通水电,且设置了消防管道、排水管道等公共设施,不具备住宅的基本使用功能。涉案房屋产权证记载其用途为住宅,与住宅的基本要求不符。

作为房产登记机关,进行房产登记时负有合理的审慎审查义务,其在办理原告房产登记时,将不具备住宅使用功能的闷顶层登记为住宅,主要证据不足,不符合法律规定。法院审判委员会经讨论决定作出判决:一、撤销房屋登记机关向嵇某颁发的房屋产权证;二、房屋登记机关于本判决书生效后60日内,重新为嵇某办理房产登记。

有关建筑计算面积与房产测绘面积、套内面积与公摊面积、产权面积与实用面积等不一致问题,已经引起全社会的讨论,但目前尚未形成统一结论。

住建部出台的《建筑工程建筑面积计算规范》(GB/T 50353—2013)、《房屋面积测绘规程》(GB/T 17986)和《建设用地容积率管理办法》(建规〔2012〕22号)对此类问题具有重要影响。

从国家管理层面来讲,希望资本投入基本建设,多建房的政策导向明确,但要求多建有效房。而对房地产开发企业来说,却期望"少投入高回报"。因此,有些开发企业为了促销顶层房屋,在楼的顶层上面以闷顶方式留给潜在业主改造空间,对外宣传是买一层得两层,而且,大部分业主都会将其改造成一层房屋。

对于自然资源管理部门来说,建筑面积涉及容积率及出让金等国有资产问题。所以在工作中,对建筑面积的控制尤为严格,特别是住建部出台《建设用地容积率管理办法》后,对容积率的管理要求越来越严。

从建筑设计方面来讲,设计企业对各类建筑设计时,建筑的功能性要求是主要设计内容,应当遵守国家规范、行业规范以及地方的相关要求,但是设计企业很容易和委托设计单位一起联手欺骗相关主管部门(自然资源部门、住房建设部门),导致相关主管部门管理工作的"失控"。

《建筑工程建筑面积计算规范》和《房产测量规范》在建筑面积的计算、测量方面存在差异,导致对建筑相关部位的面积取舍有不同的规定。

在规划管理阶段,要考虑容积率控制问题。各地自然资源主管部门在《建筑工程建筑面积计算规范》基础上,对建筑面积的计算要求不尽相同。《建筑工程建筑面积计算规范》规定,建筑物内的设备管道加层不应计算面积,但是有的省份和城市,只以建筑部位的高度来计算建筑面积,无论是什么用途、什么部位,只要高度超过2.2米的,一律计算全面积,并计入容积率,这是防止开发企业"偷面积"的有效手段。本案中规划部门向法庭提交的建设工程规划许可证及其附图证明闷顶层在规划证所载的面积范围内。

《不动产登记暂行条例》第二条规定,不动产登记,是指不动产登记机构依法将不动产权利归属和其他法定事项记载于不动产登记簿的行为。

按照《不动产登记暂行条例实施细则》第三十五条的"申请国有建设用地使用权及房屋所有权首次登记的,应当提交建设工程符合规划的材料"规定,本案中的登记机构以规划部门核发的建设工程规划许可证对建筑面积的认定进行登记,是符合法律法规规定的。但是,按照第十五条"不动产登记机构受理不动产登记申请后,应当对不动产界址、空间界限、面积等权籍调查成果是否完备,权属是否清楚、界址是否清晰、面积是否准确进行查验"的规定,登记机构在登记前的查验工作中,发现规划部门对案涉闷顶的面积计算不符合国家规范的要求,应当与规划部门沟通,并依据国家规范的要求进行登记。

案例 13

本案是北京市第二中级人民法院发布的典型案例。

苏某为涉案房屋所有权人,苏某的亲属与案外人签订了《买卖房协议书》,将涉案房屋出售,并办理了被诉房屋所有权证。苏某知情后提起民事诉讼,涉案《买卖房协议书》被法院判决确认无效。随后,苏某向一审法院提起行政诉讼,请求撤销被诉不动产登记机构颁发给案外人的被诉房屋所有权证。

【解析】

《民法典》第二百四十条规定,所有权人对自己的不动产或者动产,依法享有占有、使用、收益和处分的权利。

第一百五十五条规定,无效的或者被撤销的民事法律行为自始没有法律约束力。

第一百五十七条规定,民事法律行为无效、被撤销或者确定不发生效力后,行为人因该行为取得的财产,应当予以返还;不能返还或者没有必要返还的,应当折价补偿。有过错的一方应当赔偿对方由此所受到的损失;各方都有过错的,应当各自承担相应的责任。法律另有规定的,依照其规定。

《不动产登记暂行条例》第十四条规定,因买卖、设定抵押权等申请不动产登记的,应当由当事人双方共同申请。

《不动产登记暂行条例实施细则》第九条规定,申请不动产登记的,申请人应当填写登记申请书,并提交身份证明以及相关申请材料。

申请材料应当提供原件。因特殊情况不能提供原件的,可以提供复印件,复印件应当与原件保持一致。

第十二条规定,自然人处分不动产,委托代理人申请登记的,应当与代理人共同到不动产登记机构现场签订授权委托书,但授权委托书经公证的除外。

《最高人民法院关于审理房屋登记案件若干问题的规定》(法释〔2010〕15号)第十一条规定,被诉房屋登记行为违法,但判决撤销将给公共利益造成重大损失或者房屋已为第三人善意取得的,判决确认被诉行为违法,不撤销登记行为。

本案裁判结果:一审法院认为,被诉房屋所有权证的颁发系基于房屋买卖而发生。某机关受理涉案房屋产权转移登记申请后,对房屋原权属及权属发生转移依据的有关材料进行了审查,并作出房屋权属变更登记,相关程序符合法律规定。但因作为房屋转移登记和颁证行为基础事实的《买卖房协议书》被已生效的民事判决确认无效,被诉房屋所有权证颁发的事实基础已不存在,故被诉房屋所有权证应依法予以撤销。综上,一审法院撤销了被诉房屋所有权证。二审法院维持原判。

【延伸】

在裁判文书中,一审法院认为不动产登记机构受理涉案房屋产权转移登记申请后,对房屋原权属及权属发生转移的有关材料进行了审查,并作出房屋权属变更登记,相关程序符合法律规定。但这种认为是有瑕疵的。

苏某的亲属与案外人向案涉不动产登记机构申请将苏某名下的不动产权属作变更登记,按照《不动产登记暂行条例实施细则》的规定,苏某本人应当到场签字确认,即使是其亲属受委托处置苏某的房产,也应有相应的委托手续且苏某知晓。而本案中,不动产登记机构并没有严格把关,在苏某不知情的情况下,将苏某的房产变更登记到案外人名下,应当说登记机构存在材料审查不严格、发证程序不符合法律规定的问题。

尽管苏某的亲属与案外人签订的《买卖房协议书》被法院判决无效,但案外人也是在不知情的情况下善意取得案涉房产的,法院应当按照《最高人民法院关于审理房屋登记案件若干问题的规定》,判决不动产登记机构行为违法,而不应当撤销被诉房屋所有权证。案中的当事人可以按照《最高人民法院关于审理房屋登记案件若干问题的规定》"申请人提供虚假材料办理房屋登记,给原告造成损害,房屋登记机构未尽合理审慎职责的,应当根据其过错程度及其在损害发生中所起作用承担相应的赔偿责任"的规定进行索赔。

案例 14

本案源于《宁波市人民政府行政复议决定书》(甬政复(2020)66号)。

赵某名下海曙区××巷43号407室房产的不动产登记事项与甬土偿合(1994)第030号宁波市国有土地使用权出让合同及商品房买卖合同不一致。赵某于2020年3月9日向海曙区不动产登记中心申请更正,要求将涉案土地使用证(办公用地)的使用期限终止日期由原来的2045年7月12日更正为2064年7月30日。不动产登记中心认为赵某申请登记的不动产权利超过规定期限,决定不予登记,并作出《不予登记告知书》,于同日将申请材料退还给赵某。

【解析】

《不动产登记暂行条例》第二十二条规定,申请登记的不动产权利超过规定期限的,不动产登记机构应当不予登记,并书面告知申请人。

《城镇国有土地使用权出让和转让暂行条例》第十二条规定,土地使用权出让最高年限按下列用途确定:

(1)居住用地七十年;

(2)工业用地五十年;

(3)教育、科技、文化、卫生、体育用地五十年;

(4)商业、旅游、娱乐用地四十年;

(5)综合或者其他用地五十年。

本案的复议决定维持了主管部门作出的《不予登记告知书》。

【延伸】

本案的登记申请明显违反了《城镇国有土地使用权出让和转让暂行条例》的规定,符合《不动产登记暂行条例》第二十二条规定的不予登记的情形,不动产登记机构处理得当。

不动产登记作为可以诉讼和复议的行政行为,工作的依据是《城市房地产管理法》《城镇国有土地使用权出让和转让暂行条例》《不动产登记暂行条例》《不动产登记暂行条例实施细则》等法律法规。《不动产登记暂行条例》第二十二条对不予登记的四种情形进行了明确规定,其中"存在尚未解决的权属争议的"和"申请登记的不动产权利超过规定期限的"情形表述清晰,而"违反法律、行政法规规定的"和"法律、行政法规规定不予登记的其他情形"表述较为笼统。因为涉及法律法规较多,需要不动产登记机构及其工作人员加强学习和培训。

案例 15

2020年11月20日,陶某向南通市自然资源和规划局下属单位南通市不动产登记中心提交了两份《不动产登记申请书》。

其中一份申请要求将陶某名下某小区104室(以下简称104室)的房屋建筑面积由75.63平方米更正登记为193.31平方米,将分摊土地使用权面积由15.13平方米更正登记为123.8平方米。另一份申请要求将陶某名下某小区202室(以下简称202室,该小区与104室为同一小区)的房屋建筑面积由64.35平方米更正登记为76.35平方米。

申请人还提供了身份证、苏通国用〔2011〕第0208××号国有土地使用权证(104室)、南通房权证字第110011××号房产证(104室)、南通房权证字第1119××号房产证(202室)、行政复议决定书(〔2020〕苏自然资行复第101号、〔2020〕通行复第118号)的复印件。

南通市不动产登记中心对陶某提交的材料进行了审查,认为陶某所提起的登记申请属于"更正登记",依据《不动产登记暂行条例实施细则》第七十九条的规定,权利人申请更正登记,须提供"证实登记确有错误的材料"。经查验后,发现陶某所提供的房产证和土地使用权证所记载面积与登记簿记载面积一致,未发现申请人提供"证实登记确有错误的材料"。因此,于2020年11月20日向陶某出具了《不动产登记不予受理告知书》。

陶某不服,向南通市人民政府提起行政复议。

【解析】

《民法典》第二百一十六条规定,不动产登记簿是物权归属和内容的根据。

不动产登记簿由登记机构管理。

第二百一十七条规定,不动产权属证书是权利人享有该不动产物权的证明。不动产权属证书记载的事项,应当与不动产登记簿一致;记载不一致的,除有证据证明不动产登记簿确有错误外,以不动产登记簿为准。

第二百二十条规定,权利人、利害关系人认为不动产登记簿记载的事项错误的,可以申请更正登记。不动产登记簿记载的权利人书面同意更正或者有证据证明登记确有错误的,登记机构应当予以更正。

《不动产登记暂行条例》第十条规定,不动产登记机构应当依法将各类登记事项准确、完整、清晰地记载于不动产登记簿。任何人不得损毁不动产登记簿,除依法予以更正外不得修改登记事项。

第二十二条规定,登记申请有下列情形之一的,不动产登记机构应当不予登记,并书面告知申请人:

(1)违反法律、行政法规规定的;

(2)存在尚未解决的权属争议的;

(3)申请登记的不动产权利超过规定期限的;

(4)法律、行政法规规定不予登记的其他情形。

【延伸】

不动产登记簿是不动产权利的依据,一切不动产权利都以不动产登记簿为准。法律、行政法规赋予不动产登记簿唯一性的权威,规定了除有证据证明不动产登记簿确有错误外,以不动产登记簿为准。

本案中,不动产登记中心对陶某提交的104室、202室的产权证书与不动产登记簿以及该不动产权利的转移登记记录进行了认真的比对,发现产权证书与不动产登记簿完全一致,而且陶某未提供足够的证据证明不动产登记簿存在错误,因此及时作出了《不动产登记不予受理告知书》,符合法律法规的规定。

但是，在本案的审理中，不动产登记中心引用《不动产登记暂行条例实施细则》第七十九条的规定作为依据，存在瑕疵。因为《不动产登记暂行条例》第十条明确规定，法律、行政法规的有关规定是受理不动产登记的依据，而《不动产登记暂行条例实施细则》是自然资源部的规章，其等级次于法律和行政法规。

案例 16

本案例由深圳市司法局提供。

孟某系深圳市福田区振兴路与燕南路交会处阁林网苑424号房（以下简称涉案房产）的业主。

2019年12月16日，孟某向深圳市不动产登记中心（以下简称登记中心）领取了涉案房产的不动产权证书。

2020年6月9日，孟某以该证书记载的土地用途及房屋用途错误为由，向登记中心提出更正登记申请。登记中心于当日出具的不予受理通知书称："经核查，上述决定不予受理。具体原因如下：依据《不动产登记暂行条例实施细则》第八十条，经核查登记系统、登记簿和档案原件，与不动产权证书记载一致"。

原告不服，提起诉讼。

【解析】

《民法典》第二百一十一条规定，当事人申请登记，应当根据不同登记事项提供权属证明和不动产界址、面积等必要材料。

第二百一十二条规定，登记机构应当履行下列职责：

(1) 查验申请人提供的权属证明和其他必要材料；

(2) 就有关登记事项询问申请人；

(3) 如实、及时登记有关事项；

(4) 法律、行政法规规定的其他职责。

申请登记的不动产的有关情况需要进一步证明的，登记机构可以要求申请人补充材料，必要时可以实地查看。

《不动产登记暂行条例》第十六条规定，申请人应当提交下列材料，并对申请材料的真实性负责：

(1) 登记申请书；

(2) 申请人、代理人身份证明材料、授权委托书；

(3) 相关的不动产权属来源证明材料、登记原因证明文件、不动产权属证书；

(4) 不动产界址、空间界限、面积等材料；

(5) 与他人利害关系的说明材料；

(6) 法律、行政法规以及本条例实施细则规定的其他材料。

第十七条规定，不动产登记机构收到不动产登记申请材料，应当分别按照下列情况办理：

(1) 属于登记职责范围，申请材料齐全、符合法定形式，或者申请人按照要求提交全

部补正申请材料的,应当受理并书面告知申请人;

(2)申请材料存在可以当场更正的错误的,应当告知申请人当场更正,申请人当场更正后,应当受理并书面告知申请人;

(3)申请材料不齐全或者不符合法定形式的,应当当场书面告知申请人不予受理并一次性告知需要补正的全部内容;

(4)申请登记的不动产不属于本机构登记范围的,应当当场书面告知申请人不予受理并告知申请人向有登记权的机构申请。

不动产登记机构未当场书面告知申请人不予受理的,视为受理。

第二十二条规定,登记申请有下列情形之一的,不动产登记机构应当不予登记,并书面告知申请人:

(1)违反法律、行政法规规定的;

(2)存在尚未解决的权属争议的;

(3)申请登记的不动产权利超过规定期限的;

(4)法律、行政法规规定不予登记的其他情形。

本案一审判决是:登记中心依据《不动产登记暂行条例实施细则》第八十条的规定作出不予受理通知书适用法律错误,应予撤销。撤销后孟某的申请未得到处理,应由登记中心重新作出行政行为。二审法院判决是:原审法院判决撤销被诉不予受理通知,并判令登记中心针对孟某提出的更正登记申请重新作出处理,合法有据,依法予以支持。

【延伸】

《民法典》承继了原《物权法》的有关规定,《不动产登记暂行条例》制定的主要根据是《民法典》。尽管相关法律法规已实施多年,不动产登记机构在作出行政行为时仍会发生"适用法律错误"的问题,值得思考。

《不动产登记暂行条例》第三章"登记程序"规定了不动产登记的基本程序是"申请""受理""审查""登记(不予登记)"。程序中的每个环节(节点、阶段)都有不同的重点、依据和要求。

申请阶段,申请人应当按照法律法规规定的条件,向不动产登记机构提交材料。这里的适用法律法规包括《民法典》《不动产登记暂行条例》等。因为不动产登记包括不动产首次登记、变更登记、转移登记、注销登记、更正登记、异议登记、预告登记、查封登记等,每一类型的登记需要提交的申请材料不完全相同,法律法规无法详尽。《不动产登记暂行条例实施细则》是根据《不动产登记暂行条例》制定的,对各类登记应当提交的材料作出细化规定。提交规定的材料是申请不动产登记的必要条件,也是机构决定是否受理申请的法定依据。申请人提交的材料是否齐全、是否符合法定形式,不动产登记机构按照《不动产登记暂行条例》第十七条的规定来决定是否受理。

本案中,申请不动产登记事项是否与登记系统登记簿记载一致,不是受理阶段的工作内容。受理阶段应当适用各类登记规定的提交申请材料的法条。要注意,该阶段对提交材料的审查属于形式性审查。

《民法典》第二百一十二条规定登记机构应当履行查验申请材料、询问申请人、实地查看等法定职责。《不动产登记暂行条例》第十八条规定的"查验"、第十九条规定的"实地查看",都是对申请登记事项是否符合法律法规规定的审查阶段的工作。审查阶段的工作包含核实申请材料的真实性、与登记簿的对应性、申请内容与现状的一致性、申请内容与法律法规是否符合等,是整个不动产登记工作的核心,决定着不动产登记的合法性、诚信和权威程度。审查阶段的工作是不动产登记机构的内部工作,它对外部的影响是通过准予登记和不予登记实现的。特别注意,该阶段对申请材料的审查是实质性审查。

对《不动产登记暂行条例》第二十二条规定的不予登记的四种情形中,有两种情形是泛指,适用时需找准法律法规。

行政机关作出具体行政行为时,在受理阶段和实体处理阶段应当注意把握不同的审查标准。行政行为程序合法中的程序规则是不可变的,设定的程序内容不得因执法状况的变化而变化。具体行政行为程序合法是行政行为的刚性要件,它要求国家必须设置相应的程序规则,并要求行政主体在实施具体行政行为时忠实执行。行政主体对此没有裁量余地,不能在作出行政行为时对某个程序环节进行处分。

考虑到行政机关作出具体行政行为可分为受理阶段和实体处理阶段,法律为两个阶段规定了不同的程序要件和审查内容。在受理阶段,法律为保障行政相对人的合法权益,一般倾向于仅对行政相对人的主体资格、提交材料的形式要件以及行政机关的形式审查义务进行规定。在实体处理阶段,则需对行政相对人实质条件以及行政机关的实体审查义务进行规定。

因此,行政机关在受理阶段和实体处理阶段作出行政行为时,要注意把握不同的审查要求,不可将两个阶段的事项混为一谈,否则易造成对行政相对人程序权利的损害以及法律适用错误。

案例 17

本案例源于《中华人民共和国最高人民法院民事判决书》((2020)最高法民再57号)。

2017年1月12日,吴兆荣与黄培胜签订了房屋买卖协议,约定将案涉房产出售给吴兆荣。随后,双方又共同前往民勤县公证处对该买卖协议进行了公证,民勤县公证处于当日出具了公证书。随后,双方又共同前往民勤县不动产登记事务中心就涉案房产申请抵押登记。该中心经审核后,在《民勤县生态文化广场西路商铺登记表》上记载了"黄培胜12-115-A-(9-10)抵吴兆荣"的信息。

2017年1月13日,吴兆荣与黄培胜签订借款合同,约定由吴兆荣向黄培胜借款200万元,黄培胜于当日收到该笔借款。

后因还款、查封、优先受偿权等多次民事诉讼,引发了最高院对吴兆荣涉案房产抵押权是否设立的焦点问题的审理。

在庭审中,民勤县不动产登记中心分别于2017年10月27日和2017年11月23日出具过两次证明。

2017年10月27日的证明内容如下:"武威市中级人民法院:2017年1月12日,黄培胜与吴兆荣共同来我事务中心,提供民勤县公证书复印件一份、借款合同复印件一份、黄培胜房产证复印件一份、吴兆荣身份证复印件一份。并共同告知我中心工作人员,黄培胜房产已抵押给吴兆荣,在无共同申请的情况下不得办理转让、抵押手续。我中心工作人员收到以上复印件后,在已办理房产证存根台账上备注:'抵吴兆荣2017.1.12'。至目前,该房产未在我中心办理过抵押登记手续。"

2017年11月23日的证明内容如下:"武威市中级人民法院:我中心于2017年10月27日给你单位出具的证明中有部分语句表述不准确,其中'至目前,该房产未在我中心办理过抵押登记手续'应更正为'至目前,该房产只在我中心办理了抵押登记备案,未办理过他项权证(现更名为不动产登记证明)。'"

最高院对本案的观点是:虽然吴兆荣与黄培胜有共同赴民勤县不动产登记事务中心办理抵押登记的行为,但该登记机构并未完成合法有效的抵押登记手续,且没有证据证明在涉案房屋的不动产登记簿上记载了吴兆荣的抵押权。因此,吴兆荣就涉案房产的抵押权未设立。

【解析】

《民法典》第二百零九条规定,不动产物权的设立、变更、转让和消灭,经依法登记,发生效力;未经登记,不发生效力,但是法律另有规定的除外。

第四百条规定,设立抵押权,当事人应当采用书面形式订立抵押合同。

抵押合同一般包括下列条款:

(1) 被担保债权的种类和数额;

(2) 债务人履行债务的期限;

(3) 抵押财产的名称、数量等情况;

(4) 担保的范围。

《不动产登记暂行条例实施细则》第六十六条规定,自然人、法人或者其他组织为保障其债权的实现,依法以不动产设定抵押的,可以由当事人持不动产权属证书、抵押合同与主债权合同等必要材料,共同申请办理抵押登记。

抵押合同可以是单独订立的书面合同,也可以是主债权合同中的抵押条款。

【延伸】

本案民勤县不动产登记事务中心在涉案不动产登记的工作中存在以下问题:

一是不动产登记中心工作人员的业务素质亟待提高。

相关工作人员对法律规定的抵押合同应当包括的条款一无所知,错把《房屋买卖协议》认定为抵押合同(本案中除最高院以外的法院也是这样认定的),且多次出具自相矛盾的证明,说明从业人员的业务水平较低。

《不动产登记暂行条例》第十一条"不动产登记工作人员应当具备与不动产登记工作相适应的专业知识和业务能力""不动产登记机构应当加强对不动产登记工作人员的管理和专业技术培训"的规定很重要。

二是程序违法。从该中心2017年10月27日出具的证明内容可知,虽然当事人共同来到不动产登记中心,但提交的材料不符合《不动产登记暂行条例实施细则》第六十六条

"抵押合同与主债权合同等必要材料"的规定。对材料不符合法定形式的,登记中心应当指导申请人进行补正,拒不补正的,登记中心依法不予受理该登记申请,并应作出《不予受理通知书》。

本案中,登记中心不仅未对不符合法律规定的申请材料作形式审查,还在不具有登记簿法定效力的"《民勤县生态文化广场西路商铺登记表》"上记载'黄培胜12-115-A-(9-10)抵吴兆荣'"的抵押信息,造成群众误解,同时也给人民法院的案件审理工作增加不确定性。

三是将不动产登记簿当儿戏。引用《中华人民共和国最高人民法院民事判决书》((2020)最高法民再57号)中的"民勤县不动产登记中心出具的两份证明相互矛盾,证明与证人证言亦存在矛盾,不足以证明该登记机构对涉案房产完成了抵押登记。两份证明所记载的"房产证存根台账""抵押登记备案"无论是登记媒介还是登记内容均不符合抵押登记的法定要求,不能作为认定抵押登记有效的依据"。这足以证明涉案登记中心对"存根台账""登记备案"和"登记簿"的概念混淆,不清楚不动产登记簿是国家法定登记机关记载不动产上的权利状况并备存于登记机关的簿册,其样式、内容、介质形式均由法律统一规定,不允许任何人随意改变。

本案中,不动产登记事务中心在"存根台账"上留下"黄培胜12-115-A-(9-10)抵吴兆荣"的抵押信息,这既是对人民群众权利的不负责,也是对不动产登记簿作用的亵渎。

案例18

本案例源于《中国不动产》2024年第5期的内容。

甲与乙为夫妻,甲在婚姻存续期间购买了一套住宅,并申请一手房转移登记。购房合同和贷款合同的当事人均为甲。登记人员在受理申请时询问甲,该不动产是否存在共有人,甲回答为单独所有,并在提交的不动产登记申请表中申请登记不动产是否共有一栏的"否"上打钩。登记人员据此为甲办理了单独所有的不动产权证。

后甲将该住宅出售给丙,并办理了不动产转移登记。三个月后,当地房价暴涨,甲心生悔意,唆使其妻乙起诉不动产登记机构,认为登记机构未经乙同意就给甲办理了不动产转移登记是违法行为。

【解析】

《民法典》第一千零六十五条规定,男女双方可以约定婚姻关系存续期间所得的财产以及婚前财产归各自所有、共同所有或者部分各自所有、部分共同所有。约定应当采用书面形式。

夫妻对婚姻关系存续期间所得的财产以及婚前财产的约定,对双方具有法律约束力。

第一千零六十六条规定,婚姻关系存续期间,有下列情形之一的,夫妻一方可以向人民法院请求分割共同财产:

(1) 一方有隐藏、转移、变卖、毁损、挥霍夫妻共同财产或者伪造夫妻共同债务等严重损害夫妻共同财产利益的行为;

(2) 一方负有法定扶养义务的人患重大疾病需要医治,另一方不同意支付相关医疗费用。

第二百一十六条规定,不动产登记簿是物权归属和内容的根据。

第二百二十二条规定,当事人提供虚假材料申请登记,造成他人损害的,应当承担赔偿责任。

因登记错误,造成他人损害的,登记机构应当承担赔偿责任。登记机构赔偿后,可以向造成登记错误的人追偿。

《最高人民法院关于审理房屋登记案件若干问题的规定》(法释〔2010〕15号)第十二条规定,申请人提供虚假材料办理房屋登记,给原告造成损害,房屋登记机构未尽合理审慎职责的,应当根据其过错程度及其在损害发生中所起作用承担相应的赔偿责任。

《不动产登记操作规范(试行)》要求,申请人申请不动产登记,应当如实、准确填写不动产登记机构制定的不动产登记申请书。申请人为自然人的,申请人应当在不动产登记申请书上签字。

共有的不动产,申请人应当在不动产登记申请书中注明共有性质。

《最高人民法院关于审理行政赔偿案件若干问题的规定》(法释〔2022〕10号)第二十三条规定,由于第三人提供虚假材料,导致行政机关作出的行政行为违法,造成公民、法人或者其他组织损害的,人民法院应当根据违法行政行为在损害发生和结果中的作用大小,确定行政机关承担相应的行政赔偿责任;行政机关已经尽到审慎审查义务的,不承担行政赔偿责任。

【延伸】

本案中,不动产登记机构对申请人甲提交的申请材料(包括购房合同、贷款合同)进行了审查,并对申请人进行了询问,然后为申请人颁发了单独所有的一手房不动产权证(可以认为是首次登记)以及不动产转移登记。整个过程算是尽到了合理审慎职责。

至于甲在签订购房合同和贷款合同时,为什么只有甲一个人签字而没有乙的签字,以及涉案房屋是否是甲和乙的共同财产问题,其中涉及个人信息事项,既不是不动产登记机构的涉事范围,不动产登记机构也没有渠道去核验。

进行首次登记后,甲的不动产信息载入不动产登记簿,不动产登记机构在办理不动产转移登记时,应当以不动产登记簿为准。

案涉乙认为登记机构未经其同意就给甲某办理了不动产转移登记的行为违法是没有根据的。

乙如果认为甲过户给丙的房屋是其与甲的共同财产,可以根据《民法典》第二百二十条"权利人、利害关系人认为不动产登记簿记载的事项错误的,可以申请更正登记。不动产登记簿记载的权利人书面同意更正或者有证据证明登记确有错误的,登记机构应当予以更正"的规定,从甲签订购房合同、贷款合同入手,提供足够的证据,然后向不动产登记机构申请更正登记。

如果不动产登记机构按照《不动产登记暂行条例》第二十五条"自然资源、公安、民政、财政、税务、市场监管、金融、审计、统计等部门应当加强不动产登记有关信息互通共享"的规定,通过相关信息平台对申请人提交的身份证、公证书、结婚证、购房合同、贷款合同、抵押合同等的真假问题以及财产状况、转账记录等进行延伸调查,既增加了很多的工作量,同时还可能涉及公民个人信息的保护问题。不动产登记的相关法律法规也没有要求不动产登记机构对这些问题进行查验。

请扫码阅读案例小结

第三节 行政权力

不动产登记是一项专业性很强的行政工作。不动产权利不是不动产登记机构赋予的,不动产登记机构所管理的不动产登记簿主要起到记载和公示的作用。所以,不动产登记过程中行政行为的权限是有限的。

(一) 准(不)予受理权

1. 权力来源

《民法典》第二百一十条规定,不动产登记,由不动产所在地的登记机构办理。

《不动产登记暂行条例》第十七条规定,不动产登记机构收到不动产登记申请材料,应当分别按照下列情况办理:

(1) 属于登记职责范围,申请材料齐全、符合法定形式,或者申请人按照要求提交全部补正申请材料的,应当受理并书面告知申请人;

(2) 申请材料存在可以当场更正的错误的,应当告知申请人当场更正,申请人当场更正后,应当受理并书面告知申请人;

(3) 申请材料不齐全或者不符合法定形式的,应当当场书面告知申请人不予受理并一次性告知需要补正的全部内容;

(4) 申请登记的不动产不属于本机构登记范围的,应当当场书面告知申请人不予受理并告知申请人向有登记权的机构申请。

不动产登记机构未当场书面告知申请人不予受理的,视为受理。

2. 基本程序

申请→收件→形式审查→符合《不动产登记暂行条例》第十七条规定的,受理并书面告知申请人;不符合的,不予受理并告知申请人行政救济权。

3. 综合

受理不动产登记申请,对申请材料的审查是形式性的,只要材料齐全且符合《不动产登记暂行条例》的规定,不动产登记机构应当予以受理,并发给申请人书面告知书。对于材料不齐全和不符合法定形式的,建议不动产登记机构认真研究"不动产登记机构未当场书面告知申请人不予受理的,视为受理"的规定,向申请人做好解释、宣传工作,尽量让申请人补齐相关材料,缓发不予受理告知书。

(二) 查验、查看权

1. 权力来源

《民法典》第二百一十二条规定,登记机构应当履行下列职责:

(1) 查验申请人提供的权属证明和其他必要材料;

(2) 就有关登记事项询问申请人;

(3) 如实、及时登记有关事项;

(4) 法律、行政法规规定的其他职责。

申请登记的不动产的有关情况需要进一步证明的,登记机构可以要求申请人补充材料,必要时可以实地查看。

《不动产登记暂行条例》第十八条规定,不动产登记机构受理不动产登记申请的,应当按照下列要求进行查验:

(1) 不动产界址、空间界限、面积等材料与申请登记的不动产状况是否一致;

(2) 有关证明材料、文件与申请登记的内容是否一致;

(3) 登记申请是否违反法律、行政法规规定。

第十九条规定,属于下列情形之一的,不动产登记机构可以对申请登记的不动产进行实地查看:

(1) 房屋等建筑物、构筑物所有权首次登记;

(2) 在建建筑物抵押权登记;

(3) 因不动产灭失导致的注销登记;

(4) 不动产登记机构认为需要实地查看的其他情形。

对可能存在权属争议,或者可能涉及他人利害关系的登记申请,不动产登记机构可以向申请人、利害关系人或者有关单位进行调查。

不动产登记机构进行实地查看或者调查时,申请人、被调查人应当予以配合。

2. 基本程序

受理不动产登记申请后,不动产登记机构要对申请人提交材料的合法性和真实性、申请登记事项的目的,以及申请材料与申请登记事项的关联性等进行内业和外业的查验、查看工作。

首先是受理的申请材料、申请登记事项与不动产登记簿的比对。如果发现申请材料、申请登记事项与不动产登记簿内容不一致的,可以询问申请人,并进行现场查看。如果实地状况与登记簿也存在不一致的情况,则要考虑不动产登记簿是否存在错误,是否需要变更。

其次是对申请材料的真假进行查验。可以通过不动产登记有关信息互通共享平台,对申请人提交的有关证明材料、文件的真假进行核实,并可以对申请人进行询问,告知申请人提交虚假材料的法律后果。

再次是对不动产登记申请的合法性进行查验。

最后对首次登记、在建建筑物抵押权登记和不动产灭失导致的注销登记,登记机构应当指派两名以上工作人员进行实地查看,并做好相关图文、影像记录。

3. 综合

不同的不动产登记事项,需要提交的材料也不同。《不动产登记暂行条例》第十六条赋予《不动产登记暂行条例实施细则》对各种不动产登记事项需要提交材料的规定权,登记机构可以对照规定对申请材料进行查验。同时,不动产登记机构应当在办公场所和门户网站公开申请登记所需材料目录和示范文本等信息,方便申请人了解和执行。另外,《不动产登记操作规范(试行)》对需要查验、查看的重点内容也作出了规定,登记机构的工作人员应当认真履行。

(三) 准(不)予登记权

1. 权力来源

《不动产登记暂行条例》第二十条规定,不动产登记机构应当自受理登记申请之日起30个工作日内办结不动产登记手续,法律另有规定的除外。

第二十一条规定,登记事项自记载于不动产登记簿时完成登记。

不动产登记机构完成登记,应当依法向申请人核发不动产权属证书或者登记证明。

第二十二条规定,登记申请有下列情形之一的,不动产登记机构应当不予登记,并书面告知申请人:

(1) 违反法律、行政法规规定的;

(2) 存在尚未解决的权属争议的;

(3) 申请登记的不动产权利超过规定期限的;

(4) 法律、行政法规规定不予登记的其他情形。

2. 基本程序

受理不动产登记申请后,登记机构经过查验、查看等程序,在规定的30个工作日内办结不动产登记手续。对符合《不动产登记暂行条例》第二十二条规定情形的,不予办理登记,向申请人发出《不予登记告知书》并告知行政救济途径。对准予登记的,应当向申请人发出《准予登记告知书》,将不动产信息及时记载入登记簿,并向申请人核发不动产权属证书或者登记证明。

3. 综合

依申请登记的,应当按照规定程序进行操作。除了对申请材料进行审查、查验外,还可以依法查看、询问。因为不动产登记涉及具体的民事权利,登记机构必须严格履行法定的职责,否则会面临行政和民事诉讼,影响正常工作。

对于《不动产登记暂行条例实施细则》第十九条及其他有规定的不需要申请人申请而可以直接办理登记的情形,建议登记机构保持审慎态度。通过及时告知、沟通,可以减少群众矛盾,增加群众对登记机构的信任。

(四) 更正登记权

1. 权力来源

《民法典》第二百二十条规定,权利人、利害关系人认为不动产登记簿记载的事项错误的,可以申请更正登记。不动产登记簿记载的权利人书面同意更正或者有证据证明登记确有错误的,登记机构应当予以更正。

不动产登记簿记载的权利人不同意更正的,利害关系人可以申请异议登记。登记机构予以异议登记,申请人自异议登记之日起十五日内不提起诉讼的,异议登记失效。异议登记不当,造成权利人损害的,权利人可以向申请人请求损害赔偿。

《不动产登记暂行条例》第十条规定,不动产登记机构应当依法将各类登记事项准确、完整、清晰地记载于不动产登记簿。任何人不得损毁不动产登记簿,除依法予以更正外不得修改登记事项。

2. 基本程序

一是依申请更正。申请→收件→形式审查→符合《不动产登记暂行条例》第十六条规定的,受理并书面告知申请人;不符合的,不予受理并告知申请人行政救济权。

二是依权力更正。登记机构发现错误→通知当事人在30个工作日内办理更正登记。当事人逾期不办理的,不动产登记机构应当在公告15个工作日后,依法予以更正。

三是协助变更。《不动产登记暂行条例实施细则》第十九条规定,当事人可以持人民法院、仲裁委员会的生效法律文书或者人民政府的生效决定单方申请不动产登记。

人民法院持生效法律文书和协助执行通知书要求不动产登记机构办理登记的,不动产登记机构直接办理不动产登记。

不动产登记机构认为登记事项存在异议的,应当依法向有关机关提出审查建议。

3. 综合

更正登记是一项权利,同时也是纠错行为。不动产登记簿的错误,有的源于申请人首次登记时提交的材料不准确;有的源于登记机构工作人员的疏忽。所以,《不动产登记暂行条例》第十九条赋予登记机构在首次登记时的实地查看权,通过实地查看,同时对申请人提交的材料进行查验,可以大大减少登记错误。

人民法院持生效法律文书和协助执行通知书要求办理不动产更正登记的,不动产登记机构应当直接办理变更登记。对人民法院持生效法律文书和协助执行通知书存在异议的,可以参照《最高人民法院、国土资源部、建设部关于依法规范人民法院执行和国土资源房地产管理部门协助执行若干问题的通知》(法发〔2004〕5号)第三条"国土资源、房地产管理部门在协助人民法院执行土地使用权、房屋时,不对生效法律文书和协助执行通知书进行实体审查。国土资源、房地产管理部门认为人民法院查封、预查封或者处理的土地、房屋权属错误的,可以向人民法院提出审查建议,但不应当停止办理协助执行事项"的规定,先予办理更正登记,再依法向有关机关提出审查建议。

《不动产登记暂行条例实施细则》第八十条规定,不动产权属证书或者不动产登记证明填制错误以及不动产登记机构在办理更正登记中,需要更正不动产权属证书或者不动产登记证明内容的,应当书面通知权利人换发,并把换发不动产权属证书或者不动产登记证明的事项记载于登记簿。

不动产登记簿记载无误的,不动产登记机构不予更正,并书面通知申请人。

(五) 准(不)予不动产登记信息查询权

1. 权力来源

《民法典》第二百一十八条规定,权利人、利害关系人可以申请查询、复制不动产登记资料,登记机构应当提供。

第二百一十九条规定,利害关系人不得公开、非法使用权利人的不动产登记资料。

《不动产登记暂行条例》第二十七条规定,权利人、利害关系人可以依法查询、复制不动产登记资料,不动产登记机构应当提供。

有关国家机关可以依照法律、行政法规的规定查询、复制与调查处理事项有关的不动产登记资料。

第二十八条规定,查询不动产登记资料的单位、个人应当向不动产登记机构说明查询目的,不得将查询获得的不动产登记资料用于其他目的;未经权利人同意,不得泄露查询获得的不动产登记资料。

《不动产登记资料查询暂行办法》第十一条规定,有下列情形之一的,不动产登记机构不予查询,并出具不予查询告知书:

(1) 查询人提交的申请材料不符合本办法规定的;
(2) 申请查询的主体或者查询事项不符合本办法规定的;
(3) 申请查询的目的不符合法律法规规定的;
(4) 法律、行政法规规定的其他情形。

查询人对不动产登记机构出具的不予查询告知书不服的,可以依法申请行政复议或者提起行政诉讼。

2. 基本程序

申请人在不动产登记机构现场提出申请,并提交相关材料→不动产登记机构对申请人的身份、与权利人的关系、查询目的等进行审核→符合查询条件的,出具查询结果;不符合查询条件的,出具《不动产登记资料查询不予受理告知书》,并告知不予受理查询申请的理由和行政救济途径。

3. 综合

不动产登记信息涉及个人信息保护,不动产登记信息的查询又涉及查询申请人的权利保障,不动产登记机构应当依法保护个人信息和保障不动产登记信息查询申请人的权利。

按照《不动产登记操作规范(试行)》的要求,下列情形可以依法查询不动产登记资料:

(1) 权利人可以查询、复制其全部的不动产登记资料;
(2) 因不动产交易、继承、诉讼等涉及的利害关系人可以查询、复制不动产自然状况、权利人及其不动产查封、抵押、预告登记、异议登记等状况;

（3）人民法院、人民检察院、国家安全机关、监察机关以及其他因执行公务需要的国家机关可以依法查询、复制与调查和处理事项有关的不动产登记资料；

（4）法律、行政法规规定的其他情形。

查询不动产登记资料的单位和个人应当向不动产登记机构说明查询目的，不得将查询获得的不动产登记资料用于其他目的；未经权利人同意，不得泄露查询获得的不动产登记信息。

查询不动产登记信息应当提交的材料包括：

（1）查询申请书；

（2）申请人身份证明材料，委托查询的，应当提交授权委托书和代理人的身份证明材料，境外委托人的授权委托书还需经公证或者认证；

（3）利害关系人查询的，提交存在利害关系的材料；

（4）人民法院、人民检察院、国家安全机关、监察机关以及其他因执行公务需要的国家机关查询的，应当提供本单位出具的协助查询材料、工作人员的工作证和执行公务的证明文件；

（5）法律、行政法规规定的其他材料。

不动产登记簿上记载的权利人通过设置在具体办理不动产登记的不动产登记机构的终端自动系统查询登记结果的，可以不提交上述材料。

不动产登记信息查询的基本条件包括：

（1）查询主体到不动产登记机构来查询的；

（2）查询的不动产属于本不动产登记机构的管辖范围；

（3）查询申请材料齐全，且符合形式要求；

（4）查询主体及其内容符合规定；

（5）查询目的明确且不违反法律、行政法规规定；

（6）法律、行政法规规定的其他条件。

符合条件的，查询申请人作出查询结果的使用目的和使用范围的书面承诺后，不动产登记机构予以查询或复制不动产登记资料。

不动产登记信息查询是可诉行政行为，涉及不动产登记机构及其工作人员的行政责任、民事责任甚至刑事责任。所以，不动产登记机构应当建立不动产登记资料管理制度以及信息安全保密制度，建设符合不动产登记资料安全保护标准的不动产登记资料存放场所，并按照《不动产登记暂行条例》第十一条的规定，加强对不动产登记工作人员的管理和专业技术培训。

《民法典》第一千零三十九条规定，国家机关、承担行政职能的法定机构及其工作人员对于履行职责过程中知悉的自然人的隐私和个人信息，应当予以保密，不得泄露或者向他人非法提供。

《个人信息保护法》第六十八条规定，国家机关不履行本法规定的个人信息保护义务的，由其上级机关或者履行个人信息保护职责的部门责令改正；对直接负责的主管人员和其他直接责任人员依法给予处分。

履行个人信息保护职责的部门的工作人员玩忽职守、滥用职权、徇私舞弊，尚不构成犯罪的，依法给予处分。

《不动产登记暂行条例》第三十二条规定，不动产登记机构、不动产登记信息共享单位及其工作人员，查询不动产登记资料的单位或者个人违反国家规定，泄露不动产登记资料、登记信息，或者利用不动产登记资料、登记信息进行不正当活动，给他人造成损害的，依法承担赔偿责任；对有关责任人员依法给予处分；有关责任人员构成犯罪的，依法追究刑事责任。

《不动产登记资料查询暂行办法》第二十九条规定，不动产登记机构及其工作人员违反本办法规定，有下列行为之一，对有关责任人员依法给予处分；涉嫌构成犯罪的，移送有关机关依法追究刑事责任：

（1）对符合查询、复制不动产登记资料条件的申请不予查询、复制，对不符合查询、复制不动产登记资料条件的申请予以查询、复制的；

（2）擅自查询、复制不动产登记资料或者出具查询结果证明的；

（3）泄露不动产登记资料、登记信息的；

（4）利用不动产登记资料进行不正当活动的；

（5）未履行对不动产登记资料的安全保护义务，导致不动产登记资料、登记信息毁损、灭失或者被他人篡改，造成严重后果的。

第四编 国土空间规划执法监督

《土地管理法》《城乡规划法》等专业行政法规对从事国土空间规划管理的行政机关及其执法人员的义务和权利做出了规定。《行政许可法》《行政处罚法》《中华人民共和国行政强制法》(简称《行政强制法》)等行政法规普遍强调了行政机关及其执法人员的权利和义务。《监察法》《公职人员政务处分法》等法规对行政机关及其工作人员违法行为的处理作出了规定。

《刑法》则对犯罪行为的处理做出了规定。

行政机关的执法监督包括内部自我监督(内部肃纪)、对外执法监督和司法监督。

2021年7月27日,自然资源部办公厅印发了《自然资源部行政处罚事项清单》(自然资办函〔2021〕1373号),其中涉及29项土地管理县级以上人民政府自然资源主管部门的行政处罚权,以及5项城乡规划管理自然资源部的行政处罚权。实际上,在原城乡规划法律法规体系中,县级以上人民政府城乡规划主管部门的行政处罚权就有100多项。当然,国土空间规划的执法监督,不仅是行政处罚,还有现场检查权、行政处分权和行政处分建议权、案件移送权等。

行政处罚不是执法监督的目的,而是强化国土空间规划管理的手段。各级自然资源主管部门及其工作人员应当加强日常巡查,严格落实《国务院办公厅关于坚决制止耕地"非农化"行为的通知》(国办发明电〔2020〕24号)中关于"加强耕地利用情况监测,对乱占耕地从事非农建设及时预警,构建早发现、早制止、严查处的常态化监管机制"的要求,以及《自然资源部关于加强和规范规划实施监督管理工作的通知》(自然资发〔2023〕237号)中关于"依法查处违反国土空间规划和用途管制要求的建设行为,对属于地方自然资源主管部门查处职责的,依法及时予以查处;属于地方其他部门职责的,自然资源主管部门在发现或收到违法线索后及时移交其他部门查处,不得只审批不监管、只管合法不管非法、只备案不检查"的要求。

第一章

内部肃纪

行政系统的内部监督,是指国家在行政机关内部设立的专门机构,对本行政机关及其工作人员是否遵守国家法律和纪律,或对有关公共事务的处理是否符合法律和政策,进行检查、调查、处理或提出建议的制度。

各类法律法规中,对行政机关及其执法人员的行政行为是否符合法律法规的要求都有规定,特别是对行政执法过程中的违法违纪行为,明文规定应当受到政务处分,涉嫌犯罪的,要追究刑事责任。

为适应新体制下国土空间规划执法管理工作,规范系统内部执法行为,自然资源部相继出台了《自然资源执法监督规定》(国土资源部令第79号)、《自然资源部行政许可事项办理程序规范》(自然资办函〔2021〕2193号)、《自然资源违法行为立案查处工作规程(试行)》(自然资发〔2022〕165号)、《自然资源行政处罚办法》(自然资源部令第12号)等规章和文件。此外,还有《违反土地管理规定行为处分办法》(监察部、人力资源和社会保障部、国土资源部令第15号)和《城乡规划违法违纪行为处分办法》(监察部、人力资源和社会保障部、住房和城乡建设部令第29号)两个处分办法也构成了系统内部监督保障体系的重要部分,使得该体系相对完善。

第一节 基本概念

1. 行政执法监督主要包括哪些内容?

行政执法监督主要包括以下内容:

(1) 法律、法规、规章的执行情况;

(2) 行政规范性文件的合法性;

(3) 行政执法主体和行政执法人员资格的合法性;

(4) 具体行政行为的合法性;

(5) 行政复议、行政赔偿情况;

(6) 行政执法责任制度、行政执法投诉制度等执行情况;

(7) 行政执法人员执法行为的合法性。

2. 行政执法内部监督主要方式包括哪些?

《自然资源违法行为立案查处工作规程(试行)》(自然资发〔2022〕165号)第14.1条规定:

自然资源主管部门应当通过定期或者不定期检查等方式,加强对本级和下级自然资源主管部门实施立案查处工作的监督,及时发现、纠正存在的问题。

自然资源主管部门发现作出的行政处罚有错误的,应当主动改正。

自然资源主管部门应当建立违法案件错案追究制度。行政处罚决定错误并造成严重后果的,作出处罚决定的机关应当承担相应的责任。

自然资源主管部门应当建立重大违法案件挂牌督办制度,明确提出办理要求,公开督促下级自然资源主管部门限期办理并接受社会监督。

自然资源主管部门应当建立重大违法案件公开通报制度,将案情和处理结果向社会公开通报并接受社会监督。

自然资源主管部门应当建立执法查处案卷评查制度,按照相关程序和标准组织开展案卷评查工作,定期内部通报评查工作情况。

自然资源主管部门应当建立违法案件统计制度。下级自然资源主管部门应当定期将本行政区域内的违法形势分析、案件发生情况、查处情况等逐级上报。

3. 自然资源主管部门及其执法人员哪些行为会受到政务处分?

(1)《土地管理法》第七十一条规定,县级以上人民政府自然资源主管部门在监督检查工作中发现国家工作人员的违法行为,依法应当给予处分的,应当依法予以处理;自己无权处理的,应当依法移送监察机关或者有关机关处理。

第七十三条规定,应当给予行政处罚,而有关自然资源主管部门不给予行政处罚的,上级人民政府自然资源主管部门有权责令有关自然资源主管部门作出行政处罚决定或者直接给予行政处罚,并给予有关自然资源主管部门的负责人处分。

第八十条规定,侵占、挪用被征收土地单位的征地补偿费用和其他有关费用,尚不构成犯罪的,依法给予处分。

(2)《土地管理法实施条例》第六十三条规定,侵犯农村村民依法取得的宅基地权益的,责令限期改正,对有关责任单位通报批评、给予警告;造成损失的,依法承担赔偿责任;对直接负责的主管人员和其他直接责任人员,依法给予处分。

第六十五条规定,各级人民政府及自然资源主管部门、农业农村主管部门工作人员玩忽职守、滥用职权、徇私舞弊的,依法给予处分。

(3)《城乡规划法》第五十八条规定,对依法应当编制城乡规划而未组织编制,或者未按法定程序编制、审批、修改城乡规划的,由上级人民政府责令改正,通报批评;对有关人民政府负责人和其他直接责任人员依法给予处分。

第五十九条规定,城乡规划组织编制机关委托不具有相应资质等级的单位编制城乡规划的,由上级人民政府责令改正,通报批评;对有关人民政府负责人和其他直接责任人员依法给予处分。

第六十条规定,县级以上人民政府城乡规划主管部门有下列行为之一的,由本级人民政府、上级人民政府城乡规划主管部门或者监察机关依据职权责令改正,通报批评;对直接负责的主管人员和其他直接责任人员依法给予处分:

① 未依法组织编制城市的控制性详细规划、县人民政府所在地镇的控制性详细规

划的；

② 超越职权或者对不符合法定条件的申请人核发选址意见书、建设用地规划许可证、建设工程规划许可证、乡村建设规划许可证的；

③ 对符合法定条件的申请人未在法定期限内核发选址意见书、建设用地规划许可证、建设工程规划许可证、乡村建设规划许可证的；

④ 未依法对经审定的修建性详细规划、建设工程设计方案的总平面图予以公布的；

⑤ 同意修改修建性详细规划、建设工程设计方案的总平面图前未采取听证会等形式听取利害关系人的意见的；

⑥ 发现未依法取得规划许可或者违反规划许可的规定在规划区内进行建设的行为，而不予查处或者接到举报后不依法处理的。

第六十一条规定，未依法在国有土地使用权出让合同中确定规划条件或者改变国有土地使用权出让合同中依法确定的规划条件的，由本级人民政府或者上级人民政府有关部门责令改正，通报批评；对直接负责的主管人员和其他直接责任人员依法给予处分。

(4)《行政许可法》第七十二条规定，行政机关及其工作人员违反本法的规定，有下列情形之一的，由其上级行政机关或者监察机关责令改正；情节严重的，对直接负责的主管人员和其他直接责任人员依法给予行政处分：

① 对符合法定条件的行政许可申请不予受理的；

② 不在办公场所公示依法应当公示的材料的；

③ 在受理、审查、决定行政许可过程中，未向申请人、利害关系人履行法定告知义务的；

④ 申请人提交的申请材料不齐全、不符合法定形式，不一次告知申请人必须补正的全部内容的；

⑤ 未依法说明不受理行政许可申请或者不予行政许可的理由的；

⑥ 依法应当举行听证而不举行听证的。

第七十三条规定，行政机关工作人员办理行政许可、实施监督检查，索取或者收受他人财物或者谋取其他利益，尚不构成犯罪的，依法给予行政处分。

第七十四条规定，行政机关实施行政许可，有下列情形之一的，由其上级行政机关或者监察机关责令改正，对直接负责的主管人员和其他直接责任人员依法给予行政处分，构成犯罪的，依法追究刑事责任：

① 对不符合法定条件的申请人准予行政许可或者超越法定职权作出准予行政许可决定的；

② 对符合法定条件的申请人不予行政许可或者不在法定期限内作出准予行政许可决定的；

第七十五条规定，行政机关实施行政许可，擅自收费或者不按照法定项目和标准收费的，由其上级行政机关或者监察机关责令退还非法收取的费用；对直接负责的主管人员和其他直接责任人员依法给予行政处分。

截留、挪用、私分或者变相私分实施行政许可依法收取的费用的，予以追缴；对直接负责的主管人员和其他直接责任人员依法给予行政处分,构成犯罪的,依法追究刑事责任。

第七十七条规定,行政机关不依法履行监督职责或者监督不力,造成严重后果的,由其上级行政机关或者监察机关责令改正,对直接负责的主管人员和其他直接责任人员依法给予行政处分;构成犯罪的,依法追究刑事责任。

(5)《行政处罚法》第七十六条规定,行政机关实施行政处罚,有下列情形之一的,由上级行政机关或者有关部门责令改正,对直接负责的主管人员和其他直接责任人员依法给予行政处分:

① 没有法定的行政处罚依据的;
② 擅自改变行政处罚种类、幅度的;
③ 违反法定的行政处罚程序的;
④ 违反本法第二十条关于委托处罚的规定的。

第七十七条规定,行政机关对当事人进行处罚不使用罚款、没收财物单据或者使用非法定部门制发的罚款、没收财物单据的,当事人有权拒绝,并有权予以检举,由上级行政机关或者有关部门对使用的非法单据予以收缴销毁,对直接负责的主管人员和其他直接责任人员依法给予处分。

第七十八条规定,行政机关违反本法第六十七条的规定自行收缴罚款的,财政部门违反本法第七十四条的规定向行政机关返还罚款、没收违法所得或者拍卖款项的,由上级行政机关或者有关机关责令改正,对直接负责的主管人员和其他直接责任人员依法给予处分。

第七十九条规定,行政机关截留、私分或者变相私分罚款、没收违法所得或者财物的,由财政部门或者有关机关予以追缴,对直接负责的主管人员和其他直接责任人员依法给予行政处分;情节严重构成犯罪的,依法追究刑事责任。

执法人员利用职务上的便利,索取或者收受他人财物、将收缴罚款据为己有,构成犯罪的,依法追究刑事责任;情节轻微不构成犯罪的,依法给予处分。

第八十条规定,行政机关使用或者损毁查封、扣押的财物,对当事人造成损失的,应当依法予以赔偿,对直接负责的主管人员和其他直接责任人员依法给予处分。

第八十一条规定,行政机关违法实施检查措施或者执行措施,给公民人身或者财产造成损害、给法人或者其他组织造成损失的,应当依法予以赔偿,对直接负责的主管人员和其他直接责任人员依法给予处分;情节严重构成犯罪的,依法追究刑事责任。

第八十二条规定,行政机关为牟取本单位私利,对应当依法移交司法机关追究刑事责任的案件不移交,以行政处罚代替刑事处罚,由上级行政机关或者有关机关责令纠正,对直接负责的主管人员和其他直接责任人员给予处分;情节严重构成犯罪的,依法追究刑事责任。

第八十三条规定,行政机关对应当予以制止和处罚的违法行为不予制止、处罚,致使公民、法人或者其他组织的合法权益、公共利益和社会秩序遭受损害的,对直接负责的主管人员和其他直接责任人员依法给予处分;情节严重构成犯罪的,依法追究刑事责任。

4. 公职人员政务处分的种类有哪些?

2020年7月1日起施行的《公职人员政务处分法》规定,对公职人员的政务处分种类包括:警告、记过、记大过、降级、撤职、开除。

5. 对党员的纪律处分种类有哪些?

《中国共产党纪律处分条例》规定,对党员的纪律处分种类包括:警告、严重警告、撤销党内职务、留党察看、开除党籍。

6. 违反土地管理法规内部自我监督的政务处分有哪些?

《违反土地管理规定行为处分办法》第四条规定,行政机关在土地审批和供应过程中不执行或者违反国家土地调控政策,有下列行为之一的,对有关责任人员,给予记大过处分;情节较重的,给予降级或者撤职处分;情节严重的,给予开除处分:

(1) 对国务院明确要求暂停土地审批仍不停止审批的;

(2) 对国务院明确禁止供地的项目提供建设用地的。

第五条规定,行政机关及其公务员违反土地管理规定,滥用职权,非法批准征收、占用土地的,对有关责任人员,给予记过或者记大过处分;情节较重的,给予降级或者撤职处分;情节严重的,给予开除处分。

有前款规定行为,且有徇私舞弊情节的,从重处分。

第六条规定,行政机关及其公务员有下列行为之一的,对有关责任人员,给予记过或者记大过处分;情节较重的,给予降级或者撤职处分;情节严重的,给予开除处分:

(1) 不按照土地利用总体规划确定的用途批准用地的;

(2) 通过调整土地利用总体规划,擅自改变基本农田位置,规避建设占用基本农田由国务院审批规定的;

(3) 没有土地利用计划指标擅自批准用地的;

(4) 没有新增建设占用农用地计划指标擅自批准农用地转用的;

(5) 批准以"以租代征"等方式擅自占用农用地进行非农业建设的。

第七条规定,行政机关及其公务员有下列行为之一的,对有关责任人员,给予警告或者记过处分;情节较重的,给予记大过或者降级处分;情节严重的,给予撤职处分:

(1) 违反法定条件,进行土地登记、颁发或者更换土地证书的;

(2) 明知建设项目用地涉嫌违反土地管理规定,尚未依法处理,仍为其办理用地审批、颁发土地证书的;

(3) 在未按照国家规定的标准足额收缴新增建设用地土地有偿使用费前,下发用地批准文件的;

(4) 对符合规定的建设用地申请或者土地登记申请,无正当理由不予受理或者超过规定期限未予办理的;

(5) 违反法定程序批准征收、占用土地的。

第八条规定,行政机关及其公务员违反土地管理规定,滥用职权,非法低价或者无偿出让国有建设用地使用权的,对有关责任人员,给予记过或者记大过处分;情节较重的,给予降级或者撤职处分;情节严重的,给予开除处分。

有前款规定行为,且有徇私舞弊情节的,从重处分。

第九条规定,行政机关及其公务员在国有建设用地使用权出让中,有下列行为之一的,对有关责任人员,给予警告或者记过处分;情节较重的,给予记大过或者降级处分;情节严重的,给予撤职处分:

(1) 应当采取出让方式而采用划拨方式或者应当招标拍卖挂牌出让而协议出让国有建设用地使用权的;

(2) 在国有建设用地使用权招标拍卖挂牌出让中,采取与投标人、竞买人恶意串通,故意设置不合理的条件限制或者排斥潜在的投标人、竞买人等方式,操纵中标人、竞得人的确定或者出让结果的;

(3) 违反规定减免或者变相减免国有建设用地使用权出让金的;

(4) 国有建设用地使用权出让合同签订后,擅自批准调整土地用途、容积率等土地使用条件的;

(5) 其他违反规定出让国有建设用地使用权的行为。

第十二条规定,行政机关侵占、截留、挪用被征收土地单位的征地补偿费用和其他有关费用的,对有关责任人员,给予记大过处分;情节较重的,给予降级或者撤职处分;情节严重的,给予开除处分。

第十三条规定,行政机关在征收土地过程中,有下列行为之一的,对有关责任人员,给予警告或者记过处分;情节较重的,给予记大过或者降级处分;情节严重的,给予撤职处分:

(1) 批准低于法定标准的征地补偿方案的;

(2) 未按规定落实社会保障费用而批准征地的;

(3) 未按期足额支付征地补偿费用的。

第十五条规定,行政机关及其公务员在办理农用地转用或者土地征收申报、报批等过程中,有谎报、瞒报用地位置、地类、面积等弄虚作假行为,造成不良后果的,对有关责任人员,给予记过或者记大过处分;情节较重的,给予降级或者撤职处分;情节严重的,给予开除处分。

第十六条规定,国土资源行政主管部门及其工作人员有下列行为之一的,对有关责任人员,给予记过或者记大过处分;情节较重的,给予降级或者撤职处分;情节严重的,给予开除处分:

(1) 对违反土地管理规定行为按规定应报告而不报告的;

(2) 对违反土地管理规定行为不制止、不依法查处的;

(3) 在土地供应过程中,因严重不负责任,致使国家利益遭受损失的。

第十七条规定,有下列情形之一的,应当从重处分:

(1) 致使土地遭受严重破坏的;

(2) 造成财产严重损失的;

(3) 影响群众生产、生活,造成恶劣影响或者其他严重后果的。

第十八条规定,有下列情形之一的,应当从轻处分:

(1) 主动交代违反土地管理规定行为的；
(2) 保持或者恢复土地原貌的；
(3) 主动纠正违反土地管理规定行为，积极落实有关部门整改意见的；
(4) 主动退还违法违纪所得或者侵占、挪用的征地补偿安置费等有关费用的；
(5) 检举他人重大违反土地管理规定行为，经查证属实的。

主动交代违反土地管理规定行为，并主动采取措施有效避免或者挽回损失的，应当减轻处分。

7. 违反城乡规划管理法规内部自我监督的政务处分有哪些？

《城乡规划违法违纪行为处分办法》第三条规定，地方人民政府有下列行为之一的，对有关责任人员给予记过或者记大过处分；情节较重的，给予降级或者撤职处分；情节严重的，给予开除处分：

(1) 依法应当编制城乡规划而未组织编制的；
(2) 未按法定程序编制、审批、修改城乡规划的。

第四条规定，地方人民政府有下列行为之一的，对有关责任人员给予警告、记过或者记大过处分；情节较重的，给予降级或者撤职处分；情节严重的，给予开除处分：

(1) 制定或者作出与城乡规划法律、法规、规章和国家有关文件相抵触的规定或者决定，造成不良后果或者经上级机关、有关部门指出仍不改正的；
(2) 在城市总体规划、镇总体规划确定的建设用地范围以外设立各类开发区和城市新区的；
(3) 违反风景名胜区规划，在风景名胜区内设立各类开发区的；
(4) 违反规定以会议或者集体讨论决定方式要求城乡规划主管部门对不符合城乡规划的建设项目发放规划许可的。

第五条规定，地方人民政府及城乡规划主管部门委托不具有相应资质等级的单位编制城乡规划的，对有关责任人员给予警告或者记过处分；情节较重的，给予记大过或者降级处分；情节严重的，给予撤职处分。

第六条规定，地方人民政府及其有关主管部门工作人员，利用职权或者职务上的便利，为自己或者他人谋取私利，有下列行为之一的，给予记过或者记大过处分；情节较重的，给予降级或者撤职处分；情节严重的，给予开除处分：

(1) 违反法定程序干预控制性详细规划的编制和修改，或者擅自修改控制性详细规划的；
(2) 违反规定调整土地用途、容积率等规划条件核发规划许可，或者擅自改变规划许可内容的；
(3) 违反规定对违法建设降低标准进行处罚，或者对应当依法拆除的违法建设不予拆除的。

第七条规定，乡、镇人民政府或者地方人民政府承担城乡规划监督检查职能的部门及其工作人员有下列行为之一的，对有关责任人员给予记过或者记大过处分；情节较重的，给予降级或者撤职处分；情节严重的，给予开除处分：

（1）发现未依法取得规划许可或者违反规划许可的规定在规划区内进行建设的行为不予查处，或者接到举报后不依法处理的；

（2）在规划管理过程中，因严重不负责任致使国家利益遭受损失的。

第八条规定，地方人民政府城乡规划主管部门及其工作人员在国有建设用地使用权出让合同签订后，违反规定调整土地用途、容积率等规划条件的，对有关责任人员给予警告或者记过处分；情节较重的，给予记大过或者降级处分；情节严重的，给予撤职处分。

第九条规定，地方人民政府城乡规划主管部门及其工作人员有下列行为之一的，对有关责任人员给予警告处分；情节较重的，给予记过或者记大过处分；情节严重的，给予降级处分：

（1）未依法对经审定的修建性详细规划、建设工程设计方案总平面图予以公布的；

（2）未征求规划地段内利害关系人意见，同意修改修建性详细规划、建设工程设计方案总平面图的。

第十条规定，县级以上地方人民政府城乡规划主管部门及其工作人员或者由省、自治区、直辖市人民政府确定的镇人民政府及其工作人员有下列行为之一的，对有关责任人员给予警告或者记过处分；情节较重的，给予记大过或者降级处分；情节严重的，给予撤职处分：

（1）违反规划条件核发建设用地规划许可证、建设工程规划许可证的；

（2）超越职权或者对不符合法定条件的申请人核发选址意见书、建设用地规划许可证、建设工程规划许可证、乡村建设规划许可证的；

（3）对符合法定条件的申请人不予核发或者未在法定期限内核发选址意见书、建设用地规划许可证、建设工程规划许可证、乡村建设规划许可证的；

（4）违反规划批准在历史文化街区、名镇、名村核心保护范围内进行新建、扩建活动或者违反规定批准对历史建筑进行迁移、拆除的；

（5）违反基础设施用地的控制界限（黄线）、各类绿地范围的控制线（绿线）、历史文化街区和历史建筑的保护范围界限（紫线）、地表水体保护和控制的地域界限（蓝线）等城乡规划强制性内容的规定核发规划许可的。

第十一条规定，县人民政府城乡规划主管部门未依法组织编制或者未按照县人民政府所在地镇总体规划的要求编制县人民政府所在地镇的控制性详细规划的，对有关责任人员给予记过或者记大过处分；情节较重的，给予降级或者撤职处分；情节严重的，给予开除处分。

第十二条规定，城市人民政府城乡规划主管部门未依法组织编制或者未按照城市总体规划的要求编制城市的控制性详细规划的，对有关责任人员给予记过或者记大过处分；情节较重的，给予降级或者撤职处分；情节严重的，给予开除处分。

第十三条规定，县级以上人民政府有关部门及其工作人员有下列行为之一的，对有关责任人员给予警告或者记过处分；情节较重的，给予记大过或者降级处分；情节严重的，给予撤职处分：

（1）对未依法取得选址意见书的建设项目核发建设项目批准文件的；

（2）未依法在国有土地使用权出让合同中确定规划条件或者改变国有土地使用权出让合同中依法确定的规划条件的；

（3）对未依法取得建设用地规划许可证的建设单位划拨国有土地使用权的；

（4）对未在乡、村庄规划区建设用地范围内取得乡村建设规划许可证的建设单位或者个人办理用地审批手续，造成不良影响的。

第十四条规定，县级以上地方人民政府及其有关主管部门违反风景名胜区规划，批准在风景名胜区的核心景区内建设宾馆、培训中心、招待所、疗养院以及别墅、住宅等与风景名胜资源保护无关的其他建筑物的，对有关责任人员给予降级或者撤职处分。

第十五条规定，在国家级风景名胜区内修建缆车、索道等重大建设工程，项目的选址方案未经国务院住房城乡建设主管部门核准，县级以上地方人民政府有关主管部门擅自核发选址意见书的，对有关责任人员给予警告或者记过处分；情节较重的，给予记大过或者降级处分；情节严重的，给予撤职处分。

8. 什么是行政问责制？

行政问责制，是指一级政府对现任该级政府负责人、该级政府所属各工作部门和下级政府主要负责人在所管辖的部门和工作范围内由于故意或者过失，不履行或者未正确履行法定职责，以致影响行政秩序和行政效率，贻误行政工作，或者损害行政管理相对人的合法权益，给行政机关造成不良影响和后果的行为，进行内部监督和责任追究的制度。

9. 对党组织的问责有哪些方式？

《中国共产党问责条例》规定，对党组织的问责，根据危害程度以及具体情况，可以采取以下方式：

（1）检查。责令作出书面检查并切实整改。

（2）通报。责令整改，并在一定范围内通报。

（3）改组。对失职失责，严重违犯党的纪律、本身又不能纠正的，应当予以改组。

10. 对党员领导干部的问责有哪些方式？

《中国共产党问责条例》规定，对党的领导干部的问责，根据危害程度以及具体情况，可以采取以下方式：

（1）通报。进行严肃批评，责令作出书面检查、切实整改，并在一定范围内通报。

（2）诫勉。以谈话或者书面方式进行诫勉。

（3）组织调整或者组织处理。对失职失责、危害较重，不适宜担任现职的，应当根据情况采取停职检查、调整职务、责令辞职、免职、降职等措施。

（4）纪律处分。对失职失责、危害严重，应当给予纪律处分的，依照《中国共产党纪律处分条例》追究纪律责任。

上述问责方式，可以单独使用，也可以依据规定合并使用。问责方式有影响期的，按照有关规定执行。

11. 案件移送有哪些规定？

《行政执法机关移送涉嫌犯罪案件的规定》（国务院令第 310 号）第十一条规定，行政执法机关对应当向公安机关移送的涉嫌犯罪案件，不得以行政处罚代替移送。

行政执法机关向公安机关移送涉嫌犯罪案件前已经作出的警告，责令停产停业，暂扣或者吊销许可证、暂扣或者吊销执照的行政处罚决定，不停止执行。

《违反土地管理规定行为处分办法》第十九条规定，任免机关、监察机关和国土资源行政主管部门建立案件移送制度。

任免机关、监察机关查处的土地违法违纪案件，依法应当由国土资源行政主管部门给予行政处罚的，应当将有关案件材料移送国土资源行政主管部门。国土资源行政主管部门应当依法及时查处，并将处理结果书面告知任免机关、监察机关。

国土资源行政主管部门查处的土地违法案件，依法应当给予处分，且本部门无权处理的，应当在作出行政处罚决定或者其他处理决定后 10 日内将有关案件材料移送任免机关或者监察机关。任免机关或者监察机关应当依法及时查处，并将处理结果书面告知国土资源行政主管部门。

第二十条规定，任免机关、监察机关和国土资源行政主管部门移送案件时要做到事实清楚、证据齐全、程序合法、手续完备。

移送的案件材料应当包括以下内容：

（1）本单位有关领导或者主管单位同意移送的意见；

（2）案件的来源及立案材料；

（3）案件调查报告；

（4）有关证据材料；

（5）其他需要移送的材料。

第二十一条规定，任免机关、监察机关或者国土资源行政主管部门应当移送而不移送案件的，由其上一级机关责令其移送。

第二十二条规定，有违反土地管理规定行为，应当给予党纪处分的，移送党的纪律检查机关处理；涉嫌犯罪的，移送司法机关依法追究刑事责任。

《城乡规划违法违纪行为处分办法》第十八条规定，任免机关、监察机关和城乡规划主管部门建立案件移送制度。任免机关或者监察机关查处城乡规划违法违纪案件，认为应当由城乡规划主管部门给予行政处罚的，应当将有关案件材料移送城乡规划主管部门。城乡规划主管部门应当依法及时查处，并将处理结果书面告知任免机关或者监察机关。

城乡规划主管部门查处城乡规划违法案件，认为应当由任免机关或者监察机关给予处分的，应当在作出行政处罚决定或者其他处理决定后，及时将有关案件材料移送任免机关或者监察机关。任免机关或者监察机关应当依法及时查处，并将处理结果书面告知城乡规划主管部门。

第十九条规定，有城乡规划违法违纪行为，应当给予党纪处分的，移送党的纪律检查机关处理；涉嫌犯罪的，移送司法机关依法追究刑事责任。

12.《自然资源执法监督规定》(国土资源部令第 79 号)对执法人员的处分有哪些规定？

第二十九条规定，县级以上自然资源主管部门及其执法人员有下列情形之一，致使公共利益或者公民、法人和其他组织的合法权益遭受重大损害的，应当依法给予处分：

(1) 对发现的自然资源违法行为未依法制止的；

(2) 应当依法立案查处，无正当理由，未依法立案查处的；

(3) 已经立案查处，依法应当申请强制执行、移送有关机关追究责任，无正当理由，未依法申请强制执行、移送有关机关的。

第三十条规定，县级以上自然资源主管部门及其执法人员有下列情形之一的，应当依法给予处分；构成犯罪的，依法追究刑事责任：

(1) 伪造、销毁、藏匿证据，造成严重后果的；

(2) 篡改案件材料，造成严重后果的；

(3) 不依法履行职责，致使案件调查、审核出现重大失误的；

(4) 违反保密规定，向案件当事人泄露案情，造成严重后果的；

(5) 越权干预案件调查处理，造成严重后果的；

(6) 有其他徇私舞弊、玩忽职守、滥用职权行为的。

13. 什么是挂牌督办？

《自然资源部挂牌督办和公开通报违法违规案件办法》(自然资办发〔2020〕33 号)指出，挂牌督办是指自然资源部对自然资源、国土空间规划、测绘等领域重大、典型违法违规案件的办理提出明确要求，公开督促省级自然资源主管部门限期办理，并向社会公开处理结果，接受社会监督的一种工作措施。

14. 自然资源部对违法违规案件进行通报的意义有哪些？

《自然资源部挂牌督办和公开通报违法违规案件办法》指出，公开通报是指自然资源部向社会公开通报自然资源、国土空间规划、测绘等领域重大、典型违法违规案件处理情况，并接受社会监督的一种工作措施。其意义在于：

一是宣传效果好。自然资源部通过向上级和全社会公开通报挂牌案件、其他典型案件的调查、处理结果，采用"以案说法"的方式，宣传中央政府在自然资源、国土空间规划领域，特别是耕地保护方面的"长牙齿"措施、"零容忍"态度的政策。其效果比一般文件的"说教"方式好得多。

二是震慑作用强。《自然资源部挂牌督办和公开通报违法违规案件办法》中严格要求严查案件，严肃追责，持续打击违法行为。在查处土地违法案件过程中发现涉嫌构成犯罪的，应依法及时移送司法机关处理，并对挂牌督办的典型案件的来龙去脉、违反法律法规的规定、涉案人员受到的处理等进行"毫不客气""不留情面"的书面通报，对地方各级党委政府、所有涉案单位和个人的教育、警示和刑罚威慑力很强，使违法者心有所畏、行有所止。

三是对系统内业务进行针对性辅导。《自然资源部挂牌督办和公开通报违法违规案件办法》中对于"督办情形""督办案件筛选""督办案件查处"以及"督办案件跟踪督导"等方面的规定,实质上为地方自然资源管理部门的工作提供了"纲要"、划出了"重点",同时也给地方党委政府规定了"红线"。

四是给地方自然资源部门提供了有力的支持。"有法可依""有法必依"是法治社会建设,特别是依法行政的基本准则。资源配置是影响经济社会发展的重要因素,若党委政府以不得阻碍经济发展为由,令地方自然资源部门作出违法违纪的决定,有了"公开通报",自然资源部门可以通过通报中的典型案例去说服、拒绝党委政府的不合理提议。

15. 自然资源执法人员哪些情形会被追究责任?

自然资源部印发的《自然资源违法行为立案查处工作规程(试行)》(自然资发〔2022〕165号)中,规定了有下列情形之一,且造成危害后果或者不良影响的,应当追究责任:

(1) 应当依法立案查处,无正当理由未依法立案查处的;

(2) 在制止以及查处违法案件中受阻,依照有关规定应当向本级人民政府或者上级自然资源主管部门报告而未报告的;

(3) 应当予以制止、处罚的违法行为不予制止、处罚,致使公民、法人或者其他组织的合法权益或者公共利益、社会秩序遭受损害的;

(4) 应当依法申请强制执行或者移送有权机关追究党纪政务或者刑事责任,而未依法申请强制执行、移送有权机关的;

(5) 使用或损毁查封、扣押的财物对当事人造成损失的;

(6) 违法实施行政强制措施,给公民人身或者财产造成损害、给法人或者其他组织造成损失的;

(7) 法律法规规定的其他应当追究责任的情形。

第二节　案例解析

原来的国土资源、城乡规划系统和现在的自然资源系统因为不作为、慢作为、乱作为等问题,导致有关部门和执法人员被政务处分的案例屡见不鲜。随着政治经济体制改革的进一步深入,依法行政的要求越发严格,从业人员必须时刻在思想和行动上绷紧"全心全意为人民服务"这根弦。

案例 1

2023年4月,自然资源部通报了2022年耕地保护督察中发现的67个违法违规重大典型问题。同月,根据国家自然资源总督察授权,国家自然资源督察上海局对督察中发现的违法违规问题较为突出的宁德市政府主要负责同志进行了公开约谈。通报和约谈后,相关地方党委政府高度重视,迅速组织调查核实,依法依规查处和整改。

宁德市积极落实督察意见和整改要求,从"当下改"与"长久立"两方面推进问题整改。一是健全长效管理机制。针对耕地保护薄弱环节,制定出台了《宁德市遏制新增违法占用耕地"四早四严四要五级"监管工作机制》《宁德市土地违法行为常态化问责工作方案(试行)》,压实各县(市、区)监管责任,从源头上解决问题。二是建立销号和定期通报制度。整改一个,销号一个,对各县(市、区)督察指出的问题整改情况实行周通报,并报送市委、市政府主要领导和分管领导。同时,每月和每季度分别向福建省自然资源厅和上海督察局报送整改进展情况。三是建立红黄牌预警机制。向整改进度滞后的县(市、区)党委、政府发出黄牌警示,对连续两次收到黄牌警示的县(市、区)发出红牌警示。四是建立耕地保护督察问责常态化机制。对整改进度滞后的县(市、区)进行约谈,约谈后一个月内仍推动不力的,将相关问题移交纪检监察或效能部门问责问效。截至目前,2022 年督察指出的宁德市新增农村乱占耕地建房、"大棚房"、补充耕地立项选址不符合要求等方面共 503 个问题,已完成整改 448 个。宁德市已对市自然资源局主要负责同志、分管负责同志等 50人(含处级 7 人)进行追责问责。

【解析】

2018 年 9 月 14 日,农业农村部、自然资源部经国务院同意,印发《关于开展"大棚房"问题专项清理整治行动坚决遏制农地非农化的方案》(农农发〔2018〕3 号),要求自然资源部门依照《中华人民共和国土地管理法》《基本农田保护条例》等相关法律法规,对违法违规建设"大棚房"等问题的责任主体,依法依规从严查处。对涉嫌犯罪的,移送公安、司法等部门,依法追究刑事责任。

《违反土地管理规定行为处分办法》第十六条规定,国土资源行政主管部门及其工作人员对违反土地管理规定行为不制止、不依法查处的,对有关责任人员,给予记过或者记大过处分;情节较重的,给予降级或者撤职处分;情节严重的,给予开除处分。

本案属于一起典型的行政不作为、慢作为案件。自然资源系统内 50 余人(含 7 位领导)被追责问责,教训深刻。

【延伸】

整治"大棚房"是中央政府部署的全国统一行动,涉案市自然资源局在长达三年多的时间里尚未开展相关工作,如果没有督察介入,结果难以想象。

"大棚房"不仅仅涉及农地非农化问题,其已经演变成变相的房地产开发问题。2024 年中央一号文件《中共中央 国务院关于学习运用"千村示范、万村整治"工程经验有力有效推进乡村全面振兴的意见》,要求持续整治"大棚房",足以证明其危害性的严重程度。

对于全国以及各级统一部署的专项工作,其完成的时效性要求远高于日常行政工作,要引起高度重视。

《自然资源部办公厅关于完善早发现早制止严查处工作机制的意见》(自然资办发〔2021〕33 号)中指出"国家自然资源督察机构发现的重大违法线索,及时提供给执法机构;执法机构立案查处情况,定期通报督察机构和有关单位。执法机构定期对各省、自治区、直辖市以及相关重点地区违法类型、趋势、成因等进行梳理分析并提出建议,及时提供督察机构。"其中的两个"及时",要求各部门不能"慢作为"。

查阅宁德市人民政府网站,2021 年 9 月 25 日,宁德市自然资源局印发的《宁德市自然资源局关于建立健全土地监管机制坚决遏制违法占地建设行为的通知》（宁自然资〔2021〕375号），提出要"完善耕地保护共同责任机制，严格保护耕地和基本农田""完善违法用地行为预防机制，确保土地违法行为早发现、早控制""完善土地执法部门联动机制，严肃查处各类土地违法案件""完善土地执法问责奖惩机制，从严追究单位及相关责任人的责任"等工作要求。宁德市正在完善自身的工作制度。

2022年11月，自然资源部通报了2021年国家自然资源督察机构在耕地保护督察中发现的45个土地违法违规典型案例。其中，安徽省芜湖市繁昌区政府弄虚作假违法批准临时用地案尤为突出，被概括为地方政府及部门主导推动违法占地、非法批地、监管职责不落实问题案例。

2020年5月，途居芜湖马仁山露营地管理有限公司未经批准，擅自占用芜湖市繁昌区孙村镇寺冲村土地248.64亩（含永久基本农田95.3亩），用于建设房车露营区项目，包括硬化道路、烧烤台、草坪及景观绿化等设施。为应付土地卫片执法检查，2021年2月，繁昌区自然资源和规划局为该项目非法办理临时用地审批手续，并将批准日期提前至2020年10月。

【解析】

《行政许可法》第七十四条规定，行政机关实施行政许可，对不符合法定条件的申请人准予行政许可的，由其上级行政机关或者监察机关责令改正，对直接负责的主管人员和其他直接责任人员依法给予行政处分。

《违反土地管理规定行为处分办法》第十五条规定，行政机关及其公务员在办理农用地转用或者土地征收申报、报批等过程中，有谎报、瞒报用地位置、地类、面积等弄虚作假行为，造成不良后果的，对有关责任人员，给予记过或者记大过处分；情节较重的，给予降级或者撤职处分；情节严重的，给予开除处分。

《城乡规划违法违纪行为处分办法》第十条规定，县级以上地方人民政府城乡规划主管部门及其工作人员违反规划条件核发建设用地规划许可证、建设工程规划许可证或者对不符合法定条件的申请人核发选址意见书、建设用地规划许可证、建设工程规划许可证的，对有关责任人员给予警告或者记过处分；情节较重的，给予记大过或者降级处分；情节严重的，给予撤职处分。

本案通报中涉及自然资源和规划局的几个关键词："为应付""非法办理"，对照法律法规，该部门及其有关责任人应该受到相应的处分。

【延伸】

2022年11月，自然资源部通报45个土地违法违规典型案例；2023年4月，自然资源部集中公开通报2022年耕地保护督察中发现的67个违法违规重大典型问题；2023年9月，自然资源部通报2023年督察执法中发现的56个违法违规重大典型问题。

从这些通报的典型案例中，选取与本案类似的几个案例进行分析：

1. 广西壮族自治区崇左市大新县自然资源局违法违规批准临时用地。2022年2月，大新县自然资源局违反《自然资源部关于规范临时用地管理的通知》中关于"制梁场、拌和站等难以恢复原种植条件的不得以临时用地方式占用耕地和永久基本农田"的规定，违规批准中铁一局集团有限公司搅拌站临时占用大新县桃城镇北三村土地71.52亩（其中耕地45.30亩、永久基本农田27.19亩）。大新县自然资源局为规避自然资源部有关规定弄虚作假，将临时用地批复文件日期和"临时用地审批会签表"日期由实际批准时间2022年2月改为2021年10月。

2. 广西壮族自治区靖西市自然资源局违规批准临时用地。2020年10月，靖西市太极北路建设项目部、广西天桂铝业有限公司未经批准擅自占用新靖镇其荣村和武平镇马亮村集体土地38.28亩（其中耕地38.14亩）进行非农建设。2021年4月，靖西市自然资源局在卫片执法中，将非农建设涉及的两个违法用地图斑虚假判定为临时用地上报，并上传两份违规出具的临时用地批文，批准面积12.52亩，与实际违法占地面积出入较大。

3. 河南省鹤壁市自然资源和规划局淇滨分局违法违规审批临时用地建设车间等永久性设施。鹤壁恒源众志矿业有限公司于2020年7月至2021年8月未经批准擅自占用鹤壁市淇滨区大河涧乡洪峪村、张公堰村土地333.08亩（其中耕地312.79亩），建设车间、搅拌站、堆棚、仓库以及厂区外的运输道路等。2020年6月29日，鹤壁市自然资源和规划局淇滨分局违规为鹤壁恒源众志矿业有限公司批准临时用地336.12亩，土地实际用于厂区设施建设，不符合临时用地审批条件。

4. 甘肃省定西市相关部门和安定区政府违法征收占用土地建设定西生态科技创新城相关项目。自2017年起，定西市安定区凤城建设管理有限公司、安定区住房和城乡建设局、定西生态科技创新城发展有限公司、甘肃定西国家农业科技园区管理委员会、安定区教育局等单位未经批准擅自占用凤翔镇中川村、友谊村土地541.70亩（其中耕地217.21亩），建设定西生态科技创新城教育中路、教育西路、教育大道、科创三路、西川小学等5个项目。原定西市城乡规划局、定西市自然资源局在定西生态科技创新城教育中路等5个项目未取得用地审批手续的情况下，于2017年4月至2022年9月间分别为其违规办理了建设用地规划许可证、建设工程规划许可证。

5. 陕西省商洛市洛南县西北核桃物流园项目建设管理处违法占地建房。自2020年4月以来，商洛市洛南县政府西北核桃物流园项目建设管理处未经批准擅自占用永丰镇永丰街社区集体土地164.5亩（其中耕地159.5亩），建设综合办公楼、农副产品综合加工车间、冷库及相关配套设施。2022年12月，督察发现该项目仍在违法建设。2023年2月，该项目用地取得农用地转用和土地征收批复，尚未完成供地。2020年12月至2021年1月，洛南县自然资源局、洛南县行政审批服务局在项目未取得合法用地审批手续的情况下，违规为该项目办理了建设用地规划许可和建设工程规划许可。洛南县自然资源局对违法占地行为制止不力，在卫片执法中将违法问题按合法用地上报，填报不实。

通报中的这一系列案件，说明自然资源系统内存在知法犯法、执法犯法，欺骗组织、对抗法律的现象，而且违法情节属于较重和严重情形，应当受到严惩。

法律法规赋予了我们权力，同时也要求我们忠诚履职。我们的职责是"依法行政""监督检查"，而不是"监守自盗"，采取欺骗、弄虚作假的方式去应付上级主管部门甚至是中央政府。

随着行政审批制度的改革,临时用地批准、建设项目用地预审与选址意见书、建设工程规划许可等行政权力已下放至地方人民政府的自然资源主管部门,但是,相关工作的监督、督察权仍在省级以上主管部门。审批事项"一张图"、监管事项"一张网"是国土空间规划管理的基本路线,不容"走歪走斜"。

案例3

2023年9月,自然资源部通报2023年督察执法中发现的56个违法违规重大典型案件,涉及地方党委政府及部门主导推动违法征地占地、监管不力的15个问题。贵州省六盘水市六枝特区党委政府主导推动违法违规征地占地建设郎岱山地旅游度假区项目是其中之一。

2017年5月至2023年5月,六盘水市六枝特区党委政府主导推动违法占地701.40亩(其中耕地225.08亩)建设郎岱山地旅游度假区项目(以下简称郎岱项目)。该项目侵占耕地挖湖造景,实施景观绿化以及建设性推填土,已建成接待中心、景区道路等建(构)筑物。其中,有52栋建筑属于2020年7月3日以后新增农村乱占耕地建房问题,违法占地41.04亩(其中耕地24.54亩);一处水面属于顶风违规侵占耕地挖湖造景问题,违法占地16.74亩(其中耕地8.80亩)。

六枝特区党委政府主导推动项目违法违规占地建设,并干预相关部门依法行政,要求相关部门凭项目业主的承诺违规办理项目的相关行政许可,并成立郎岱项目建设工作领导小组、郎岱项目指挥部,持续推动违法占地建设。按照六枝特区政府有关会议要求,六枝特区发展和改革局、原城乡规划和城市管理局、原环境保护局、原国土资源局在六枝特区旅游文化开发投资有限公司未提交法规政策要求的行政许可事项申请材料的情况下,出具虚假的项目立项、选址意见书、乡村建设规划许可证、环评意见书、用地预审等行政文书。同时,六枝特区自然资源局存在执法不严、卫片填报不实的问题。六盘水市和六枝特区政府对督察指出的问题整改不力,2020年的督察意见书已指出郎岱项目范围内的卫片执法图斑存在填报不实问题,但六盘水市和六枝特区政府未按要求进行整改。

对此,贵州省自然资源厅党委、六盘水市委、六枝特区党委已启动对相关责任人追责问责的程序。

【解析】

1.《地方各级人民代表大会和地方各级人民政府组织法》第七十三条规定,县级以上的地方各级人民政府行使领导所属各工作部门和下级人民政府的工作;管理本行政区域内的经济、城乡建设等事业和生态环境保护、自然资源、财政、司法行政等行政工作。

2.《公职人员政务处分法》第三十九条规定,工作中有弄虚作假、误导、欺骗行为,造成不良后果或者影响的,予以警告、记过或者记大过;情节较重的,予以降级或者撤职;情节严重的,予以开除;

3.《违反土地管理规定行为处分办法》第七条规定,行政机关及其公务员明知建设项目用地涉嫌违反土地管理规定,尚未依法处理,仍为其办理用地审批的,对有关责任人员,

给予警告或者记过处分;情节较重的,给予记大过或者降级处分;情节严重的,给予撤职处分:

4.《中国共产党问责条例》第十七条规定,在集体决策中对错误决策提出明确反对意见或者保留意见的,可以不予问责或者免予问责。

即使地方人民政府负有管理本行政区域内自然资源的行政工作的职责,但本案中所涉自然资源主管部门在地方党委政府主导推动项目的违法违规占地建设中,如果没有提出过明确的反对意见或者保留意见,并出具虚假的选址意见书、乡村建设规划许可证、用地预审等行政文书,同样要受到追责问责处理。

【延伸】

自然资源部门的组织人事和部分业务工作实行省以下垂直管理,但经济命脉、营商环境考核等仍掌握在地方党委政府手中。因此,在许多业务工作的处理上,自然资源主管部门虽然知道有法律法规方面的障碍,但因有关事项受制于地方,不得不随波逐流,作出违法的决定。即使是上级主管部门交办、督办的事项,地方自然资源部门仍和地方党委政府紧密捆绑,甚至为其出谋划策,试图蒙混过关。

2023年5月,成都双流区草坪上移植带穗玉米苗事件被中央纪委通报。据四川省纪委监委官网报道,2022年双流区一村组曾因"水泥地上种庄稼"作为形式主义的反面典型被曝光过。类似此类事件早在2007年就发生过,在铺好的沥青路面上罩上塑料布,铺一层土,再撒上植物种子,待现场督察时,发现已经复垦出苗,从而违法用地问题得以销号。

2024年2月18日,自然资源部通报了2023年度全国国土变更调查督察中发现的7起弄虚作假典型案例。其中包括:北京市大兴区北臧村镇政府、顺义区北小营镇北小营村村委会弄虚作假在硬化地面覆土;山西省大同博信农副产品有限公司弄虚作假在硬化地面上覆土;福建省宁德市古田县水口镇政府和嵩溪村组织以临时移种甘蔗定点摆拍方式虚假举证,造成耕地调查不实;重庆市璧山区大路街道办工作人员在开展变更调查工作过程中,采取养殖水面间插"谷桩"方式举证,调查人员将88.53亩现状不符合水田调查标准的图斑调查为水田,璧山区规划和自然资源局未对举证材料严格审查;甘肃省定西市通渭县政府通过召开会议方式有组织地主导弄虚作假,导致8900亩耕地调查不实,定西市自然资源局核查未发现。

通报指出,个别地方政府及相关部门有组织、系统性违反变更规则,弄虚作假规避监管、虚增耕地。严重影响调查结果真实性,必须坚决杜绝,要采取重点督办、移交移送纪检监察机关等措施严肃处理,依法依纪追究相关责任人的责任。

自然资源部门及其工作人员的基本任务是加强土地管理法律法规的宣传并严格实施。通过以案释法、典型案例剖析等方式,使社会各界理解耕地保护的重大意义,了解法律法规相关规定,促进自觉尊法守法。

据悉,这些"经验"都是自然资源部门(原土地管理部门)内部互相交流学习得来的。在应付检查督查方面,经验最丰富的肯定是内部工作人员。这些人应当依法依规受到处理。

这些案件都是有组织的集体违法事件,法不责众思想要不得,依法行政才是正道!

案例 4

2024年5月11日,江苏卫视报道,苏州常熟市东南街道湖东村村民反映,当地投资近1700万元打造的公园,建成使用不到5个月就被拆除了。

被拆除的公园位于湖东村的中心位置,占地近50亩。这处公园是2023年湖东村"千村美居"工程整治中的一个配套项目,主要包括村庄周边停车位建设和绿化改造,并增设景观以及栏杆等相关配套设施。2023年2月,项目通过招投标后开工建设,同年11月竣工,建设周期为272天。2024年4月,当地自然资源规划部门在开展土地核查过程中,发现该工程部分地块涉嫌占用耕地,随即责成湖东村整改,需整改地块实际建设资金约为220万元。

目前,相关地块已按要求恢复为可种植状态。针对此事,当地纪检部门已介入调查,并将依法依纪处理。

【解析】

1.《公职人员政务处分法》第三十九条规定,不履行或者不正确履行职责,玩忽职守,贻误工作的;工作中有官僚主义行为的。造成不良后果或者影响的,予以警告、记过或者记大过;情节较重的,予以降级或者撤职;情节严重的,予以开除。

2.《自然资源行政处罚办法》第五十四条规定,县级以上自然资源主管部门直接负责的主管人员和其他直接责任人员对违法行为未依法制止,致使公民、法人或者其他组织的合法权益、公共利益和社会秩序遭受损害的,应当依法给予处分。

3.《违反土地管理规定行为处分办法》第十六条规定,国土资源行政主管部门及其工作人员对违反土地管理规定行为不制止、不依法查处的,对有关责任人员,给予记过或者记大过处分;情节较重的,给予降级或者撤职处分;情节严重的,给予开除处分。

第十七条规定,对造成财产严重损失的;影响群众生产、生活,造成恶劣影响或者其他严重后果的,应当从重处分。

4.《自然资源部办公厅关于完善早发现早制止严查处工作机制的意见》(自然资办发〔2021〕33号)中指出,为贯彻落实党中央、国务院关于严格保护耕地的决策部署,完善早发现、早制止、严查处的工作机制,采取"长牙齿"的硬措施,落实最严格的耕地保护制度,坚决遏制新增违法占用耕地问题。地方各级自然资源主管部门要向党委和政府主要负责人汇报,采取多种措施,压实耕地保护属地监管责任。推动建立"田长制",实行县、乡、村三级联动全覆盖的耕地保护网格化监管。

【延伸】

常熟市共辖九个行政镇,两个街道办:虞山镇、梅李镇、海虞镇、古里镇、沙家浜镇、支塘镇、董浜镇、尚湖镇、辛庄镇、碧溪新区(街道办)、东南街道。

常熟市自然资源和规划局在乡镇、街道以及经开区等地设有九个自然资源分局,理论上,国土空间规划管理机构的设置已全覆盖,各分局对管辖范围内违法占地、违法建设行为应当能够及时发现、及时制止。但是,本案公园的建设周期长达272天,而且在交付使用近5个月后,当地自然资源规划部门才发现该工程部分地块涉嫌占用耕地。这不符合自然资源部"早发现、早制止"的工作要求,同时,也给地方经济造成了损失,损害了政府在人民群众中的形象。

引用报道中的"需整改地块实际建设资金约为220万元""东南街道湖东村村民反映,当地投资近1700万元打造的公园,建成使用不到5个月就被拆除了"。对照《违反土地管理规定行为处分办法》第十七条的规定,220万的经济损失不算小。投资1700万、建成使用不到五个月就被拆除,群众是多么的无奈,对地方政府的看法可想而知。主管部门及其工作人员会不会受到"从重处分",还需等待"当地纪检部门已介入调查,并将依法依纪处理"的结果。

《国土资源部关于建立健全土地执法监管长效机制的通知》(国土资发〔2008〕173号)指出,各级国土资源行政主管部门要严格土地管理、加强土地执法监管,既查事又查人,切实做到对土地违法行为"防范在先、发现及时、制止有效、查处到位"。

防范在先可以减少矛盾;发现及时可以减小损失。规范日常巡查是最经济、最有效的执法手段。

2014年10月,某小区居民向某县规划局举报某小区的建设不符合公示的方案,规划局启动调查程序。

2009年6月,某县城一座名叫世纪经典的小区开始动工。动工前,开发商有意愿沿主干路建设商铺。然而,根据县里的规划,该地块沿主干路的配套公共建筑和地下停车场不允许变更。开发商多次请求国土和规划部门调整规划条件和设计方案,都被拒绝。于是开发商自作主张将小区沿街配套公建用房地块建造了1187平方米的商铺。

2014年6月,时任某县规划局规划科科长的朱某对该小区进行规划验收时,未按规定做详细审核,便在验收报告的主审人一栏中签上了自己的名字,该商铺通过规划验收。因朱某的玩忽职守,开发商最终取得了违规建造的1187平方米的商业用房预售证,并销售获利,给国家造成833.3万元的经济损失。

【解析】

1.《城乡规划违法违纪行为处分办法》第七条规定,乡、镇人民政府或者地方人民政府承担城乡规划监督检查职能的部门及其工作人员在规划管理过程中,因严重不负责任致使国家利益遭受损失的,对有关责任人员给予记过或者记大过处分;情节较重的,给予降级或者撤职处分;情节严重的,给予开除处分。

2.《中华人民共和国公职人员政务处分法》第三十四条规定,收受可能影响公正行使公权力的礼品、礼金、有价证券等财物的,予以警告、记过或者记大过;情节较重的,予以降级或者撤职;情节严重的,予以开除。

3.《行政执法机关移送涉嫌犯罪案件的规定》(国务院令第310号)第三条规定,行政执法机关在依法查处违法行为过程中,发现违法事实涉及的金额、违法事实的情节、违法事实造成的后果等,根据刑法关于破坏社会主义市场经济秩序罪、妨害社会管理秩序罪等罪的规定和最高人民法院、最高人民检察院关于破坏社会主义市场经济秩序罪、妨害社会管理秩序罪等罪的司法解释以及最高人民检察院、公安部关于经济犯罪案件的追诉标准等规定,涉嫌构成犯罪,依法需要追究刑事责任的,必须依照本规定向公安机关移送。

本案中的朱科长作为行政管理体系中重要环节的最后把关人,对法律法规和单位制度应有充分了解,但却因玩忽职守导致严重后果。

【延伸】

1.《刑法》第三百八十五条规定,国家工作人员利用职务上的便利,索取他人财物的,或者非法收受他人财物,为他人谋取利益的,犯受贿罪。

国家工作人员在经济往来中,违反国家规定,收受各种名义的回扣、手续费,归个人所有的,以受贿论处。

第三百九十七条规定,国家机关工作人员滥用职权或者玩忽职守,致使公共财产、国家和人民利益遭受重大损失的,处三年以下有期徒刑或者拘役;情节特别严重的,处三年以上七年以下有期徒刑。

2.《最高人民法院、最高人民检察院关于办理渎职刑事案件适用法律若干问题的解释(一)》第一条规定,国家机关工作人员滥用职权或者玩忽职守,造成经济损失30万元以上的,应当认定为刑法第三百九十七条规定的"致使公共财产、国家和人民利益遭受重大损失"。

第三条规定,国家机关工作人员实施渎职犯罪并收受贿赂,同时构成受贿罪的,除刑法另有规定外,以渎职犯罪和受贿罪数罪并罚。

经业主举报,县规划局就开发企业的项目问题进行了现场检查、内部资料核查,发现了朱科长在规划验收阶段的玩忽职守问题。于是,对朱科长进行了纪律调查。调查发现朱科长在签字前未去现场核实,且未对已经批准的建设工程设计方案进行核对,只是口头询问了开发企业是否有问题,就草率地签上了自己的大名。开发企业凭规划局的验收意见等材料,依据地方规定办理了房屋产权登记和商业用房预售证。规划局经集体研究后认为:(1)房屋已经预售,涉及的业主较多,为了社会稳定,不适宜撤销已经作出的规划验收意见。(2)应当对朱某进行党纪政务处分。(3)因涉及金额较大,应当将案件移送相关部门。

经相关部门的进一步调查发现,开发企业在取得涉案商业用房的规划验收意见和预售证后,朱某收下了开发企业给予的4.1万元"感谢费"。

最终,人民法院以玩忽职守罪判处朱某有期徒刑三年三个月,以受贿罪判处其有期徒刑二年。数罪并罚,决定执行有期徒刑四年。

案例 6

某市一宗土地,用地性质为居住用地,容积率为2.2。2012年11月,某开发企业通过竞标获得该宗土地的使用权。

因为宗地区位条件较好,开发企业在开发了一期项目后,向市政府提交报告,申请将余下的二期、三期地块的容积率调高,分管副市长召集土地、规划、住建等部门进行会商。涉及部门的分管领导和政策法规处长出席了会议,并形成市政府办公室会议纪要,同意将整个宗地的容积率调整为2.5。开发企业按照会议纪要,调整了建设工程设计方案,建筑面积增加了近10 000平方米。该方案在规划局政策法规处处长王某最终的把关审核后,通过批准并实施。

2015年4月,另外一家原来参与该宗土地竞拍的开发企业,认为该市政府和有关部门调整容积率指标的行为不公平且涉嫌违反相关规定,遂向省住建厅投诉。

住建厅成立专案组,进驻该市进行调查处理。

专案组调查后认为:(1)该项目容积率调整的程序违法,建议按照干部管理权限,对参会单位和人员进行问责追责。(2)涉案数额巨大(近2亿元),应当将案件移送相关部门。(3)建议相关部门责令开发企业暂停建设,并暂停销售已建部分。

……【解析】……

1.《建设用地容积率管理办法》第五条规定,任何单位和个人都应当遵守经依法批准的控制性详细规划确定的容积率指标,不得随意调整。确需调整的,应当按本办法的规定进行,不得以政府会议纪要等形式代替规定程序调整容积率。

2.《城乡规划违法违纪行为处分办法》第四条规定,地方人民政府违反规定以会议或者集体讨论决定方式要求城乡规划主管部门对不符合城乡规划的建设项目发放规划许可的,对有关责任人员给予警告、记过或者记大过处分;情节较重的,给予降级或者撤职处分;情节严重的,给予开除处分;

第八条规定,地方人民政府城乡规划主管部门及其工作人员在国有建设用地使用权出让合同签订后,违反规定调整土地用途、容积率等规划条件的,对有关责任人员给予警告或者记过处分;情节较重的,给予记大过或者降级处分;情节严重的,给予撤职处分。

3.《最高人民法院、最高人民检察院关于办理渎职刑事案件适用法律若干问题的解释(一)》第五条规定,国家机关负责人员违法决定,或者指使、授意、强令其他国家机关工作人员违法履行职务或者不履行职务,构成渎职犯罪的,应当依照刑法追究刑事责任。

以"集体研究"形式实施的渎职犯罪,应当依照刑法追究国家机关负有责任的人员的刑事责任。对于具体执行人员,应当在综合认定其行为性质、是否提出反对意见、危害结果大小等情节的基础上决定是否追究刑事责任和应当判处的刑罚。

4.《公职人员政务处分法》第十条规定,有关机关、单位、组织集体作出的决定违法或者实施违法行为的,对负有责任的领导人员和直接责任人员中的公职人员依法给予政务处分。

本案是一起通过"集体研究"的方式形成集体违法的典型案件,相关人员受到不同程度的党纪政务处分,涉嫌犯罪的受到了刑罚处理。

……【延伸】……

案中的分管副市长,因存在受贿行为被判处有期徒刑。

案中的规划局政策法规处的王处长,被追究刑事责任。一审法院认为:其作为规划局的政策法规处处长,具有对规划局相关业务及法律文书合法性审查的职权。根据《最高人民法院、最高人民检察院关于办理渎职刑事案件适用法律若干问题的解释(一)》相关规定，以"集体研究"形式实施的渎职犯罪，对于具体执行人员，应当在综合认定其行为性质、是否提出反对意见、危害结果大小等情节的基础上决定是否追究刑事责任和判处刑罚。王某身为国家机关工作人员，滥用职权，不正确履行职责，给国家财产造成重大损失，其行为已构成滥用职权罪。但因开发企业的部分行为得到了及时纠正，挽回了较大的损失，一审法院最终判处王某免于刑事处罚。王某不服一审法院的判决，提起上诉，被驳回。

为了持续优化营商环境，不断解放和发展社会生产力，加快建设现代化经济体系，推动高质量发展，国务院制定了《优化营商环境条例》（国务院令第722号）。

该条例第七条规定，国家鼓励和支持各地区、各部门结合实际情况，在法治框架内积极探索原创性、差异化的优化营商环境具体措施；对探索中出现失误或者偏差，符合规定条件的，可以予以免责或者减轻责任。

记住，一切探索都必须在法治框架内进行，现行法律法规已经有明文规定的，不能突破，否则就要受到制裁。

采用"集体研究""会议纪要"等形式处理事务，目前很盛行。貌似民主集中、多部门联合，但实际操作中可能存在"一言堂"，甚至还隐藏着其他违法行为。

本案中，副市长组织召开了会议，参会部门的人员特别是规划局、土地局的分管领导和法规处处长应当知道"容积率"就是财政，就是国有资产。建设用地使用权出让后不得随意调整容积率等指标，但是在会议上没人明确提出反对意见或者保留意见，结果导致违法会议纪要的出现并发生效力。

该条例第六十九条规定，政府和有关部门及其工作人员制定或者实施政策措施不依法平等对待各类市场主体的，依法依规追究责任。

本案是因原参与竞争的市场主体投诉才被曝光的，投诉人是感觉受到了不平等的对待。建设用地使用权出让后调整容积率等指标的现象很多，调整的理由也很多，住房和城乡建设部曾经在全国集中整治过，并出台了《建设用地容积率管理办法》，在第七条中明确规定可以调整容积率的几种情形：

（1）因城乡规划修改造成地块开发条件变化的；

（2）因城乡基础设施、公共服务设施和公共安全设施建设需要导致已出让或划拨地块的大小及相关建设条件发生变化的；

（3）国家和省、自治区、直辖市的有关政策发生变化的；

（4）法律、法规规定的其他条件。

这几种情形应严格按照字面意思理解，不要再挖空心思"钻空子"。

案例7

2008年5月至2012年6月，被告人周安平在担任孝昌县周巷镇国土资源所所长期间，对被告人周某甲及开发商周某癸等人非法占用农用地12.67亩建房的行为，不认真履行工作职责，未及时报告并制止，从而导致违法占地建房的事实，相关农用地种植条件被严重毁坏，无法复垦。

【解析】

1. 自然资源部印发的《自然资源违法行为立案查处工作规程（试行）》（自然资发

〔2022〕165号）中，规定了应当追究责任的几种情形：

（1）应当依法立案查处，无正当理由未依法立案查处的；

（2）在制止以及查处违法案件中受阻，依照有关规定应当向本级人民政府或者上级自然资源主管部门报告而未报告的；

（3）应当予以制止、处罚的违法行为不予制止、处罚，致使公民、法人或者其他组织的合法权益或者公共利益、社会秩序遭受损害的。

2.《违反土地管理规定行为处分办法》第十六条规定，国土资源行政主管部门及其工作人员对违反土地管理规定行为不制止、不依法查处的，对有关责任人员，给予记过或者记大过处分；情节较重的，给予降级或者撤职处分；情节严重的，给予开除处分。

3.《刑法》第三百九十七条规定，国家机关工作人员滥用职权或者玩忽职守，致使公共财产、国家和人民利益遭受重大损失的，处三年以下有期徒刑或者拘役；情节特别严重的，处三年以上七年以下有期徒刑。

本案的最终裁判结果：湖北省孝昌县人民法院经审理认为，被告人周安平在担任孝昌县周巷镇国土资源所所长期间，对开发商周某癸、被告人周某甲违法建设的行为未能及时上报并制止，致使国家和人民利益遭受重大损失，其行为已构成玩忽职守罪。鉴于周安平能够当庭认罪，且犯罪情节轻微，故判其犯玩忽职守罪，免予刑事处罚。

【延伸】

本案是最高人民法院通报的典型案例。

自然资源所处在自然资源管理的最前沿，虽说权力不大，但责任重大。许多违法占地、违法用地案件都会涉及自然资源所。

2023年4月，湖南省纪委监委公开通报了7起耕地"非农化"、基本农田"非粮化"的典型案例，其中就有4起案件涉及自然资源所长被处分。

张家界市永定区崇文自然资源所原负责人王帮安违规同意、帮助他人占用基本农田建房等问题。2019年11月至2020年8月，王帮安在担任永定区西溪坪自然资源所负责人期间，不正确履行职责，违规同意他人异地选址、占用基本农田0.47亩建房；为建房户上报虚假材料，致使他人违规获得用地许可，占用基本农田1.68亩；审核建房资格时把关不严，导致非集体经济组织成员违规建房。2021年12月，王帮安受到开除党籍、政务撤职处分。

郴州市嘉禾县自然资源局副科级干部李建峰对农村建房监管不力和违规审批问题。2018年3月至2021年5月，李建峰在主持珠泉镇自然资源所（原国土资源所）工作期间，对农村违规建房等突出问题管控不力，致使其辖区内24户村民建房未批先建，违规占用耕地12.9亩（其中基本农田4.57亩）；对珠泉镇4户村民占用耕地4.26亩（其中基本农田1.41亩）申请建房手续审批把关不严。2022年5月，李建峰受到党内警告处分。

郴州市苏仙区坳上镇自然资源所原所长周海等人对占用基本农田违规建房监管不力问题。2019年12月至2021年10月，坳上镇黄泥坳村塘铺上一组15户村民集中建房过程中，相关职能部门和工作人员履职不到位，导致村民建房手续不全、未批先建，其中3户村民偏移原规划范围，占用基本农田0.38亩。2022年5月，苏仙区坳上镇自然资源所原所长周海受到党内警告处分。

株洲市渌口区淦田国土资源中心所所长刘湘赣等人对违法占用永久基本农田监管不力问题。2020年8月至2021年6月,淦田国土资源中心所所长刘湘赣和淦田镇综治办工作人员王玉,在未经县级自然资源和农业农村主管部门对某生态养殖项目使用永久基本农田认定的情况下,办理了设施农业用地备案手续。在项目实施过程中,刘湘赣、王玉未严格履行日常监管职责,造成该项目违法占用耕地20.8亩(其中基本农田12.03亩)。2022年10月,刘湘赣、王玉均受到党内警告处分。

案例通报的最后,对案件裁判的典型意义进行了总结:

近年来,一些地方对违法建设行为负有监管、查处职责的少数国家工作人员,滥用职权或者玩忽职守,对违法建设行为疏于履行监管职责,甚至置若罔闻,致使国家和人民利益遭受重大损失。此类纵容违法建设的行为,既助长了违法者的"气焰",又给守法者造成了误导,形成了违法建设的"攀比"效应。被告人周安平疏于履行职责,被人民法院以玩忽职守罪依法追究刑事责任,这对于督促国家工作人员依法履行监管职责、积极查处违法建设行为,确保土地管理、城乡规划法规的全面落实具有重要现实意义。

案例 8

2018年11月14日,申请人李某某向被申请人某市自然资源和规划局邮寄《查处申请书》,请求依法对某县城区水厂及配水管网工程建设项目在申请人的承包地上未征先建行为进行查处。被申请人将申请人的《查处申请书》转给水厂所在地的县自然资源和规划局办理,但县局既未查处,也未向申请人作出任何回复。李某某等人认为某市自然资源和规划局违法查处不作为,向市政府申请行政复议。

……【解析】…………………………………………………………………

1.《土地管理法》(2004年修正版)第六十六条规定,县级以上人民政府土地行政主管部门对违反土地管理法律、法规的行为进行监督检查。

2.《行政复议法》(2017年修正版)第六条规定,申请行政机关履行保护人身权利、财产权利、受教育权利的法定职责,行政机关没有依法履行的,公民、法人或者其他组织可以依照本法申请行政复议。

3.《自然资源行政处罚办法》(国土资源部令第60号)第五条规定,自然资源违法案件由土地、矿产资源所在地的县级自然资源主管部门管辖,但法律法规以及本办法另有规定的除外。

第六条规定,省级、市级自然资源主管部门管辖本行政区域内重大、复杂和法律法规规定应当由其管辖的自然资源违法案件。

第八条规定,上级自然资源主管部门可以将本级管辖的案件交由下级自然资源主管部门管辖,但是法律法规规定应当由其管辖的除外。

从相关的法律和规章的规定看,各级自然资源主管部门都具有对土地违法问题进行查处的职责。

本案中,在收到申请人的《查处申请书》后,在行政复议审理期间未向复议机关提交对申请人反映的违法行为进行查处的证据材料,也未针对该查处申请将转办情况以及处理结果书面告知申请人,被申请人没有履行法定职责。复议机关作出责令被申请人依法履行法定职责的决定。

【延伸】

行政复议是上级机关依法对下级机关行政工作的监督措施。从行政复议决定的内容看,可以维持、可以决定、可以撤销等,而且行政复议决定书一经送达即发生法律效力。属于准司法行为,具有法定的强制性。被申请人应当履行行政复议决定,若不履行或者无正当理由拖延履行的,行政复议机关或者有关上级行政机关应当责令其限期履行。

本案实际上不是案件管辖权的问题,而是反映了市、县两级自然资源部门对群众诉求的冷漠和对法律法规无敬畏之心。

《国务院办公厅关于推行行政执法责任制的若干意见》(国办发〔2005〕37号)指出,执法依据赋予行政执法部门的每一项行政执法职权,既是法定权力,也是必须履行的法定义务。行政执法部门任何违反法定义务的不作为和乱作为的行为,都必须承担相应的法律责任。要根据有权必有责的要求,在分解执法职权的基础上,确定不同部门及机构、岗位执法人员的具体执法责任。要根据行政执法部门和行政执法人员违反法定义务的不同情形,依法确定其应当承担责任的种类和内容。文件要求将行政执法决定的行政复议和行政诉讼结果作为对行政执法部门和行政执法人员行使行政执法职权和履行法定义务评议考核的内容。

《国务院办公厅关于推行行政执法责任制的若干意见》下发后,地方人民政府相继制定了行政执法责任追究制度,对行政执法机关和行政执法人员责任追究的情形、主体和方式等进行了细化。

《江苏省行政执法责任追究办法(试行)》(苏政办发〔2007〕99号)第六条、《上海市行政执法过错责任追究办法》(上海市人民政府令第68号)第七条,将"收到公民、法人或者其他组织的投诉、举报、申诉、控告、检举后,不按照规定履行调查、处理等职责的"细化为"不履行法定职责"的情形,需要追究责任。

《违反土地管理规定行为处分办法》第十六条规定,国土资源行政主管部门及其工作人员对违反土地管理规定行为不制止、不依法查处的,对有关责任人员给予记过或者记大过处分;情节较重的,给予降级或者撤职处分;情节严重的,给予开除处分。

再列举两个因为"行政不作为"而被行政诉讼的案例:

1. 本案是2023年7月,山东省高院在行政审判新闻发布会上公布的案例。

2021年6月,马某申请某县自然资源和规划局对案外人马某某违法占用村集体耕地的行为进行查处。根据县政府办《综合行政执法局职能配置、内设机构和人员编制规定》,自2019年3月31日起,综合行政执法局在行政区域内集中行使经省政府批准的行政处罚权,包括国土资源管理方面的土地、矿产资源、地质、测绘等行政处罚权,但行政处罚权中涉及的监管职责仍由原相关职能部门继续行使。某自然资源和规划局于2021年6月收到申请后,未告知马某受理、立案和处理的情况。马某提起行政诉讼,请求判决某自然资源和规划局履行查处职责。

此案是地方相对集中行政处罚权后,自然资源主管部门对属于本部门法定职责不顾不问、互相推诿的典型案例。最终,一审、二审法院均判决确认自然资源和规划局未履行查处职责的行为违法,责令县自然资源和规划局作出处理。

2. 最高人民法院2015年通报的行政不作为十大案例之二:

2013年10月16日,张凤竹向河南省濮阳市国土资源局(以下简称市国土局)书面提出申请,请求该局依法查处其所在村的耕地被有关工程项目违法强行占用的行为,并向该局寄送了申请书。市国土局于2013年10月17日收到申请后,没有受理、立案、处理,也未告知张凤竹。张凤竹遂以市国土局不履行法定职责为由诉至法院,请求确认被告不履行法定职责的具体行政行为违法,并要求被告对土地违法行为进行查处。

裁判结果是:濮阳市华龙区人民法院一审认为,土地管理部门对上级交办、其他部门移送和群众举报的土地违法案件应当受理。土地管理部门受理土地违法案件后,应当进行审查,凡符合立案条件的,应当及时立案查处;不符合立案条件的,应当告知交办、移送案件的单位或者举报人。本案原告张凤竹向被告市国土局提出查处违法占地申请后,被告应当受理,被告既没有受理,也没有告知原告是否立案,故原告要求确认被告不履行法定职责违法,并限期履行法定职责的请求,有事实根据和法律依据,本院予以支持。遂判决:一、确认被告对原告要求查处违法占地申请未予受理的行为违法。二、限被告于本判决生效之日起按《土地违法案件查处办法》的规定履行法定职责。

市国土局不服,提出上诉,濮阳市中级人民法院二审认为,根据《土地违法案件查处办法》规定,县级以上地方人民政府土地行政主管部门对违反土地管理法律、法规的行为进行监督检查。市国土局上诉称2013年10月17日收到对土地违法行为监督的申请后,已进行了受理核查,但上诉人未及时将审查结果告知申请人,上诉人的行为未完全履行工作职责,违反了《土地违法案件查处办法》第十六条的规定。二审判决驳回上诉,维持原判。

为了优化营商环境,地方政府对行政许可和行政处罚权进行了集中,成立了行政审批局和综合执法局,但是原行业内的监管职责仍在法律法规规定的主管部门,主管部门必须担起法定职责。

接到群众的投诉、举报等类型的书面材料后,自然资源主管部门不应猜测举报投诉人的意图,也不应相互推诿,而是应当及时依法处理,切实履行自然资源违法查处的法定职责。

自然资源主管部门在国土空间规划违法案件的查处过程中,应当根据举报的内容,从管辖范围、管辖权限的角度判断管辖权。接到投诉举报的自然资源主管部门将案件转交下级自然资源主管部门办理的,应及时将转办情况书面告知举报人,并督促办理该案的自然资源主管部门将查处结果书面告知举报人。

《行政许可法》规定,委托行政机关对受委托行政机关实施行政许可的行为应当负责监督,并对该行为的后果承担法律责任。

《行政处罚法》规定,委托行政机关对受委托的组织实施行政处罚的行为应当负责监督,并对该行为的后果承担法律责任。

对于转交给派出机构办理的事项,即使受委托的派出机构可以在委托范围内以委托行政机关名义实施行政许可和行政处罚,但不免除委托机关的法定义务。

案例 9

原告朱月亮、潘志仁系平阳县昆阳镇后垟村村民,承包有该村土地。2013年,原告向平阳县国土资源局申请政府信息公开,要求公开"温州大自然房产开发集团有限公司的城北示范小区(A2003)10467号国有土地使用证书"。平阳县国土资源局以土地证书由县级以上人民政府颁发,不属于该局记录、保存的信息为由作出答复。

2013年10月19日,原告朱月亮、潘志仁以同样的申请事项向平阳县人民政府申请政府信息公开。平阳县人民政府于2013年12月9日作出《政府信息公开答复函》,内容如下:"1.你(单位)提出申请信息内容由国土部门负责制作,县政府审核后发放给土地使用权人,县政府及国土部门没有留存,但其审批手续以及其他相关材料由国土部门负责保存。2.你(单位)如需申请该地块由国土部门留存的其他相关信息,请依法向国土部门提出申请"。原告不服该答复,提起行政诉讼。

【解析】

《中华人民共和国政府信息公开条例》(国务院令第492号,2007年版)第二条规定,政府信息,是指行政机关在履行职责过程中制作或者获取的,以一定形式记录、保存的信息。

第二十一条规定,对申请公开的政府信息,行政机关根据下列情况分别作出答复:

(1)属于公开范围的,应当告知申请人获取该政府信息的方式和途径;

(2)属于不予公开范围的,应当告知申请人并说明理由;

(3)依法不属于本行政机关公开或者该政府信息不存在的,应当告知申请人,对能够确定该政府信息的公开机关的,应当告知申请人该行政机关的名称、联系方式;

(4)申请内容不明确的,应当告知申请人作出更改、补充。

本案是浙江省高级人民法院对2014年行政案件司法审查情况梳理分析的典型案例。裁判结果是:温州市中级人民法院经审理认为,平阳县人民政府在收到原告的申请后,没有进一步要求原告明确申请内容,只是简单将其视为申请公开土地使用权证书文本,并以该证原本由权利人持有,被告没有留存为由不予公开,其作出的被诉政府信息公开答复认定事实不清,不予公开的理由不足,故依法判决撤销被诉答复,并责令其限期重新作出答复。

【延伸】

这个案例是信息公开的申请人诉讼平阳县人民政府的,结果是县政府败诉。如果是申请人诉讼平阳县国土资源局,该资源局也是必输无疑。

国家土地管理局、国家档案局印发的《土地管理档案工作暂行规定》(〔1998〕国土〔办〕字第110号)第三条规定,土地管理档案包括:地籍管理档案、土地利用规划档案、建设用地档案、土地监督检查档案,土地科技管理档案、土地管理教育档案等。

第四条规定,土地管理档案是土地管理活动真实的历史记录,是土地所有权、使用权的凭证,具有法律效用,是国家的宝贵财富,是国家档案的重要组成部分。各级土地管理行政主管部门必须加强对土地管理档案工作的领导。

第十三条规定,各级土地管理部门应把土地管理文件材料的形成、积累、整理和归档工作纳入本部门工作计划中,列入部门的职责范围。

虽然土地法规定,使用国有土地或者集体建设用地由县级以上人民政府登记造册,核发证书,确认使用权,但是,适用土地的申请材料、审批流程手续以及最后的核发土地使用权证的所有资料,均为原国土资源部门制作、记录和保存的政府信息。

对于申请人申请公开的内容不明确的,行政机关应当告知申请人作出更改、补充。当面申请的,应当当面告知;书面申请的,应当书面告知。

本案中,国土资源局答复是政府的事,政府答复是国土部门的事,本级政府和政府部门互相推诿,群众对此表示无奈。

再列举几个原《国土资源报》披露的原国土资源部行政复议典型案例:

1. 2016年6月6日,河南汇商实业有限公司(以下简称汇商公司)向河南省国土资源厅(以下简称河南省厅)申请公开"东方希望三门峡矿业有限公司的采矿许可证(证号:C41000020120431101255854)包含的矿区范围及邻区图"。同年6月23日,河南省厅作出告知书,告知汇商公司:根据《中华人民共和国政府信息公开条例》(2007年版)第二十三条规定,其所申请公开的信息涉及第三方权益的,需征求第三方同意。经征求矿业权人意见,矿业权人不同意公开,因此不能公开所申请的相关信息。汇商公司不服该告知书,提起行政复议,请求撤销并责令河南省厅重新作出信息公开告知。

复议机关认为,依据《中华人民共和国政府信息公开条例》和《国土资源部关于建立健全矿业权有形市场的通知》(国土资发〔2010〕145号)的规定,汇商公司所申请的信息应该为主动公开信息,不涉及商业秘密、个人隐私,应属于公开范围。河南省厅告知涉及第三方权益,经征求第三方意见后不能公开,属于认定事实不清、适用依据错误,复议机关作出了撤销并责令重作的决定。

2. 2015年12月2日,长某向内蒙古自治区国土资源厅(以下简称内蒙古区厅)申请公开以下信息:1.位于通辽市扎鲁特旗鲁北镇宝楞嘎查东220米、西距304国道3.0千米范围内的毛都水库工程项目征地批复及报批文件,包括但不限于一书四方案、勘测定界图等全部征地报批文件;2.毛都水库工程项目依附土地的利用规划登记情况,包括土地利用总体规划和控制性详细规划等;3.2014年、2015年扎鲁特旗地区征地区片综合价;4.毛都水库工程项目用地预审意见。

2016年1月20日,内蒙古区厅作出信息公开答复及《内蒙古自治区国土资源厅信息公开申请转办单》,答复如下:"根据您的申请内容及提供的相关信息,我厅无法核实并确认该地块的具体报批情况,因此无法直接提取相关信息。依据《国土资源部办公厅关于进一步做好市县征地信息公开工作有关问题的通知》(国土资厅发〔2014〕29号,以下简称29号文)及有关法律法规规定,市、县人民政府组织用地报批和征地实施,征地补偿安置等信息由市、县人民政府及其国土资源主管部门产生;市、县人民政府是实施征地的主体,同时也是征地信息公开的主体。按照'谁制作、谁公开'和'就近、便民'的原则,请您持我厅信息公开申请转办单,到扎鲁特旗国土资源局申请公开相关内容"。

长某对内蒙古区厅作出的信息公开答复不服,提起行政复议,请求撤销并责令重作。

复议机关认为,依据《中华人民共和国政府信息公开条例》(2007年版)第十七条、第二十一条的规定,对于长某申请公开的四项政府信息,就制作或者保存机关而言,有的属于内蒙古区厅制作范围,有的可能不存在或指向不明,有的应属于其他行政机关制作。但内蒙古区厅没有向长某明确告知所需信息是否属于其公开范围、是否不存在或是否需要补正,而是笼统指向到扎鲁特旗国土资源局申请公开,属于认定事实不清,适用依据错误。复议机关依法撤销了内蒙古区厅的信息公开答复并责令其重新作出答复。

3. 2017年4月10日,肖某通过顺丰速运公司向湖南省国土资源厅(以下简称"湖南省厅")寄交《国土资源政府信息公开申请表》(以下简称《申请表》),申请公开"省人民政府〔2015〕政国土字第1125号《农用地转用、土地征收审批单》所呈报的用地报批资料。"2017年4月13日,湖南省厅拒收肖宏伟寄交的《申请表》。肖某以湖南省厅拒收《申请表》为由向国土资源部提起行政复议,请求责令湖南省厅对其申请的政府信息进行公开。

复议机关认为,依据《中华人民共和国政府信息公开条例》(2007年版)第二十一条、第二十四条和《中华人民共和国邮政法》第五十五条"快递企业不得经营由邮政企业专营的信件寄递业务,不得寄递国家机关公文"、第五十六条"快递企业经营邮政企业专营业务范围以外的信件快递业务,应当在信件封套的显著位置标注信件字样。快递企业不得将信件打包后作为包裹寄递"的规定,肖某向湖南省厅寄交的《申请表》不属于国家机关公文范围,不能认定《申请表》属于邮政企业专营范围。湖南省厅以肖某委托的是不具有信件寄递业务的顺丰速运公司为由拒收《申请表》,属于认定事实不清,适用依据错误。并且,湖南省厅应当对肖某的政府信息公开申请履行答复的义务,湖南省厅拒收《申请表》应当认定为不作为。据此,复议决定要求湖南省厅在法定时限内答复肖某的信息公开申请。

政府信息公开条例已经实施十多年,行政机关、特别是省级机关还在信息公开事项上出现诸多问题,实属不应该!

新的《中华人民共和国政府信息公开条例》(国务院令第711号,2019年修订版)第四十八条规定,政府信息公开工作主管部门应当对行政机关的政府信息公开工作人员定期进行培训。这条规定很重要。

建议相关主管部门通过法律专家对条例的讲解,结合各级人民法院对信息公开案件已经生效的裁定(判决)案例,加强政府信息公开工作人员素质和能力培养。

《中华人民共和国政府信息公开条例》(2019年修订版)第五十三条规定,行政机关违反本条例的规定,有下列情形之一的,由上一级行政机关责令改正;情节严重的,对负有责任的领导人员和直接责任人员依法给予处分;构成犯罪的,依法追究刑事责任:

(1) 不依法履行政府信息公开职能;
(2) 不及时更新公开的政府信息内容、政府信息公开指南和政府信息公开目录;
(3) 违反本条例规定的其他情形。

政府信息公开是一项看似简单的工作,但如果不认真对待,同样会输掉官司,相关责任人也会受到党纪政务处分。

2019年4月,仁寿县自然资源和规划局在动态巡查中发现,大化镇正义村3组村民王某非法占地建房,于2020年1月10日作出《行政处罚决定书》,并将案涉房屋拆除完毕。为此,王某向东坡区法院提起行政诉讼。

【解析】

1.《土地管理法》第六十七条规定,县级以上人民政府自然资源主管部门对违反土地管理法律、法规的行为进行监督检查。

县级以上人民政府农业农村主管部门对违反农村宅基地管理法律、法规的行为进行监督检查的,适用本法关于自然资源主管部门监督检查的规定。

第七十八条规定,农村村民未经批准或者采取欺骗手段骗取批准,非法占用土地建住宅的,由县级以上人民政府农业农村主管部门责令退还非法占用的土地,限期拆除在非法占用的土地上新建的房屋。

2.《自然资源行政处罚办法》(国土资源部令第60号)第十条规定,自然资源主管部门发现违法案件不属于本部门管辖的,应当移送有管辖权的自然资源主管部门或者其他部门。

3.《行政处罚法》(2017年修正版)第二十条规定,行政处罚由违法行为发生地的县级以上地方人民政府具有行政处罚权的行政机关管辖。

第五十五条规定,行政机关实施行政处罚,没有法定的行政处罚依据的,由上级行政机关或者有关部门责令改正,可以对直接负责的主管人员和其他直接责任人员依法给予行政处分。

4.《自然资源执法监督规定》(国土资源部令第79号)第二十八条规定,县级以上自然资源主管部门实行错案责任追究制度。自然资源执法人员在查办自然资源违法案件过程中,因过错造成损害后果的,所在的自然资源主管部门应当予以纠正,并依照有关规定追究相关人员的过错责任。

本案的裁决如下:

2020年7月28日,东坡区法院根据2020年实施修改后的《中华人民共和国土地管理法》(2019修正版)第六十七条、第七十八条第一款的规定,认为仁寿县自然资源和规划局不再具有对违反农村宅基地管理法律、法规行为进行监督检查的主体资格,作出的《行政处罚决书》属超越职权,不具有合法性,应依法撤销。判决撤销仁寿县自然资源和规划局作出的《行政处罚决定书》。

【延伸】

本案判决颇具争议,其争议焦点就是当事人王某占的是什么土地、建的是什么房屋。情形不同,有权处理的部门也不同。

如果王某已经享受宅基地,并在其现有宅基地范围内违法建房,按照《城乡规划法》第六十五条的规定,在乡、村庄规划区内未依法取得乡村建设规划许可证或者未按照乡村建设规划许可证的规定进行建设的,由乡、镇人民政府责令停止建设、限期改正;逾期不改正的,可以拆除。

如果王某违反"一户一宅"的规定,在现有宅基地外另行占地建设住宅的,按照《土地管理法》第七十八条规定,应当由县级以上人民政府农业农村主管部门依法作出处理。

如果王某在现有宅基地外建设的房屋不属于住宅,而是其他用途的房屋,按照《土地管理法》的相关规定,应当由县级以上人民政府自然资源主管部门依法作出处理。

本案中,对当事人所建房屋的用途进行调查、定性是确定违法案件管辖权的重要环节,事实和依据必须翔实。

《土地管理法》第七条规定,任何单位和个人都有遵守土地管理法律、法规的义务,并有权对违反土地管理法律、法规的行为提出检举和控告。

发现违法占地建设房屋的,无论是乡镇人民政府、自然资源主管部门还是农业农村主管部门,都有权制止。对不属于本部门管辖情形的,应当及时移送或函告其他有权部门予以查处。每个部门都应当做到"法无授权不可为、法有授权必须为"。

第三节　行政权力

《行政诉讼法》第十三条规定,人民法院不受理公民、法人或者其他组织对"行政机关对行政机关工作人员的奖惩、任免等决定"提起的诉讼。

《行政复议法》第十二条规定,行政机关对行政机关工作人员的奖惩、任免等决定事项不属于行政复议范围。

《公职人员政务处分法》第五十五条规定,公职人员对监察机关作出的涉及本人的政务处分决定不服的,可以依法向作出决定的监察机关申请复审;公职人员对复审决定仍不服的,可以向上一级监察机关申请复核。

本章第一节的基本概念中,已经列举了自然资源系统内部的哪些行为会受到何种党纪、政务处分。党纪处分从"警告"到"开除党籍"分为从轻到重五种类型,政务处分从"警告"到"开除"分为从轻到重六种类型。这些党纪、政务处分由本级或者上级党组织和本级或者上级监察部门作出,不属于《行政诉讼法》和《行政复议法》的案件受理范围。党员对所受党纪处分不服的,可以依照党章及有关规定提出申诉;公职人员对监察机关作出的政务处分决定不服的,可以依法申请复审或复核。

1. 案件调查权

《公职人员政务处分法》第四十二条规定,监察机关对涉嫌违法的公职人员进行调查,应当由二名以上工作人员进行。监察机关进行调查时,有权依法向有关单位和个人了解情况,收集、调取证据。有关单位和个人应当如实提供情况。

2. 从轻或者减轻给予政务处分权

《公职人员政务处分法》第十一条规定,公职人员有下列情形之一的,可以从轻或者减轻给予政务处分:

(1) 主动交代本人应当受到政务处分的违法行为的;
(2) 配合调查,如实说明本人违法事实的;
(3) 检举他人违纪违法行为,经查证属实的;

(4) 主动采取措施,有效避免、挽回损失或者消除不良影响的;

(5) 在共同违法行为中起次要或者辅助作用的;

(6) 主动上交或者退赔违法所得的;

(7) 法律、法规规定的其他从轻或者减轻情节。

3. 免予或者不予政务处分权

《公职人员政务处分法》第十二条规定,公职人员违法行为情节轻微,且具有本法第十一条规定的情形之一的,可以对其进行谈话提醒、批评教育、责令检查或者予以诫勉,免予或者不予政务处分。

公职人员因不明真相被裹挟或者被胁迫参与违法活动,经批评教育后确有悔改表现的,可以减轻、免予或者不予政务处分。

4. 加重处分权

《公职人员政务处分法》第十三条规定,公职人员有下列情形之一的,应当从重给予政务处分:

(1) 在政务处分期内再次故意违法,应当受到政务处分的;

(2) 阻止他人检举、提供证据的;

(3) 串供或者伪造、隐匿、毁灭证据的;

(4) 包庇同案人员的;

(5) 胁迫、唆使他人实施违法行为的;

(6) 拒不上交或者退赔违法所得的;

(7) 法律、法规规定的其他从重情节。

5. 开除权

《公职人员政务处分法》第十四条规定,公职人员犯罪,有下列情形之一的,予以开除:

(1) 因故意犯罪被判处管制、拘役或者有期徒刑以上刑罚(含宣告缓刑)的;

(2) 因过失犯罪被判处有期徒刑,刑期超过三年的;

(3) 因犯罪被单处或者并处剥夺政治权利的。

因过失犯罪被判处管制、拘役或者三年以下有期徒刑的,一般应当予以开除;案件情况特殊,予以撤职更为适当的,可以不予开除,但是应当报请上一级机关批准。

公职人员因犯罪被单处罚金,或者犯罪情节轻微,人民检察院依法作出不起诉决定或者人民法院依法免予刑事处罚的,予以撤职;造成不良影响的,予以开除。

6. 降低薪酬待遇、调离岗位、解除人事关系或者劳动关系权

《公职人员政务处分法》第二十三条规定,《中华人民共和国监察法》第十五条第六项规定的人员有违法行为的,监察机关可以予以警告、记过、记大过。情节严重的,由所在单位直接给予或者监察机关建议有关机关、单位给予降低薪酬待遇、调离岗位、解除人事关系或者劳动关系等处理。

7. 案件移送权

《公职人员政务处分法》第五十一条规定,下级监察机关根据上级监察机关的指定管辖决定进行调查的案件,调查终结后,对不属于本监察机关管辖范围内的监察对象,应当

交有管理权限的监察机关依法作出政务处分决定。

《城乡规划法》第五十五条规定,城乡规划主管部门在查处违反本法规定的行为时,发现国家机关工作人员依法应当给予行政处分的,应当向其任免机关或者监察机关提出处分建议。

《土地管理法》第七十一条规定,县级以上人民政府自然资源主管部门在监督检查工作中发现国家工作人员的违法行为,依法应当给予处分的,应当依法予以处理;自己无权处理的,应当依法移送监察机关或者有关机关处理。

第七十二条规定,县级以上人民政府自然资源主管部门在监督检查工作中发现土地违法行为构成犯罪的,应当将案件移送有关机关,依法追究刑事责任;尚不构成犯罪的,应当依法给予行政处罚。

《行政执法机关移送涉嫌犯罪案件的规定》第三条规定,行政执法机关在依法查处违法行为过程中,发现违法事实涉及的金额、违法事实的情节、违法事实造成的后果等,根据刑法关于破坏社会主义市场经济秩序罪、妨害社会管理秩序罪等罪的规定和最高人民法院、最高人民检察院关于破坏社会主义市场经济秩序罪、妨害社会管理秩序罪等罪的司法解释以及最高人民检察院、公安部关于经济犯罪案件的追诉标准等规定,涉嫌构成犯罪,依法需要追究刑事责任的,必须依照本规定向公安机关移送。

上述这些权力,来源于"天罗地网"般的法律法规,只要不依法履职,就会受到法律法规的惩戒。有关权力行使的程序和要求,《公职人员政务处分法》专门用了一章进行规定。

第二章 外部执法

切实保护国土空间规划的顺利实施,维护公民、法人和其他组织的合法权益,对公民、法人和其他组织违反土地管理和城乡规划等国土空间规划法律法规的行为进行检查、制止和查处,是自然资源主管部门对外执法监督工作的主要内容。

国土空间规划的"五级三类四体系"中的"五级三类"基本确定,"四体系"中的国土空间规划的编制审批体系通过中共中央、国务院的文件已经基本落实。实施监督体系、法规政策体系和技术标准体系尚在探索、制定过程中。在此期间,现行的土地管理和城乡规划的法律法规体系需要继续发挥作用,并作为国土空间规划执法监督的主要依据。

第一节 基本概念

1. 什么是自然资源执法监督?

《自然资源执法监督规定》(国土资源部令第79号)规定,自然资源执法监督,是指县级以上自然资源主管部门依照法定职权和程序,对公民、法人和其他组织违反自然资源法律法规的行为进行检查、制止和查处的行政执法活动。

2. 自然资源执法监督的意义有哪些?

(1)利于规范自然资源执法行为,切实保护自然资源,维护公民、法人和其他组织的合法权益;

(2)利于牢牢守住十八亿亩耕地红线;

(3)依法维护国土空间规划管理的正常秩序。

3. 国土空间规划执法监督的最新要求有哪些?

《中共中央、国务院关于学习运用"千村示范、万村整治"工程经验有力有效推进乡村全面振兴的意见》(2024年1月1日)要求,严厉打击非法占用农用地犯罪和耕地非法取土。持续整治"大棚房"。

《自然资源部办公厅关于利用2024年季度卫片监测成果开展日常执法工作的通知》(自然资办发〔2024〕4号)要求严肃查处对经核实判定确属自然资源违法行为的,尤其是新增乱占耕地建房、"违建别墅"、"大棚房"、高尔夫球场等问题,要严格按照相关法律法规规定,及时制止,依法依规查处。

4. 行政处罚的种类有哪些?

《行政处罚法》第九条规定,行政处罚的种类包括:

(1) 警告、通报批评；

(2) 罚款、没收违法所得、没收非法财物；

(3) 暂扣许可证件、降低资质等级、吊销许可证件；

(4) 限制开展生产经营活动、责令停产停业、责令关闭、限制从业；

(5) 行政拘留；

(6) 法律、行政法规规定的其他行政处罚。

5. 自然资源行政处罚的种类有哪些？

《自然资源行政处罚办法》（自然资源部令第 12 号）第四条规定，自然资源行政处罚包括：

(1) 警告、通报批评；

(2) 罚款、没收违法所得、没收非法财物；

(3) 暂扣许可证件、降低资质等级、吊销许可证件；

(4) 责令停产停业；

(5) 限期拆除在非法占用土地上的新建建筑物和其他设施；

(6) 法律法规规定的其他行政处罚。

6. 刑罚的种类有哪些？

《刑法》规定，刑罚分为主刑和附加刑。

主刑的种类有：(1) 管制；(2) 拘役；(3) 有期徒刑；(4) 无期徒刑；(5) 死刑。

附加刑的种类有：(1) 罚金；(2) 剥夺政治权利；(3) 没收财产。

附加刑也可以独立适用。

对于犯罪的外国人，可以独立适用或者附加适用驱逐出境。

7. 对国土空间规划编制单位的行政处罚有哪些规定？

《城乡规划法》第六十二条规定，城乡规划编制单位有下列行为之一的，由所在地城市、县人民政府城乡规划主管部门责令限期改正，处合同约定的规划编制费一倍以上二倍以下的罚款；情节严重的，责令停业整顿，由原发证机关降低资质等级或者吊销资质证书；造成损失的，依法承担赔偿责任：

(1) 超越资质等级许可的范围承揽城乡规划编制工作的；

(2) 违反国家有关标准编制城乡规划的。

未依法取得资质证书承揽城乡规划编制工作的，由县级以上地方人民政府城乡规划主管部门责令停止违法行为，依照前款规定处以罚款；造成损失的，依法承担赔偿责任。

以欺骗手段取得资质证书承揽城乡规划编制工作的，由原发证机关吊销资质证书，依照本条第一款规定处以罚款；造成损失的，依法承担赔偿责任。

第六十三条规定，城乡规划编制单位取得资质证书后，不再符合相应的资质条件的，由原发证机关责令限期改正，逾期不改正的，降低资质等级或者吊销资质证书。

《城乡规划编制单位资质管理办法》（自然资源部令第 11 号）第二十五条规定，自然资源主管部门发现申请人隐瞒有关情况或者提供虚假材料申请资质的，不予受理申请或者不予同意资质审批，并给予警告，1 年内不得再次申请资质。

以欺骗、贿赂等不正当手段取得资质证书的,由原审批自然资源主管部门吊销其资质证书,并处10万元罚款,3年内不得再次申请资质。

第二十六条规定,涂改、倒卖、出租、出借或者以其他形式非法转让资质证书的,由县级以上地方人民政府自然资源主管部门给予警告,责令限期改正,并处10万元罚款;造成损失的,依法承担赔偿责任;涉嫌构成犯罪的,依法追究刑事责任。

第二十七条规定,规划编制单位超越资质等级承担国土空间规划编制业务,或者违反国家有关标准编制国土空间规划的,由所在地市、县人民政府自然资源主管部门责令限期改正,处以项目合同金额1倍以上2倍以下的罚款;情节严重的,责令停业整顿,由原审批自然资源主管部门降低其资质等级或者吊销资质证书;造成损失的,依法承担赔偿责任。

未取得资质或者以欺骗等手段取得资质的单位,违法承担国土空间规划编制业务的,依照前款规定处以罚款;造成损失的,依法承担赔偿责任。

第二十八条规定,规划编制单位未按照要求及时更新全国城乡规划(国土空间规划)编制单位管理信息系统相关信息的,由县级以上地方人民政府自然资源主管部门责令限期改正;逾期未改正的,可以处1000元以上1万元以下的罚款。

第二十九条规定,规划编制单位取得资质后不再符合相应资质条件的,由原审批自然资源主管部门责令限期改正,整改到位前作为风险提示信息向社会公开;逾期不改正的,降低其资质等级或者吊销资质证书。

8. 违反《土地管理法》的行政处罚有哪些规定?

《土地管理法》第七十四条规定,买卖或者以其他形式非法转让土地的,由县级以上人民政府自然资源主管部门没收违法所得;对违反土地利用总体规划擅自将农用地改为建设用地的,限期拆除在非法转让的土地上新建的建筑物和其他设施,恢复土地原状,对符合土地利用总体规划的,没收在非法转让的土地上新建的建筑物和其他设施;可以并处罚款;对直接负责的主管人员和其他直接责任人员,依法给予处分;构成犯罪的,依法追究刑事责任。

第七十五条规定,违反本法规定,占用耕地建窑、建坟或者擅自在耕地上建房、挖砂、采石、采矿、取土等,破坏种植条件的,或者因开发土地造成土地荒漠化、盐渍化的,由县级以上人民政府自然资源主管部门、农业农村主管部门等按照职责责令限期改正或者治理,可以并处罚款;构成犯罪的,依法追究刑事责任。

第七十六条规定,违反本法规定,拒不履行土地复垦义务的,由县级以上人民政府自然资源主管部门责令限期改正;逾期不改正的,责令缴纳复垦费,专项用于土地复垦,可以处以罚款。

第七十七条规定,未经批准或者采取欺骗手段骗取批准,非法占用土地的,由县级以上人民政府自然资源主管部门责令退还非法占用的土地,对违反土地利用总体规划擅自将农用地改为建设用地的,限期拆除在非法占用的土地上新建的建筑物和其他设施,恢复土地原状,对符合土地利用总体规划的,没收在非法占用的土地上新建的建筑物和其他设施,可以并处罚款;对非法占用土地单位的直接负责的主管人员和其他直接责任人员,依法给予处分;构成犯罪的,依法追究刑事责任。

超过批准的数量占用土地,多占的土地以非法占用土地论处。

第七十八条规定,农村村民未经批准或者采取欺骗手段骗取批准,非法占用土地建住宅的,由县级以上人民政府农业农村主管部门责令退还非法占用的土地,限期拆除在非法占用的土地上新建的房屋。

超过省、自治区、直辖市规定的标准,多占的土地以非法占用土地论处。

第七十九条规定,无权批准征收、使用土地的单位或者个人非法批准占用土地的,超越批准权限非法批准占用土地的,不按照土地利用总体规划确定的用途批准用地的,或者违反法律规定的程序批准占用、征收土地的,其批准文件无效,对非法批准征收、使用土地的直接负责的主管人员和其他直接责任人员,依法给予处分;构成犯罪的,依法追究刑事责任。非法批准、使用的土地应当收回,有关当事人拒不归还的,以非法占用土地论处。

非法批准征收、使用土地,对当事人造成损失的,依法应当承担赔偿责任。

第八十一条规定,依法收回国有土地使用权当事人拒不交出土地的,临时使用土地期满拒不归还的,或者不按照批准的用途使用国有土地的,由县级以上人民政府自然资源主管部门责令交还土地,处以罚款。

第八十二条规定,擅自将农民集体所有的土地通过出让、转让使用权或者出租等方式用于非农业建设,或者违反本法规定,将集体经营性建设用地通过出让、出租等方式交由单位或者个人使用的,由县级以上人民政府自然资源主管部门责令限期改正,没收违法所得,并处罚款。

第八十三条规定,依照本法规定,责令限期拆除在非法占用的土地上新建的建筑物和其他设施的,建设单位或者个人必须立即停止施工,自行拆除;对继续施工的,作出处罚决定的机关有权制止。建设单位或者个人对责令限期拆除的行政处罚决定不服的,可以在接到责令限期拆除决定之日起十五日内,向人民法院起诉;期满不起诉又不自行拆除的,由作出处罚决定的机关依法申请人民法院强制执行,费用由违法者承担。

9. 违反《土地管理法实施条例》的行政处罚有哪些规定?

第五十一条规定,非法占用永久基本农田发展林果业或者挖塘养鱼的,由县级以上人民政府自然资源主管部门责令限期改正;逾期不改正的,按占用面积处耕地开垦费2倍以上5倍以下的罚款;破坏种植条件的,依照《土地管理法》第七十五条的规定处罚。

第五十二条规定,在临时使用的土地上修建永久性建筑物的,由县级以上人民政府自然资源主管部门责令限期拆除,按占用面积处土地复垦费5倍以上10倍以下的罚款;逾期不拆除的,由作出行政决定的机关依法申请人民法院强制执行。

第五十三条规定,对在土地利用总体规划制定前已建的不符合土地利用总体规划确定的用途的建筑物、构筑物进行重建、扩建的,由县级以上人民政府自然资源主管部门责令限期拆除;逾期不拆除的,由作出行政决定的机关依法申请人民法院强制执行。

第五十四条规定,买卖或者以其他形式非法转让土地的,由县级以上人民政府自然资源主管部门没收违法所得;对违反土地利用总体规划擅自将农用地改为建设用地的,限期拆除在非法转让的土地上新建的建筑物和其他设施,恢复土地原状,对符合土地利用总体规划的,没收在非法转让的土地上新建的建筑物和其他设施;可以并处罚款,罚款额为违法所得的 10% 以上 50% 以下。

第五十五条规定，占用耕地建窑、建坟或者擅自在耕地上建房、挖砂、采石、采矿、取土等，破坏种植条件的，或者因开发土地造成土地荒漠化、盐渍化的，由县级以上人民政府自然资源主管部门、农业农村主管部门等按照职责责令限期改正或者治理，可以并处罚款，罚款额为耕地开垦费的 5 倍以上 10 倍以下；破坏黑土地等优质耕地的，从重处罚。

第五十六条规定，拒不履行土地复垦义务的，由县级以上人民政府自然资源主管部门责令限期改正；逾期不改正的，责令缴纳复垦费，专项用于土地复垦，可以处以罚款。罚款额为土地复垦费的 2 倍以上 5 倍以下。

临时用地期满之日起一年内未完成复垦或者未恢复种植条件的，由县级以上人民政府自然资源主管部门责令限期改正，拒不履行土地复垦义务的，由县级以上人民政府自然资源主管部门责令限期改正；逾期不改正的，责令缴纳复垦费，专项用于土地复垦，可以处以罚款。并由县级以上人民政府自然资源主管部门会同农业农村主管部门代为完成复垦或者恢复种植条件。

第五十七条规定，未经批准或者采取欺骗手段骗取批准，非法占用土地的，由县级以上人民政府自然资源主管部门责令退还非法占用的土地，对违反土地利用总体规划擅自将农用地改为建设用地的，限期拆除在非法占用的土地上新建的建筑物和其他设施，恢复土地原状，对符合土地利用总体规划的，没收在非法占用的土地上新建的建筑物和其他设施，可以并处罚款。罚款额为非法占用土地每平方米 100 元以上 1 000 元以下。

在国土空间规划确定的禁止开垦的范围内从事土地开发活动的，由县级以上人民政府自然资源主管部门责令限期改正，对违反土地利用总体规划擅自将农用地改为建设用地的，限期拆除在非法占用的土地上新建的建筑物和其他设施，恢复土地原状，对符合土地利用总体规划的，没收在非法占用的土地上新建的建筑物和其他设施，可以并处罚款。

第五十九条规定，依法收回国有土地使用权当事人拒不交出土地的，临时使用土地期满拒不归还的，或者不按照批准的用途使用国有土地的，由县级以上人民政府自然资源主管部门责令交还土地，处以罚款。罚款额为非法占用土地每平方米 100 元以上 500 元以下。

第六十条规定，擅自将农民集体所有的土地通过出让、转让使用权或者出租等方式用于非农业建设，或者违反本法规定，将集体经营性建设用地通过出让、出租等方式交由单位或者个人使用的，由县级以上人民政府自然资源主管部门责令限期改正，没收违法所得，并处罚款。罚款额为违法所得的 10% 以上 30% 以下。

第六十一条规定，阻碍自然资源主管部门、农业农村主管部门的工作人员依法执行职务，构成违反治安管理行为的，依法给予治安管理处罚。

10. 违反《中华人民共和国黑土地保护法》，会受到哪些行政处罚？

《中华人民共和国黑土地保护法》（主席令第 115 号）第三十二条规定，盗挖、滥挖黑土的，依照土地管理等有关法律法规的规定从重处罚。

非法出售黑土的，由县级以上地方人民政府市场监督管理、农业农村、自然资源等部门按照职责分工没收非法出售的黑土和违法所得，并处每立方米五百元以上五千元以下罚款；明知是非法出售的黑土而购买的，没收非法购买的黑土，并处货值金额一倍以上三倍以下罚款。

第三十三条规定，建设项目占用黑土地未对耕作层的土壤实施剥离的，由县级以上地方人民政府自然资源主管部门处每平方米一百元以上二百元以下罚款；未按照规定的标准对耕作层的土壤实施剥离的，处每平方米五十元以上一百元以下罚款。

11. 违反《基本农田保护条例》，会受到哪些行政处罚？

第三十条规定，有下列行为之一的，依照《土地管理法》和《土地管理法实施条例》的有关规定，从重给予处罚：

（1）未经批准或者采取欺骗手段骗取批准，非法占用基本农田的；

（2）超过批准数量，非法占用基本农田的；

（3）非法批准占用基本农田的；

（4）买卖或者以其他形式非法转让基本农田的。

第三十二条规定，破坏或者擅自改变基本农田保护区标志的，由县级以上地方人民政府土地行政主管部门或者农业行政主管部门责令恢复原状，可以处 1000 元以下罚款。

第三十三条规定，占用基本农田建窑、建房、建坟、挖砂、采石、采矿、取土、堆放固体废弃物或者从事其他活动破坏基本农田，毁坏种植条件的，由县级以上人民政府土地行政主管部门责令改正或者治理，恢复原种植条件，处占用基本农田的耕地开垦费 1 倍以上 2 倍以下的罚款。

12. 违反《土地复垦条例》，会受到哪些行政处罚？

第三十七条规定，本条例施行前已经办理建设用地手续或者领取采矿许可证，本条例施行后继续从事生产建设活动造成土地损毁的土地复垦义务人未按照规定补充编制土地复垦方案的，由县级以上地方人民政府国土资源主管部门责令限期改正；逾期不改正的，处 10 万元以上 20 万元以下的罚款。

第三十八条规定，土地复垦义务人未按照规定将土地复垦费用列入生产成本或者建设项目总投资的，由县级以上地方人民政府国土资源主管部门责令限期改正；逾期不改正的，处 10 万元以上 50 万元以下的罚款。

第三十九条规定，土地复垦义务人未按照规定对拟损毁的耕地、林地、牧草地进行表土剥离，由县级以上地方人民政府国土资源主管部门责令限期改正；逾期不改正的，按照应当进行表土剥离的土地面积处每公顷 1 万元的罚款。

第四十一条规定，土地复垦义务人未按照规定报告土地损毁情况、土地复垦费用使用情况或者土地复垦工程实施情况的，由县级以上地方人民政府国土资源主管部门责令限期改正；逾期不改正的，处 2 万元以上 5 万元以下的罚款。

第四十二条规定，土地复垦义务人依照本条例规定应当缴纳土地复垦费而不缴纳的，由县级以上地方人民政府国土资源主管部门责令限期缴纳；逾期不缴纳的，处应缴纳土地复垦费 1 倍以上 2 倍以下的罚款，土地复垦义务人为矿山企业的，由颁发采矿许可证的机关吊销采矿许可证。

第四十三条规定，土地复垦义务人拒绝、阻碍国土资源主管部门监督检查，或者在接受监督检查时弄虚作假的,由国土资源主管部门责令改正,处2万元以上5万元以下的罚款;有关责任人员构成违反治安管理行为的,由公安机关依法予以治安管理处罚。

13.《粮食安全保障法》对耕地保护有哪些要求?

第十条规定,国家实施国土空间规划下的国土空间用途管制,统筹布局农业、生态、城镇等功能空间,划定落实耕地和永久基本农田保护红线、生态保护红线和城镇开发边界,严格保护耕地。

第十一条规定,国家实行占用耕地补偿制度,严格控制各类占用耕地行为;确需占用耕地的,应当依法落实补充耕地责任,补充与所占用耕地数量相等、质量相当的耕地。

第六十二条规定,国务院发展改革、自然资源、农业农村、粮食和储备主管部门应当会同有关部门,按照规定具体实施对省、自治区、直辖市落实耕地保护和粮食安全责任制情况的考核。

14.《农村土地承包法》对土地管理有哪些要求?

第六十二条规定,违反土地管理法规,非法征收、征用、占用土地或者贪污、挪用土地征收、征用补偿费用,构成犯罪的,依法追究刑事责任;造成他人损害的,应当承担损害赔偿等责任。

第六十三条规定,承包方、土地经营权人违法将承包地用于非农建设的,由县级以上地方人民政府有关主管部门依法予以处罚。

15. 违反《土地调查条例》,会受到哪些行政处罚?

第三十二条规定,接受调查的单位和个人有下列行为之一的,由县级以上人民政府国土资源主管部门责令限期改正,可以处5万元以下的罚款;构成违反治安管理行为的,由公安机关依法给予治安管理处罚。

(1)拒绝或者阻挠土地调查人员依法进行调查的;

(2)提供虚假调查资料的;

(3)拒绝提供调查资料的。

16. 违反《城乡规划法》,会受到哪些行政处罚?

第六十四条规定,未取得建设工程规划许可证或者未按照建设工程规划许可证的规定进行建设的,由县级以上地方人民政府城乡规划主管部门责令停止建设;尚可采取改正措施消除对规划实施的影响的,限期改正,处建设工程造价百分之五以上百分之十以下的罚款;无法采取改正措施消除影响的,限期拆除,不能拆除的,没收实物或者违法收入,可以并处建设工程造价百分之十以下的罚款。

第六十五条规定,在乡、村庄规划区内未依法取得乡村建设规划许可证或者未按照乡村建设规划许可证的规定进行建设的,由乡、镇人民政府责令停止建设、限期改正;逾期不改正的,可以拆除。

第六十六条规定,建设单位或者个人有下列行为之一的,由所在地城市、县人民政府城乡规划主管部门责令限期拆除,可以并处临时建设工程造价一倍以下的罚款:

(1)未经批准进行临时建设的;

(2)未按照批准内容进行临时建设的;

(3) 临时建筑物、构筑物超过批准期限不拆除的。

第六十七条规定,建设单位未在建设工程竣工验收后六个月内向城乡规划主管部门报送有关竣工验收资料的,由所在地城市、县人民政府城乡规划主管部门责令限期补报;逾期不补报的,处一万元以上五万元以下的罚款。

第六十八条规定,城乡规划主管部门作出责令停止建设或者限期拆除的决定后,当事人不停止建设或者逾期不拆除的,建设工程所在地县级以上地方人民政府可以责成有关部门采取查封施工现场、强制拆除等措施。

17. 违反《城市房地产管理法》,会受到哪些行政处罚?

第六十六条规定,违反规定转让土地使用权的,由县级以上人民政府土地管理部门没收违法所得,可以并处罚款。

第六十七条规定,违反规定转让以划拨方式取得土地使用权房地产的,由县级以上人民政府土地管理部门责令缴纳土地使用权出让金,没收违法所得,可以并处罚款。

18. 违反《城市房地产开发经营管理条例》,会受到哪些行政处罚?

第三十五条规定,擅自转让房地产开发项目的,由县级以上人民政府负责土地管理工作的部门责令停止违法行为,没收违法所得,可以并处违法所得5倍以下的罚款。

19. 违反《城镇国有土地使用权出让和转让暂行条例》,会受到哪些行政处罚?

第十七条规定,未按合同规定的期限和条件开发、利用土地的,市、县人民政府土地管理部门应当予以纠正,并根据情节可以给予警告、罚款直至无偿收回土地使用权的处罚。

第四十六条规定,对未经批准擅自转让、出租、抵押划拨土地使用权的单位和个人,市、县人民政府土地管理部门应当没收其非法收入,并根据情节处以罚款。

20. 违反《不动产登记暂行条例》,会受到哪些行政处罚?

第三十一条规定,伪造、变造不动产权属证书、不动产登记证明,或者买卖、使用伪造、变造的不动产权属证书、不动产登记证明的,由不动产登记机构或者公安机关依法予以收缴;有违法所得的,没收违法所得;给他人造成损害的,依法承担赔偿责任;构成违反治安管理行为的,依法给予治安管理处罚。

21. 违反《历史文化名城名镇名村保护条例》,会受到哪些行政处罚?

第二十五条规定,在历史文化名城、名镇、名村保护范围内进行下列活动,应当保护其传统格局、历史风貌和历史建筑;制订保护方案,并依照有关法律、法规的规定办理相关手续:

(1) 改变园林绿地、河湖水系等自然状态的活动;
(2) 在核心保护范围内进行影视摄制、举办大型群众性活动;
(3) 其他影响传统格局、历史风貌或者历史建筑的活动。

第四十一条规定,在历史文化名城、名镇、名村保护范围内有下列行为之一的,由城市、县人民政府城乡规划主管部门责令停止违法行为、限期恢复原状或者采取其他补救措施;有违法所得的,没收违法所得;逾期不恢复原状或者不采取其他补救措施的,城乡规划主管部门可以指定有能力的单位代为恢复原状或者采取其他补救措施,所需费用由违法者承担;造成严重后果的,对单位并处50万元以上100万元以下的罚款,对个人并处5万

元以上10万元以下的罚款;造成损失的,依法承担赔偿责任:

(1) 开山、采石、开矿等破坏传统格局和历史风貌的;

(2) 占用保护规划确定保留的园林绿地、河湖水系、道路等的;

(3) 修建生产、储存爆炸性、易燃性、放射性、毒害性、腐蚀性物品的工厂、仓库等的。

第四十二条规定,在历史建筑上刻画、涂污的,由城市、县人民政府城乡规划主管部门责令恢复原状或者采取其他补救措施,处50元的罚款。

第四十三条规定,未经城乡规划主管部门会同同级文物主管部门批准,有下列行为之一的,由城市、县人民政府城乡规划主管部门责令停止违法行为、限期恢复原状或者采取其他补救措施;有违法所得的,没收违法所得;逾期不恢复原状或者不采取其他补救措施的,城乡规划主管部门可以指定有能力的单位代为恢复原状或者采取其他补救措施,所需费用由违法者承担;造成严重后果的,对单位并处5万元以上10万元以下的罚款,对个人并处1万元以上5万元以下的罚款;造成损失的,依法承担赔偿责任:

(1) 拆除历史建筑以外的建筑物、构筑物或者其他设施的;

(2) 对历史建筑进行外部修缮装饰、添加设施以及改变历史建筑的结构或者使用性质的。

有关单位或者个人进行本条例第二十五条规定的活动,或者经批准进行本条第一款规定的活动,但是在活动过程中对传统格局、历史风貌或者历史建筑构成破坏性影响的,依照本条第一款规定予以处罚。

第四十四条规定,损坏或者擅自迁移、拆除历史建筑的,由城市、县人民政府城乡规划主管部门责令停止违法行为、限期恢复原状或者采取其他补救措施;有违法所得的,没收违法所得;逾期不恢复原状或者不采取其他补救措施的,城乡规划主管部门可以指定有能力的单位代为恢复原状或者采取其他补救措施,所需费用由违法者承担;造成严重后果的,对单位并处20万元以上50万元以下的罚款,对个人并处10万元以上20万元以下的罚款;造成损失的,依法承担赔偿责任。

第四十五条规定,擅自设置、移动、涂改或者损毁历史文化街区、名镇、名村标志牌的,由城市、县人民政府城乡规划主管部门责令限期改正;逾期不改正的,对单位处1万元以上5万元以下的罚款,对个人处1000元以上1万元以下的罚款。

第四十六条规定,对历史文化名城、名镇、名村中的文物造成损毁的,依照文物保护法律、法规的规定给予处罚。

第二节 案例解析

通过对涉及国土空间规划管理法律法规的粗略梳理,自然资源主管部门对外执法监督的行政处罚权涵盖200余项情形和种类。如此庞杂的权力,需要执法机关和执法人员具备足够的业务素质和个人素养进行应对。执法主体资格、法律法规依据、执法程序以及自由裁量权等都必须依法依规。同时要贯彻执法为民的理念,执法皆在宣传和纠偏。《行政处罚法》第六条规定,实施行政处罚,纠正违法行为,应当坚持处罚与教育相结合,教育公民、法人或者其他组织自觉守法。行政处罚是行政管理的手段,而不是目的。

案例1

2020年某工作日下午,某市自然资源监察支队的大队长王某在下班途中,发现路边的一个商店正在挖基槽准备扩建。王某凭印象认为该项目未经局里业务审查会研究,遂停车上前亮明自己身份并作询问,确认该项目没有取得规划许可。于是,王某从包中拿出盖有公章的格式化的《责令停止违法行为通知书》,并填写了相关内容,对该商店的违法行为予以制止。该店店主态度很强硬,认为已经是行政机关的下班时间,规划局不可能组织人员来强制停工,没有接收王某的《责令停止违法行为通知书》。

【解析】

《行政处罚法》第四十二条规定,行政处罚应当由具有行政执法资格的执法人员实施。执法人员不得少于两人,法律另有规定的除外。

《行政强制法》第十八条规定,行政机关实施行政强制措施应当由两名以上行政执法人员实施。

《行政许可法》第三十四条规定,行政机关应当对申请人提交的申请材料进行审查。根据法定条件和程序,需要对申请材料的实质内容进行核实的,行政机关应当指派两名以上工作人员进行核查。

《自然资源行政处罚办法》第十七条规定,调查取证时,案件调查人员不得少于两人,并应当主动向当事人或者有关人员出示执法证件。当事人或者有关人员有权要求调查人员出示执法证件。调查人员不出示执法证件的,当事人或者有关人员有权拒绝接受调查或者检查。

《自然资源执法监督规定》第十一条规定,自然资源执法人员依法履行执法监督职责时,应当主动出示执法证件,并且不得少于2人。

本案的王某一人执法属于违法行为。

【延伸】

案中王某的敬业精神首先应当肯定,应该在全系统树立典型,号召学习。但是,王某的做法却要受到批评,并在全系统通报,引以为戒。

中国流行几千年的"一人为私,二人为公"的谚语,一是防止一人之私念,二人可以互相监督;二是可以互相弥补工作中的缺陷和不足;三是对外显示公正。

涉及行政管理的法律法规明确要求行政执法机关在行使调查、检查、核查、执行等公务时,必须有两名以上具有执法资格、并持有执法证的执法人员进行,而且要向行政相对人出示执法证。

以前因为人手少,持有执法证件的人员不足,许多执法文书后补两人签字的现象比较普遍。随着人们法治意识不断提高以及执法全过程记录的要求越来越严格,执法机关和执法人员的法治意识和法治水平也应当不断提升。

2017年，陈某与案外人李某、徐某签订《土地转让协议》，受让王某通过置换取得的原某村级农资采购站房屋所占土地后，在未办理建房相关审批手续的情况下，在该宗土地上新建住房，并于2018年7月完成建筑封顶。

2018年6月，市（县级）国土资源局以涉嫌非法占用基本农田建房为由，依法向陈某送达《责令停止违法行为通知书》，并立案调查。

2018年11月，市国土资源局在经过依法调查、告知陈述申辩、组织听证等程序后，认定陈某于2017年10月未经批准，擅自在××市××乡××村新桥桥头北侧占用基本农田建住宅的行为，不符合××市《土地利用总体规划图（2006—2020年）》，违反了《中华人民共和国土地管理法》第四十三条第一款、第六十二条第二款、第三款和《国务院基本农田保护条例》第十七条的规定。依据《中华人民共和国土地管理法》第七十六条第一款和《基本农田保护条例》第三十三条的规定，作出《行政处罚决定书》，责令陈某退还非法占用的土地，限期五日内自行拆除在非法占用的土地上新建的建筑物和其他设施933.11平方米，并对非法占用的215.11平方米土地按照基本农田（耕地）开垦费每平方米30元的标准，处罚款6 453.3元。

陈某不服上述行政处罚决定，于2019年1月向复议机关提出复议申请。

【解析】

《土地管理法》（2004年修订本）第十条规定，农民集体所有的土地依法属于村农民集体所有的，由村集体经济组织或者村民委员会经营、管理。

第七十七条规定，农村村民未经批准或者采取欺骗手段骗取批准，非法占用土地建住宅的，由县级以上人民政府土地行政主管部门责令退还非法占用的土地，限期拆除在非法占用的土地上新建的房屋。

《基本农田划定技术规程》（TD/T 1032—2011）中对基本农田的划定的规定：

继续保留的基本农田：依据土地利用总体规划确定的基本农田，结合土地利用现状调查成果，对已有基本农田保护成果进行对比分析，经核实确认，符合土地利用总体规划基本农田布局要求的现状基本农田，继续保留划定为基本农田。

不得保留的基本农田：依据土地利用总体规划确定的基本农田，结合土地利用现状调查成果，对已有基本农田保护成果进行对比分析，现状基本农田中的建设用地、未利用地，以及不符合土地利用总体规划基本农田布局要求且不可调整或达不到耕地质量标准的农用地，不得保留划定为基本农田。

本案行政复议的结论是：

申请人陈某在仅取得村委会同意的情况下，便直接在集体所有的耕地上建房，且直至复议决定作出时，建房报批准建程序尚未完成，其"未批先建"的事实清楚，应当依法对其进行处罚。

被申请人某市国土资源局认定申请人建房行为属于占用基本农田建住宅，但此认定事实不清、证据不足。该局在《行政处罚决定书》中引用《国务院基本农田保护条例》第十七条、三十三条对申请人进行处罚,亦属适用法律错误。

【延伸】

本案中的"陈某与案外人李某、徐某签订《土地转让协议》,受让王某通过置换取得的原某村级农资采购站房屋所占土地",涉及集体土地转让和置换问题,以及原某村级农资采购站房屋所占土地是否经过批准问题,作另案处理。

从《土地调查条例》第六条"根据土地管理工作的需要,每年进行土地变更调查"和第七条"进行土地利用现状及变化情况调查时,应当重点调查基本农田现状及变化情况,包括基本农田的数量、分布和保护状况"的规定可以看出,《土地利用总体规划图(2006—2020)》是动态发展的目标图。

再根据《基本农田划定技术规程》(TD/T1032—2011)的有关规定可以看出,基本农田的位置也是动态变化的。

国土空间规划系统中,因为土地调查的"所见即所得"、基本农田划定的保留与不保留甚至是补划、国土空间总体规划中"三区三线"的调整等特殊性,导致对一定时段、一个时点的事实认定存在盲点。所以在行政执法时,一定要细化源头认定、强调时点现状认定、综合规划认定。一旦事实认定不清,很有可能连带适用法律法规错误。

在处理行政案件(包括许可、处罚、复议、诉讼)时,证据和依据应当经过集体讨论,并会商法律界人士意见后予以固定,以利于不变应万变。

另外,需要加强执法人员行政应议、应诉能力培养,从行政复议、行政诉讼案件审理的角度规范行政执法行为,保障行政执法行为的合法性、公正性和权威性。

案例 3

某私营宾馆,在扩建过程中增加了400多平方米的违法建设。群众举报后,某市自然资源局启动行政处罚程序。自然资源局执法人员进行了调查取证,并在调查结束后,按照《城乡规划法》第六十四条"未按照建设工程规划许可证的规定进行建设的,由县级以上地方人民政府城乡规划主管部门责令停止建设;尚可采取改正措施消除对规划实施的影响的,限期改正,处建设工程造价百分之五以上百分之十以下的罚款"的规定,对该宾馆作出"限期改正,处40 000元的罚款"的行政处罚决定。

在自然资源局调查取证后,为干扰、逃避行政机关的调查处理和行政处罚,该宾馆向市场管理部门申请变更了法定代表人。在自然资源局作出行政处罚决定书并送达时,该宾馆以法定代表人与市场管理部门登记不符为由,拒绝签收处罚决定书。

【解析】

《行政处罚法》第五十七条规定,调查终结,行政机关负责人应当对调查结果进行审查,根据不同情况,分别作出如下决定:

(1) 确有应受行政处罚的违法行为的,根据情节轻重及具体情况,作出行政处罚决定;

(2) 违法行为轻微,依法可以不予行政处罚的,不予行政处罚;

(3) 违法事实不能成立的,不予行政处罚;

(4) 违法行为涉嫌犯罪的,移送司法机关。

对情节复杂或者重大违法行为给予行政处罚,行政机关负责人应当集体讨论决定。

第五十九条规定,行政机关依照本法第五十七条的规定给予行政处罚,应当制作行政处罚决定书。行政处罚决定书应当载明下列事项:

(1) 当事人的姓名或者名称、地址;

(2) 违反法律、法规、规章的事实和证据;

(3) 行政处罚的种类和依据;

(4) 行政处罚的履行方式和期限;

(5) 申请行政复议、提起行政诉讼的途径和期限;

(6) 作出行政处罚决定的行政机关名称和作出决定的日期。

行政处罚决定书必须盖有作出行政处罚决定的行政机关的印章。

【延伸】

本案是一个真实案例。案涉宾馆拒收行政处罚决定书,自然资源局的执法人员(送达人)根据《民事诉讼法》"受送达人或者他的同住成年家属拒绝接收诉讼文书的,送达人可以邀请有关基层组织或者所在单位的代表到场,说明情况,在送达回证上记明拒收事由和日期,由送达人、见证人签名或者盖章,把诉讼文书留在受送达人的住所;也可以把诉讼文书留在受送达人的住所,并采用拍照、录像等方式记录送达过程,即视为送达"的规定,在属地社区领导和城管局人员的协助下,将行政处罚决定书留在该宾馆的大堂。

针对该宾馆恶意变更了法定代表人,是否会导致行政处罚决定书中载明的当事人的姓名、名称等变更问题,该自然资源局邀请了法律专家进行研讨。专家一致认为,该宾馆虽然对法定代表人作了变更,但不影响自然资源局对其违法行为和违法事实的认定。行政处罚一经作出,即具有确定力、拘束力和执行力。

按照《行政诉讼法》的解释,营业执照上登记的字号既可为原告,也可为被告,同时也是行政处罚对象。

在法律效果上,行政执法机关与行政相对人具有行政法上的权利义务关系。参照《民法典》第五百三十二条的规定,已经作出并送达的行政处罚决定书不需要变更,不影响行政处罚的执行,最终由该宾馆履行行政处罚。

本案件处理过程中,涉案的法定代表人有两个人(同姓不同名,实质为一个人),涉案宾馆的门牌号码有两个(一个路东的单号,一个路西的双号,实质上就是这个宾馆)。案件当事人是当地知名人士,擅长钻法律的"空子",甚至联络原自然资源局和原基层法院的工作人员一起对抗本次的行政处罚。案件处理的复杂性可想而知。

案例 4

2003 年 12 月 15 日,沈阳华锐世纪投资发展有限公司(以下称原告)与沈阳市土地储备交易中心签订《2003-059 号沈阳北站金融开发区地块挂牌交易成交确认书》,内容如下:"土地出让面积 165 303.4 平方米(以最后实地测量为准),规划用途为商业、写字楼、酒店、酒店式公寓。规划条件:建筑密度不大于35%,限制高度以净空批复文件为准(惠工广场周围不高于250米,西侧北京街附近不高于170米,其他不高于100米)。在不挡光、符合与周边建筑间距要求等条件下,该宗地规划设计方案中容积率可根据规划允许条件放开,不具体限定绿地率指标。"

2005年1月25日,沈阳金融商贸开发区管理委员会作出沈金贸发〔2005〕4号文件,即《关于"沈阳华锐世界广场"项目立项申请的批复》,内容如下:"二、项目一期工程占地面积5万平方米,包括一座现代化生活购物中心,建筑面积12万平方米;六栋酒店式公寓,建筑面积15万平方米;一栋写字楼,建筑面积9万平方米。"

2005年4月27日,沈阳市规划和国土资源局(后改为沈阳市自然资源局,以下称被告)向原告颁发涉案地块的《建设用地规划许可证》及其附件《建设用地规划许可证通知书》。《建设用地规划许可证》内容如下:"用地项目名称:华锐世界广场,用地位置:2003-059号地块,用地面积:161 885.6平方米",《建设用地规划许可证通知书》内容为:"经研究,同意按下列规划设计条件进行设计:1.用地四至范围:东至惠工广场,西至农行、审计署、用地界线,南至联合路,北至团结路,宗地总面积161 885.6平方米,容积率以正式批准方案为准……"

原告和被告于2005年签订沈规国土出合字〔2005〕0050号《国有土地使用权出让合同》,约定:"第三条甲方(沈阳市规划和国土资源局)出让给乙方(原告)的土地位于沈阳市沈河区惠工广场西侧,宗地面积为50 000平方米,其四至及界址点坐标见附件《出让宗地界址图》。……第七条甲方同意乙方按照《建设工程规划许可证》规定的建筑面积、容积率、密度、限高等土地使用条件进行建设……"原告办理了上述八块土地的《国有建设用地使用权证》。

2005年12月1日,被告出具《建筑扩初设计审定通知单》,载明:"规划建设用地50 000平方米"。2006年3月3日,原告取得涉案地块的《建设工程规划许可证》及其附件《建设工程规划许可证通知书》。《建设工程规划许可证》内容为:"建设项目名称:东北金融广场一期,建设位置:2003-059号地块,建设规模:395 000平方米",《建设工程规划许可证通知书》内容为:"建筑层数:5-15-28层,地下2层;建筑栋数:5栋;建设规模:395 000平方米;根据沈金贸发〔2005〕4号文件,经研究,同意中国建筑东北设计研究院2005年11月编制的设计(设计号DL04-217)在金融商贸开发区2003-059号地块上,修建东北金融广场一期工程,具体要求如下:1.新建筑由五座塔楼和裙房组成……2.新建筑西侧距离用地界线10米,南侧距离惠工街道路中心线47米,北侧距离团结路中心线23米……"

2008年12月10日,沈阳市土地储备交易中心出具《2003-059号沈阳北站金融开发区土地面积和土地价格调整的补充说明》。载明:"现由于该宗地西北角规划路调整,根据沈阳市规划和国土资源局2005年8月4日出具的宗地图,该宗地块的土地面积确认为161 798.7平方米,比原成交面积减少3 504.7平方米……"。

2009年6月24日,原告和被告签订《国有建设用地使用权出让合同》,内容为:"本合同项下出让宗地总面积161 798.7平方米,其中出让宗地面积为111 885.6平方米。第十三条受让人在本合同项下宗地范围内新建建筑物、构筑物及其附属设施的,应符合市(县)政府规划管理部门确定的出让宗地规划条件。其中:主体建筑物性质:商业、酒店式公寓、居住;建筑总面积 1 328 000 平方米,其中地下建筑面积 255 000 平方米;建筑容积率不高于 9.58;建筑限高不大于 426 米(以空军批复为准),建筑密度不高于 53.36%。"

2018 年 11 月 20 日,原告沈阳华锐世纪投资发展有限公司向被告沈阳市自然资源局(原沈阳市规划和国土资源局)提交《关于华府新天地三期建设规划方案审批的申请》,并于 2018 年 11 月 30 日提交《沈阳市建设项目规划许可及其他事项表》,申请建设项目基本情况为:"项目名称:沈阳华府新天地三期,项目性质:新建,项目类别:普通工程,建设位置:沈河区惠工广场西,用地性质:商业,用地面积:3 464.1 平方米,总建筑面积:27 000 平方米,(容积率:5.8,层数:18 层,栋数:1 栋),申报事项:建设工程规划许可证。"被告沈阳市自然资源局于同年 12 月 5 日进行审查,并于 2018 年 12 月 6 日作出市规土许不决〔2018〕(001)号《不予行政许可决定书》。

原告不服,向人民法院提起行政诉讼。

【解析】

《城市规划法》第三十一条规定,在城市规划区内进行建设需要申请用地的,必须持国家批准建设项目的有关文件,向城市规划行政主管部门申请定点,由城市规划行政主管部门核定其用地位置和界限,提供规划设计条件,核发建设用地规划许可证。

《城市房地产管理法》(1994 年版)第十一条规定,土地使用权出让,由市、县人民政府有计划、有步骤地进行。出让的每幅地块、用途、年限和其他条件,由市、县人民政府土地管理部门会同城市规划、建设、房产管理部门共同拟定方案,按照国务院规定,报经有批准权的人民政府批准后,由市、县人民政府土地管理部门实施。

第十四条规定,土地使用权出让合同由市、县人民政府土地管理部门与土地使用者签订。

《土地管理法实施条例》(1998 年修订本)第二十三条规定,有偿使用国有土地的,由市、县人民政府土地行政主管部门与土地使用者签订国有土地有偿使用合同。

《城镇国有土地使用权出让和转让暂行条例》(1990 年版)第十条规定,土地使用权出让的地块、用途、年限和其他条件,由市、县人民政府土地管理部门会同城市规划和建设管理部门、房产管理部门共同拟定方案,按照国务院规定的批准权限报经批准后,由土地管理部门实施。

《城市国有土地使用权出让转让规划管理办法》(建设部令第 22 号)第五条规定,出让城市国有土地使用权,出让前应当制定控制性详细规划。

出让的地块,必须具有城市规划行政主管部门提出的规划设计条件及附图。

第六条规定,规划设计条件应当包括:地块面积,土地使用性质,容积率,建筑密度,建筑高度,停车泊位,主要出入口,绿地比例,须配置的公共设施、工程设施,建筑界线,开发期限以及其他要求。

《建设用地容积率管理办法》(建规〔2012〕22 号)第七条规定,国有土地使用权一经出让或划拨,任何建设单位或个人都不得擅自更改确定的容积率。

因城乡基础设施、公共服务设施和公共安全设施建设需要导致已出让或划拨地块的大小及相关建设条件发生变化的,可以进行容积率调整。

《行政许可法》第三十八条规定,行政机关依法作出不予行政许可的书面决定的,应当说明理由,并告知申请人享有依法申请行政复议或者提起行政诉讼的权利。

【延伸】

本案发生于我国土地使用权出让制度制定初期,各种法律法规尚处在探索制定过程中,即使已经出台的政策法规,也缺乏可操作性,特别是对于容积率指标的概念及其重要性和危害性尚没有完全的认知。

从案由看,本案属于一次性认购(挂牌交易确认出让用地面积约 165 303.4 平方米)并分期签订国有建设用地出让合同的形式。且确认书中对容积率的要求是"该宗地规划设计方案中容积率可根据规划允许条件放开"。在第一次签订的部分土地出让合同(出让用地面积 50 000 平方米)中,相关指标以带方案的形式出现,合同对容积率指标是以"同意"的方式予以认可,但并没有明确具体的数字。第二次签订剩余部分土地的出让合同(出让用地面积 111 885.6 平方米)中,对容积率作出明确规定,且规定了 9.58 的上限。原告向被告申请审批第三期项目(该用地包含在第一次土地出让合同中,用地面积 3 464.1 平方米)的建设规划方案和建设工程规划许可证时,方案中的容积率标注为 5.8。被告对原告申请以"不符合规划条件中容积率要求"为由,作出"市规土许不决〔2018〕(001)号《不予行政许可决定书》"。

在一审、二审的庭审过程中,沈阳市自然资源局一直未明确说明沈阳华锐世纪投资发展有限公司的申请如何不符合上述条件,即未能提供充分证据证明被诉决定所认定的规划条件中容积率允许值和沈阳华锐世纪投资发展有限公司申请的容积率不符的具体事实。

一审、二审的最后裁决是:被诉不予许可决定认定事实不清,证据不足,依法应予撤销。

本案参见《辽宁省沈阳市中级人民法院行政判决书(2019)辽 01 行终 1236 号》。

案情看似复杂,但实际上,在作出是否许可决定之前,只需要把握好以下三件事,并按照《建设用地容积率管理办法》的要求,处理好容积率调整以及相关出让金的问题即可:

一是查清载入 2005 年签订的沈规国土出合字〔2005〕0050 号《国有土地使用权出让合同》第七条"甲方同意乙方按照《建设工程规划许可证》规定的建筑面积、容积率、密度、限高等土地使用条件进行建设"中的"容积率"的值;

二是查清 2008 年 12 月 10 日,沈阳市土地储备交易中心出具的《2003-059 号沈阳北站金融开发区土地面积和土地价格调整的补充说明》中载明:"现由于该宗地西北角规划路调整,根据沈阳市规划和国土资源局 2005 年 8 月 4 日出具的宗地图,该宗地块的土地面积确认为 161 798.7 平方米,比原成交面积减少 3 504.7 平方米"的事实。

三是查清本宗土地上已建和待建的所有建筑的计容面积。

案例 5

2016年7月19日,T县城西片区拆迁指挥部等相关部门对椿樱大道、椿樱河项目范围内的地面附属物进行了清理。

同年11月22日,A省人民政府下发皖政地〔2016〕1247号《关于T县2016年第9批次城镇建设用地的批复》,同意在该批次申报的T县城关镇银杏社区、椿樱社区、平安路社区、桥西社区用地范围内,征收集体建设用地65.9535公顷,用于城镇建设。T县人民政府随后履行了相应的征地补偿程序。

后李某以其位于镜湖西路以北约100米处的土地,以及位于文明西路以南约250米处的土地在T县人民政府建设椿樱大道、椿樱河项目时被占用为由,提起行政诉讼,请求裁定T县人民政府先占后征的行为违法。

【解析】

《土地管理法》(2004年修订本)第四十四条规定,建设占用土地,涉及农用地转为建设用地的,应当办理农用地转用审批手续。

在土地利用总体规划确定的城市和村庄、集镇建设用地规模范围内,为实施该规划而将农用地转为建设用地的,按土地利用年度计划分批次由原批准土地利用总体规划的机关批准。在已批准的农用地转用范围内,具体建设项目用地可以由市、县人民政府批准。

第四十五条规定,征收农用地的,应当先行办理农用地转用审批。

本案属于未转先征,违反了《土地管理法》建设用地管理的程序规定。

【延伸】

此案件存在两种不同的观点:

一种观点认为,虽然土地征用、整理以及补偿等工作先于省政府的农用地转用的批文,且群众和集体的合法权益没有受到损害,涉及案中李某的土地及地面附属物都得到了补偿,多次通知其领取但其均拒绝。在省里的批文下发后,李某作为集体经济组织成员,与涉案国有土地无利害关系,不具有提起本案诉讼的原告资格,对其起诉依法应予以驳回。

另一种观点认为,李某之所以拒绝领取补偿费用并提起行政诉讼,可能是李某对补偿数额等存在异议。但征收土地的程序违法是客观存在的,应当裁定T县人民政府征用土地程序违法。

行政执法包括行政许可、行政处罚、行政征收、行政确认等行为,执法过程中,主体资格认定很重要,执法程序符合法定更重要。法律法规规定的程序必须严格执行。

案例 6

2009年,郭德胜(以下称原告)在未办理土地使用手续的情况下建造养殖场一处,实际占用土地面积220.50平方米。2011年12月5日,河南省卫辉市国土资源管理局(以下称被告)对原告作出了《行政处罚决定书》(卫国土监字〔2011〕第041号),要求原告拆除在非法占用的220.50平方米土地上新建的建筑物220.50平方米,恢复土地原状,并处罚款4410元。原告认为被告作出处罚决定认定事实错误,诉至河南省卫辉市人民法院,要求撤销该处罚决定。

【解析】

1. 《土地管理法》(2004年版)第七十六条规定,未经批准非法占用土地的,由县级以上人民政府土地行政主管部门责令退还非法占用的土地,对违反土地利用总体规划擅自将农用地改为建设用地的,限期拆除在非法占用的土地上新建的建筑物和其他设施,恢复土地原状,对符合土地利用总体规划的,没收在非法占用的土地上新建的建筑物和其他设施,可以并处罚款。

2. 《行政处罚法》(2009年修订本)第三十八条规定,调查终结,行政机关负责人应当对调查结果进行审查,根据不同情况,分别作出决定。

对情节复杂或者重大违法行为给予较重的行政处罚,行政机关的负责人应当集体讨论决定。

第五十五条规定,行政机关实施行政处罚,没有法定的行政处罚依据的、违反法定的行政处罚程序的,由上级行政机关或者有关部门责令改正,可以对直接负责的主管人员和其他直接责任人员依法给予行政处分。

3. 《行政诉讼法》(1989年版)第五十四条规定,人民法院经过审理,对具体行政行为有下列情形之一的,判决撤销或者部分撤销,并可以判决被告重新作出具体行政行为:

(1) 主要证据不足的;(2) 适用法律、法规错误的;(3) 违反法定程序的;(4) 超越职权的;(5) 滥用职权的。

4. 《最高人民法院关于适用〈中华人民共和国行政诉讼法〉的解释》(法释〔2018〕1号)第一百二十八条规定,行政诉讼法第三条第三款规定的行政机关负责人,包括行政机关的正职、副职负责人以及其他参与分管的负责人。

【延伸】

本案参见《最高人民法院2014年6月23日公布五起典型案例》。

河南省卫辉市人民法院在案件审理过程中认为,原告郭德胜未经批准非法占用土地建养殖场的行为,违反了我国《土地管理法》的有关规定。卫辉市国土局应当根据郭德胜非法占用土地的行为是否符合当地土地利用总体规划的事实,对郭德胜作出限期拆除非法占用土地上的建筑物或没收非法占用土地上的建筑物的行政处罚。

但是,被告提供的标示郭德胜违法占用土地的具体位置的图纸未附说明材料,且在庭审中亦未对该图纸中原告占用土地位置的确定方法作出说明、解释,致使法院无法判断郭德胜占用的土地系农用地还是建设用地,即原告建造的养殖场是否符合当地土地利用总体规划。这直接导致无法确定被告对原告的违法行为应如何处罚,是拆除还是没收在非法占用土地上的建筑物。

同时,根据《行政处罚法》等规定,被告对原告作出限期拆除建筑物,即较重的行政处罚决定之前,应当经过本单位领导集体讨论决定,但是被告未提供其对原告作出的处罚决定经过了本单位领导集体讨论决定的证据。

因此，被告对原告作出的处罚决定主要证据不足，不符合法定程序，依法应予撤销。

依据《行政诉讼法》规定，判决撤销卫辉市国土局 2011 年 12 月 5 日对原告郭德胜作出的《行政处罚决定书》（卫国土监字〔2011〕第 041 号），并由被告重新作出处理。

从法院已经生效的判决中，自然资源主管部门应该得出以下经验和教训：

一是证据不足问题。有关证据问题，在新的国土空间规划要求"三区三线"准确定位、村庄规划必须把每一寸土地的用途交代清楚的基础上，以后不可能出现因为地类认定问题而造成"是否属于农用地""是否属于耕地""是否属于基本农田"的举证问题。但是，在作出决定前，执法人员还是要对涉案问题的证据是否符合法定、证据链是否能互相印证等做全面细致的工作，应当也必须保证证据连续、完整。

二是有关违反法定程序问题。本案中的程序问题出于"集体研究"的缺失。但是行政行为的法定程序不仅仅是行政处罚的"集体研究"，[案例5]中的"先批后征"、行政许可以及各种专项的行政法律法规中规定的办事程序、各种前置条件等，都是法定程序，不可违背。

本案是行政处罚案件，法律规定"情节复杂或者是重大违法行为给予较重的行政处罚情形"，"行政机关的负责人应当集体讨论决定"。何谓"情节复杂"、何谓"重大违法行为"、何谓"较重处罚"，每个案件都有特殊性，法官、行政机关、行政相对人都会有不同的理解。

有的认为，适用《行政处罚法》中"简易程序"的，不属于情节复杂或者重大违法行为给予较重的行政处罚，不需要行政机关的负责人应当集体讨论决定；有的认为"集体研究"是行政执法机关的内部程序，非法定程序等。

目前，每个行政机关都有主要领导主持、各部门领导和业务部门参加的业务例会制度，而且，每个行政机关对"盖公章"也有规范的管理要求。建议不要区分行政处罚案件的情节是否复杂、处罚是否较重问题，一律经过行政机关的业务审查会讨论，业务审查会的讨论意见是作出行政处罚的"集体研究"证据。

三是不要过分地依赖《优化营商环境条例》（国务院令第 722 号）等规定的"容错机制"对行政机关及其工作人员法定职责和责任的"解脱"和"庇护"，依法办事是根本。

对法律法规中赋予自由裁量行政处罚中的顶格处罚，以及加重处罚，也需要"集体研究"。且"集体研究"不应以领导"会签"形式作出，不应以分管领导召集有关内设机构研究作出，也不应在案件审理结束前作出。

案例 7

本案源于《中华人民共和国最高人民法院行政判决书(2021)》（最高法行再 249 号）。

案由简介（以时间顺序）：

2003 年 4 月，梅州市发展计划局批复同意三建公司在涉案地块开展建设，原兴宁市国土局也作出同意用地的预审意见，兴宁市招商引资办还发函明确，土地补偿费按三建公司与镇政府协商的价格解决，并要求尽快完成项目建设。

同年 9 月，镇国土所出具"兹有五里香度假村全部土地已经我所协助征用。其土地使用证正在办理中，请有关部门给予办理报建手续"的证明。

2003年12月28日,兴宁市建设局(现兴宁市住房和城乡建设局)颁发了编号地04规001《广东省建设项目选址意见书》,同意五里香度假村(包括五里香茶艺馆)选址在兴宁市福兴镇五里村与锦华村地段,用地规模为110亩。

2004年2月,三建公司取得了建设用地规划许可证、建设工程规划许可证、施工许可证等系列手续。同时,兴宁市政府也作出批复,减免报建规费,兑现招商政策。

其间,三建公司通过向村民、村民小组租赁或购买的方式使用涉案土地,并于年底建成五里香茶艺馆。

同年10月,原广东省国土资源厅复函同意涉案项目完善用地手续,但兴宁市有关部门一直未按要求申报完善手续。

2014年5月29日,兴宁市自然资源局以三建公司在未取得建设用地批准手续情况下占用土地兴建五里香茶艺馆为由,对三建公司作出兴国土资处罚字〔2014〕第9号《国土资源行政处罚决定书》(以下简称"9号处罚决定"):没收三建公司在非法占用的10 216.67平方米土地上建成的建筑物和其他设施。

三建公司不服,起诉请求撤销处罚决定。

【解析】

《土地管理法》(2004年修订本)第七十六条规定,未经批准非法占用土地的,由县级以上人民政府土地行政主管部门责令退还非法占用的土地,对违反土地利用总体规划擅自将农用地改为建设用地的,限期拆除在非法占用的土地上新建的建筑物和其他设施,恢复土地原状,对符合土地利用总体规划的,没收在非法占用的土地上新建的建筑物和其他设施,可以并处罚款。

《行政许可法》(2004年版)第八条规定,公民、法人或者其他组织依法取得的行政许可受法律保护,行政机关不得擅自改变已经生效的行政许可。

行政许可所依据的法律、法规、规章修改或者废止,或者准予行政许可所依据的客观情况发生重大变化的,为了公共利益的需要,行政机关可以依法变更或者撤回已经生效的行政许可。由此给公民、法人或者其他组织造成财产损失的,行政机关应当依法给予补偿。

第六十九条规定,撤销行政许可,被许可人的合法权益受到损害的,行政机关应当依法给予赔偿。

《行政处罚法》(1996年版)第三十八条规定,调查终结,行政机关负责人应当对调查结果进行审查,根据不同情况,分别作出如下决定:

(1)确有应受行政处罚的违法行为的,根据情节轻重及具体情况,作出行政处罚决定;

(2)违法行为轻微,依法可以不予行政处罚的,不予行政处罚;

(3)违法事实不能成立的,不得给予行政处罚;

(4)违法行为已构成犯罪的,移送司法机关。

对情节复杂或者重大违法行为给予较重的行政处罚,行政机关的负责人应当集体讨论决定。

【延伸】

先总结一下21世纪初的招商引资热潮中存在的若干问题：

一是口头政策太多。因为招商是硬任务，涉及招商人员的工资待遇、仕途前程，但招商人员对土地、规划、财政等政策往往缺乏了解，对投资人的所有要求几乎满口答应，等到投资人的资金到账了，招商人员的工作就算完成了。至于投资人的项目能否落地，招商人答应投资人的各种优惠政策能否兑现，则需要多个部门进行会商，但往往大部分的优惠条件无法兑现，投资人觉得被欺骗。

本案中的企业，历经10年，即使"原广东省国土资源厅复函同意涉案项目完善用地手续"，但"兴宁市有关部门一直未按要求申报完善手续"。个中原因一般有三：一是没有土地指标；二是投资人认为地价过高；三是投资强度与用地规模的"性价比"问题，也就是项目质量问题。二是项目质量参差不齐。"项目包装""包装项目"是那个时代的流行用语。300万的项目，经过招商人与投资人的共同"包装"，规模达到一个亿不成问题，招商引资的考核数字完成，但是真正的投资人却没了踪影。有的投资商甚至变成了"投机商"。三是"安商"环境不佳，也就是后来出台的《优化营商环境条例》（国务院令第722号）中的营商环境（企业等市场主体在市场经济活动中所涉及的体制机制性因素和条件）较差。

有的地方政府缺乏诚信，相关承诺朝令夕改、前后不一致。有的甚至把投资人当成"唐僧肉"，对投资人的态度从招商初期的热情洋溢猛降至冰点以下，实在让投资人寒心。

本案就是典型的例子。从2003年事件的发生，到2014年的行政处罚，再到2023年的最终判决，本案的企业承受了漫长的煎熬！一审、二审、再审，又浪费了宝贵的司法成本！

摘录2023年4月19日，中华人民共和国最高人民法院对本案的态度和判决：9号处罚决定违反过罚相当原则，显失公正。一、二审判决认定事实不清，适用法律错误，应予纠正。依照《中华人民共和国行政诉讼法》第七十四条第二款第一项、第八十九条第一款第二项，《最高人民法院关于适用〈中华人民共和国行政诉讼法〉的解释》第一百一十九条的规定，判决如下：

一、撤销广东省梅州市中级人民法院（2014）梅中法行终字第70号行政判决及广东省兴宁市人民法院（2014）梅兴法行初字第28号行政判决；

二、确认广东省兴宁市自然资源局兴国土资处罚字〔2014〕第9号《国土资源行政处罚决定书》违法。

一、二审案件受理费100元，由广东省兴宁市自然资源局负担。

本判决为终审判决。

案例 8

刘某是库尔勒市（县级市）某村的村民，2006年，他经过村委会的同意，向乡政府、市国土资源局等部门申请宅基地报批手续。直到2020年1月3日，库尔勒市人民政府发布房屋征收决定公告（刘某的房屋位于征收范围内），国土局的工作人员才告知其报批手续丢失。刘某此后一直主张权利，但均未得到答复。刘某一直在该房屋居住至今。

2023年2月2日,库尔勒市自然资源局向刘某作出了《责令限期拆除违法建设决定书》,刘某对该决定书不服,依法提起诉讼,诉请撤销库尔勒市自然资源局对其作出的《责令限期拆除违法建设决定书》。

法院向库尔勒市自然资源局送达诉状副本后,该局向刘某作出《行政撤销决定书》,将案涉《责令限期拆除违法建设决定书》予以撤销。

随后,刘某改变诉求,诉请法院确认库尔勒市自然资源局《责令限期拆除违法建设决定书》违法。

【解析】

《行政许可法》(2004版)第四十二条规定,行政机关应当自受理行政许可申请之日起二十日内作出行政许可决定。

《行政诉讼法》第十二条规定,人民法院受理公民、法人或者其他组织提起的对行政处罚不服的;申请行政许可,行政机关拒绝或者在法定期限内不予答复的诉讼。

《土地管理法》(2004年修订本)第七十七条规定,农村村民未经批准,非法占用土地建住宅的,由县级以上人民政府土地行政主管部门责令退还非法占用的土地,限期拆除在非法占用的土地上新建的房屋。

《土地管理法》第七十八条规定,农村村民未经批准,非法占用土地建住宅的,由县级以上人民政府农业农村主管部门责令退还非法占用的土地,限期拆除在非法占用的土地上新建的房屋。

《国土资源行政处罚办法》第四条规定,限期拆除是国土资源行政处罚的一种。

【延伸】

一件极其普通的行政许可申请事项,本应20日内作出决定,却经过近14年的时间,得到的结果是"报批手续丢失"。

新的《土地管理法》修订并实施已逾三年,作为自然资源主管部门仍继续行使着已不属于本部门的行政权力,直到群众提起诉讼,法院将诉状副本送达时,该部门才意识到自身已不再拥有此项行政处罚权。

本案一是违反了《行政许可法》的规定,二是违反了《土地管理法》的规定。

刘某的首诉是为了维护自身的合法权益。改变诉由后的坚持诉讼,则是对行政机关越权行为的控告。

《行政诉讼法》第七十条规定,行政行为有下列情形之一,人民法院判决撤销或者部分撤销,并可以判决被告重新作出行政行为:

(1)主要证据不足的;(2)适用法律、法规错误的;(3)违反法定程序的;(4)超越职权的;(5)滥用职权的;(6)明显不当的。

第七十四条规定,行政行为有下列情形之一的,人民法院判决确认违法,但不撤销行政行为:

(1)行政行为依法应当撤销,但撤销会给国家利益、社会公共利益造成重大损害的;

(2)行政行为程序轻微违法,但对原告权利不产生实际影响的。

行政行为有下列情形之一,不需要撤销或者判决履行的,人民法院判决确认违法:

(1) 行政行为违法,但不具有可撤销内容的;

(2) 被告改变原违法行政行为,原告仍要求确认原行政行为违法的;

(3) 被告不履行或者拖延履行法定职责,判决履行没有意义的。

案涉自然资源局如果不主动撤销向刘某作出的《责令限期拆除违法建设决定书》,人民法院可以按照《行政诉讼法》第七十条关于超越职权情形的规定,判决撤销该《决定书》。

本案中的自然资源局以《行政撤销决定书》的形式主动撤销了本部门超越职权作出的《责令限期拆除违法建设决定书》,但并不免除其作出《责令限期拆除违法建设决定书》的违法责任。因此,一审法院对本案的判决是:确认库尔勒市自然资源局作出的《责令限期拆除违法建设决定书》违法。

案例 9

本案源于《天津市第一中级人民法院(2017)津 01 行终 348 号行政判决书》。

武清国土分局经调查认定,鸿翔昊宇公司未经批准自 2011 年年底,在京沪高速东侧、滨保高速北侧占地建搅拌站。2012 年 7 月 18 日,武清国土分局为鸿翔昊宇公司颁发了津武国土临时字〔2012〕第 033 号《临时建设用地批准书》,用地单位名称为鸿翔昊宇公司,批准用地面积 39 763.1 平方米,土地用途为临时用地,批准期限为 2012 年 7 月至 2014 年 7 月。但鸿翔昊宇公司在临时用地期满后一直未办理涉案地块的合法手续。武清国土分局对鸿翔昊宇公司先后作出《责令停止违法行为通知书》和《责令限期整改通知书》。

2014 年 12 月 15 日,武清国土分局作出津武国土监字〔2014〕第 133 号《行政处罚告知书》,载明:1.退还非法占用的土地;2.限期 15 日内自行拆除在非法占用的 42 885.2 平方米土地上新建的建筑物和其他设施,并恢复土地原貌;3.处以罚款 428 852 元。

鸿翔昊宇公司在收到《行政处罚告知书》后申请听证,武清国土分局于 2015 年 1 月 21 日组织了听证。

武清国土分局因需要具有耕地破坏鉴定资质的组织对原告造成的耕地破坏程度进行鉴定,于 2015 年 1 月 27 日中止调查,并于 2015 年 9 月 1 日决定恢复调查。

2015 年 9 月 10 日,新疆维吾尔自治区司法鉴定科学技术研究所农林牧司法鉴定中心出具司法鉴定书,其中载明"原告鸿翔昊宇公司在占用的土地中修建道路(水泥面)、房屋(水泥地坪)、堆料场地等硬化地面共计为 44 597.2 平方米"。同日,武清国土分局再次中止调查。2016 年 6 月 8 日,该局以完善了证据为由决定恢复调查。

2016 年 6 月 13 日,武清国土分局作出了津武国土执字〔2014〕第 133 号《行政处罚决定书》,内容为:1.退还非法占用的土地;2.限期 15 日内自行拆除在非法占用的 44 597.2 平方米土地上新建的建筑物和其他设施,并恢复土地原状;3.处以每平方米 10 元的罚款,共计 445 972 元。

鸿翔昊宇公司对该处罚决定不服,向武清区政府提起行政复议。武清区政府作出维持武清国土分局行政处罚决定的复议决定,并已送达。鸿翔昊宇公司不服上述行政处罚决定和行政复议决定,诉至法院。

【解析】

《行政处罚法》(2009年修订本)第四十二条规定,行政机关作出较大数额罚款等行政处罚决定之前,应当告知当事人有要求举行听证的权利;当事人要求听证的,行政机关应当组织听证。

《国土资源听证规定》(国土资源部令第22号)第三十条规定,听证主持人认为听证过程中提出新的事实、理由和依据或者提出的事实有待调查核实的,中止听证。

中止听证的,主管部门应当书面通知听证参加人。

第三十一条规定,中止听证的情形消失后,由主管部门决定恢复听证,并书面通知听证参加人。

第三十三条规定,主管部门应当根据听证笔录,依法作出行政处罚决定。

《行政诉讼法》(2014年修订本)第二十六条规定,经复议的案件,复议机关决定维持原行政行为的,作出原行政行为的行政机关和复议机关是共同被告;复议机关改变原行政行为的,复议机关是被告。

【延伸】

行政机关作出行政处罚决定前,告知被处罚人有陈述、申辩、听证的权利,是法律法规给予被处罚人的法定救济权。在听证过程中,行政相对人可以通过举证、质证、辩论等,充分发表意见,提出有针对性的抗辩理由,更有利于查明案件事实和保护行政相对人的合法权益。

听证过程中,若听证主持人认为提出新的事实、理由和依据或者提出的事实有待调查核实的,可以中止听证。在有关新的事实、理由和依据或者提出的事实调查核实后,行政机关应当恢复听证,并书面通知听证参加人。

本案由39 763.1平方米的临时用地期满后,未办理涉案地块的合法手续而引发行政处罚程序。行政处罚告知书涉及42 885.2平方米土地,行政机关依被处罚人申请组织了听证。

听证会后,组织了重新调查和鉴定,发现实际占用土地为44 597.2平方米。涉嫌违法事实的三个数字不停地在变化,行政机关应当意识到新的事实导致原处罚告知中认定的违法事实改变,可能造成处罚幅度加重,并及时告知被处罚人,听取其陈述、申辩并组织再次听证。但是涉案行政机关没有再次组织(恢复)听证会,而是按照最后调查的事实直接作出了行政处罚决定,违反了法定程序,剥夺了行政相对人的听证机会。

复议机关认为无法避免诉讼,在复议阶段只是走过场进行应付。

一审法院判决如下:

(1)撤销被告天津市国土资源和房屋管理局武清区国土资源分局于2016年6月13日作出的津武国土执字〔2014〕第133号《行政处罚决定书》;

(2)撤销被告天津市武清区人民政府2016年10月25日作出的津武政复字〔2016〕7号《行政复议决定书》;

(3)判令被告天津市国土资源和房屋管理局武清区国土资源分局于本判决生效后60日内对原告占用涉案土地行为重新作出处理。

两位被告不服一审判决,进行了上诉,被驳回。

从上诉情形可以看出,两位被告,特别是武清国土分局仍然没有意识到自身的错误。

本案中,涉嫌违法事实的三个数字不停地在变化,证明了执法调查人员的工作方法和工作态度存在问题。以事实为依据,以法律为准绳,最基本的违法事实调查,前后差距如此之大,如何能作出准确的行政决定?

有的地方政府部门将《行政处罚告知书》送达方式变成了下发文件,电话通知,要求被处罚人来其办公地点领取《行政处罚告知书》,并要求带上公章,在行政机关打印好的"自愿放弃陈述、申辩和听证权"的承诺书上加盖被处罚人的公章。这种做法是严重的违法行为,一旦被处罚人说出事实,后果将不堪设想。

案例 10

本案源于最高人民法院发布耕地保护典型行政案例之八(案由具体叙述来源于《海南省高级人民法院行政判决书》((2019)琼行终 697 号)。

2018年8月3日,洋浦经济开发区规划建设土地局向洋浦经济开发区三都区办事处作出《关于三都区 610 处疑似违法图斑违法情况认定的复函》,载明:"我局将你处实地调查的 610 处疑似违法图斑与《洋浦经济开发区总体规划(空间类 2015—2030)》和土地利用现状数据进行套合,现将核实情况答复如下:一、位于生态红线范围内的,按照《海南省生态保护红线管理规定》和《海南省陆域生态保护红线区开发建设管理目录》执行,请另文申请环保局认定;二、占用规划林地的,经咨询经发局,属于违法图斑;三、影响开发区总体规划实施和存在安全隐患(如位于电力线路保护区内)的,属于违法图斑;四、上述情形外的设施农用地,符合规定的可以补办设施农用地手续。具体图斑认定情况详见附件三。"该函未见附有图斑及总体规划图。

2018年9月8日,洋浦经济开发区三都区综合行政执法大队(以下简称三都区执法大队)对陈汉模在看塘村擅自建设 440.56 平方米简易构筑物的行为进行立案调查,线索来源于上述"两违"图斑。

2018年9月15日,三都区执法大队工作人员拍摄现场照片。

2018年9月28日,三都区执法大队形成《违法建筑案件调查报告》,查明陈汉模未经洋浦规划建设行政主管部门批准,在未取得乡村建设规划许可证的情况下,在看塘村擅自建设约 440 平方米构筑物,根据《行政处罚法》第三十六条、《城乡规划法》第六十五条的规定,建议按程序依法予以拆除,并恢复原状。

同日,三都区执法大队召开会议,同意拆除陈汉模违法建设的构筑物。

2018年9月30日,三都区执法大队作出《行政处罚案件处理呈批表》。

2018年10月8日,洋浦管委会作出浦管执(三都)限告字〔2018〕第 217 号《限期拆除告知书》,认定陈汉模未经洋浦规划建设行政主管部门批准,在没有取得乡村建设规划许可证的情况下,于 2015 年 8 月 2 日在看塘村擅自建设 440.56 平方米构筑物,拟作出限期拆除该构筑物决定,并告知陈汉模享有陈述、申辩及申请举行听证的权利,该告知书于当天向陈汉模留置送达。

2018年10月12日,洋浦管委会作出浦管执(三都)限拆字〔2018〕第219号《限期拆除决定书》,责令陈汉模于2018年10月18日前自行拆除该构筑物,并于当日向陈汉模留置送达。

2018年10月18日,洋浦管委会作出浦管执(三都)强催字〔2018〕第242号《履行行政决定催告书》,并于当日向陈汉模留置送达。

2018年10月24日,洋浦管委会作出浦管执(三都)强拆字〔2018〕第251号《强制执行决定书》和《强制拆除公告》,并于当日向陈汉模留置送达。

2018年12月18日,洋浦管委会作出《限期搬离通知书》,告知陈汉模于12月20日前搬离上述构筑物,并清理存放于构筑物的物品,该通知书于当日送达给陈汉模。

2019年1月31日,洋浦管委会组织拆除陈汉模的猪舍。陈汉模不服洋浦管委会的强制拆除行为,遂提起本诉。

【解析】

1.《行政处罚法》第十五条规定,行政处罚由具有行政处罚权的行政机关在法定职权范围内实施。

第十七条规定,法律、法规授权的具有管理公共事务职能的组织可以在法定授权范围内实施行政处罚。

第十八条规定,行政机关依照法律、法规或者规章的规定,可以在其法定权限内委托符合本法第十九条规定条件的组织实施行政处罚。行政机关不得委托其他组织或者个人实施行政处罚。

委托行政机关对受委托的组织实施行政处罚的行为应当负责监督,并对该行为的后果承担法律责任。

受委托组织在委托范围内,以委托行政机关名义实施行政处罚;不得再委托其他任何组织或者个人实施行政处罚。

2.《土地管理法》(2004年修订本)第八十三条规定,依照本法规定,责令限期拆除在非法占用的土地上新建的建筑物和其他设施的,建设单位或者个人必须立即停止施工,自行拆除;对继续施工的,作出处罚决定的机关有权制止。建设单位或者个人对责令限期拆除的行政处罚决定不服的,可以在接到责令限期拆除决定之日起十五日内,向人民法院起诉;期满不起诉又不自行拆除的,由作出处罚决定的机关依法申请人民法院强制执行,费用由违法者承担。

3.《城乡规划法》第六十五条规定,在乡、村庄规划区内未依法取得乡村建设规划许可证或者未按照乡村建设规划许可证的规定进行建设的,由乡、镇人民政府责令停止建设、限期改正;逾期不改正的,可以拆除。

第六十八条规定,城乡规划主管部门作出责令停止建设或者限期拆除的决定后,当事人不停止建设或者逾期不拆除的,建设工程所在地县级以上地方人民政府可以责成有关部门采取查封施工现场、强制拆除等措施。

4.《行政强制法》第四十四条规定,对违法的建筑物、构筑物、设施等需要强制拆除的,应当由行政机关予以公告,限期当事人自行拆除。当事人在法定期限内不申请行政复议或者提起行政诉讼,又不拆除的,行政机关可以依法强制拆除。

【延伸】

本案属于重大违法行为给予较重行政处罚的案件,有关规定程序必须履行,而且还要重点考虑以下两个重大问题:

一是主体资格问题。洋浦经济开发区管理委员会是否具有法律规定的行政处罚权、行政强制权。(另案处理)

二是适用法律问题。对于违法建设的查处,《土地管理法》《城乡规划法》都有相关规定,存在法条竞合。建设行为涉嫌违法占地的,应当适用土地管理法规;有合法土地使用权的违法建设处理,应当适用城乡规划管理法规。对于违法建设强制拆除,《土地管理法》规定,申请人民法院强制执行;《城乡规划法》规定,由作出限期拆除的机关或者其政府组织拆除;《行政强制法》规定,行政机关可以依法强制拆除。

本案一审认为,洋浦管委会作出的《强制执行决定书》以及对涉案构筑物进行强制拆除,认定事实清楚,证据充足,适用法律正确,程序合法,判决驳回陈汉模的诉讼请求。

本案二审认为,根据《土地管理法》第八十三条、《城乡规划法》第六十五条的规定,对非法占用土地上的建筑或设施的强制拆除由行政机关申请人民法院执行,对乡、村庄规划区内违反规划所建的建筑或设施由行政机关自行查处。本案中,涉案养殖设施用地为设施农业用地,陈汉模未履行用地审批手续使用涉案养殖设施用地属于非法占地行为,故对在该地上所建设施的拆除,应根据《土地管理法》第八十三条的规定,由洋浦管委会申请人民法院强制执行,而不能适用《城乡规划法》第六十五条的规定由洋浦管委会自行强制拆除。而且,洋浦管委会亦未提供证据证明涉案养殖设施用地属于乡、村庄规划区范围内的建设用地,即不存在可以适用《城乡规划法》进行查处的情形。综上,洋浦管委会作出《强制执行决定书》适用法律和处理结果均为错误,依法应予撤销,但由于涉案养殖设施已被强制拆除,该决定书实质上已无可撤销的内容,故依法应确认为违法。故判决撤销一审判决,确认洋浦管委会的行政行为违法。

洋浦管委会自行强制拆除涉案 440.56 平方米构筑物的行政行为,违反法律规定,应依法确认违法。一审判决适用法律和案件处理结果错误,应予纠正。陈汉模的上诉理由部分成立,本院予以支持。

最终判决如下:

一、撤销海南省第二中级人民法院(2019)琼 97 行初 113 号行政判决;

二、确认洋浦经济开发区管理委员会于 2019 年 1 月 31 日强制拆除陈汉模位于看塘村 440.56 平方米简易构筑物的行政行为违法。

案例 11

2018 年 9 月 4 日,某区执法局对某房地产开发企业作出责令改正通知,责令其立即停止违法行为,并限于 2018 年 9 月 6 日 12 时前自行拆除违法建设。2018 年 9 月 7 日,某区执法局实施强制拆除行为。

2018年9月11日,开发企业向法院提起诉讼,诉请确认涉案执法局行为违法。

【解析】

《城乡规划法》第四十条规定,在城市、镇规划区内进行建筑物、构筑物、道路、管线和其他工程建设的,建设单位或者个人应当向城市、县人民政府城乡规划主管部门或者省、自治区、直辖市人民政府确定的镇人民政府申请办理建设工程规划许可证。

第六十四条规定,未取得建设工程规划许可证或者未按照建设工程规划许可证的规定进行建设的,由县级以上地方人民政府城乡规划主管部门责令停止建设;尚可采取改正措施消除对规划实施的影响的,限期改正,处建设工程造价百分之五以上百分之十以下的罚款;无法采取改正措施消除影响的,限期拆除,不能拆除的,没收实物或者违法收入,可以并处建设工程造价百分之十以下的罚款。

《行政强制法》第三十五条规定,行政机关作出强制执行决定前,应当事先催告当事人履行义务。

第三十七条规定,经催告,当事人逾期仍不履行行政决定,且无正当理由的,行政机关可以作出强制执行决定。

第四十四条规定,对违法的建筑物、构筑物、设施等需要强制拆除的,应当由行政机关予以公告,限期当事人自行拆除。当事人在法定期限内不申请行政复议或者提起行政诉讼,又不拆除的,行政机关可以依法强制拆除。

【延伸】

9月4日至9月7日,4天时间,涉案执法局就完成了一起违法建设强制拆除案件。

违法建设认定可以由土地规划部门出具相关证明,执法局也可自行到土地规划部门查阅调取案涉房屋的规划建设审批档案,或要求该企业提供案涉房屋的产权登记证明及规划建设审批手续,在取得上述证据的情况下,才可作出违法建设认定。

证据充分是行政机关依法行政的基本要求。被告应当提供作出该行政行为的证据和所依据的规范性文件。行政机关应强化证据意识,按照法定程序和方式进行调查取证,及时收集、固定并妥善保存证据,确保所认定事实皆有充分证据支持。

本案中,某区执法局未提供认定案涉房屋为违法建设的相关证据。

程序正当性是行政诉讼审查的重点之一。即使行政行为客观上没有对当事人造成损害、不需要作出赔偿判决,但行政行为违反法律的相关程序性规定,亦需依法判决确认其违法。

本案中,在实施强制拆除行为时,应根据《行政强制法》的相关规定,严格履行法定程序,高度重视相关条款中的期限规定,不能随意缩减异议期限,不能剥夺当事人的复议或诉讼的权利。

案例 12

2020年9月7日,江苏省盐城市自然资源和规划局(以下简称盐城市资规局)发现盐城市某建材有限公司未经批准,在南洋镇柴坝村二组境内占用土地8 538平方米(折合

12.81亩),用于堆放砂石及硬化水泥场地、新建办公房。经勘测定界,其中占用耕地3 139平方米,占用园地2 242平方米,占用其他农用地3 149平方米,占用交通运输用地8平方米。

2021年11月25日,盐城市资规局作出《行政处罚决定书》(盐亭国土资罚〔2020〕40号),责令盐城市某建材有限公司十五日内将非法占用的土地退还,并自行拆除土地上新建的建筑物和其他设施。

2022年2月14日,盐城市资规局向盐城市某建材有限公司邮寄送达了《履行行政处罚决定催告书》,但盐城市某建材有限公司未履行上述义务,故盐城市资规局于2022年3月1日向江苏省东台市人民法院申请强制执行。该案审查过程中,盐城市某建材有限公司辩称涉案建筑于2009年之初即修建完成,认为案涉行政处罚已过处罚期限。

【解析】

《行政处罚法》(2009年修正版)第二十九条规定,违法行为在二年内未被发现的,不再给予行政处罚。法律另有规定的除外。

前款规定的期限,从违法行为发生之日起计算;违法行为有连续或者继续状态的,从行为终了之日起计算。

《最高人民法院行政审判庭关于如何计算土地违法行为追诉时效的答复》(〔1997〕法行字第26号)规定,对非法占用土地的违法行为,在未恢复原状之前,应视为具有继续状态,其行政处罚的追诉时效,应根据行政处罚法第二十九条第二款的规定,从违法行为终了之日起计算;破坏耕地的违法行为是否具有连续或继续状态,应根据案件的具体情况区别对待。

《国土资源行政处罚办法》(国土资源部令第60号)第十一条规定,国土资源主管部门发现自然人、法人或者其他组织行为涉嫌违法的,应当及时核查。对正在实施的违法行为,应当依法及时下达《责令停止违法行为通知书》予以制止。

第十二条规定,符合下列条件的,国土资源主管部门应当在十个工作日内予以立案:

(1) 有明确的行为人;

(2) 有违反国土资源管理法律法规的事实;

(3) 依照国土资源管理法律法规应当追究法律责任;

(4) 属于本部门管辖;

(5) 违法行为没有超过追诉时效。

违法行为轻微并及时纠正,没有造成危害后果的,可以不予立案。

第三十二条规定,国土资源主管部门应当自立案之日起六十日内作出行政处罚决定。

案情复杂,不能在规定期限内作出行政处罚决定的,经本级国土资源主管部门负责人批准,可以适当延长,但延长期限不得超过三十日,案情特别复杂的除外。

本案审理中,人民法院经审查认为,案涉盐亭国土资罚〔2020〕40号《行政处罚决定书》,认定事实清楚,主要证据充分,处罚程序合法,适用法律、法规正确。关于盐城市某建材有限公司辩称的涉案行政处罚已过处罚期限的问题,涉案查处行为发生在2020年9月7日,《中华人民共和国行政处罚法》第二十九条第一款规定,违法行为在二年内未被发现的,不再给予行政处罚。法律另有规定的除外。该款规定的期限,系从违法行为发生之日起计算,但违法行为有连续或者持续状态的,则从行为终了之日起计算。即便涉案建筑于2009年初即修建完成,但该违法行为处于持续状态,故盐城市自规局作出的行政处罚未过处罚期限。裁定:盐亭国土资罚〔2020〕40号《行政处罚决定书》中的行政处罚,准予强制执行。

【延伸】

对于违法占地、违法建设的行政处罚,只要违法行为处于连续或者继续状态,即违法占地、违法建设没有合法化,违法事实依旧存在,都适用于《中华人民共和国行政处罚法》第二十九条第二款的规定。

从本案的案由看,涉案建材公司称2009年初已修建完成涉案建筑,2020年9月7日盐城市资规局才发现,违法行为存在长达近12年之久。

从2020年9月7日发现至2021年11月25日作出《行政处罚决定书》,历时14个月,与《国土资源行政处罚办法》规定的"十个工作日内予以立案"和"自立案之日起六十日内作出行政处罚决定"相差甚远。因此,开展自然资源执法监督工作,落实《自然资源部办公厅关于完善早发现早制止严查处工作机制的意见》(自然资办发〔2021〕33号)显得尤为重要和迫切。

2024年5月1日起施行的《自然资源行政处罚办法》(自然资源部令第12号)对违法案件行政处罚的期限也作出了规定:"自然资源主管部门应当在发现违法行为后及时立案""自然资源主管部门应当自立案之日起九十日内作出行政处罚决定"

案例 13

周某某于2012年2月向当地的规划主管部门报建了位于顺德区某街道的私人住宅,并领取了《建设工程规划许可证》及经过批准的建筑设计图纸。由于在设计图纸的时候没有考虑车库的设置,在施工过程中,周某某觉得没有车库停车不方便,于是擅自将首层一个房间改成车库,并将临街的一堵墙拆除改成车库出入口。2012年10月,周某某向当地规划主管部门申请规划核实。规划主管部门发现周某某存在违法建设行为,于2012年11月15日对其作出"限十五日内改正,处建设工程造价10%罚款"的行政处罚决定。

周某某不服该处罚决定,向法院提起诉讼。

【解析】

1. 《城乡规划法》第六十四条规定,未取得建设工程规划许可证或者未按照建设工程规划许可证的规定进行建设的,由县级以上地方人民政府城乡规划主管部门责令停止建设;尚可采取改正措施消除对规划实施的影响的,限期改正,处建设工程造价百分之五以上百分之十以下的罚款;无法采取改正措施消除影响的,限期拆除,不能拆除的,没收实物或者违法收入,可以并处建设工程造价百分之十以下的罚款。

2. 《行政处罚法》(2009年修正版)第四条规定,实施行政处罚必须以事实为依据,与违法行为的事实、性质、情节以及社会危害程度相当。

3. 住房和城乡建设部《关于规范城乡规划行政处罚裁量权的指导意见》(建法

(2012)99号)对按期改正违法建设部分的,处建设工程造价5%的罚款;对逾期不改正的,依法采取强制拆除等措施,并处建设工程造价10%的罚款。违法行为轻微并及时自行纠正,没有造成危害后果的,不予行政处罚。

本案法院裁决:撤销规划局的行政处罚决定书;判令规划局60日内重新作出决定。

【延伸】

法院在审理过程中,向涉案的某规划局函询本案有关行政处罚决定书中的"限十五日内改正,处建设工程造价10%罚款"问题,具体如下:

一是在限期内交了罚款,但是不愿改正,应如何处理。二是在限期内按照要求改正了,罚款是否还继续执行。三是处罚数额的比例问题,应如何遵照法律规定。

作为审判机关,主动来函询问行政机关对具体行政案件处理是否得当,实际上是对行政机关的一种提醒和提示,另一方面,也是司法机关为裁决做准备。

对于行政处罚决定,应采取"一案一做"的方法。即使按照《自然资源行政处罚办法》(自然资源部令第12号)第三十六条"法律法规规定的责令改正或者责令限期改正,可以与行政处罚决定一并作出,也可以在作出行政处罚决定之前单独作出"的规定,也是不适宜的。

违法人在限期内改正,是违法人认识到自身错误、积极配合行政机关处理案件的行为,如果将限期改正和实质性的罚款等混在一个决定中,违法人履行了改正,但不愿意交罚款,这个行政处罚决定如何全面落实?

对于行政处罚中的罚款,大部分行政法规都规定了罚款幅度,即自由裁量权问题。

住建部有关裁量权的指导意见中明确规定,对按期改正违法建设部分的处建设工程造价5%的罚款,本案的10%罚款额度明显过高。

对于限期改正的情形,可以先作出《责令限期改正决定书》,要求行政相对人在一定期限内自行改正,逾期拒绝改正或者没有改正到位的,可以再催告一次,然后作出罚款处罚。

案例 14

2019年,王某通过企业改制竞得老城区一栋四层商业建筑,2019年4月,王某在该建筑顶部加建一层。市自然资源局接到群众举报后,分管局长签批给监察支队进行查处。监察支队立案调查后发现,王某在未取得规划许可的情况下,加层建设的460.7平方米建筑(已建成使用)属违法建设。该局经研究,作出行政处罚决定:限王某在十五日内自行拆除违法建设,并处69 105元的罚款。王某在规定期限内主动缴纳罚款后,没有申请行政复议,也没有向人民法院提起行政诉讼,直至行政处罚决定生效,都没有履行自行拆除违法建设的义务。自然资源局向王某发出催告,王某仍然不予理睬。期间,群众不断举报该事项,市自然资源局遂向人民法院申请强制拆除,但法院不予立案。

【解析】

1.《城乡规划法》第六十四条规定,未取得建设工程规划许可证或者未按照建设工程规划许可证的规定进行建设的,由县级以上地方人民政府城乡规划主管部门责令停止建设;尚可采取改正措施消除对规划实施的影响的,限期改正,处建设工程造价百分之五以上百分之十以下的罚款;无法采取改正措施消除影响的,限期拆除,不能拆除的,没收实物或者违法收入,可以并处建设工程造价百分之十以下的罚款。

第六十八条规定,城乡规划主管部门作出责令停止建设或者限期拆除的决定后,当事人不停止建设或者逾期不拆除的,建设工程所在地县级以上地方人民政府可以责成有关部门采取查封施工现场、强制拆除等措施。

2.《行政强制法》第四十四条规定,对违法的建筑物、构筑物、设施等需要强制拆除的,应当由行政机关予以公告,限期当事人自行拆除。当事人在法定期限内不申请行政复议或者提起行政诉讼,又不拆除的,行政机关可以依法强制拆除。

3. 住房和城乡建设部《关于规范城乡规划行政处罚裁量权的指导意见》第八条规定,对无法采取改正措施消除对规划实施影响的情形,按以下规定处理:

(1)对存在违反城乡规划事实的建筑物、构筑物单体依法下发限期拆除决定书;

(2)对按期拆除的,不予罚款,对逾期不拆除的,依法强制拆除,并处建设工程造价10%的罚款;

(3)对不能拆除的,没收实物或者违法收入,可以并处建设工程造价10%以下的罚款。

第九条规定,第八条所称不能拆除的情形,是指拆除违法建设可能影响相邻建筑安全、损害无过错利害关系人合法权益或者对公共利益造成重大损害的情形。

第十三条规定,处罚机关按照第八条规定处以罚款,应当在依法强制拆除或者没收实物或者没收违法收入后实施,不得仅处罚款而不强制拆除或者没收。

【延伸】

本案存在以下几个问题:

一、处罚决定问题。

1. 限十五日拆除,限期偏短。该建筑处于老城区,违法建设部分在第五层,而且违法建筑面积达460.7平方米并已建成使用,十五日内完成拆除难以实现。

2. 限期拆除面临的问题。该违法建设所处的区位、高度,拆除时可能会出现《关于规范城乡规划行政处罚裁量权的指导意见》第九条中影响相邻建筑安全、损害无过错利害关系人合法权益等情况。

另外,如果强制拆除,安全防护措施、机械、人工等费用过高,行政执法的成本过高。

3. 罚款与限期拆除在一个处罚决定书中作出,给后续执法带来不便。《关于规范城乡规划行政处罚裁量权的指导意见》第八条规定,对按期拆除的不予罚款;第十三条规定,处罚机关处以罚款应当在依法强制拆除后实施。

本案中,行政机关在作出处罚决定后,拆除违法建设前,王某先行缴纳了罚款,使执法机关的工作处于被动,与自由裁量的相关规定相悖;如果王某在限期内自行拆除了违法建设,执法机关还要将缴纳的罚款退还给被处罚人。

二、申请人民法院强制拆除,不予立案问题。

《行政强制法》第二条规定,行政强制执行,是指行政机关或者行政机关申请人民法院对不履行行政决定的公民、法人或者其他组织依法强制履行义务的行为。人民法院需要依法强制义务人履行义务。

第十三条规定，行政强制执行由法律设定。法律没有规定行政机关强制执行的，作出行政决定的行政机关应当申请人民法院强制执行。

第四十四条明确规定，行政机关可以依法强制拆除。

《城乡规划法》第六十八条规定，城乡规划主管部门作出限期拆除的决定后，当事人逾期不拆除的，建设工程所在地县级以上地方人民政府可以责成有关部门采取强制拆除等措施。

依此规定，拆除违法建设不需要人民法院强制执行。人民法院不予立案，符合法律规定。

三、本案对违法建设如果采用没收实物的处罚，应该更为妥当。

按照《行政处罚法》《罚没财物管理办法》（财税〔2020〕54号）作出处理，可以减少社会资源浪费和执法成本，避免对周边公共安全造成不利影响。

《关于规范城乡规划行政处罚裁量权的指导意见》第八条"对不能拆除的，没收实物，可以并处建设工程造价10%以下的罚款"中的"可以并处罚款"，建议不予并处罚款，因为在正常情况下，法院不支持"可以"的选择性处罚。

案例 15

2016年9月，群众举报某村委会主任陈某在自家宅基地西侧土地上建盖房屋。县国土局接到举报后及时核查，并立案调查。经过调查核实发现，陈某未经批准于2016年8月擅自占地400平方米打围墙、建盖仓库。2016年10月30日，县国土资源局向陈某下达了《行政处罚决定书》，责令其限期拆除围墙及房屋，退还非法占用的400平方米土地。陈某收到《行政处罚决定书》后，在法定期限内未提出行政复议，也未提起行政诉讼，而是在限定的期限内履行了处罚决定。

2016年底，县国土局在案件评查过程中发现，因涉案土地符合土地利用总体规划（即涉案土地是土地利用总体规划确定的建设用地），《行政处罚决定书》作出的处罚决定适用法律条文有误，即对符合土地利用总体规划的，应当依法予以没收，而非责令限期拆除非法占地上的围墙和房屋。

【解析】

《土地管理法》（2004年修订本）第七十六条规定，未经批准，非法占用土地的，由县级以上人民政府土地行政主管部门责令退还非法占用的土地，对违反土地利用总体规划擅自将农用地改为建设用地的，限期拆除在非法占用的土地上新建的建筑物和其他设施，恢复土地原状，对符合土地利用总体规划的，没收在非法占用的土地上新建的建筑物和其他设施，可以并处罚款；对非法占用土地单位的直接负责的主管人员和其他直接责任人员，依法给予行政处分；构成犯罪的，依法追究刑事责任。

《行政处罚法》第七十五条规定，行政机关实施行政处罚应当接受社会监督。公民、法人或者其他组织对行政机关实施行政处罚的行为，有权申诉或者检举；行政机关应当认真审查，发现有错误的，应当主动改正。

《行政诉讼法》(2014年修正版)第七十条规定,行政行为适用法律、法规错误的,人民法院判决撤销或者部分撤销,并可以判决被告重新作出行政行为。

《国土资源行政处罚办法》第四十三条规定,国土资源主管部门应当建立国土资源违法案件错案追究制度。行政处罚决定错误并造成严重后果的,作出处罚决定的机关应当承担相应的责任。

【延伸】

作为村委会主任,被村民举报违法占地建房,确实颜面尽失。在国土局作出处罚决定前,陈某既没有要求陈述申辩,也没有要求听证;作出处罚决定后,他也没有提出行政复议和行政诉讼,而是悄悄地按照处罚决定的要求,自行拆除了涉案的围墙和房屋。

无论陈某建房占用的土地是否符合当时的土地利用总体规划,其违法行为都要受到行政处罚。本案中的陈某,作为村干部,碍于面子和对党纪政纪的畏惧,对县国土局的调查和处理未表现出任何抗拒行为,使得县国土局的错误决定没有在"事中"发现,避免了一场行政官司。

处罚决定书下达后,若被处罚人在行政复议和行政诉讼前,作出处罚决定的行政机关发现了错误,应当按照《行政处罚法》(2009年修正版)第五十四条的规定,主动改正。改正的措施即撤销已经做出的处罚决定。

发现处罚决定错误后,第一时间应当向行政机关主要领导报告,同时及时联系被处罚人,向其说明已作出的行政处罚决定适用法律有误,依法应当改正行政处罚内容。并求得被处罚人的谅解。接着,由作出原行政处罚决定时参加集体研究的人员再次集体研究,决定撤销已作出的处罚决定,并以行政机关正式文件的方式作出撤销决定,撤销已经发出的《行政处罚决定书》,并依法律规定的送达方式,将《撤销决定书》送达被处罚人,再收回原《行政处罚决定书》。如果被处罚人不接收《撤销决定书》或者拒绝交回原《行政处罚决定书》,应按照"留置送达"的方式做好相关工作。

撤销原《行政处罚决定书》后,要按照新的行政处罚案件的程序,重新作出行政处罚决定。

如果在行政复议或者行政诉讼期间发现错误的决定,行政机关只能等待复议裁决和行政判决了。

本案是一个教训。新的《自然资源行政处罚办法》比原《国土资源行政处罚办法》增加了在作出行政处罚决定前"集体研究"和"法制审核"两个环节,很有必要,可以大大降低自然资源主管部门对行政处罚案件的错误率。

案例16

2002年12月9日,衢州市发展计划委员会根据第三人建设银行衢州分行(以下简称衢州分行)的报告,经审查同意衢州分行在原有的营业综合大楼东南侧扩建营业用房建设项目。

衢州市规划局于同日制定了建设项目选址意见,同意衢州分行为扩大营业用房,自行收购并拆除占地面积为205平方米的府山中学教工宿舍楼,将其改建为露天停车场,具体实施方案按规划详图执行。

12月18日,衢州市规划局又出具了衢州分行扩建营业用房建设用地平面红线图。

12月20日,衢州市规划局向衢州分行颁发了建设用地规划许可证,批准其建设项目用地面积756平方米。

12月25日,被告衢州市国土资源局(以下简称衢州市国土局)请示收回衢州府山中学教工宿舍楼住户的国有土地使用权187.6平方米,该请示得到了衢州市人民政府的审批同意。

12月31日,衢州市国土局作出了衢市国土〔2002〕37号《收回国有土地使用权通知》(以下简称《通知》),并告知宣懿成等18人其正在使用的国有土地使用权将被收回及诉权等内容。但该《通知》仅说明了行政决定所依据的法律名称,未明确具体的法律条款。

宣懿成等18人系浙江省衢州市柯城区卫宁巷1号(原14号)衢州府山中学教工宿舍楼的住户,他们对此提起行政诉讼。

【解析】

《土地管理法》(1998年修订版)第五十八条规定,有下列情形之一的,由有关人民政府土地行政主管部门报经原批准用地的人民政府或者有批准权的人民政府批准,可以收回国有土地使用权:

(1) 为公共利益需要使用土地的;

(2) 为实施城市规划进行旧城区改建,需要调整使用土地的;

(3) 土地出让等有偿使用合同约定的使用期限届满,土地使用者未申请续期或者申请续期未获批准的;

(4) 因单位撤销、迁移等原因,停止使用原划拨的国有土地的;

(5) 公路、铁路、机场、矿场等经核准报废的。

依照前款第(1)项、第(2)项的规定收回国有土地使用权的,对土地使用权人应当给予适当补偿。

《城市规划法》(1990年版)第三十一条规定,在城市规划区内进行建设需要申请用地的,必须持国家批准建设项目的有关文件,向城市规划行政主管部门申请定点,由城市规划行政主管部门核定其用地位置和界限,提供规划设计条件,核发建设用地规划许可证。

《城镇国有土地使用权出让和转让暂行条例》(1990年版)第四十七条规定,对划拨土地使用权,市、县人民政府根据城市建设发展需要和城市规划的要求,可以无偿收回,并可依照本条例的规定予以出让。

无偿收回划拨土地使用权时,对其地上建筑物、其他附着物,市、县人民政府应当根据实际情况给予适当补偿。

《行政诉讼法》(1990年版)第十一条规定,人民法院受理公民、法人和其他组织认为行政机关侵犯其他人身权、财产权不服提起的诉讼。

本案的法院判决是:衢州市国土资源局作出的收回国有土地使用权具体行政行为主要证据不足,适用法律错误,应予撤销。浙江省衢州市柯城区人民法院于2003年8月29

日作出(2003)柯行初字第8号行政判决,撤销被告衢州市国土资源局2002年12月31日作出的衢市国土(2002)第37号《收回国有土地使用权通知》。

【延伸】

本案衢州市国土局作出衢市国土(2002)37号《收回国有土地使用权通知》中,只说依据《土地管理法》,而没有对具体的法律条款予以说明,导致其败诉。

法律法规的编排顺序是编、章、节、条、款、项、目,而且,依照从大到小的顺序,对相关事项的规定越来越具体。行政机关作出行政决定,特别是影响利害关系人合法权益的行政许可、行政处罚决定等法律文书时,依据的法律法规应当有针对性,不能只笼统地写出法律法规名称,必须落实到条、款、项、目,有条无款的,要落实到条,有款无项的,要落实到款。

总结一下有关土地使用权收回的问题:

收回土地使用权涉及的法律法规较多,而且收回的形式也有多种,有的属于行政命令,有的属于行政征收,有的属于行政许可,有的属于行政处罚。

属于行政命令的有:

《土地管理法》第五十八条规定,有下列情形之一的,由有关人民政府自然资源主管部门报经原批准用地的人民政府或者有批准权的人民政府批准,可以收回国有土地使用权:

(1) 土地出让等有偿使用合同约定的使用期限届满,土地使用者未申请续期或者申请续期未获批准的;

(2) 因单位撤销、迁移等原因,停止使用原划拨的国有土地的;

(3) 公路、铁路、机场、矿场等经核准报废的。

第七十八条规定,农村村民未经批准,非法占用土地建住宅的,由县级以上人民政府农业农村主管部门责令退还非法占用的土地。

第八十一条规定,依法收回国有土地使用权当事人拒不交出土地的,临时使用土地期满拒不归还的,或者不按照批准的用途使用国有土地的,由县级以上人民政府自然资源主管部门责令交还土地。

《城市房地产管理法》第二十二条规定,土地使用权出让合同约定的使用年限届满,土地使用者未申请续期或者虽申请续期但依照前款规定未获批准的,土地使用权由国家无偿收回。

《城镇国有土地使用权出让和转让暂行条例》第四十条规定,土地使用权期满,土地使用权及其地上建筑物、其他附着物所有权由国家无偿取得。土地使用者应当交还土地使用证,并依照规定办理注销登记。

第四十七条规定,无偿取得划拨土地使用权的土地使用者,因迁移、解散、撤销、破产或者其他原因而停止使用土地的,市、县人民政府应当无偿收回其划拨土地使用权。

对划拨土地使用权,市、县人民政府根据城市建设发展需要和城市规划的要求,可以无偿收回。

无偿收回划拨土地使用权时,对其地上建筑物、其他附着物,市、县人民政府应当根据实际情况给予适当补偿。

属于行政征收的有：

《土地管理法》第四十五条规定，为了公共利益的需要，确需征收农民集体所有的土地的，可以依法实施征收。

第五十八条规定，为实施城市规划进行旧城区改建以及其他公共利益需要，确需使用土地的，由有关人民政府自然资源主管部门报经原批准用地的人民政府或者有批准权的人民政府批准，可以收回国有土地使用权。

收回国有土地使用权的，对土地使用权人应当给予适当补偿。

《城市房地产管理法》第二十条规定，国家对土地使用者依法取得的土地使用权，在出让合同约定的使用年限届满前不收回；在特殊情况下，根据社会公共利益的需要，可以依照法律程序提前收回，并根据土地使用者使用土地的实际年限和开发土地的实际情况给予相应的补偿。

《国有土地上房屋征收与补偿条例》第十三条规定，房屋被依法征收的，国有土地使用权同时收回。

《城镇国有土地使用权出让和转让暂行条例》第四十二条规定，在特殊情况下，根据社会公共利益的需要，国家可以依照法律程序提前收回，并根据土地使用者已使用的年限和开发、利用土地的实际情况给予相应的补偿。

属于行政处罚的有：

《土地管理法》第三十八条规定，禁止任何单位和个人闲置、荒芜耕地。已经办理审批手续的非农业建设占用耕地，连续二年未使用的，经原批准机关批准，由县级以上人民政府无偿收回用地单位的土地使用权。

第七十七条规定，未经批准批准，非法占用土地的，由县级以上人民政府自然资源主管部门责令退还非法占用的土地，对违反土地利用总体规划擅自将农用地改为建设用地的，限期拆除在非法占用的土地上新建的建筑物和其他设施，恢复土地原状，对符合土地利用总体规划的，没收在非法占用的土地上新建的建筑物和其他设施，可以并处罚款。

第七十八条规定，农村村民未经批准，非法占用土地建住宅的，由县级以上人民政府农业农村主管部门责令退还非法占用的土地，限期拆除在非法占用的土地上新建的房屋。

第八十一条规定，依法收回国有土地使用权当事人拒不交出土地的，临时使用土地期满拒不归还的，或者不按照批准的用途使用国有土地的，由县级以上人民政府自然资源主管部门责令交换土地，处以罚款。

《城市房地产管理法》第二十六条规定，以出让方式取得土地使用权进行房地产开发的，必须按照土地使用权出让合同约定的土地用途、动工开发期限开发土地。超过出让合同约定的动工开发日期满两年未动工开发的，可以无偿收回土地使用权。

《城市房地产开发经营管理条例》第十五条规定，房地产开发企业应当按照土地使用权出让合同约定的土地用途、动工开发期限进行项目开发建设。出让合同约定的动工开发期限满2年未动工开发的，可以无偿收回土地使用权。

《城镇国有土地使用权出让和转让暂行条例》第十七条规定，未按合同规定的期限和条件开发、利用土地的,市、县人民政府土地管理部门应当予以纠正,并根据情节可以给予警告、罚款直至无偿收回土地使用权的处罚。

《基本农田保护条例》第十八条规定,禁止任何单位和个人闲置、荒芜基本农田。经国务院批准的重点建设项目占用基本农田的,连续2年未使用的,经国务院批准,由县级以上人民政府无偿收回用地单位的土地使用权。

属于行政许可的有:

《土地管理法》第七十七条规定,采取欺骗手段骗取批准,非法占用土地的,由县级以上人民政府自然资源主管部门责令退还非法占用的土地,对违反土地利用总体规划擅自将农用地改为建设用地的,限期拆除在非法占用的土地上新建的建筑物和其他设施,恢复土地原状,对符合土地利用总体规划的,没收在非法占用的土地上新建的建筑物和其他设施,可以并处罚款。

第七十八条规定,农村村民采取欺骗手段骗取批准,非法占用土地建住宅的,由县级以上人民政府农业农村主管部门责令退还非法占用的土地,限期拆除在非法占用的土地上新建的房屋。

第七十九条规定,无权批准征收、使用土地的单位或者个人非法批准占用土地的,超越批准权限非法批准占用土地的,不按照土地利用总体规划确定的用途批准用地的,或者违反法律规定的程序批准占用、征收土地的,其批准文件无效。

《行政许可法》第六十九条规定,行政机关工作人员滥用职权、玩忽职守作出准予行政许可决定的和超越法定职权作出准予行政许可决定的,作出行政许可决定的行政机关或者其上级行政机关,根据利害关系人的请求或者依据职权,可以撤销行政许可。

被许可人以欺骗、贿赂等不正当手段取得行政许可的,应当予以撤销。

属于行政合同的有:

《基本农田保护条例》第十八条规定,承包经营基本农田的单位或者个人连续两年弃耕抛荒的,原发包单位应当终止承包合同,收回发包的基本农田。

第三节　行政权力

(一) 检查权

1. 权力来源

《土地管理法》第六十七条规定,县级以上人民政府自然资源主管部门对违反土地管理法律、法规的行为进行监督检查。

《城乡规划法》第五十三条规定,城乡规划主管部门对城乡规划的实施情况进行监督检查。

《自然资源执法监督规定》第七条规定,县级以上自然资源主管部门依照法律法规规定,履行对执行和遵守自然资源法律法规的情况进行检查的执法监督职责。

2. 基本程序

《自然资源执法监督规定》第十六条规定,市、县自然资源主管部门应当建立执法巡查、抽查制度,组织开展巡查、抽查活动,发现、报告和依法制止自然资源违法行为。

例行检查的程序如下：两名以上具备执法条件并持有行政执法证件的执法人员进入检查现场,询问有关项目用地批准、规划许可情况,查阅或者复制有关文件和资料,对现场进行勘测、拍照、录音和摄像等,并对行政执法检查的全过程进行记录。

3. 综合

国土空间规划管理的检查、监督工作,涉及用地用海,几乎覆盖全部的国土空间。即使自然资源部在全国部署开展自然资源卫片执法监督,如果要做到无遗漏、无死角的检查,对每一个管理部门来说,任务都是很繁重的。所以迫切需要建立"田长制",并邀请自然资源监察专员,聘任信息员、协管员等参与和协助,以便及时发现自然资源违法行为。

巡查、抽查,发现、报告和制止,是市、县自然资源主管部门对外执法监督的最基本制度,省级自然资源主管部门常态开展自然资源卫片执法监督、挂牌督办和公开通报制度,是对地方执法力量不足、执法力度不够的有效补充。

(二) 制止违法行为权

1. 权力来源

《土地管理法》第六十八条规定,县级以上人民政府自然资源主管部门履行监督检查职责时,有权责令非法占用土地的单位或者个人停止违反土地管理法律、法规的行为。

《城乡规划法》第五十三条规定,县级以上人民政府城乡规划主管部门对城乡规划的实施情况进行监督检查,有权责令有关单位和人员停止违反有关城乡规划的法律、法规的行为。

《土地管理法实施条例》第四十八条规定,自然资源主管部门、农业农村主管部门按照职责分工进行监督检查时,可以责令当事人停止正在进行的土地违法行为。

《基本农田保护条例》第二十九条规定,县级以上地方人民政府土地行政主管部门、农业行政主管部门对本行政区域内发生的破坏基本农田的行为,有权责令纠正。

《自然资源执法监督规定》第七条规定,县级以上自然资源主管部门依照法律法规规定,履行对发现的违反自然资源法律法规的行为进行制止,责令限期改正的执法监督职责。

2. 基本程序

《自然资源行政处罚办法》第十五条规定,自然资源主管部门发现公民、法人或者其他组织行为涉嫌违法的,应当及时核查。对正在实施的违法行为,应当依法及时下达责令停止违法行为通知书予以制止。

制止违法行为的程序是在实施"检查权"程序基础上的延伸,在检查时,发现正在实施的违法行为,应当依法及时下达《责令停止违法行为通知书》予以制止。

3. 综合

为了把违法行为消灭在萌芽状态,制止国土空间违法行为进一步发展,依法及时下达

《责令停止违法行为通知书》予以制止,这一举措一是体现行政机关及时、快速的工作效率;二是可以减少当事人的经济损失。

《责令停止违法行为通知书》虽然不是行政处罚,但可以认为是行政命令,同时也可以被视为《行政强制法》规定的"其他行政强制措施"的一种。

一般情况下,为便于执法人员及时制止正在发生的违法行为,行政机关会根据本部门的执法种类和特点,预先设计格式化的《责令停止违法行为通知书》。在执法人员发现违法行为时,可现场填写并立即下达给当事人,不需要经过行政机关集体研究、领导审核和签发。这就要求现场执法人员必须确保所填写的"违法事实和依据"真实准确,这是对行政执法人自然资源法律法规和相关专业知识的熟悉程度的考量。

(三)案件调查取证权

1. 权力来源

《土地管理法》第六十八条规定,县级以上人民政府自然资源主管部门履行监督检查职责时,有权采取下列措施:

(1)要求被检查的单位或者个人提供有关土地权利的文件和资料,进行查阅或者予以复制;

(2)要求被检查的单位或者个人就有关土地权利的问题作出说明;

(3)进入被检查单位或者个人非法占用的土地现场进行勘测。

第七十条规定,有关单位和个人对县级以上人民政府自然资源主管部门就土地违法行为进行的监督检查应当支持与配合,并提供工作方便,不得拒绝与阻碍土地管理监督检查人员依法执行职务。

《城乡规划法》第五十三条规定,县级以上人民政府城乡规划主管部门对城乡规划的实施情况进行监督检查,有权采取以下措施:

(1)要求有关单位和人员提供与监督事项有关的文件、资料,并进行复制;

(2)要求有关单位和人员就监督事项涉及的问题作出解释和说明,并根据需要进入现场进行勘测。

城乡规划主管部门的工作人员履行前款规定的监督检查职责,应当出示执法证件。被监督检查的单位和人员应当予以配合,不得妨碍和阻挠依法进行的监督检查活动。

《自然资源行政处罚办法》第十七条规定,立案后,自然资源主管部门应当指定具有行政执法资格的承办人员,及时组织调查取证。

2. 基本程序

案件调查取证的程序包含了"检查权"和"制止违法行为权"的程序,同时又有更严格的要求:

(1)回避制度。

《自然资源行政处罚办法》第十八条规定,调查人员与案件有直接利害关系或者有其他关系可能影响公正执法的,应当回避。

当事人认为调查人员与案件有直接利害关系或者有其他关系可能影响公正执法的,

有权申请回避。

第二十四条规定,询问应当个别进行,并制作询问笔录。询问笔录应当记载询问的时间、地点和询问情况等。

（2）证据的系统完整性。

《自然资源行政处罚办法》第二十一条规定,调查人员应当收集、调取与案件有关的书证、物证、视听资料、电子数据的原件、原物、原始载体；收集、调取原件、原物、原始载体确有困难的,可以收集、调取复印件、复制件、节录本、照片、录像等。声音资料应当附有该声音内容的文字记录。

《自然资源行政处罚办法》第二十二条中的"证人证言"、第二十三条中的"当事人的陈述材料"以及第二十四条中的"询问笔录"等,都是证据。

（3）证据的真实性确认。

收集、调取与案件有关的书证、物证、视听资料、电子数据时,应尽量是原件、原物、原始载体。

证人证言应当有证人的签名,不能签名的,应当按手印或者盖章,注明出具日期,并附有居民身份证复印件等证明证人身份的文件。

当事人应当在其提供的陈述材料上签名、按手印或者盖章。

3. 综合

案件调查取证是在发现违法行为并立案后,对违法行为行政处罚前的一项重要工作,决定了是否给予当事人行政处罚以及对当事人行政处罚的准确性。是保障《自然资源行政处罚办法》第三条规定的"自然资源主管部门实施行政处罚,做到事实清楚,证据确凿,定性准确,依据正确,程序合法,处罚适当"落实的重要程序。

在行使"案件调查取证权"时,还要认真把握《自然资源行政处罚办法》中关于"及时组织调查取证""不停止调查""中止调查""恢复调查"和"终止调查"等几个关键词的适用场景。

（四）行政处罚权

涉及国土空间规划管理的法律法规和规章多达20余部,其中规定的行政处罚权近200种情形。

以下是对国土空间规划管理行政处罚权的法律法规依据、基本程序等进行的小结：

1. 执法主体资格

《行政处罚法》第十七条规定,行政处罚由具有行政处罚权的行政机关在法定职权范围内实施。

《土地管理法》第五条规定,县级以上地方人民政府自然资源主管部门的设置及其职责,由省、自治区、直辖市人民政府根据国务院有关规定确定。

《城乡规划法》第十一条规定,县级以上地方人民政府城乡规划主管部门负责本行政区域内的城乡规划管理工作。

法律法规中规定了相关管理工作的主管部门,但该主管部门并不是法律法规中规定的所有工作的执行者。《行政处罚法》第二十三条规定的"行政处罚由县级以上地方人民政府具有行政处罚权的行政机关管辖。法律、行政法规另有规定的,从其规定",就是这个意思。所以,在行政处罚时,容易造成越权,因没有管辖权而导致行政处罚决定错误的案例很多。

《城乡规划法》第六十五条规定,在乡、村庄规划区内未依法取得乡村建设规划许可证或者未按照乡村建设规划许可证的规定进行建设的,由乡、镇人民政府责令停止建设、限期改正;逾期不改正的,可以拆除。

这里具有执法主体资格的是乡、镇人民政府。

《土地管理法》第七十八条规定,农村村民未经批准或者采取欺骗手段骗取批准,非法占用土地建住宅的,由县级以上人民政府农业农村主管部门责令退还非法占用的土地,限期拆除在非法占用的土地上新建的房屋。

这里具有执法主体资格的是县级以上人民政府农业农村主管部门。

《农村土地经营权流转管理办法》第十一条规定,受让方应当依照有关法律法规保护土地,禁止改变土地的农业用途。禁止闲置、荒芜耕地,禁止占用耕地建窑、建坟或者擅自在耕地上建房、挖砂、采石、采矿、取土等。禁止占用永久基本农田发展林果业和挖塘养鱼。

这里县级以上人民政府自然资源主管部门通过农业农村部门案件移送而获得执法主体资格。

2. 证据

《行政处罚法》第四十条规定,公民、法人或者其他组织违反行政管理秩序的行为,依法应当给予行政处罚的,行政机关必须查明事实;违法事实不清、证据不足的,不得给予行政处罚。

第四十六条规定,证据包括:(1) 书证;(2) 物证;(3) 视听资料;(4) 电子数据;(5) 证人证言;(6) 当事人的陈述;(7) 鉴定意见;(8) 勘验笔录、现场笔录。

证据必须经查证属实,方可作为认定案件事实的根据。

以非法手段取得的证据,不得作为认定案件事实的根据。

《行政复议法》第四十三条和《行政诉讼法》第三十三条对证据的要求完全一致,证据包括:(1) 书证;(2) 物证;(3) 视听资料;(4) 电子数据;(5) 证人证言;(6) 当事人的陈述;(7) 鉴定意见;(8) 勘验笔录、现场笔录。

以上证据经行政复议机构和法庭审查属实,才能作为认定行政复议案件事实的根据。

《自然资源行政处罚办法》第三十一条规定,审理结束后,自然资源主管部门对违法事实不能成立的,作出不予行政处罚决定。

事实、证据的真实性,是行政执法机关作出行政处罚决定的依据,也是行政复议机关、人民法院认定案件事实的根据。

《行政处罚法》第四十五条规定,当事人有权进行陈述和申辩。行政机关必须充分听取当事人的意见,对当事人提出的事实、理由和证据,应当进行复核;当事人提出的事实、理由或者证据成立的,行政机关应当采纳。

在行政执法过程中,即使当事人陈述的观点和意见不合理,行政执法人员也应当全面客观地进行记录,确保证据的真实性。

同时,要按照《行政复议法》和《行政诉讼法》对证据的要求,充分做到证据的连贯性,保证证据链的完整。

3. 法律依据

法律依据是行政处罚的实质问题,不容出错。

涉及国土空间规划管理的法律、行政法规、地方法规、部门规章和技术法规众多,行政处罚的条款也很多。加之违法行为的情形千变万化,行政机关和执法人员都需要引起重视。

涉及土地违法的案件,适用土地管理类法规;已经取得土地使用权的违法行为,适用城乡规划管理类法规。要针对违法事实,对照法条规定,准确选用法律依据。

特别是与土地管理相关的法律法规反复强调的内容,一定要准确引用法律法规和条文。

《土地管理法》第三十七条规定,禁止占用耕地建窑、建坟或者擅自在耕地上建房、挖砂、采石、采矿、取土等。

禁止占用永久基本农田发展林果业和挖塘养鱼。

第七十五条规定,违反本法规定,占用耕地建窑、建坟或者擅自在耕地上建房、挖砂、采石、采矿、取土等,破坏种植条件的,或者因开发土地造成土地荒漠化、盐渍化的,由县级以上人民政府自然资源主管部门、农业农村主管部门等按照职责责令限期改正或者治理,可以并处罚款;构成犯罪的,依法追究刑事责任。

《土地管理法实施条例》第十二条规定,禁止占用耕地建窑、建坟或者擅自在耕地上建房、挖砂、采石、采矿、取土等。禁止占用永久基本农田发展林果业和挖塘养鱼。

第五十一条规定,非法占用永久基本农田发展林果业或者挖塘养鱼的,由县级以上人民政府自然资源主管部门责令限期改正;逾期不改正的,按占用面积处耕地开垦费2倍以上5倍以下的罚款;破坏种植条件的,依照《土地管理法》第七十五条的规定处罚。

《基本农田保护条例》第十七条规定,禁止任何单位和个人在基本农田保护区内建窑、建房、建坟、挖砂、采石、采矿、取土、堆放固体废弃物或者进行其他破坏基本农田的活动。

禁止任何单位和个人占用基本农田发展林果业和挖塘养鱼。

第三十三条规定,占用基本农田建窑、建房、建坟、挖砂、采石、采矿、取土、堆放固体废弃物或者从事其他活动破坏基本农田,毁坏种植条件的,由县级以上人民政府土地行政主管部门责令改正或者治理,恢复原种植条件,处占用基本农田的耕地开垦费1倍以上2倍以下的罚款;构成犯罪的,依法追究刑事责任。

《农村土地经营权流转管理办法》第十一条规定,受让方应当依照有关法律法规保护土地,禁止改变土地的农业用途。禁止闲置、荒芜耕地,禁止占用耕地建窑、建坟或者擅自在耕地上建房、挖砂、采石、采矿、取土等。禁止占用永久基本农田发展林果业和挖塘养鱼。

上述一部法律、两部行政法规、一部部门规章,禁止的内容基本相似,要求行政机关在行政处罚时,仔细学习、把握法律法规的具体表述。

另外,法律法规的更迭修订会导致实施时间、条款和条文的变化。因此,在作出处罚决定时,必须使用在生效期内的法律法规。

在行政诉讼中,法院应妥善处理法的溯及力问题。一般情况下,法院对具体行政行为的审查是遵循法不溯及既往的原则。但是,如果在诉讼期间旧法废止、新法实施,并且行政机关依据旧法作出的行政处罚决定合法不合理的,法院会根据案件实际情况,灵活选择适用法不溯及既往原则或从旧兼从轻原则。

4. 程序

《自然资源行政处罚办法》对违反自然资源管理法规的行政处罚基本程序如下:

通过执法巡查或者投诉、举报、其他部门移送、上级交办等途径发现的违法行为线索→及时核查→对符合立案条件的,及时立案→指定具有行政执法资格的承办人员(不得少于两人),及时组织调查取证,提交案件调查报告→自然资源主管部门审理案件调查报告→集体讨论决定行政处罚种类→法制审核→下达行政处罚告知书→组织听证→盖章作出行政处罚决定书→送达→执行(必要时申请强制执行)→结案。

关于"立案"与"调查取证"的先后程序问题,法律界有争论,但是,应当按照《自然资源行政处罚办法》执行。

《自然资源执法监督规定》(国土资源部令第 79 号)第二十一条规定,在作出重大行政处罚决定前,由该部门的法制工作机构对拟作出决定的合法性、适当性进行审核。此条款为案件处理的准确性提供了更有力的保障。

第二十三条规定,法制审核原则上采取书面审核的方式,审核以下内容:

(1) 执法主体是否合法;
(2) 是否超越本机关执法权限;
(3) 违法定性是否准确;
(4) 法律适用是否正确;
(5) 程序是否合法;
(6) 行政裁量权行使是否适当;
(7) 行政执法文书是否完备规范;
(8) 违法行为是否涉嫌犯罪、需要移送司法机关等;
(9) 其他需要审核的内容。

关于"法制审核"与"集体研究"的先后程序问题,从审核的内容看,"法制审核"应该处于"集体研究"后,"盖章作出行政处罚决定书"前。

另外,在各个环节、程序中,日期和期限一定要准确。"日期"是程序的一部分,也是证据,顺序不能颠倒,否则将导致程序不合法、证据涉嫌虚假,要通过细致计算保证相关"期限"的准确性。行政处罚中的法定期限,大多要求的是上限,多一天虽不影响被处罚人的权利,但少一天则构成违法。

5. 自由裁量权

自由裁量权,是行政机关及其执法人员在法律事实要件确定的情况下,在法律授权范围内,依据立法目的和公正、合理原则,自行判断行为条件、自行选择行为方式和自由作出行政决定的权力,其实质是行政机关依据一定的制度标准和价值取向进行行为选择的一个过程。

《行政处罚法》第五条规定,设定和实施行政处罚必须以事实为依据,与违法行为的事实、性质、情节以及社会危害程度相当。

第三十二条规定,当事人有下列情形之一,应当从轻或者减轻行政处罚:

(1) 主动消除或者减轻违法行为危害后果的;
(2) 受他人胁迫或者诱骗实施违法行为的;
(3) 主动供述行政机关尚未掌握的违法行为的;
(4) 配合行政机关查处违法行为有立功表现的;
(5) 法律、法规、规章规定其他应当从轻或者减轻行政处罚的。

第三十三条规定,违法行为轻微并及时改正,没有造成危害后果的,不予行政处罚。初次违法且危害后果轻微并及时改正的,可以不予行政处罚。

当事人有证据足以证明没有主观过错的,不予行政处罚。法律、行政法规另有规定的,从其规定。

对当事人的违法行为依法不予行政处罚的,行政机关应当对当事人进行教育。

第三十七条规定,实施行政处罚,适用违法行为发生时的法律、法规、规章的规定。但是,作出行政处罚决定时,法律、法规、规章已被修改或者废止,且新的规定处罚较轻或者不认为是违法的,适用新的规定。

第四十五条规定,行政机关不得因当事人陈述、申辩而给予更重的处罚。

自由裁量权大部分与当事人的违法情形的轻重有关,有的还与当事人对违法行为的认知态度有关,所以,自由裁量权并不好把握。

住房和城乡建设部对《城乡规划法》中行政处罚的自由裁量权作出了指导性意见。而原国土资源部并没有对土地管理行政处罚的自由裁量权作出全国性的统一规定。

6. 行政处罚决定书

行政处罚决定书是行政执法机关针对当事人的违法行为,在经过调查取证掌握违法证据的基础上,制作的记载当事人违法事实、处罚理由、依据和决定等事项的具有法律强制力的书面法律文书。

《行政处罚法》第五十九条规定,行政机关依照本法第五十七条的规定给予行政处罚,应当制作行政处罚决定书。行政处罚决定书应当载明下列事项:

(1) 当事人的姓名或者名称、地址;
(2) 违反法律、法规、规章的事实和证据;
(3) 行政处罚的种类和依据;
(4) 行政处罚的履行方式和期限;
(5) 申请行政复议、提起行政诉讼的途径和期限;
(6) 作出行政处罚决定的行政机关名称和作出决定的日期。

行政处罚决定书必须盖有作出行政处罚决定的行政机关的印章。

《行政处罚决定书》的特点:

客观性。对违法事实以及对违法行为的处理过程要做客观叙述，叙述要全面、简练、清晰，不带副词和观点。

准确性。处罚种类及依据必须准确，对格式化的处罚决定书中的选项部分，必须选出或者注明。

救济权的固定性。无论哪种行政处罚决定书，都要告知当事人不服行政处罚决定，申请行政复议或者提起行政诉讼的途径和期限。

另外，即使当事人在接到《行政处罚决定书》时当面写下放弃陈述申辩和听证的"承诺书"，行政执法机关也不能于当天作出《行政处罚决定书》，必须将作出时间延至法定的时间后。

行政处罚决定的执行，必须在行政复议或者提起行政诉讼的规定期限后进行。如果当事人申请行政复议或者提起行政诉讼，行政处罚决定必须在行政复议决定或者行政诉讼判决生效后执行。

7. 陈述申辩和听证

陈述申辩和听证是当事人的法定权利。在行政执法机关作出行政处罚决定前，应当按照法律法规规定，告知当事人这个权利。

陈述申辩和听证，不仅是行政处罚的程序问题，其结论还影响到当事人是否会受到行政处罚以及受到行政处罚的轻重程度等问题。

《行政处罚法》第四十五条规定，行政机关不得因当事人陈述、申辩而给予更重的处罚。

第六十五条规定，听证结束后，行政机关应当根据听证笔录，依照本法第五十七条的规定，作出决定。

第五十七条规定，调查终结，行政机关负责人应当对调查结果进行审查，根据不同情况，分别作出如下决定：

（1）确有应受行政处罚的违法行为的，根据情节轻重及具体情况，作出行政处罚决定；

（2）违法行为轻微，依法可以不予行政处罚的，不予行政处罚；

（3）违法事实不能成立的，不予行政处罚；

（4）违法行为涉嫌犯罪的，移送司法机关。

对情节复杂或者重大违法行为给予行政处罚，行政机关负责人应当集体讨论决定。

听证结束后，若减轻对当事人的行政处罚，在作出行政处罚决定前，无需再经过"集体研究"，可以直接作出行政处罚决定书。但如果在听证过程中，不是因为当事人的申辩，而是因为发现了更多的事实，需要对当事人加重处罚的，应当再次进行"集体研究"并举行听证，然后再作出行政处罚决定书。

《自然资源行政处罚办法》第三十五条规定，行政处罚决定书中应当记载行政处罚告知、当事人陈述、申辩或者听证的情况。

在行政处罚决定书中记载听证情况，不仅是对过程的记载，更要包含对"量罚"的记载，这样才能体现陈述申辩和听证的法律意义。

《自然资源听证规定》第三条规定，听证由拟作出行政处罚、行政许可决定，制定规章和规范性文件、实施需报政府批准的事项的主管部门组织。

第六条规定，听证参加人包括拟听证事项经办机构的指派人员、听证会代表、当事人及其代理人、证人、鉴定人、翻译等。

第二十二条规定，当事人可以委托一至二名代理人参加听证，收集、提供相关材料和证据，进行质证和申辩。

行政处罚的当事人通常是个体，以便确定参加听证会的人数。但是对于行政许可等涉及较多利害关系人的听证，对于参加听证会的人数法律法规没有明确规定。

为了确保参加听证会的利害关系人充分表达意见，保证听证效果，有必要适当控制听证代表人数。一般情况下，半天的听证会，听证代表以15人为宜。申请人少于15人的，全部参加；申请人超过15人的，听证代表可以由申请人自行推荐产生或由承办单位采取随机选取的方式产生。其他申请人的意见可由听证代表代为表述，也可以书面形式交与行政机关，其意见应在听证笔录中予以说明并记录。

行政处罚是一种具有惩戒性、制裁性的行政行为。

《行政处罚法》规定，行政处罚应当遵循公正、公开的原则，对违法行为给予行政处罚的规定必须公布；未经公布的，不得作为行政处罚的依据。

设定和实施行政处罚必须以事实为依据，与违法行为的事实、性质、情节以及社会危害程度相当。

行政处罚的原则还包括：处罚依据法定、实施处罚的主体法定、实施处罚的职权法定和处罚程序法定。

行政机关应当充分告知和给予当事人对行政处罚的行政救济权。

（五）行政强制权

1. 权利来源

《城乡规划法》第六十八条规定，城乡规划主管部门作出责令停止建设或者限期拆除的决定后，当事人不停止建设或者逾期不拆除的，建设工程所在地县级以上地方人民政府可以责成有关部门采取查封施工现场、强制拆除等措施。

《土地管理法》第八十三条规定，依照本法规定，责令限期拆除在非法占用的土地上新建的建筑物和其他设施的，建设单位或者个人必须立即停止施工，自行拆除；对继续施工的，作出处罚决定的机关有权制止。建设单位或者个人对责令限期拆除的行政处罚决定不服的，可以在接到责令限期拆除决定之日起十五日内，向人民法院起诉；期满不起诉又不自行拆除的，由作出处罚决定的机关依法申请人民法院强制执行，费用由违法者承担。

《行政处罚法》第七十二条规定，当事人逾期不履行行政处罚决定的，作出行政处罚决定的行政机关可以采取下列措施：

（1）到期不缴纳罚款的，每日按罚款数额的百分之三加处罚款，加处罚款的数额不得超出罚款的数额；

（2）根据法律规定，将查封、扣押的财物拍卖、依法处理或者将冻结的存款、汇款划拨抵缴罚款；

（3）根据法律规定，采取其他行政强制执行方式；

（4）依照《行政强制法》的规定申请人民法院强制执行。

《行政强制法》第四十四条规定，对违法的建筑物、构筑物、设施等需要强制拆除的，应当由行政机关予以公告，限期当事人自行拆除。当事人在法定期限内不申请行政复议或者提起行政诉讼，又不拆除的，行政机关可以依法强制拆除。

2. 基本程序

《行政强制法》第四章和第五章对行政机关强制执行程序和申请人民法院强制执行作了有关规定。

《自然资源行政处罚办法》（自然资源部令第 12 号）在第五章中就"执行"事项也作出了具体程序规定。

3. 综合

涉及国土空间规划管理的行政强制措施主要包括查封施工现场和强制拆除建筑物、构筑物和设施。就强制拆除建筑物、构筑物和设施这一行政强制措施而言，《土地管理法》和《城乡规划法》以及《行政强制法》的规定是不一样的。

对于责令限期拆除在非法占用的土地上新建的建筑物和其他设施的情况，即所建建筑物、构筑物和设施占用土地行为违法，适用《土地管理法》，应当申请人民法院强制执行。

《最高人民法院关于违法的建筑物、构筑物、设施等强制拆除问题的批复》（法释〔2013〕5 号）规定，根据行政强制法和城乡规划法有关规定精神，对涉及违反城乡规划法的违法建筑物、构筑物、设施等的强制拆除，法律已经授予行政机关强制执行权，人民法院不受理行政机关提出的非诉行政执行申请。

对于责令限期拆除未取得建设工程规划许可证或者未按照建设工程规划许可证的规定进行建设、但其使用的土地是合法取得的建筑物、构筑物和设施的情况，适用《城乡规划法》，由建设工程所在地县级以上地方人民政府责成有关部门采取查封施工现场、强制拆除等措施，这符合《行政强制法》第四十四条中"行政机关可以依法强制拆除"的规定。

第三章
接受相关机关监督

随着法治政府建设要求的不断提高,对行政机关有权必有责、用权受监督是最起码的约束。机构改革后的自然资源主管部门,掌握了更多的自然资源配置权,要保证权力在阳光下运行,单靠有关法规对内部的约束是不够的,还应当接受国家权力机关及其他有权机关对履职过程进行监督。

第一节 基本概念

1. 地方国家权力机关对地方国家机关或者单位实施监督的方式有哪些?

《地方各级人民代表大会和地方各级人民政府组织法》第五十条规定,县级以上的地方各级人民代表大会常务委员会讨论本行政区域内的政治、经济、教育、科学、文化、卫生、生态环境保护、自然资源、城乡建设、民政、社会保障、民族等工作的重大事项和项目,可以作出决定或者决议,也可以将有关意见、建议送有关地方国家机关或者单位研究办理。有关办理情况应当及时向常务委员会报告。

第五十三条规定,人民代表大会常务委员会组成人员三人以上联名,可以向常务委员会书面提出对本级人民政府及其工作部门的质询案。质询案必须写明质询对象、质询的问题和内容。

质询案由主任会议决定交由受质询机关在常务委员会全体会议上或者有关的专门委员会会议上口头答复,或者由受质询机关书面答复。在专门委员会会议上答复的,提质询案的常务委员会组成人员有权列席会议,发表意见;主任会议认为必要的时候,可以将答复质询案的情况报告印发会议。

质询案以口头答复的,应当由受质询机关的负责人到会答复;质询案以书面答复的,应当由受质询机关的负责人签署,由主任会议印发会议或者印发提质询案的常务委员会组成人员。

2. 检察机关对国家行政机关的行政行为实施监督的方式有哪些?

《中华人民共和国人民检察院组织法》第二十一条规定,人民检察院行使法律监督职权,可以进行调查核实,并依法提出抗诉、纠正意见、检察建议。有关单位应当予以配合,并及时将采纳纠正意见、检察建议的情况书面回复人民检察院。

《人民检察院检察建议工作规定》第五条规定,检察机关对行政机关提出检察建议包括纠正违法检察建议和公益诉讼检察建议。

第十条规定,人民检察院在履行职责中发现生态环境和资源保护、食品药品安全、国有财产保护、国有土地使用权出让等领域负有监督管理职责的行政机关违法行使职权或者不作为,致使国家利益或者社会公共利益受到侵害,符合法律规定的公益诉讼条件的,应当按照公益诉讼案件办理程序向行政机关提出督促依法履职的检察建议。

第二十五条规定,被建议单位在规定期限内经督促无正当理由不予整改或者整改不到位的,经检察长决定,可以将相关情况报告上级人民检察院,通报被建议单位的上级机关、行政主管部门或者行业自律组织等,必要时可以报告同级党委、人大,通报同级政府、纪检监察机关。符合提起公益诉讼条件的,依法提起公益诉讼。

3. 审判机关对国家行政机关的行政行为实施监督的方式有哪些?

《中华人民共和国人民法院组织法》第五十三条规定,人民法院作出的判决、裁定等生效法律文书,义务人应当依法履行;拒不履行的,依法追究法律责任。

《行政诉讼法》第一条规定,为保证人民法院公正、及时审理行政案件,解决行政争议,保护公民、法人和其他组织的合法权益,监督行政机关依法行使职权,根据宪法,制定本法。

第七十七条规定,行政处罚明显不当,或者其他行政行为涉及对款额的确定、认定确有错误的,人民法院可以判决变更。人民法院判决变更,不得加重原告的义务或者减损原告的权益。但利害关系人同为原告,且诉讼请求相反的除外。

第九十六条规定,行政机关拒绝履行判决、裁定、调解书的,第一审人民法院可以采取下列措施:

(1) 对应当归还的罚款或者应当给付的款额,通知银行从该行政机关的账户内划拨;

(2) 在规定期限内不履行的,从期满之日起,对该行政机关负责人按日处五十元至一百元的罚款;

(3) 将行政机关拒绝履行的情况予以公告;

(4) 向监察机关或者该行政机关的上一级行政机关提出司法建议。接受司法建议的机关,根据有关规定进行处理,并将处理情况告知人民法院;

(5) 拒不履行判决、裁定、调解书,社会影响恶劣的,可以对该行政机关直接负责的主管人员和其他直接责任人员予以拘留;情节严重,构成犯罪的,依法追究刑事责任。

4. 监察机关有哪些职责?

《监察法》第十一条规定,监察委员会依照本法和有关法律规定履行监督、调查、处置职责:

(1) 对公职人员开展廉政教育,对其依法履职、秉公用权、廉洁从政从业以及道德操守情况进行监督检查。

(2) 对涉嫌贪污贿赂、滥用职权、玩忽职守、权力寻租、利益输送、徇私舞弊以及浪费国家资财等职务违法和职务犯罪进行调查。

(3) 对违法的公职人员依法作出政务处分决定;对履行职责不力、失职失责的领导人员进行问责;对涉嫌职务犯罪的,将调查结果移送人民检察院依法审查、提起公诉;向监察对象所在单位提出监察建议。

第二节 案例解析

因为自然资源主管部门的慢作为、乱作为、不作为,致使国家利益、社会公共利益以及人民群众的合法权益受到侵害的案件屡见不鲜,人民群众既可以通过行政复议和行政诉讼的方式进行维权,也可以向人大常委会、检察机关和监察机关投诉、举报。

案例 1

某市城投公司在第二中学教学楼南侧 8 米处建设一栋七层住宅楼(为市住建局代建的安居工程)。学校方认为该住宅楼与教学楼间距太小,影响教学楼的日照,遂书面向市住建局、规划局反映该情况。规划局答复:该工程的投资方是市住建局,用于某地段的拆迁安置,未办理建设工程规划许可证。住建局答复:我局组织建设的该工程是用于某地段拆迁户的安置,因时间紧迫,项目立项、规划许可等手续正在办理之中。鉴于两个主管部门均未就学校教学楼的日照问题作出相应的答复和处理,学校方认为是"官官相护",即使是安居工程也不应当影响教育事业,于是向市政府和市人大常委会提交报告寻求帮助。市政府将学校的报告签发给住建局和规划局后,便再无下文。市人大常委会教科委、环资委五名委员经现场调查后,向常务委员会书面提出对市规划局、市住建局的质询案。两个部门的书面答复与给学校的答复内容大致相同,仅表态称:我局会妥善处理此事。此后近一年的时间,住宅楼已经建成并装修完毕,却无人过问此事。

学校再次向人大常委会呼吁,人大常委会再次启动质询程序。

最终,该栋住宅楼被拆除,造成近 1 000 万元的损失,社会影响较大。住建局局长被人大常委会撤销了局长职务,后因还存在其他违法违纪问题,被进一步查办;规划局局长被行政记大过处分。

【解析】

《地方各级人民代表大会和地方各级人民政府组织法》第二条规定,地方各级人民代表大会是地方国家权力机关。

《中华人民共和国公务员法》(简称《公务员法》)第五十九条规定,公务员应当遵纪守法,不得有不担当、不作为、玩忽职守、贻误工作行为。

【延伸】

人民代表大会及其常务委员会对行政机关的监督方式有审议、询问、建议、约见、质询、罢免、撤职、撤销等,其中,质询的刚性较强。

行政机关面对地方国家权力机关的质询,理应对质询的事项进行认真调查、研究,并依法作出处理或者提出切实可行的处理意见后,再给人大常委会书面答复。法律规定,对于质询案的书面答复,应当由受质询机关的负责人签署,即机关负责人对答复的意见是明确的,而且具有主导性。

本案中,住建局作为全市的城乡建设主管部门,又是该项目的建设单位,理应带头自觉遵守国家的法律法规。然而，在项目没有立项、未取得规划许可的情况下进行所谓的安居工程建设，违反了国家基本建设程序，也违反了《民法典》第二百九十三条"建造建筑物，不得违反国家有关工程建设标准，不得妨碍相邻建筑物的通风、采光和日照"的规定，侵害了学校的合法权益。对人大质询问题的答复敷衍了事，并未采取有效措施完善项目审批手续和消除对学校合法权益的侵害，且给国家利益造成重大损失。

涉案的规划局作为城乡规划主管部门，在明知学校举报的违法建设行为客观存在、学校的合法权益受到侵害的情况下，不仅不依法采取有效措施制止，反而在答复人大质询案时还和住建部门商量，异口同声作出"我局会妥善处理此事"的答复，结果导致事态不可把控、无法妥善处理，造成国家利益的重大损失，在社会上造成恶劣的影响。对于规划局局长个人来说，存在不担当、不作为、玩忽职守、贻误工作的行为，依法应当受到较重的行政处分。

案例 2

本案源于《最高人民法院、最高人民检察院关于印发〈行政公益诉讼典型案例〉的通知》（法〔2023〕206 号）。

栾川县某养殖专业合作社违法建设养鸡场，总面积达 9.968 亩，造成其中 8.879 亩耕地（其中基本农田 6.722 亩，一般耕地 2.157 亩）的种植条件严重毁坏，违法建筑面积 4 720.17 平方米(7.08 亩)。

2022 年 1 月 18 日，河南省栾川县自然资源局（以下简称栾川县自然资源局）下达了《责令停止违法行为通知书》《责令改正违法行为通知书》。

1 月 19 日，河南省栾川县人民检察院向栾川县自然资源局发出检察建议。

3 月 9 日，栾川县自然资源局经委托鉴定后认为该案已涉嫌刑事犯罪，遂将案件移交河南省栾川县公安局，并对该案中止调查。

12 月 8 日，河南省栾川县人民检察院发现栾川县某养殖专业合作社在行政复议和行政诉讼法定期限届满后，未恢复土地原貌，未达到种植条件。栾川县自然资源局未继续向人民法院申请强制拆除违法建筑，也未采取恢复土地种植条件的措施。洛阳铁路运输检察院提起行政公益诉讼，请求判令栾川县自然资源局依法全面履行法定职责。

诉讼过程中，栾川县自然资源局根据"三区三线"划定成果，对栾川县某养殖专业合作社作出了相应的行政处罚，洛阳铁路运输检察院将诉讼请求变更为确认原行政行为违法。

【解析】

《行政处罚法》第八条规定，公民、法人或者其他组织因违法行为受到行政处罚，其违法行为对他人造成损害的，应当依法承担民事责任。

违法行为构成犯罪，应当依法追究刑事责任的，不得以行政处罚代替刑事处罚。

第二十七条规定，违法行为涉嫌犯罪的，行政机关应当及时将案件移送司法机关，依法追究刑事责任。对依法不需要追究刑事责任或者免予刑事处罚，但应当给予行政处罚的，司法机关应当及时将案件移送有关行政机关。

第二十八条规定，行政机关实施行政处罚时，应当责令当事人改正或者限期改正违法行为。

《土地管理法》第七十四条规定，对违反土地利用总体规划擅自将农用地改为建设用地的,限期拆除在非法转让的土地上新建的建筑物和其他设施,恢复土地原状,对符合土地利用总体规划的,没收在非法转让的土地上新建的建筑物和其他设施;可以并处罚款;对直接负责的主管人员和其他直接责任人员,依法给予处分;构成犯罪的,依法追究刑事责任。

第八十三条规定,依照本法规定,责令限期拆除在非法占用的土地上新建的建筑物和其他设施的,建设单位或者个人必须立即停止施工,自行拆除;对继续施工的,作出处罚决定的机关有权制止。建设单位或者个人对责令限期拆除的行政处罚决定不服的,可以在接到责令限期拆除决定之日起十五日内,向人民法院起诉;期满不起诉又不自行拆除的,由作出处罚决定的机关依法申请人民法院强制执行,费用由违法者承担。

《人民检察院提起公益诉讼试点工作实施办法》第二十八条规定,人民检察院履行职责中发现生态环境和资源保护、国有资产保护、国有土地使用权出让等领域负有监督管理职责的行政机关违法行使职权或者不作为,造成国家和社会公共利益受到侵害,公民、法人和其他社会组织由于没有直接利害关系,没有也无法提起诉讼的,可以向人民法院提起行政公益诉讼。

第四十二条规定,人民检察院以公益诉讼人身份提起行政公益诉讼。行政公益诉讼的被告是生态环境和资源保护、国有资产保护、国有土地使用权出让等领域违法行使职权或者不作为的行政机关,以及法律、法规、规章授权的组织。

【延伸】

自然资源主管部门对占用土地不符合国土空间规划的违法行为处罚的目的是责令限期拆除土地上新建的建筑物和其他设施,恢复土地原状,而罚款、案件移送等措施只是达到行政处罚目的的手段。

行政机关应当全面履行法律法规赋予的职责。行政处罚的目的没有达到,该行政处罚案件是不能结案的。

本案中,县自然资源局发现某养殖专业合作社非法占用基本农田构成犯罪后,不仅要移送公安机关追究刑事责任,还要继续履行职责,向人民法院申请强制拆除基本农田上的违法建筑,督促违法当事人履行土地复垦义务,若违法当事人拒不复垦的,应责令其缴纳土地复垦费并代为组织复垦。而县自然资源局将案件移送公安机关后怠于履行上述法定职责,导致土地未能复垦,损害了国家和公共利益。

检察机关依法提起行政公益诉讼,人民法院判决确认县自然资源局未依法全面履行职责的行为违法。

本案中,检察机关通过发出检察建议、提起公益诉讼的形式介入自然资源主管部门对违法用地行政案件的处理,是对主管部门行政执法的一大触动,警示行政机关应当依法全面履职。

本案源于最高人民法院官网。

2017年12月18日,某房地产公司竞拍到龙山县一宗68 670平方米的国有建设用地使用权。该公司与龙山县自然资源局于2018年1月15日签订土地使用权出让合同,约定出让金共计2.3亿元,分别在2018年2月、2019年1月前缴纳1.3亿元、1亿元,未按时缴纳的违约金标准为日1‰。

某房地产公司按期足额缴纳第一笔款后,第二笔款到期仅缴纳4500万元,之后分五次陆续缴清欠缴的本金5500万元,由此产生违约金341.6万元未缴纳。

龙山县自然资源局遂于2020年12月21日向某房地产公司下达《催缴告知书》,要求该公司15日内缴交上述违约金,逾期将申请人民法院强制执行。

其后,该公司仍未缴纳,该局亦未向法院提出申请。由此可知,该局存在怠于履行收缴土地出让违约金职责的问题,损害了国家利益。

龙山县人民检察院对龙山县自然资源局立案调查,于2021年8月31日向该局发出检察建议,建议其依法履行职责,将违约金收缴到位,并告知履职期限为两个月。

然而,该局逾期未书面回复亦未收缴违约金。

同年11月17日,花垣县人民检察院以龙山县自然资源局为被告,向花垣县人民法院提起行政公益诉讼,请求判令被告履行收缴涉案违约金341.6万元的职责。

【解析】

《城市房地产管理法》第十六条规定,土地使用者必须按照出让合同约定,支付土地使用权出让金;未按照出让合同约定支付土地使用权出让金的,土地管理部门有权解除合同,并可以请求违约赔偿。

第十九条规定,土地使用权出让金应当全部上缴财政,列入预算,用于城市基础设施建设和土地开发。

《城镇国有土地使用权出让和转让暂行条例》第十四条规定,土地使用者应当在签订土地使用权出让合同后六十日内,支付全部土地使用权出让金。逾期未全部支付的,出让方有权解除合同,并可请求违约赔偿。

《人民检察院提起公益诉讼试点工作实施办法》第二十八条规定,人民检察院履行职责中发现生态环境和资源保护、国有资产保护、国有土地使用权出让等领域负有监督管理职责的行政机关违法行使职权或者不作为,造成国家和社会公共利益受到侵害,公民、法人和其他社会组织由于没有直接利害关系,没有也无法提起诉讼的,可以向人民法院提起行政公益诉讼。

【延伸】

查阅龙山县自然资源局网站,"负责自然资源资产有偿使用工作。建立全民所有自然资源资产统计制度,负责全民所有自然资源资产核算。编制全民所有自然资源资产负债表。拟定考核标准,执行全民所有自然资源资产划拨、出让、租赁、作价出资和土地储备政策,合理配置全民所有自然资源资产。负责自然资源资产价值评估管理"是其主要职责之一。

对土地出让金的缴纳,法律法规有明文规定。案涉自然资源局明知法律法规的规定,向使用土地者下达了《催缴告知书》,要求限期缴纳,否则将申请人民法院强制执行。然而,为什么逾期没有向法院申请执行?为什么对人民检察院发出的检察建议逾期未作书面回复亦未收缴涉案违约金?又为什么在人民检察院提起公益诉讼的第二天就能收齐涉案违约金?其中必有隐情,虽不得而知,但县自然资源局的行政不作为是显而易见的。

2018年6月26日,《大河网》的报道《检察机关介入,中牟国土部门追缴国有土地出让金及违约金3亿元》中,提到检察院介入人防费用收缴的案例:"中牟县人民检察院在履行职责中发现,中牟县人防办原主任聂某在审批项目时,采取形式上批准暂交少量易地建设费、实际上减免征收的方法,违规审核项目,导致1 722.591 1万元巨额国有财产流失。2017年7月4日,中牟县人民检察院向县人防办发出诉前检察建议,之后县人防办仍怠于履行法定职责。中牟县人民检察院遂于2017年11月30日将人防办起诉至中牟县人民法院。案件于2018年4月27在中牟县人民法院开庭审理并当庭宣判,判决中牟县人防办在对涉案项目人防易地建设费收取工作中未依法履行职责的行政行为违法"。

从中可以看出,一些地方政策并非一个部门有权制定,所以,《中共中央关于进一步全面深化改革、推进中国式现代化的决定》(二十届三中全会通过)中要求"规范地方招商引资法规制度,严禁违法违规给予政策优惠行为"显得尤为重要。

土地出让金以及各种规费是国家财政收入的重要来源之一,是城市基础设施建设的重要保障。相关行政机关应当及时、足额征缴入库。在行政手段失效时,应依法向人民法院申请强制执行。人民检察院的检察建议、公益诉讼,既是对行政机关的监督,更是对行政机关工作的支持和帮助,一定要认真对待、充分理解。

《最高人民检察院、自然资源部关于印发土地执法查处领域五件行政非诉执行监督典型案例的通知》《关于建立行政检察与自然资源行政执法衔接工作机制的意见》《最高人民检察院、自然资源部联合发布土地执法查处领域违法建(构)筑物没收处置行政非诉执行监督典型案例》等文件,以及一系列典型案例的发布,足以说明检察机关在对自然资源主管部门监督的同时,也帮助自然资源主管部门解决了若干棘手问题。

案例 4

本案源于最高人民法院2020年行政典型案例。

2013年10月21日,诸暨市勍田置业有限公司(以下简称勍田置业公司)与原诸暨市国土资源局(以下简称诸暨国土局)签订《国有建设用地使用权出让合同》,受让坐落于诸暨市暨阳街道郭家村地块商业用地国有建设用地使用权,双方对土地出让金额、土地交付、规划建设、违约责任等进行了约定,其中土地出让款为5 000万元,土地交付时间为2013年10月21日。合同签订后,勍田置业公司向诸暨国土局缴纳了全部土地出让金,但因出让地块内尚有高压线未搬迁,该公司未能入场施工。经勍田置业公司多次要求,至2016年4月底,出让地块内的高压线才被迁移。勍田置业公司认为诸暨国土局收取土地出让金后,未能按时交付符合出让条件的土地,应承担相应责任,起诉要求诸暨国土局赔偿其损失。

裁判结果:

浙江省绍兴市柯桥区人民法院一审认为,根据《闲置土地处置办法》(国土资源部令第53号)、《国土资源部关于加大闲置土地处置力度的通知》(国土资电发〔2007〕36号)等土地出让的相关政策的规定,国有建设用地实行"净地"出让,即出让的土地应当已完成建(构)筑物拆除、符合通平条件,且在法律关系上权属清晰,不存在权利限制。案涉出让地块相应规划图明确高压线需迁移,但实际直至2016年4月才迁移完毕。因此,诸暨国土局存在未按合同约定交付符合开发条件"净地"之情形,应依法承担违约责任,遂判决诸暨国土局赔付勍田置业公司自2013年10月22日起至2016年4月26日,以土地出让总价款5 000万元为基数,按中国人民银行同期同档次贷款基准利率计算的利息损失部分(不超过8 146 458.33元),驳回勍田置业公司的其他诉讼请求。诸暨国土局不服,提出上诉。

浙江省绍兴市中级人民法院二审认为,原诸暨市规划局向勍田置业公司核发的建设用地规划许可证载明,高压线移位是案涉地块动工开发、实施规划的前提条件,也是诸暨国土局按约交付出让土地的基本要求。因案涉出让地块上的高压线直至2016年4月才迁移完毕,晚于双方在出让合同中约定的土地交付时间,一审法院据此判决诸暨国土局承担相应违约责任,并无不当,遂判决驳回上诉,维持一审判决。二审判决生效后,诸暨国土局已履行生效判决确定的义务。

典型意义:

法治是最好的营商环境,行政机关既是行政职权的行使者,也是市场经济的参与者,更要依法行政、诚实守信。本案在一定程度上厘清了土地出让部门在进行国有土地使用权出让时,需要遵守的相关规定和应当承担的合同义务。在监督行政机关依法行政的同时,也依法保护了民营企业产权,是行政审判保护非公有制市场主体权利、助推营商环境优化的典型案例。

【解析】

《闲置土地处置办法》(国土资源部令第53号)第二十一条规定,市、县国土资源主管部门供应土地应当符合下列要求,防止因政府、政府有关部门的行为造成土地闲置:

(1) 土地权利清晰;

(2) 安置补偿落实到位;

(3) 没有法律经济纠纷;

(4) 地块位置、使用性质、容积率等规划条件明确;

(5) 具备动工开发所必需的其他基本条件。

《国土资源部关于加大闲置土地处置力度的通知》(国土资电发〔2007〕36号)第二条要求,实行建设用地使用权"净地"出让,出让前,应处理好土地的产权、补偿安置等经济法律关系,完成必要的通水、通电、通路、土地平整等前期开发,防止土地闲置浪费。

《国土资源部、住房和城乡建设部关于进一步加强房地产用地和建设管理调控的通知》(国土资发〔2010〕151号)第四条要求,土地出让必须以宗地为单位提供规划条件、建设条件和土地使用标准,严格执行商品住房用地单宗出让面积规定,不得将两宗以上地块捆绑出让,不得"毛地"出让。拟出让地块要依法进行土地调查和确权登记,确保地类清楚、面积准确、权属合法,没有纠纷。

【延伸】

国土资源部的规章、规范性文件以及与住建部联合下发的规范性文件都明确要求"净地"出让、不得"毛地"出让、具备动工开发所必需的基本条件。涉案的市国土资源局竟不清楚此事,还要人民法院的法官们进行普法教育、解释说明,确实说不过去。

《行政诉讼法》立法的一个重要目的就是监督行政机关依法行使职权,人民法院通过行政诉讼案件的审理,对行政机关的依法行政行为进行监督和促进。

从业务知识层面来讲,涉案的国土资源局应当绝对清楚本系统内的相关规定。但是,面对800多万元的赔付款,再被监察、审计等有关机关冠以"国有资产流失""国家利益损失"之名,行政机关自然不愿意主动赔付的,而是希望通过"行政服从司法"的法院一审、终审监督过程和最终判决来规避这一风险。

实际工作中,行政机关应当多邀请人民法院的法官对本单位人员进行培训,从源头上主动接受人民法院的监督,这样既利于工作顺利开展,也可以减少诉累和规避法律风险。

本案中,即使有法院的判决,行政机关可以赔付该笔款项,但根据《国务院办公厅关于推行行政执法责任制的若干意见》(国办发〔2005〕37号)的规定,对实施违法或者不当的行政执法行为依法依纪应采取组织处理措施的,按照干部管理权限和规定程序办理;依法依纪应当追究政纪责任的,由任免机关、监察机关依法给予行政处分;涉嫌犯罪的,移送司法机关处理。

《中共中央、国务院关于进一步加强城市规划建设管理工作的若干意见》第二十四条指出,研究推动城乡规划法与刑法衔接,严厉惩处规划建设管理违法行为,强化法律责任追究,提高违法违规成本。

对于人民法院的监督,赢了官司自然皆大欢喜;若是输了官司,行政机关必须在规定的期限内履行生效的判决、裁定、调解书,否则,按照《行政诉讼法》第九十六条的规定,后果是很严重的。

案例5

据媒体报道,自然资源系统有47名官员被查处(其中部级1人、厅级6人、处级35人、乡科级以下5人),仅2024年6月,就有18名官员因涉嫌严重违纪违法被查处。

【解析】

《中国共产党纪律处分条例》《公务员法》《监察法》《公职人员政务处分法》《国土资源执法监察错案责任追究制度》《违反土地管理规定行为处分办法》《城乡规划违法违纪行为处分办法》等一系列法律法规均要求,自然资源主管部门及其工作人员,应当勤政廉政、爱国拥党、保守国家和党的秘密……应当遵纪守法。

【延伸】

山东的、天津的、湖南的、江西的……各个重大事故中,自然资源部门都赫然在列,因为我们的工作没做到位导致案例频发,多少领导同志也因此被问责。

行政机关应将依法行政放在第一位,体制内的所有人,细节和态度都应当摆在第一位。

第三节 行政权力

本章中,自然资源主管部门能作出的行政行为的情形是义务多、权力少。

对于有权机关的监督,回复意见的态度必须慎重,回复意见的落实措施必须切实可行。

法律法规无处不在!纪检监察无处不在!国家审计无处不在!自然资源主管部门和国土空间规划工作的从业者应当主动学法、自觉守法、依法依规开展工作,才能规避风险。

参考文献

[1] 《市级国土空间总体规划编制指南(试行)》有关情况新闻发布会[EB/OL]. (2020-09-24)[2024-04-15]. HTTPS://WWW. MNR. GOV. CN/DT/ZB/2020/SJKJGH/

[2] 自然资源部关于全面开展国土空间规划工作的通知[EB/OL]. (2019-05-28)[2023-12-15]. https://www. gov. cn/zhengce/zhengceku/2019-10/14/content_5439428. htm

[3] 自然资源部办公厅关于印发《资源环境承载能力和国土空间开发适宜性评价指南(试行)》的函[EB/OL]. (2020-01-19)[2023-09-15]. HTTPS://GI. MNR. GOV. CN/202001/T20200121_2498502. HTML

[4] 中共中央 国务院关于建立国土空间规划体系并监督实施的若干意见[EB/OL]. (2019-05-23)[2023-12-15]. HTTPS://WWW. GOV. CN/ZHENGCE/2019-05/23/CONTENT_5394187. HTM? TRS=1

[5] 自然资源部印发通知开展国土空间规划"一张图"建设和现状评估工作[EB/OL]. (2019-07-23)[2023-12-15]. HTTPS://WWW. SOHU. COM/A/328850716_656095

[6] 自然资源部《"三区三线"划定技术问答》(第二版)[EB/OL]. (2022-05-21)[2023-12-15]. HTTPS://WWW. GUOTUREN. COM/WENKU-852

[7] 自然资源部印发全国"三区三线"划定规则[EB/OL]. (2022-04-29)[2024-4-15]. HTTPS://WWW. GUOTUREN. COM/GUIHUA-1078. HTML

[8] 自然资源部关于做好城镇开发边界管理的通知(试行)[EB/OL]. (2023-10-08)[2024-4-15]. HTTPS://WWW. GOV. CN/ZHENGCE/ZHENGCEKU/202310/CONTENT_6908043. HTM

[9] 中共中央办公厅 国务院办公厅印发《关于在国土空间规划中统筹划定落实三条控制线的指导意见》[EB/OL]. (2019-11-01)[2023-12-15]. HTTPS://WWW. GOV. CN/ZHENGCE/2019-11/01/CONTENT_5447654. HTM

[10] 自然资源部 生态环境部 国家林业和草原局关于加强生态保护红线管理的通知(试行)[EB/OL]. (2022-08-16)[2023-12-15]. HTTPS://WWW. GOV. CN/ZHENGCE/ZHENGCEKU/2022-08/20/CONTENT_5706169. HTM

[11] 自然资源部关于印发《国土空间调查、规划、用途管制用地用海分类指南》的通知[EB/OL]. (2023-11-22)[2023-12-15]. HTTPS://WWW. GOV. CN/ZHENGCE/ZHENGCEKU/202311/CONTENT_6917279. HTM

[12] 中共中央办公厅 国务院办公厅印发《关于在国土空间规划中统筹划定落实三条控制线的指导意见》[EB/OL]. (2019-11-01)[2023-12-15]. HTTPS://WWW. GOV. CN/ZHENGCE/2019-11/01/CONTENT_5447654. HTM

[13] 中央农办 农业农村部 自然资源部 国家发展改革委 财政部关于统筹推进村庄规划工作的意见[EB/OL].(2019-01-04)[2023-12-15].HTTP://WWW.MOA.GOV.CN/ZT-ZL/XCZX/ZCCS_24715/201901/T20190118_6170350.HTM

[14] 中共中央 国务院关于实施乡村振兴战略的意见[EB/OL].(2018-02-05)[2023-12-15].HTTP://WWW.MOA.GOV.CN/ZTZL/YHWJ2018/ZXGZ/201802/T20180205_6136444.HTM

[15] 自然资源部:《市级国土空间总体规划编制指南(试行)》发布[EB/OL].(2022-09-01)[2023-12-15].HTTP://VOD.MNR.GOV.CN/SPXW/202009/T20200925_2562283_HAN.HTM

[16] 自然资源部办公厅关于过渡期内支持巩固拓展脱贫攻坚成果同乡村振兴有效衔接的通知[EB/OL].(2022-10-13)[2023-12-15].HTTPS://WWW.GOV.CN/ZHENGCE/ZHENGCEKU/2022-11/05/CONTENT_5724948.HTM

[17] 自然资源部关于做好城镇开发边界管理的通知(试行)[EB/OL].(2023-10-08)[2023-12-15].HTTPS://WWW.GOV.CN/ZHENGCE/ZHENGCEKU/202310/CONTENT_6908043.HTM

[18] 自然资源部关于印发《土地征收成片开发标准》的通知[EB/OL].(2023-10-31)[2023-12-15].HTTPS://WWW.GOV.CN/ZHENGCE/ZHENGCEKU/202312/CONTENT_6918723.HTM

[19] 商务部等12部门关于推进城市一刻钟便民生活圈建设的意见[EB/OL].(2021-05-28)[2023-12-15].HTTPS://WWW.GOV.CN/ZHENGCE/ZHENGCEKU/2021-06/03/CONTENT_5615099.HTM

[20] 自然资源部办公厅.自然资源部办公厅关于印发《支持城市更新的规划与土地政策指引(2023版)》的通知[EB/OL].(2023-11-10)[2023-12-15].HTTPS://WWW.GOV.CN/ZHENGCE/ZHENGCEKU/202311/CONTENT_6916516.HTM

[21] 自然资源部《平急功能复合的韧性城市规划与土地政策指引》自然资办发〔2024〕19号[EB/OL].(2024-05-13)[2024-09-18].HTTPS://WWW.GUOTUREN.COM/GUIHUA-3354.HTML

[22] 自然资源部.自然资源部关于做好城镇开发边界管理的通知(试行)[EB/OL].(2023-10-08)[2023-12-15].HTTPS://WWW.GOV.CN/ZHENGCE/ZHENGCEKU/202310/CONTENT_6908043.HTM

[23] 钟煜豪.树为何要砍掉? 四川云南河北多地回应退林还耕相关疑问[EB/OL].(2023-06-22)[2023-12-15].HTTPS://M.GUANCHA.CN/POLITICS/2023_06_22_697868.SHTML

[24] 霍思伊,李金津.教师过剩、高校关停,人口如何影响教育? [J]中国新闻周刊,2023,(1081)02

[25] 国常会审议通过关于在超大特大城市积极稳步推进城中村改造的指导意见[EB/OL].(2023-07-21)[2023-12-15].HTTPS://FINANCE.SINA.COM.CN/CHINA/2023-07-21/DOC-IMZCNCEI8105721.SHTML

[26] 苏杰德.扬州"造园"后遗症:违法占地致村民无法"进保"急于撬动土地升值[EB/OL].(2020-10-20)[2023-12-15]. HTTPS://WWW.SOHU.COM/A/425887656_120873672

[27] 律师谈秦岭别墅事件:到底全是违建,如何拆除?才保住秦岭生态?[EB/OL].(2020-05-07)[2023-12-15]. HTTPS://HOUSE.IFENG.COM/NEWS/2020_05_07-52737337_0.SHTML

[28] 整治秦岭违建别墅 陕西省一度打折扣[EB/OL].(2019-01-10)[2023-12-15]. HTTPS://WWW.SOHU.COM/A/287856194_114988

[29] 关于非法占用农用地罪司法适用的几个要点[EB/OL].(2020-06-03)[2023-12-15]. HTTPS://WWW.SOHU.COM/A/399380693_100013185

[30] 江苏徐州侦破借"土地复垦"为名盗采矿石案,涉案价值1067万余元[EB/OL].(2020-06-08)[2023-12-15]. HTTPS://WWW.SOHU.COM/A/400355567_99986028

[31] 杨勇,陈兴章.非法采石悲剧难绝 万宁后山岭私人采石场调查[EB/OL].(2005-01-31)[2023-12-15]. HTTP://NEWS.SINA.COM.CN/S/2005-01-31/09314996837S.SHTML

[32] 村姑晓佳一."水稻上山"产量大增,亩产788公斤,为何骂声一片?[EB/OL].(2023-03-26)[2023-12-15]. HTTPS://WWW.TOUTIAO.COM/ARTICLE/7214764531975913988/

[33] 李淑英.租赁耕地遭破坏,赔偿20万元!德城区法院审结一涉耕地保护纠纷案件[EB/OL].(2022-07-13)[2023-12-15]. HTTPS://WWW.163.COM/DY/ARTICLE/HC5UP9EL0530WJTO.HTML

[34] 李保忠.行政诉讼撤销房屋登记产权确认成功案例[EB/OL].(2022-05-11)[2023-12-15]. HTTPS://CHINA.FINDLAW.CN/LAWYER/JDAL/D139899.HTML

[35] 2023年度十大行政检察典型案例(七)[EB/OL].(2024-03-20)[2024-09-18]. HTTP://WWW.NMHANGJINHOU.JCY.GOV.CN/DXAL/202403/T20240322_6364528.SHTML

[36] 湖北省钟祥市不动产登记中心.典型案例041:违规改变容积率的住宅小区,如何办理不动产登记[EB/OL].(2018-07-09)[2023-12-15]. HTTPS://WWW.SOHU.COM/A/240049791_654424

[37] 吕玥,颜新文,吴小夏.苍南县不动产登记服务中心10人被问责案例剖析[EB/OL].(2018-06-27)[2023-12-15]. HTTPS://ZJNEWS.ZJOL.COM.CN/ZJNEWS/WZNEWS/201806/T20180627_7634102.SHTML

[38] 1700万元建公园,不到五个月就被拆!纪检部门介入[EB/OL].(2024-05-12)[2024-09-18]. HTTPS://WWW.SOHU.COM/A/778228876_115362?SCM=10001.1083_13-1083_13-60_60.0-0.10021.0

[39] 四川首例!越权查处农村违建,仁寿县自然资源管理部门被判败诉[EB/OL].(2020-08-11)[2023-12-15]. HTTPS://BAIJIAHAO.BAIDU.COM/S?ID=16746873911113158783

[40] 江苏省盐城市自然资源和规划局与盐城市某建材有限公司国土资源非诉执行案[EB/OL].(2024-05-22)[2024-09-18]. HTTP://YTHYFY.SDCOURT.GOV.CN/DYKFQFY/397053/397093/21080043/INDEX.HTML

[41] 城乡规划行政处罚案例剖析 你的房子有违建吗？[EB/OL].(2013-04-08)[2023-12-15]. HTTPS://FS.NEWS.FANG.COM/2013-04-08/9860924.HTM

[42] 最高法院:政府收回国有土地时未引用法律条款,无效！[EB/OL].(2017-07-24)[2023-12-15]. HTTPS://WWW.SOHU.COM/A/159680891_780508